LE XXe SIÈCLE IDÉOLOGIQUE ET POLITIQUE

DU MÊME AUTEUR

en poche, récemment

Le siècle des intellectuels, Paris, Seuil, Points n° 613, 1999.

La France politique : XIXe-XXe siècle, Paris, Seuil, Points Histoire n° 256, 1999 et 2003.

La fièvre hexagonale : les grandes crises politiques, 1871-1968, Paris, Seuil, Points Histoire n° 97, 1999 et 2009.

Les voix de la liberté : les écrivains engagés au XIXe siècle, Paris, Seuil, Points n° 1038, 2002.

La Belle Époque : la France de 1900 à 1914, Paris, Perrin, tempus n° 44, 2003.

1789, l'année sans pareille, Paris, Perrin, tempus n° 64, 2004.

Nationalisme, antisémitisme et fascisme en France, Paris, Seuil, Points Histoire n° 131, 2004.

Jeanne et les siens, Paris, Seuil, Points Histoire n° 1263, 2004.

Pierre Mendès France, Paris, Bayard, Les grands hommes d'État, 2005.

La France et les juifs : de 1789 à nos jours, Paris, Seuil, Points Histoire n° 350, 2005.

Le siècle des intellectuels, Paris, Points n° 364, 2006.

La gauche en France, Paris, Perrin, tempus n° 143, 2006.

1958, la naissance de la Ve République, Paris, Découvertes Gallimard Histoire n° 525, 2008.

L'élection présidentielle en France, Paris, Perrin, tempus n° 221, 2008.

collection tempus

Michel WINOCK

LE XXe SIÈCLE IDÉOLOGIQUE ET POLITIQUE

PERRIN
www.editions-perrin.fr

ISBN : 978-2-262-02892-3

tempus est une collection des éditions Perrin.

INTRODUCTION

Société et politique

Nous avons pris l'habitude, depuis les *Principes de la philosophie du droit* de Hegel (1821), de distinguer la *société civile* de la *société politique.* À sa façon, Benjamin Constant avait lui-même établi la distinction dans le même registre, en opposant la liberté des Anciens et la liberté des Modernes. Charles Maurras, lui, n'a cessé de dénoncer, en reprenant les termes de Royer-Collard, la séparation du *pays légal* et du *pays réel.* Dans les trois cas, on affirmait la non-coïncidence entre l'État et la société, entre la société politique et la société tout court.

Quels types de rapport peuvent s'établir entre société civile et société politique, dès lors que l'une et l'autre ne coïncident pas, que l'une et l'autre ont leur domaine réservé ?

L'État est-il une projection de la société civile ? Serait-il là pour donner une visibilité aux contradictions de celle-ci, à son hétérogénéité, à sa pluralité, pour mieux trouver les conditions d'un vivre-ensemble malgré tout ? L'État est-il au contraire le moniteur de la société, son guide et son pédagogue ? Est-il avant tout représentatif ou normatif ?

La société est composite et contradictoire. Elle est le champ de la concurrence des intérêts (économiques notamment, mais pas exclusivement), des volontés de puissance, des désirs de domination… Mais, tout en jouant son jeu personnel, chaque individu sait fort bien qu'il n'est rien en dehors de la société. « L'homme, nous dit Aristote, est un animal politique. Et celui qui est sans cité, naturellement et non par suite des circonstances, est ou un être dégradé ou au-dessus de l'humanité. » Autrement dit – c'est encore une expression du philosophe grec – une « brute » ou un « dieu ».

Cette ambivalence anthropologique, Kant lui a donné un nom, celui d'« insociable sociabilité ». C'est-à-dire la cohabitation en chaque être humain d'une indisposition à la vie sociale, une volonté d'affirmation individualiste, et en même temps de la conscience d'une nécessité de la vie en société, faute de quoi aucun individu ne pourrait s'accomplir. De là cette perpétuelle tension, cette perpétuelle insatisfaction dans nos sociétés ouvertes (Karl Popper) où s'est affirmé le sujet au détriment de la primauté du groupe.

À partir du XVIIᵉ siècle, les théories du contrat social et les doctrines du droit naturel ont en effet posé l'individu à la base de la société. De Hobbes à Rousseau, la société politique se définit par une volonté d'association des individus qui y trouvent leur intérêt, soit pour satisfaire leurs besoins de protection et de sécurité, soit pour faire du commerce à l'abri de la loi, soit pour consolider leur propriété, soit encore pour accéder à la vraie liberté. La Déclaration des droits de l'homme et du citoyen repose sur le postulat que les hommes sont libres et égaux et s'associent volontairement. Mais ces hommes n'en restent pas moins mus par des pulsions qui ne sont pas toutes altruistes et désintéressées. D'où le problème politique : comment établir entre eux des procédures d'accord, une règle du jeu admissible par tous, comment dépasser ou résoudre les passions, les tensions, les conflits, bref comment faire en sorte que, de la pluralité on n'aboutisse pas au chaos mais à une vie collective vivable ?

C'est là que se pose le problème des régulations.

La première des régulations est le droit. Hegel englobe sous ce nom aussi bien le droit civil que la moralité. Le droit civil peut être lui-même subdivisé en droit public et en droit privé : c'est ce qu'on appelle le droit positif, variable selon les lieux, les moments, les régimes politiques. Le droit naturel, lui, est commun à tous les hommes sous tous les cieux. Il sous-tend le droit positif, il en est le devoir-être, l'assise morale si l'on veut. Traduit positivement, le droit devient une contrainte à laquelle tous les citoyens sont soumis. Un État de droit contraint à la fois l'État et le citoyen. La Constitution en est le fondement ; elle assure la continuité du pacte social.

Le droit permet au pouvoir politique de légiférer. C'est par la loi que se manifeste la régulation la plus courante dans les États modernes. Elle s'oppose, comme le droit, à la force pure, au droit du plus fort. Elle s'oppose aussi au privilège, c'est-à-dire à la loi particulière : elle est impersonnelle et s'applique à tous. L'histoire politique, c'est aussi l'histoire de la promotion du principe juridique contre les simples rapports de force. Cependant, la loi, si elle est de pure circonstance, peut être l'expression d'un rapport de force et apparaître comme inique, injuste, quand bien même elle se réclame de principes supérieurs. La critique marxiste, qui fait de l'État un instrument de la classe dominante, ne reconnaît pas dans la loi cette expression de la volonté générale que voudrait lui conférer Rousseau.

D'où s'ensuit l'importance d'une autre procédure de régulation, celle de la compétition électorale. Sur les huit grandes crises politiques que la France a connues depuis 1871, la majorité (cinq d'entre elles) ont été résolues par le recours aux urnes – recours de pacification par excellence[1]. Ce sont les élections qui rendent la loi légitime, en permettant le renouvellement des magistrats et les changements de la loi au gré des variations de l'opinion. Elles introduisent dans la société politique la légitimité de la concurrence, elles la canalisent, elles la simplifient. Le système électoral, le mode de scrutin, exercent un rôle capital dans ce domaine. Plus la société est hétérogène, et plus le principe de proportionnalité dans le système représentatif devient dangereux. Une des premières formes de simplification a été la formation des partis politiques – ces « factions » exécrées des Jacobins qui rêvaient d'une société homogène, d'un Peuple-un. Le pluralisme des démocraties libérales n'était pas au programme de la Révolution française. On peut même dire que la haine des *factions* a toujours animé la représentation jacobine de la société, de même que l'école contre-révolutionnaire, dominée, de façon symétrique, par la nostalgie de l'unité perdue. Ne serions-nous pas là en face de ce qui a constitué – et constituerait encore – les difficultés de la démocratie française, de l'« exception française » ?

Certes, s'ils sont trop nombreux, les partis ne simplifient rien. Aussi les sociétés modernes tendent-elles au bipartisme, au moyen notamment, sur le modèle britannique, du scrutin majoritaire – véritable coup de hache dans le multipartisme –, afin de réaliser la dualité majorité/opposition. Quand ce système acquiert une certaine continuité, l'opposition est elle-même un agent de régulation, tendant à polariser les motifs de mécontentement, et offrant la perspective d'une alternance. Quand cette dualité est impossible, la fragmentation de la société se traduit par une fragmentation politique qui est souvent cause d'ingouvernabilité. L'insociabilité prend alors le pas sur la sociabilité. Toutes les forces centrifuges se mettent à l'œuvre, les corporatismes, les régionalismes, les minorités religieuses : la défaillance de la société politique encourage le retour à tous les particularismes, l'intérêt général est perdu de vue.

Si donc le droit, la loi, la réglementation de la concurrence politique sont nécessaires, ils ne sont pas suffisants. Il faut de surcroît que les citoyens se sentent parties prenantes de la loi, qu'ils soient les sujets auxquels elle s'applique, mais aussi les législateurs, au moins indirects, qui la font. Pour la tradition républicaine, cela implique l'éducation de l'esprit civique. La conscience de l'intérêt général ne va pas de soi. On sait que les théoriciens du suffrage censitaire justifiaient le cens par le fait qu'être électeur, et *a fortiori* éligible, nécessite un certain degré d'indépendance d'esprit, dont ne disposent pas ceux auxquels font défaut un certain degré d'aisance matérielle, une certaine instruction. La République a substitué au système du cens l'éducation du suffrage universel fondé sur le système scolaire.

Dans une société sécularisée, où n'existent plus les valeurs et les croyances d'une religion commune, beaucoup se sont interrogés sur le remplacement de celle-ci. Religion civique de Rousseau, culte de l'Être suprême robespierriste, théophilanthropie sous le Directoire, néo-christianisme de Saint-Simon, religion de l'Humanité d'Auguste Comte, la plupart des penseurs du XVIIIe et du XIXe siècle ont eu conscience de la difficulté pour une société politique d'exister sans le soutien d'un système de pensée commune, de croyances communes. Guizot a imaginé, et parfois institutionnalisé, la fonction pédagogique de l'État : loi scolaire de 1833, surveillance des maîtres d'école, rôle des intellectuels organiques, de l'Institut, fonction de la discipline historique, etc. Il n'hésitait pas à parler du « maniement des esprits », au moyen de ce que Louis Althusser appellerait les « appareils idéologiques d'État ». Cela voulait dire que l'État moderne ne pouvait plus assurer sa stabilité par la force pure (la *domination*, selon Gramsci), que l'État devait conquérir l'esprit public (ce que le même Gramsci appelle la *direction* de la société). À propos des crises politiques en France, évoquées plus haut, il est remarquable qu'il faille remonter à 1871, à la Commune de Paris, pour voir une crise s'achever sous les coups de la force pure, de la répression. Mais, de nos jours, la révolution médiatique, les incessants sondages d'opinion, l'usage croissant de la Toile (Web) rendent difficile la direction idéologique, et sans doute devient-il encore plus nécessaire aux gouvernants de déployer des vertus pédagogiques, sommés qu'ils sont de gouverner une pluralité indocile. La démocratie participative est une nouvelle donnée de la vie politique qui attend encore sa réglementation.

PREMIÈRE PARTIE

Les grandes idéologies du XXe siècle

1

Le XXe siècle des idéologies

L'*idéologie*, terme péjoratif sous la plume de Marx – l'idéologique est le contraire du scientifique –, prend une tournure positive sous celle de Lénine : un système d'idées et de théories destinées à servir d'armes dans le combat politique.

Disons que les idéologies politiques sont des systèmes de représentation du monde, de la société, de l'histoire, visant à servir une volonté d'action. Si l'on accepte cette proposition, il me semble que l'on comprend mieux en quoi le XXe siècle a été le siècle des idéologies.

En effet, aux siècles antérieurs, les sociétés étaient soumises à la tradition, dont la composante religieuse était la base. C'est en se sécularisant que les sociétés ont demandé d'autres explications du monde. Il y a, à mon sens, une corrélation paradoxale entre les progrès de la connaissance scientifique depuis le XVIIIe siècle et la construction des idéologies. D'une part, en sapant la dogmatique religieuse, la science a pu servir les idéologies. Quand les dieux ont quitté la scène, les hommes n'ont pas cessé pour autant de vouloir comprendre le monde, savoir où ils allaient. La tradition offrait une vérité unique, l'effondrement de la tradition ouvre la voie aux idéologies – aux idéologies concurrentes, qui prétendent, du reste, utiliser l'argumentation scientifique.

Voilà une première explication : c'est dans la mesure où le mouvement de sécularisation, de laïcisation de la société s'est accéléré au cours du XXe siècle que celui-ci est apparu comme le siècle des idéologies.

Il y a sans doute d'autres raisons, des causes plus matérielles. Pendant des millénaires, les hommes ont non seulement vécu sous un ciel habité par la divinité, mais ont connu une existence largement répétitive, dans un milieu de vie où chacun, peu ou prou, reprenait le rôle du père et de la mère. Certes, le XXe siècle n'a pas inventé le mouvement, la mobilité, la croissance, mais il les a précipités. L'industrialisation, l'urbanisation, la croissance démographique, l'exode rural, etc., ont signé la destruction de l'ancienne société paysanne et patriarcale : le XXe siècle a vu, pour la première fois, dans des pays de plus en plus nombreux, les populations urbaines devenir plus nombreuses que les populations rurales.

Le mouvement de concentration humaine dans la société industrielle a donné naissance à l'ère des masses. La politique se fera de moins en moins dans le secret des cabinets : le suffrage universel aidant, elle exige l'assentiment des foules. C'est une particularité du XXe siècle : les trois grandes idéologies qui s'affrontent, la démocratie, le fascisme et le communisme, se réclament du peuple, remplaçant, balayant les idéologies élitistes du XIXe siècle, le libéralisme des notables ou la Contre-Révolution. La population est tout entière un acteur politique.

Cette démocratisation de la vie publique, cette quête de l'approbation des foules, conditionnent la propagande des grandes idéologies. Les doctrines sont transformées en vulgates, les vulgates deviennent des doctrines. La part de l'affectivité y joue un rôle majeur : les adhésions se conquièrent en provoquant les émotions plus que le raisonnement. Cette dimension passionnelle caractérise le communisme et les fascismes – et ce fut une des faiblesses des démocraties, trop enclines à s'adresser à la raison, que de manquer d'émotion : comment faire vibrer les foules à la perspective de faire réélire ou non un Édouard Herriot ou un Neville Chamberlain ? Les congrès de Nuremberg et les fêtes des Jeunesses communistes à Moscou faisaient autrement battre les cœurs.

Le XXe siècle a aussi été le temps de la lutte entre les trois grandes idéologies[1], qui s'articule en quatre moments chronologiques.

1918 ou la fin des idéologies du XIXe siècle

On dit généralement que le XIXe siècle s'achève en 1914. On peut dès lors considérer la Grande Guerre comme le point d'orgue des idéologies du XIXe siècle, la victoire du grand mouvement national et libéral, dont le coup d'envoi avait été donné par la Révolution française.

Le mouvement des nationalités visait à la fondation des États-nations contre les empires ; le mouvement libéral, lui, à la fin des absolutismes. En 1918, la fin de la guerre mondiale consacre la fin des empires (notamment celle de l'Empire ottoman et celle de l'Empire austro-hongrois), au profit du principe des nationalités, en même temps que la défaite des Empires centraux consacre la fin définitive des « anciens régimes », avec l'installation de régimes plus ou moins démocratiques (exception faite de la Russie, nous y reviendrons).

Si l'on prend l'exemple des États successeurs de l'Empire austro-hongrois, on voit que le principe des nationalités a triomphé avec la naissance ou la renaissance de la Pologne, de la Tchécoslovaquie, de la Yougoslavie (en attendant son implosion à la fin du siècle), tandis que l'Autriche et la Hongrie sont réduites à la portion congrue.

Ces cinq États sont des démocraties : l'Autriche est devenue une république fédérale ; la Hongrie, après la tentative révolutionnaire de Bela Kun, se donne à partir de 1921 les apparences de l'État de droit (élections libres, régime parlementaire, pluralisme) ; la Yougoslavie (royaume des Serbes, Croates et Slovènes) se dote par la Constitution de 1921 d'un régime parlementaire ; la Pologne ressuscitée adopte des institutions démocratiques, dans le cadre d'une IIe République, par la Constitution de 1921 imitée de celle de la France ; enfin la Tchécoslovaquie adopte une constitution en 1920, copiée elle aussi sur le modèle français.

Si l'on ajoute à ces exemples ceux de l'Allemagne, où la république de Weimar succède au IIe Reich ; de l'Italie, où le suffrage universel est définitivement adopté, on le voit : le double principe national et libéral démocratique triomphe en Europe. Le XIXe siècle, à cet égard, est bien terminé.

Cependant, la victoire de la démocratie pluraliste n'est qu'une apparence. Deux défis lui sont lancés, celui de la révolution bolchevique, qui, contre toute attente, réussit à mettre en place un régime de type socialiste, et celui de l'Italie mussolinienne, qui, dès 1922, remet en question les fondements de l'État libéral et démocratique. S'engage alors une guerre idéologique entre trois courants de pensée, trois systèmes antagoniques.

1935, la crise de la démocratie libérale

À cette date, les États successeurs de l'Autriche-Hongrie sont devenus, à l'exception de la Tchécoslovaquie, des régimes autoritaires. Mais surtout s'affirment, face aux démocraties, ce qu'on appelle les régimes totalitaires, l'Union soviétique, le fascisme italien et, depuis 1933, l'Allemagne national-socialiste.

À l'est de l'Europe, pour la première fois, s'est édifié, sous la conduite de Lénine puis de Staline, un État socialiste, une idéocratie communiste, dont les principes ont été posés par Lénine. L'idéologie communiste ou léniniste ou bolchevique s'inspire de Marx et utilise ses concepts. C'est ainsi que le régime soviétique est censé être la dictature du prolétariat – une phase de transition entre le régime capitaliste et la future société sans classes.

En fait, la guerre civile et le « communisme de guerre » ont amené Lénine et ses camarades à instaurer la terreur et à mettre en place un État-parti, liquidant tous les restes de démocratie qui existaient encore au lendemain de la révolution d'Octobre. Ce régime, selon la formule de Lénine, est celui d'un « pouvoir illimité supérieur à toute loi ».

Au départ, Lénine a conscience que la Russie ne réunissait pas les conditions requises d'une révolution marxiste – vu le faible poids du prolétariat industriel au regard de l'immense paysannerie. Il escomptait que la révolution bolchevique serait l'« étincelle » qui mettrait le feu à l'Europe et que le relais révolutionnaire serait pris par l'Allemagne. Il l'a espéré jusqu'en 1921. Devant l'échec, il lui a fallu se résigner à construire le socialisme en un seul pays – ce qu'a parfaitement assumé Staline.

Loin de la conception de Marx, un volontarisme forcené s'évertuait à édifier de toutes pièces un État industriel et socialiste malgré des conditions objectives défavorables. Le parti communiste a mis en place les instruments de ce volontarisme : le parti monolithique, strictement centralisé et hiérarchisé ; la suppression progressive de toute opposition et de toute liberté ; le rôle actif d'une propagande d'État, elle-même fondée sur une idéologie, appelée, après la mort de Lénine, le marxisme-léninisme.

Cette idéologie avait pour fonction de légitimer le pouvoir monopolistique du Parti, puis la dictature de Staline. Celui-ci, à la fin des années 1920, a procédé à l'étape décisive, la collectivisation des terres et l'industrialisation à marche forcée, au prix de millions de vies humaines.

La lutte du parti communiste contre la nation paysanne s'est faite au nom de la lutte des classes. À partir de l'année 1929, l'année du « grand tournant » – ce qu'on appela aussi la « seconde révolution russe » –, la grande collectivisation est amorcée, dont les moyens sont la terreur et la famine organisée, et dont le but proclamé est la construction définitive du socialisme.

Or, malgré le coût humain effrayant de ce grand bond en avant, le socialisme soviétique acquiert une réputation internationale. La planification (les plans quinquennaux) passe, à bien des yeux occidentaux, pour une réussite d'autant plus grandiose que l'Occident, depuis la fin de 1929, est en proie à la grande crise économique. Le système de production capitaliste est décrié ; l'Amérique – le « cancer américain » – devient le contre-exemple à combattre. En 1935, la propagande soviétique vante les exploits de son armée industrielle, les principes du « travailleur de choc » et de l'« émulation socialiste » – institutionnalisés dans le *stakhanovisme*. Le communisme devenait la « jeunesse du monde » (Gabriel Péri).

Or, si le socialisme se construisait « en un seul pays », l'idéologie communiste disposait de relais efficaces dans les démocraties industrielles grâce à l'Internationale communiste (Komintern) créée par Lénine en 1919. En France, le parti communiste, longtemps isolé, fait sa première percée électorale aux élections municipales de 1935, qui voient la formation d'une « ceinture rouge » autour de Paris. Le but proclamé de l'Internationale communiste est la révolution mondiale, la destruction du capitalisme. Toutefois, en 1935, sur le plan international, l'URSS est dans une position défensive, car se dressent face à elle non seulement les démocraties libérales, mais aussi le fascisme, et spécialement l'Allemagne hitlérienne.

Le second défi lancé à la démocratie pluraliste et libérale était le fait des fascismes. La lutte idéologique est devenue triangulaire, surtout après l'avènement de Hitler en 1933.

Dans la compétition, le fascisme s'est affirmé à la fois comme contre-révolution et révolution. Contre-révolutionnaire, le fascisme récuse l'héritage des Lumières. L'individualisme est rejeté au nom de la société et au nom de l'espèce. Dans sa volonté collective de société homogène, le fascisme ne peut admettre le jeu des libertés individuelles. Le libéralisme, lui, est considéré par Mussolini comme « l'antichambre de l'anarchie ». Quant à la démocratie, il veut bien en parler, mais à condition qu'il s'agisse d'une « démocratie organisée, centralisée, autoritaire ». Le fascisme est encore contre-révolutionnaire dans la mesure où il s'oppose à la révolution socialiste et communiste ; contre la menace, il se fait le défenseur d'un régime capitaliste, quitte à le soumettre à sa volonté politique.

Mais il se pose lui aussi en force révolutionnaire : « Le fascisme ne revient pas en arrière, écrit Mussolini. La doctrine fasciste n'a pas choisi [Joseph] de Maistre pour prophète. L'absolutisme monarchique a fait son temps, au même titre que l'ecclésiolâtrie, que les privilèges féodaux ou les castes fermées à cloisons étanches. » Tout comme le communisme, le fascisme entend faire naître l'*homme nouveau*.

Cet homme nouveau a pour modèle le combattant, l'homme de guerre. Le philosophe Alain écrivait : « Le fascisme est un autre nom du militarisme. » On pourrait ajouter : un militarisme enthousiaste, une attitude d'« obéissance joyeuse » (Hitler) à l'autorité. Le fascisme fait l'apologie de la guerre, car la guerre est la suprême épreuve : « La guerre seule, écrit Mussolini, porte au maximum de tension les énergies humaines et imprime une marque de noblesse aux peuples qui ont le courage de l'affronter. Toutes les épreuves ne sont que secondaires et ne placent jamais l'homme en face de lui-même, dans l'alternative de la vie et de la mort. »

Il y a dans le fascisme une vision néodarwiniste de la concurrence entre les peuples : les plus forts élimineront les plus faibles. Et les plus forts seront ceux qui, justement, savent programmer la guerre. L'Italie fasciste parle de la Méditerranée comme de la *Mare Nostrum* ; l'Allemagne hitlérienne revendique un « espace vital » à l'Est. En fait, au-delà des revendications immédiates, le fascisme ne fixe aucune borne à ses conquêtes. « L'État fasciste, déclare Mussolini, est une volonté de puissance et de domination. » Et Hitler : « Les peuples comme les individus éprouvent le besoin de se régénérer par une perte de sang. » Et encore : « Pour le bien du peuple allemand, il faut lui souhaiter une guerre tous les quinze ou vingt ans. »

En 1935, un double événement témoigne de ce bellicisme : en mars, l'Allemagne rétablit le service militaire obligatoire, malgré les traités ; en octobre, l'Italie se lance dans la conquête de l'Éthiopie, malgré la condamnation de la SDN (Société des Nations).

Dans la volonté fasciste d'élaborer une société homogène, le chef suprême est un objet de culte : c'est à travers sa personne charismatique que les membres de la nation éprouvent un sentiment commun d'appartenance. Il est, comme le disait le sociologue Roger Caillois, « le résonateur de l'âme collective, le catalyseur de l'énergie nationale ». L'idéologue nazi Rosenberg raffine : « Le peuple est au chef ce que l'inconscience est à la conscience. » Caillois écrit encore : « Élu par acclamations, il prospère par l'enthousiasme qu'il entretient chez ses fidèles. […] Ils voient dans leur conducteur à la fois l'instrument de la providence et une garantie de réussite. Aussi celui-ci se présente-t-il presque obligatoirement comme un chef de guerre, un conquérant ou un prophète. C'est en premier lieu un entraîneur d'hommes. »

Hitler, qui a pris le pouvoir en 1933, ajoute à tous ces traits du fascisme une vision plus marquée par le racisme. Il conçoit l'humanité comme une hiérarchie de races, que doit dominer la race aryenne. Les Juifs, eux, sont considérés comme des parasites de la nation. Hitler considère le règlement de la « question juive » en Allemagne comme « le mobile central de sa mission ». Dans la mythologie fasciste, le Juif a tous les attributs de la modernité : il représente le cosmopolitisme, l'intellectualisme, le laxisme moral, le marxisme aussi bien que le capitalisme financier. L'homogénéisation de la nation doit se faire contre un ennemi intérieur commun. Le 15 septembre 1935, à l'issue du congrès du parti nazi à Nuremberg, sont proclamées les lois antisémites qui doivent séparer « biologiquement » les Juifs de la nation allemande : suppression des droits civiques, interdiction des mariages mixtes, dissolution des mariages contractés, punition des relations sexuelles entre Juifs et Allemands, etc.

La démocratie libérale, pluraliste et parlementaire traverse, quant à elle, une crise grave. En France, la crise économique a renforcé tous les courants antilibéraux. Dans la jeunesse intellectuelle, un mot d'ordre fait l'unanimité : « La Révolution nécessaire. » Certes, on ne s'entend pas sur le sens à donner à la formule, mais la condamnation du régime parlementaire en politique et du régime capitaliste en économie rassemble. L'attrait du communisme fait concurrence à l'attrait du fascisme. La journée d'émeute du 6 février 1934 durcit les oppositions. Cependant, c'est au début de l'été 1934 que s'amorce une nouvelle distribution des alliances. En raison du rapprochement germano-polonais, Staline se méfie désormais du danger allemand et préconise un changement de ligne de l'Internationale communiste. En France, l'armistice est signé entre communistes et socialistes par un pacte d'unité d'action qui est l'ébauche du rassemblement populaire, que complétera l'adhésion des radicaux en 1935.

En 1935 toujours est signé le pacte franco-soviétique, destiné à faire pièce aux menaces hitlériennes. Dans la guerre idéologique se profile alors une alliance diplomatique entre démocratie occidentale et communisme soviétique : l'*antifascisme* devient le mot d'ordre du rassemblement. Mais ce pacte divise l'opinion ; la droite, oubliant le réalisme, condamne ce rapprochement avec l'URSS. Finalement, malgré une série de péripéties dramatiques – la guerre d'Espagne, la reculade franco-britannique de Munich, le pacte germano-soviétique, la défaite militaire de la France –, à partir de juin 1941, la guerre mondiale oppose la grande alliance des démocraties et du communisme contre les fascismes.

1948 : la guerre froide idéologique

La Seconde Guerre mondiale s'est achevée par la défaite des fascismes, mais l'entente entre les démocraties occidentales et l'Union soviétique se révèle impossible. La partie à trois se simplifie ; elle devient un dualisme simple, un affrontement bloc contre bloc – celui du « monde libre » et du monde communiste.

Bien des observateurs craignent une nouvelle guerre. Elle aura bien lieu, mais elle prendra une forme moins coûteuse en vies humaines : ce sera la guerre froide, jugulée par l'« équilibre de la terreur », à partir du moment où les deux ennemis sont détenteurs de l'arme nucléaire.

La guerre froide commence officiellement, si l'on peut dire, en septembre 1947, lors d'une conférence à Szklarska Poreba, en Pologne, qui réunit les représentants des principaux partis communistes d'Europe et qui sera à l'origine du Kominform, nouvelle organisation internationale du communisme diligentée par Moscou. Le rapport Jdanov définit une nouvelle ligne « anti-impérialiste », dont les États-Unis et leur plan d'aide à l'Europe (plan Marshall) sont les premiers visés. Mais « deux camps principaux » s'opposent, les « forces réactionnaires et antidémocratiques » et le camp anti-impérialiste, « dont l'Union soviétique et les démocraties populaires sont le fondement ».

En France comme ailleurs, le parti communiste est mobilisé dans cette guerre idéologique, qui a pour principal effet immédiat la rupture du tripartisme, c'est-à-dire le gouvernement de coalition entre socialistes, communistes et démocrates-chrétiens. Le PCF dénonce le plan Marshall, qui, sous couvert d'aide financière à l'Europe, vise à asservir celle-ci à l'Amérique de Wall Street et à préparer la guerre contre l'URSS. L'antiaméricanisme devient le cheval de bataille des communistes. La civilisation américaine est dénoncée par leurs journaux, leurs organisations, leurs élus, comme le modèle du capitalisme, de la standardisation abêtissante, de la criminalité, etc. La guerre idéologique se donne libre cours dans le registre culturel. *Les Lettres françaises*, hebdomadaire du PCF, décline les stéréotypes de l'enfer américain et la formule d'Ilya Ehrenbourg : « Les communistes sont les héritiers légitimes de la civilisation. »

Les communistes luttent aussi de nouveau contre les socialistes, défenseurs du Pacte atlantique. Léon Blum devient un accusé de choix. L'hebdomadaire communiste *France nouvelle* lui consacre deux pages centrales en décembre 1948 : « L'implacable réquisitoire de l'Histoire contre Léon Blum qui, dès 1936, recherchait, par anticommunisme, une entente avec Hitler. » De nouveau la social-démocratie est l'ennemie jurée du communisme.

Dans cette guerre idéologique, les intellectuels ont leur part. Nombre d'entre eux appartiennent au parti communiste ; d'autres, sans adhérer officiellement, défendent les positions de celui-ci : on les appelle les « compagnons de route ». Tous ont été fascinés par la puissance soviétique victorieuse du nazisme : l'avenir est de ce côté-là, à l'Est où se lève le soleil, et où se bâtit une société nouvelle, sans classes. Un troisième groupe d'intellectuels entend garder une position expectative entre les deux blocs et se nomme les « neutralistes ».

Dans la guerre froide idéologique, les intellectuels non communistes sont invités de manière pressante à rejoindre le « juste combat » de la classe ouvrière « pour la paix ». Qui n'est pas avec l'URSS est contre l'URSS, contre le prolétariat, contre la fraternité entre les peuples. Roger Garaudy, un des intellectuels organiques du PCF chargés de faire le ménage dans la littérature française, publie en 1948 un petit essai aux Éditions sociales, *Littérature des fossoyeurs*, où il entend démasquer les Sartre, Mauriac, Malraux, Koestler et autres écrivains « utilisés à des fins politiques par la réaction ».

En fait, la plupart des écrivains et intellectuels de gauche subissent ou l'attrait ou l'intimidation du parti communiste. Un premier cercle de compagnons de route rassemble des alliés quasi inconditionnels. Tel Claude Aveline qui formule ainsi, dans *Les Lettres françaises*, la théorie des deux camps :

« D'un côté le capitalisme : un système, une société, une civilisation à base capitaliste. De l'autre, le socialisme : un système, une société à base socialiste. Cette alternative se concrétise chaque jour davantage, par deux blocs chaque jour un peu plus ouvertement ennemis. Aucune possibilité d'entente, les diplomates eux-mêmes ne songent plus guère à le prétendre. L'un des deux blocs doit disparaître. Le monde doit choisir » (29 avril 1948).

Un deuxième cercle est dessiné par des intellectuels plus critiques, n'adhérant pas nécessairement au marxisme-léninisme, ni à toutes les causes du PCF, mais qui ont le sentiment d'une alliance nécessaire avec celui-ci. Soit parce qu'il est *le* parti de la classe ouvrière – incarnation contemporaine du Christ pour le chrétien de gauche, agent historique universel pour le marxisant. Soit parce que la naissance et les succès du Rassemblement du peuple français (RPF) du général de Gaulle sont analysés par eux comme les prolégomènes d'une fascisation du pays. Voici ce qu'en pense Jean Lacroix, philosophe catholique de la revue *Esprit*, et que cite d'abondance *France nouvelle* :

« Qu'on le veuille ou non, qu'on s'en loue ou qu'on le déplore, le communisme reste, dans une large mesure, *la philosophie immanente du prolétariat*, suivant la formule d'un économiste catholique et libéral, Daniel Villey. Constituer une Troisième Force qui lutte sur deux fronts, qui se coupe des masses, qui s'amenuise chaque jour davantage entre deux géants prêts à s'affronter, c'est se moquer du monde – ou faire volontairement le jeu d'un des deux par haine du communisme. Ce n'est pas nous qui le disons, mais les faits : *la condition de toute lutte efficace contre le fascisme, c'est un certain accord avec les communistes*. Il est un mouvement historique dont le marxisme est la philosophie approximative. Nous refusons de nous couper du marxisme, ce qui serait nous couper du mouvement » (*France nouvelle* 17 janvier 1948).

Un plus petit dénominateur commun rassemble ces intellectuels de gauche, l'*anti-anticommunisme*. Refusant de tenir pour ennemi de la démocratie un parti qui a donné tant de martyrs à la Résistance, qui rallie la majorité des suffrages ouvriers (ce qui est vrai au moins pour la région parisienne), ils reprennent à leur compte l'acception honteuse que les communistes eux-mêmes ont donnée à tout anticommunisme. Ce mot-là, diabolisé, chargé de toute la culpabilité bourgeoise, se réfère à ceux qui trahissent la classe ouvrière et, au-delà, l'humanité souffrante. Sartre n'a pas encore énoncé le jugement définitif selon lequel « tout anticommuniste est un chien », mais déjà l'idée pénètre l'intelligentsia. Un *non possumus* catégorique va pour longtemps pétrifier ces péricommunistes face aux réalités du stalinisme. Le Parti a beaucoup de torts, mais il est tabou.

Néanmoins, tous ces anti-anticommunistes ne sont pas des suiveurs. Précisément, la scission titiste de 1948 en Yougoslavie sème le trouble parmi eux et opère un clivage entre les inconditionnels, qui reprennent les slogans staliniens contre le communisme yougoslave, et ceux qui gardent leur sympathie à Tito. Ce sont eux qui tenteront de cristalliser politiquement leur position dans la quête continue d'une introuvable nouvelle gauche, à la fois socialiste et non alignée. *L'Observateur*, hebdomadaire créé en 1950, exprimera leur « neutralisme ».

Cependant, un certain nombre d'intellectuels français assument la défense de la démocratie libérale face au communisme et refusent le neutralisme. Raymond Aron en est le représentant le plus éminent. Antinazi dans les années 1930, combattant de la France libre, il publie en 1948 *Le Grand Schisme* où il assume pleinement un anticommunisme intellectuel, comme peu d'intellectuels français en sont capables. La force de l'impérialisme soviétique, explique-t-il, tient moins à son potentiel militaire – même si celui-ci est redoutable – qu'à son rayonnement et à la pénétration de sa propagande. L'existence, en Europe occidentale même, de puissants partis communistes, comme en France et en Italie, est décrite sans complaisance comme celle de « cinquièmes colonnes ». Sans doute les millions d'électeurs qui font confiance aux partis communistes occidentaux sont-ils poussés d'abord par des besoins matériels et des espérances honorables, mais cela ne doit pas occulter la réalité, à savoir que les dirigeants et les appareils de ces partis font la politique de l'URSS dans le cadre national où ils exercent leurs activités. Il se peut que ces partis communistes soient un jour interdits, mais cela ne suffirait pas à mettre fin à leur influence. Pour déjouer leurs visées, trois conditions s'imposent aux yeux d'Aron : premièrement, le rétablissement des grands équilibres économiques, financiers et monétaires ; cela suppose – deuxièmement – la restauration d'un pouvoir d'État ; troisièmement, la lutte décidée contre l'idéologie communiste sur le terrain même des idées et de la propagande.

Aron ne juge pas le bloc occidental comme le camp du souverain bien, mais il n'a aucun doute sur la nature mensongère et tyrannique du communisme stalinien. Cette lutte idéologique – non contre Marx, mais contre le marxisme ou le marxisme-léninisme, et plus encore contre l'aveuglement des intellectuels de gauche sur les réalités de la société et du pouvoir soviétiques – se double d'un choix proprement politique : l'abstention est interdite. Et si on lui dit que l'anticommunisme mène au fascisme, Aron répond avec ce mélange égal de modération et de fermeté qui le caractérise :

« Nous n'avons pas de doctrine ou de credo à opposer à la doctrine et au credo communistes, mais nous n'en sommes pas humiliés, parce que les religions séculières sont toujours des mystifications. Elles proposent aux foules une interprétation du drame historique, elles ramènent à une cause unique les malheurs de l'humanité. Or la vérité est autre, il n'y a pas de cause unique, il n'y a pas d'évolution unilatérale. Il n'y a pas de Révolution qui, d'un coup, inaugurerait une phase nouvelle de l'humanité. La religion communiste n'a pas de rivale, elle est la dernière de ces religions séculières qui ont accumulé les ruines et répandu des flots de sang. Elle est la plus redoutable de toutes et peut-être est-elle promise à la victoire. Mais, réclamer des anticommunistes une foi comparable, exiger d'eux un édifice, aussi compact, de mensonges, aussi séduisants, c'est les inviter au fascisme. Car ils ont la conviction profonde qu'on n'améliore pas le sort des hommes à coups de catastrophes, qu'on ne promeut pas l'égalité par la planification étatique, qu'on ne garantit pas la dignité et la liberté en abandonnant tout le pouvoir à une secte à la fois religieuse et militaire. Nous n'avons pas de chanson pour endormir les enfants. L'humanité, qui ne croit plus en Dieu, vivra-t-elle sans idoles ? »

Un lecteur d'Aron, Lucien Febvre, d'une grande notoriété chez les historiens, a objecté à l'auteur qu'il appartenait aux Français de lutter sur deux fronts. C'est justement cette position jugée confortable qu'Aron a entendu refuser : le « schisme idéologique » dont il décrit les ressorts profonds et immédiats ne laisse pas de place à un quant-à-soi, défendable dans un confessionnal, mais inepte sur la scène politique. La guerre engagée était « froide », mais c'était la guerre.

1989-1991 : la démocratie, idéologie indépassable ?

La chute du mur de Berlin, suivie, deux années plus tard, par la fin de l'URSS, marque la fin du communisme, ou de ce qu'on a appelé le « socialisme réel ». La surprise est de taille, car au début des années 1980, le pessimisme envahit les penseurs et les idéologues du camp démocratique. J'en donnerai deux illustrations.

Dans le numéro 11 de *Commentaire* (automne 1980), Raymond Aron publie un texte intitulé « L'hégémonisme soviétique : an I ». Au moment où les Soviétiques envahissaient l'Afghanistan, il notait que les États-Unis « [avaient] perdu la supériorité nucléaire », car, tandis que le budget américain de défense représentait 5 % du produit national du pays, ce même budget s'élevait en URSS à un pourcentage de 15 %. Les 27 divisions de l'OTAN faisaient face à 47 divisions du pacte de Varsovie. Posant la question du déclin américain, il écrivait : « Les hommes du Kremlin proclament sur tous les tons qu'ils demeurent marxistes-léninistes, que la détente n'atténue pas le conflit idéologique et que l'Occident capitaliste est voué à la disparition après ou sans une dernière bataille. Ce qui est commun à l'attitude des Occidentaux dans les années 1930 et les années 1980, c'est le refus de prendre au sérieux *Mein Kampf* il y a un demi-siècle et le langage que tiennent les oligarques de Moscou à l'adresse de leur peuple et de leurs militants. »

Face à une Union soviétique forte et sûre d'elle-même, l'Occident ne montrait ni stratégie commune ni volonté ferme.

Une seconde illustration est celle de l'ouvrage de Jean-François Revel, *Comment les démocraties finissent*, publié en 1983 : « Dans son combat contre les démocraties, écrivait-il, le communisme a, jusqu'à présent, beaucoup plus gagné que perdu. » François Mitterrand, la même année, avait lancé un appel au

Bundestag : « Le pacifisme est à l'Ouest, les fusées sont à l'Est. » « Jamais, écrivait Revel, les démocraties n'ont été plus vulnérables, plus désemparées et plus exposées aux coups de l'impérialisme communiste qu'au terme de la période dite de détente. Particulièrement tragiques ont été les années 1980-1983, qui virent le désarroi semé dans le camp occidental par les affaires afghane et polonaise et l'acceptation progressive mais irrésistible par les démocraties de la supériorité soviétique devant le langage chaque jour plus comminatoire, plus impudent de morgue et de brutalité, adopté à leur usage par le Kremlin. » Revel était formel : le système soviétique totalitaire ne pouvait se désagréger en temps de paix, il ne pouvait pas se démanteler de l'intérieur en temps normal.

Le pessimisme démocratique n'était pas nouveau. Dès 1922, Spengler avait publié *Le Déclin de l'Occident*. Face à ses ennemis, la démocratie libérale et pluraliste a toujours douté de ses forces. Pourtant, six ans après le livre de Revel, le mur de Berlin, en s'effondrant, annonçait la fin du communisme. Le système soviétique s'écroulait sans guerre, miné de l'intérieur, incapable de répondre à la demande sociale, mais incapable aussi de poursuivre une course aux armements de plus en plus coûteuse.

Avant même la chute du Mur était publiée aux États-Unis une conférence de Francis Fukuyama : « La fin de l'histoire ? » Ce qu'il entendait par « fin de l'histoire » c'était « le point final de l'évolution idéologique de l'humanité et l'universalisation de la démocratie libérale occidentale comme forme finale du gouvernement humain ». Le XXᵉ siècle avait connu la lutte du libéralisme contre les derniers bastions de l'absolutisme, puis contre le bolchevisme et le fascisme – « et enfin contre un marxisme modernisé qui menaçait d'entraîner le monde dans l'apocalypse d'une guerre nucléaire ».

Déjà le jeune Hegel avait vu dans la victoire de Napoléon à Iéna, en 1806, la victoire des idéaux de la

Révolution française et l'universalisation imminente d'un État qui réaliserait les principes de liberté et d'égalité. Mais il a fallu attendre la fin du XXe siècle pour que la démocratie libérale devienne le modèle universel, « indépassable ». Certes, le libéralisme politique est en retard sur le libéralisme économique, mais son heure viendra. La transition politique peut être difficile, comme en Chine – mais en Chine, le marxisme-léninisme est depuis longtemps déjà discrédité en tant que système économique. Il n'y a plus aujourd'hui de sociétés qui prétendent représenter des formes différentes et supérieures de l'organisation humaine face aux démocraties libérales, qui pratiquent la démocratie pluraliste et l'économie de marché. Dans ces conditions, la vie internationale est beaucoup plus affaire d'économie que de politique ou de stratégie. Certes, concédait Fukuyama, des conflits sont encore possibles dans la partie du monde restée encore dans l'histoire, mais les grands États, posthistoriques, n'entreront plus dans des conflits à grande échelle.

Dix ans après cet article, la vision hégélienne de Fukuyama semble confirmée : l'URSS a implosé en 1991, et la Chine, toujours plus capitaliste, n'a aucune intention de remplacer l'URSS comme Terre promise du communisme international. Sans doute, de graves conflits ont suivi : la guerre du Golfe, l'explosion de la Yougoslavie, la guerre en Tchétchénie, mais Fukuyama avait prévu qu'il y aurait « toujours un niveau élevé, voire croissant, de violence ethnique et nationaliste, car il s'agit là de pulsions qui ne sont pas complètement apaisées, même dans certaines parties du monde "post-historique" ». Le terrorisme et les guerres de libération nationale « continueront de représenter un chapitre important de l'ordre du jour international ».

L'article suivi d'un livre de Fukuyama a suscité de nombreuses critiques et objections. Ainsi, Allan Bloom suggérait que le fascisme avait un avenir, sinon l'avenir, dans les zones d'Afrique et du Proche-Orient qui ne parviennent pas facilement à la modernité ; mais aussi parmi les nations européennes, qui ne peuvent trouver de motif rationnel pour exclure de leurs territoires les innombrables immigrants potentiels, et qui se retourneront vers les mythes ethno-religieux.

C'est parce que cette hypothèse n'est pas absurde que Pierre Hassner propose de substituer à l'idée d'une « fin de l'histoire » la fin d'une phase historique, ou d'un cycle. Car ce monde triste et ennuyeux de l'économique d'abord, qui pourrait donc nous assurer qu'il sera préservé « des nouveaux Césars et des nouveaux prophètes » appelant à l'héroïsme, à l'austérité, à la religion, à la conquête, au fanatisme ?

La guerre idéologique, entamée par la Révolution française, semble s'être achevée en cette fin du XXe siècle, mais l'avenir reste imprévisible. Avec le recul, nous savons qu'après Iéna, il faut toujours craindre un Waterloo.

2

Terreur et révolution

Quatre-vingt-dix ans après la révolution d'Octobre, les termes de « communisme » et de « terreur » sont devenus consubstantiels : celle-ci serait l'agent nécessaire de l'avènement de la société sans classes. La Révolution française n'avait pas le même but ; elle est restée pour les marxistes une « révolution bourgeoise », et pourtant elle aussi a exercé, on peut dire inventé la terreur, c'est-à-dire la mise en œuvre de mesures d'exception propres à entretenir une peur collective sur ses ennemis et destinées à servir *in fine* l'émancipation du genre humain.

Pour la clarté de notre propos, précisons que nous ne parlons ici que de la terreur d'État, sans prendre en considération, même si elles eurent une influence sur celle-ci, les violences plus ou moins spontanées d'individus contre d'autres individus, de groupes contre d'autres groupes, à l'exemple des massacres de Septembre perpétrés par les sans-culottes sous l'instigation de la Commune insurrectionnelle. C'est de la terreur officielle dont nous parlons, celle qui finit par canaliser toutes les autres.

La violence d'État n'a pas été inventée par les révolutionnaires : les monarchies absolues, les dictatures, les autocraties de toute espèce ont pratiqué la terreur, elles aussi, de tout leur pouvoir discrétionnaire. La nouveauté, avec la Révolution, est que l'exercice de la terreur est le fait d'un nouveau pouvoir qui s'est établi contre la tyrannie, pour la libération du peuple, pour l'égalité et la fraternité. Pour cette raison même, elle n'est ni muette ni honteuse ; elle se définit, elle se justifie, elle s'évertue à dissiper la contradiction entre son but humaniste et ses méthodes impitoyables. À quoi sert-elle ?

La terreur est d'abord une arme *défensive* de la Révolution, qui, au lendemain de sa victoire, est aux prises avec des ennemis qui n'ont pas désarmé. Lorsque, en France, dans les années qui suivent la révolution bolchevique, des observateurs, journalistes, hommes politiques, condamnent les violences des bolcheviks, des historiens les justifient au nom de la Révolution française. Albert Mathiez publie ainsi en 1920 une brochure, *Le Bolchevisme et le jacobinisme*, dans laquelle il expose que la terreur exercée par le parti bolchevique, c'est la Grande Terreur imposée par le Comité de salut public de Robespierre : « Les révolutionnaires russes imitent volontairement et sciemment les révolutionnaires français. Ils sont animés du même esprit. Ils se meuvent au milieu des mêmes problèmes dans une atmosphère analogue. » Un autre historien universitaire, Ernest Labrousse, écrit dans *L'Humanité* du 6 novembre 1921 un article au titre explicite : « Comment la Révolution française explique et justifie avec éclat l'héroïque histoire de la révolution russe. »

Aussi bien en Russie qu'en France, la révolution a été aux prises avec de redoutables ennemis. À l'intérieur, tous les contre-révolutionnaires confondus ; à l'extérieur, les puissances ennemies qui leur viennent en aide. Le Vendéen, le Russe blanc, l'aristocrate, le prêtre insermenté, le pope tsariste, le traître, le conspirateur, l'accapareur ou le bourgeois, tout ce que l'ancienne société nourrit de volonté de résistance doit être brisé. La guerre extérieure et la guerre civile l'exigent.

Cependant, dès le début, une autre fonction de la terreur est observable, celle qui, *offensive* cette fois, tend à l'*homogénéisation* de la société. La terreur officielle qui s'exerce en France de juin 1793 (chute des Girondins) au 27 juillet 1794 (Thermidor, chute de Robespierre) vise à façonner une âme commune, un Peuple-un, une volonté générale qu'aucune faction ne doit menacer. « La solidité de notre République, écrit Saint-Just dans un rapport au nom du Comité de salut public, est dans la nature même des choses. La souveraineté du peuple veut qu'il soit uni ; elle est donc opposée aux factions : toute faction est donc un attentat à la souveraineté. » Tout devient dès lors suspect qui n'est pas aligné : « Soulevons le voile qui cache les complots, épions les discours, les gestes, l'esprit de suite de chacun. » Qui peut craindre cette surveillance universelle ? Certainement pas les innocents. Le droit de critique est interdit : « Un patriote, déclare encore Saint-Just, est celui qui soutient la République en masse ; quiconque la combat en détail est un traître. » Saint-Just va encore plus loin : ce ne sont pas seulement les traîtres qu'il faut punir, « mais les indifférents même », ceux qui n'adhèrent pas à l'enthousiasme révolutionnaire. Le gouvernement par le fer qu'il préconise trouve sa meilleure application dans la loi du 22 prairial an II (10 juin 1794) qui instaure la Grande Terreur : les accusés, qui n'auront plus de défense, seront ceux qui attentent d'une manière ou d'une autre « à la liberté, à l'unité, à la sûreté de la République ». Le plus grand arbitraire est ainsi décrété : tout le monde devient suspect d'être l'ennemi du peuple. La guillotine fait la différence entre les bons citoyens et les mauvais. « Le décret du 22 prairial, écrit Claude Lefort, porte à son paroxysme l'image d'une lutte à mort censée impliquer tous les citoyens, pris un à un, en même temps qu'elle dissout pratiquement les critères de la culpabilité et les critères du jugement.[1] » Or, cet arbitraire sans limites s'applique à un moment où les menaces étrangères qui pèsent sur la Révolution ont disparu. L'épuration est le gage de l'unification des esprits, de la construction d'une société accordée avec elle-même, d'un non-retour vers les aberrations de la veille quand chacun était l'ennemi de chacun.

La révolution léniniste ajoute au projet révolutionnaire sa dimension de classe. La monopolisation du pouvoir par le gouvernement bolchevique vise à purger la société des ennemis de la classe ouvrière. De même que le Comité de salut public en France incarnait la Convention qui incarnait le peuple souverain, de même le parti bolchevique devient le prolétariat lui-même. Bien avant 1917, Lénine, dans *Que faire ?*, avait démontré l'impuissance des ouvriers, prisonniers des revendications immédiates, à faire la révolution : c'était aux intellectuels révolutionnaires, avant-garde du prolétariat, à prendre en charge les destinées du prolétariat. Arrivé au pouvoir, Lénine fait du parti bolchevique qu'il a créé l'essence du prolétariat révolutionnaire. Prévenir les complots, arrêter les gens potentiellement dangereux, éliminer tous les récalcitrants, nettoyer le Parti lui-même, c'est le moyen de parvenir à « l'unité de la volonté », à la transformation du matériau humain et, à terme, à l'homme nouveau. La Tcheka devenue le Guépéou est l'instrument privilégié de la terreur, qui surveille, arrête, déporte, fusille. Un de ses dirigeants, Latsis, précise à ses subordonnés : « Ne cherchez pas de preuves pour établir que votre prisonnier s'est opposé au pouvoir soviétique, en paroles ou en actes. Votre premier devoir est de lui demander à quelle classe il appartient, quelles sont ses origines, quel est son degré d'instruction et quel est son métier. Ce sont ces questions qui doivent décider de son sort. Voilà la signification et l'essence de la terreur rouge[2]. » Aucune « survivance de la maudite société capitaliste » ne doit subsister. L'élimination des ennemis est suivie par la liquidation des partis concurrents (SR et mencheviks) du minoritaire parti bolchevique (24 % des voix et des sièges à l'Assemblée constituante que Lénine dissout d'emblée). L'unité de pensée implique la censure, la fin de la liberté d'expression, la lutte à mort contre la religion établie et contre les intellectuels d'esprit critique. En mai 1922, au moment de l'élaboration du code pénal soviétique, Lénine propose la formule suivante : « Sont punies de la peine capitale [...] la propagande ou l'agitation concourant objectivement à aider la fraction de la bourgeoisie internationale, qui ne reconnaît pas en droit le système soviétique... » Cet « objectivement » autorise n'importe quoi et permettra effectivement la répression la plus aveugle. L'instauration du parti unique passe par l'élimination de tous les autres tandis qu'en son sein la ligne imposée par la direction du Parti ne saurait tolérer la moindre déviance. Le parti bolchevique n'est pas né de la classe ouvrière, il en est le substitut et le créateur. Mais qu'il est dur, qu'il est long, le chemin de la société sans classes : ses ennemis renaissent de leurs cendres comme le phénix. L'harmonie rêvée est au prix du sang répandu. La terreur n'a pas de fin. Maître du pouvoir politique, de l'économie, du système éducatif, de l'information, omniprésent par sa bureaucratie et sa police, le parti communiste a effacé toute distinction entre société civile et société politique. À l'image du Peuple-un correspond celle d'un pouvoir-un : la terreur définit et élimine l'ennemi pour mieux affirmer l'identité du peuple, le « nous » communiste[3]. Le fantasme de la société unifiée, réconciliée, harmonieuse, est ainsi la deuxième fonction revendiquée de la terreur. Il en est une troisième, moins explicite : la terreur au service de la dictature personnelle.

Il y a une sorte de logique de la centralisation révolutionnaire appuyée sur la terreur : c'est la confiscation progressive ou brutale de la souveraineté populaire ou prolétarienne au profit des organes de leur représentation. Dans le cas de la Révolution française, la Convention (épurée) cédant la place au Comité de salut public, et celui-ci peu à peu dominé par les personnalités les plus fortes, Robespierre en tête. Pour la révolution bolchevique, c'est la formation d'un parti unique épuré de ses opposants internes, au sein duquel le Comité central règne en maître, et finalement, au bout de la chaîne, un guide de la révolution, Lénine. Dès mars 1919, Lénine justifie la dictature personnelle : « À l'époque de la lutte violente, lorsqu'on réalise la dictature ouvrière, il faut avancer le principe de l'autorité morale de l'individu aux décisions duquel tout le monde se soumet sans longues discussions[4]. » Au IXe congrès du PC soviétique, en mars-avril 1920, aux critiques qui lui sont faites sur la concentration du pouvoir, Lénine répond : « Le centralisme socialiste soviétique ne contredit nullement le pouvoir personnel et la dictature, la volonté de la classe est parfois réalisée par un dictateur qui, quelquefois, en fait davantage à lui tout seul et qui est souvent plus indispensable[5]. » En 1793-1794, Robespierre s'est employé à éliminer les opposants à sa politique au sein même de la Révolution : sur sa gauche, les hébertistes ; sur sa droite, les dantonistes. Se plaçant sous l'inspiration de l'Être suprême, il est le guide : « La République pure et vertueuse devait se confondre nécessairement avec la personne de Robespierre. [...] Mais pour être pure et vertueuse, fidèle à ses propres représentations, la République devait nécessairement s'épurer, se débarrasser des "impurs", des traîtres, des intrigants, des carriéristes, des vils profiteurs, éléments indignes d'elle, voire ses pires ennemis cachés et dissimulés[6]. » Un guide trop menaçant pour ceux qui craignent son réquisitoire et se déterminent à provoquer sa chute, le 9 Thermidor. Lénine lui aussi saura mettre fin aux oppositions internes du parti bolchevique, à « l'action fractionnelle », afin d'assurer « le maximum d'unité », ainsi qu'il en est décidé au Xe congrès en mars 1921.

Le cas de Lénine est différent : il est la tête d'un parti de plus en plus discipliné dans lequel le « fractionnisme » est condamné et il s'impose, de fait, comme le chef tout-puissant. Lorsque Lénine, en 1902, avait exposé dans *Que faire ?* sa conception du parti révolutionnaire, Trotski, qui n'était pas encore rallié au bolchevisme, commentait ainsi le schéma : « L'appareil du parti se substitue à la base, le Comité central se substitue à l'appareil, et, finalement, un "dictateur" se substitue au Comité central. » À partir de 1921, le parti bolchevique a pris l'aspect du parti-État qu'il restera. Lénine en est le chef intraitable et dominateur. Pénétré de la « science marxiste », sûr d'avoir raison quant à l'écrasement nécessaire de tous les ennemis de la révolution, jugeant les horreurs de la violence comme l'instrument indispensable de la future société communiste : tout était permis selon lui pour « libérer l'humanité de ses chaînes ». L'immensité du but confortait le déchaînement de la terreur, et la terreur dirigée de haut faisait de son ordonnateur le chef incontesté.

Les défenseurs de Robespierre autant que ceux de Lénine réfutent légitimement que ni l'un ni l'autre n'avaient de vocation à la dictature. L'un et l'autre étaient des individus vivant dans la plus grande simplicité matérielle et sans le goût de ce qu'on appellera, à la suite de Khrouchtchev, « le culte de la personnalité ». Ils ont cependant une conviction : qu'ils font partie du très petit nombre de ceux « qui savent ». Si l'on peut parler de leur « dictature », celle-ci n'est nullement officielle, et la position de Robespierre est assez fragile pour permettre sa chute. À vrai dire, les pouvoirs de Robespierre et de Lénine n'étaient que l'ébauche de dictatures personnelles. C'est avec Staline que la terreur se déchaîna au profit du guide au pouvoir. Staline, arrivant au sommet, hérita des instruments formidables du pouvoir que Lénine lui léguait : un parti unique et monolithique, une police politique qui de la Tcheka au Guépéou était devenue une machine de surveillance et de répression aux multiples tentacules, des camps de concentration pour mettre au rebut ceux qui avaient échappé à la peine de mort. Mais Lénine n'avait pu achever la socialisation de l'économie ; 85 % des Russes étaient des villageois qui avaient acquis leurs terres en 1917, et l'industrie elle-même, du fait de la NEP, échappait à l'État. La propriété collective des forces productives, y compris celles des campagnes, restait le but. Staline, pour y parvenir, exerça à son tour la terreur, une terreur de masse : collectivisation forcée des campagnes, accélération de l'industrialisation parfaitement justifiées par la théorie marxiste ; c'était la mise en place des « bases du socialisme ». Dans ce processus, Staline acquiert le rang de guide suprême. Après avoir éliminé ses rivaux directs, à commencer par Trotski, il ne cesse – ce qui n'avait pas été pratiqué sous Lénine – d'entretenir la peur au sein même du parti communiste. Les purges, cette autre forme de la terreur, deviennent l'épée de sa dictature. Staline devient tout : il est le Parti, il est l'État, il est la société, il est l'histoire en marche – l'*Egocrate*, selon l'expression de Soljenitsyne. Dans sa biographie (inachevée) de Staline, Trotski, qui n'était pas innocent dans la mise en place de la terreur, mais qui en fut l'une des innombrables victimes, a pu écrire : « *L'État c'est moi !* est presque une formule libérale en comparaison avec les réalités du régime totalitaire de Staline. Louis XIV ne s'identifiait qu'avec l'État. Les papes de Rome s'identifiaient à la fois avec l'État et avec l'Église – mais seulement durant les époques de pouvoir temporel. L'État totalitaire va bien au-delà de ce césaro-papisme, car il embrasse toute l'économie du pays. À la différence du Roi-Soleil, Staline peut dire à bon droit : la *Société c'est moi*[7] *!* »

La lignée des dictateurs communistes s'enrichit, après la montée au pouvoir de Staline, de Mao et Pol Pot. La terreur pourra ne pas être aussi sanglante qu'en Russie, en Chine ou au Cambodge, mais elle est partout nécessaire au maintien des régimes du « socialisme réel » qu'elle a permis d'instaurer. L'histoire de la Stasi en RDA en est une version édulcorée mais néanmoins terrible.

Déclenchée pour se défendre, entretenue pour imposer un ordre nouveau dans lequel les individus régénérés pourront prendre leur place, la terreur finit par élever au-dessus de tout et de tous la figure paroxystique de l'autocrate : le Maître qui massacre les hommes pour le bien de l'humanité.

3

Le totalitarisme

Avant même d'en examiner le concept, nous pouvons saisir la notion de totalitarisme à travers une fiction célèbre, le roman de George Orwell, *1984*, publié en 1948. Orwell est un intellectuel socialiste de nationalité britannique. Il a participé à la guerre d'Espagne, proche du POUM. Il a été témoin de la façon dont les partisans de Staline ont éliminé leurs alliés anarchistes et trotskistes. Son ouvrage, *La Catalogne libre* (cf. le film de Ken Loach, *Land and Freedom*) est un témoignage direct de ce qu'il a vu pendant la guerre d'Espagne. Ses positions évoquent celles de Camus :

« Le collectivisme, écrit-il, mène aux camps de concentration, au culte du leader et à la guerre. Il n'y a qu'un moyen pour conjurer ces dangers, et c'est de parvenir d'une manière ou d'une autre à combiner la liberté intellectuelle avec l'économie planifiée, ce qui ne deviendra possible que si l'on réussit à rétablir le concept du bien et du mal en politique. »

Le monde totalitaire imaginé et dénoncé par Orwell est un composé de fascisme et de communisme. Son héros, Winston Smith, est aux prises avec la machine de contrôle absolu des populations, décrite dans ses détails :

– l'obéissance à un chef à la fois omniprésent et invisible : Big Brother ;

— la surveillance implacable ;

— la propagande incessante au moyen d'une télévision qui est à la fois l'œil et la voix du maître, le *télécran* ;

— la délation élevée au rang des vertus civiques, l'espionnage des parents par les enfants (ceux-ci ne font pas partie des « boy-scouts » ou des « éclaireurs » ou des « pionniers », mais des *Espions* !) ;

— la cohésion sociale entretenue par la guerre permanente, menée à la fois contre l'ennemi intérieur (on organise des semaines de la Haine, dirigées notamment contre le complot imaginaire de Golstein (Trotski ou le Juif), l'ennemi phénix, renaissant chaque jour de ses cendres ; et contre l'ennemi extérieur. Le continuel état de guerre justifie toutes les contraintes, toutes les terreurs (guerre simulée, chacun des États en présence allant jusqu'à envoyer régulièrement des bombes sur la tête de ses propres citoyens : « La guerre est une affaire purement intérieure… l'objet de la guerre n'est pas de faire ou d'empêcher des conquêtes de territoires, mais de maintenir intacte la structure de la société… »).

Orwell invente aussi le ministère de la Vérité, qui assure un contrôle total du passé… Chaque jour, on rectifie les documents, les sources de l'histoire : la maîtrise totale du passé est nécessaire au pouvoir absolu (cf. les photos truquées) : « Nous ne savons jamais de quoi HIER sera fait[1]. » Avoir la faculté de rajuster, de rectifier le passé, c'est la condition pour sauvegarder au pouvoir son infaillibilité.

Un nouveau langage, une langue de bois, est d'usage : la *novlangue*, un instrument qui permet de remodeler la conscience humaine. Une langue toute au service de l'idéologie, dont le lexique, très pauvre, est constamment renouvelé : on ne garde que l'indispensable. La novlangue interdit toute pensée non orthodoxe. Elle est faite pour créer dans les mentalités les stéréotypes indispensables. On a suggéré d'appeler les régimes totalitaires des *logocraties*.

Cette fiction a-t-elle des correspondances historiques ? À n'en pas douter : les régimes fasciste, nazi, communiste, présentent des analogies indiscutables avec l'Océania d'Orwell – avec, il est vrai, l'écart qui existe entre un modèle abstrait (ou une fiction littéraire paradigmatique) et ses applications concrètes.

Le totalitarisme n'a été historiquement nulle part achevé, si ce n'est dans les camps de concentration nazis et les goulags communistes… Dans le reste de la société, les tendances au totalitarisme ont pu être freinées, affaiblies, contrecarrées, par le poids du passé, par le rôle des religions (Italie, Pologne), par les échanges internationaux, les contradictions internes du système…

L'un des problèmes posés est celui de cet écart entre un idéal-type (le totalitarisme) et la réalité historique.

Histoire d'un concept et définition

On fait généralement remonter la création du mot « totalitaire » à Mussolini et à 1925. Ce n'est pas tout à fait exact : Mussolini avait repris et assumé un mot lancé par ses adversaires libéraux.

Dans un article de *Il Mondo* du 12 mai 1923, Giovanni Amendola parle en effet du *sistema totalitario*. À noter que le régime mussolinien n'est pas à cette date « totalitaire », et qu'Amendola parle du système électoral par lequel les partisans des fascistes, minoritaires, obtenaient la majorité des sièges. D'autres opposants à Mussolini utilisent à leur tour le mot, comme Don Luigi Sturzo, le chef de la Démocratie chrétienne. Le mot évoque à la fois une procédure électorale abusive et la violence avec laquelle le fascisme s'empare de tous les postes. Mais il stigmatise aussi, sous la plume de Sturzo, une « nouvelle vision du monde », allant dans « le sens d'une transformation totalitaire de toute force morale, culturelle, politique ou religieuse ».

Amendola, qui a créé en 1924 l'Union nationale des forces libérales et démocratiques, fait un pas de plus en assimilant fascisme et communisme dans une entreprise commune : « Deux groupes de pensée, deux inspirations politiques opposées qui, pourtant, nient toutes deux l'État démocratique libéral et menacent de manière convergente de saper les fondations plus que centenaires de la vie politique moderne. »

C'est donc le 22 juin 1925 que Mussolini lui-même reprend la notion, parlant de sa « volonté totalitaire inflexible ».

Entre les deux guerres, on retrouve l'emploi du mot « totalitaire », mais il faut attendre 1951 et la publication des *Origins of Totalitarianism* d'Hannah Arendt pour que le concept soit vraiment lancé. Hannah Arendt n'en donne pourtant pas de définition. Il revient à C.J. Friedrich et Z.K. Brzezinski *(Totalitarian dictatorship and autocracy)* d'en fournir une « traduction politologique », selon six critères : 1° Une idéologie officielle, c'est-à-dire un corps officiel de doctrine couvrant tous les aspects de la vie humaine ; 2° Un système de parti unique conduit par un « dictateur » ; 3° Un système de contrôle policier ; 4° La concentration de tous les moyens de propagande ; 5° La concentration de tous les moyens militaires ; 6° Le contrôle central et la direction de l'économie entière.

En France, le concept ne s'impose pas d'emblée. On lui reproche sa nature purement idéologique : « concept de guerre froide », dit-on. La pensée libérale et anticommuniste, bien étudiée par Pierre Grémion, ne s'exprime que rarement par ce mot suspect, qui met dans le même sac l'Allemagne nazie et l'Union soviétique quelques années après la guerre… Ainsi, dans le catalogue de la collection que dirige Raymond Aron chez Calmann-Lévy, « Liberté de l'Esprit », ne figure aucun titre sur le totalitarisme.

Dans le manuel d'*Histoire des idées politiques* dirigé par Jean Touchard on peut lire, en 1959 : « L'emploi du mot “totalitarisme” a pour effet – et peut-être chez certains pour but – de masquer les différences qui tiennent à l’essence même des régimes, et de suggérer des rapprochements qui ne sont pas toujours convaincants. »

Cependant, à la même époque, lors de l’année universitaire 1957-1958, Raymond Aron utilisait le concept dans un cours de sociologie, repris en volume en 1965 sous le titre *Démocratie et totalitarisme* (Idées/Gallimard). Il en donnait la définition suivante :

« 1. Le phénomène totalitaire intervient dans un régime qui accorde à un parti le monopole de l’activité politique.

« 2. Le parti monopolistique est animé ou armé d’une idéologie à laquelle il confère une autorité absolue et qui, par suite, devient la vérité officielle de l’État.

« 3. Pour répandre cette vérité officielle, l’État se réserve à son tour un double monopole, le monopole des moyens de force et celui des moyens de persuasion. L’ensemble des moyens de communication, radio, télévision, presse, est dirigé, commandé par l’État et ceux qui le représentent.

« 4. La plupart des activités économiques et professionnelles sont soumises à l’État et deviennent, d’une certaine façon, partie de l’État lui-même. Comme l’État est inséparable de son idéologie, la plupart des activités économiques et professionnelles sont colorées par la vérité officielle.

« 5. Tout étant désormais activité d’État et toute activité étant soumise à l’idéologie, une faute commise dans une activité économique et professionnelle est simultanément une faute idéologique. D’où, au point d’arrivée, une politisation, une transfiguration idéologique de toutes les fautes possibles des individus et, en conclusion, une terreur à la fois policière et idéologique. »

Aron ne fait aucune allusion au chef dans lequel s’incarne l’unité de pensée idéologique, l’unité de l’État et du parti. Mais, ce qui me semble surtout manquer dans cette définition, au demeurant assez précise, tout comme dans celle des Américains citée plus haut, c'est la mention de la finalité des systèmes totalitaires : l'ambition de changer l'homme, de construire un « homme nouveau ».

Aron, cela dit, était, dans sa chaire de sociologie à la Sorbonne, assez isolé. Il faut attendre les années 1970 pour voir reconsidérer le concept. D'abord parce que Hannah Arendt est enfin traduite, en 1972, en français. *Le Monde* lui consacre un grand article, le 20 octobre 1972, sous le titre : « Peut-on comparer régime nazi et régime stalinien ? » La réponse implicite de l'auteur (R.E., sans doute Roger Errera) est oui. Naturellement, l'unanimité est loin d'être acquise, mais le réveil du concept est patent.

Un réveil qui va se confirmer dans les années suivantes, d'abord parce que le concept, plus ou moins boudé ou rejeté à l'Ouest, revient par les pays de l'Est où les intellectuels dissidents le reprennent à leur compte. Le grand événement est d'abord la traduction de *L'Archipel du Goulag* de Soljenitsyne en 1974. Énorme succès, qui appelle de nombreuses analyses et commentaires : *Un homme de trop* de Claude Lefort, *La Cuisinière et le mangeur d'hommes* d'André Glucksmann. Cette fois, ce sont des philosophes venus de la gauche socialiste ou marxiste qui reprennent la notion de totalitarisme.

Puis surgissent les événements d'Asie : la prise de Saigon en 1975 est suivie par le drame des boat people ; au Cambodge, les Khmers rouges de Pol Pot installent un régime qui, au nom de Marx et de Lénine, dépasse en horreur le régime stalinien. En Chine, la mort de Mao provoque une révision de son œuvre et de son régime. En URSS, Brejnev impose un nouveau despotisme… et fait entrer ses troupes en Afghanistan à la fin de 1979. Tous ces événements entraînent l'élaboration d'une pensée antitotalitaire, dont les travaux de François Furet, Claude Lefort, Marcel Gauchet, la revue *Esprit* de Paul Thibaud, la vague des « nouveaux philosophes » sont autant d'expressions.

L'union de la gauche ne favorise guère cette école antitotalitaire « de gauche », on constate un déphasage entre le milieu intellectuel et le Programme commun. D'où, sans doute, l'appel de Max Gallo en 1983 : « Mais où sont passés les intellectuels de gauche ? » Le point d'orgue de ces recherches est l'ouvrage de synthèse de François Furet, *Le Passé d'une illusion*, en 1995, vaste fresque du XXe siècle, reprenant les similitudes, les liens cachés, les complicités souterraines, les ennemis communs du fascisme et du communisme.

Les objections au concept

L'objection fondamentale au concept de totalitarisme est d'ordre politique ou idéologique. Les marxistes le critiquent comme « concept de guerre froide », une arme de combat visant à justifier le capitalisme en jetant un même anathème sur le nazisme et le communisme.

Ainsi Poulantzas, auteur de *Fascisme et dictature* (1974), dénonce-t-il une équation simpliste : « *Les Origines du totalitarisme* d'Arendt, qui fit école, fut une des bibles des démocraties anglo-saxonne-allemande pendant les années de la guerre froide. La ligne politico-idéologique principale de ce livre est connue : communisme = fascisme, Staline = Hitler, les “anormaux” communistes-fascistes se ressemblent, et *vive la démocratie occidentale*, c'est là effectivement que gît le lièvre. »

Un peu en retard, *L'Humanité* publie, le 22 novembre 1974, sous la plume du germaniste André Gisselbrecht, une réfutation de la théorie d'Arendt. Pour lui, « totalitaire » ne pouvait désigner que les fascismes « historiques » et *eux seuls* : « Un stéréotype négatif se voit transféré de son objet premier vers son contraire. » Et Gisselbrecht de s'efforcer de réfuter la validité du concept par sa finalité politico-idéologique : justifier le maccarthysme, s'opposer à la coexistence pacifique, disqualifier en Allemagne la République démocratique allemande : « Sait-on, écrit-il, qu'en Allemagne fédérale le schéma d'explication du XXe siècle comme "ère des totalitarismes" est une *directive* gouvernementale pour l'enseignement primaire et secondaire... ? » Principal grief : il s'agit d'une « démarche a-historique procédant par analogies entre phénomènes éloignés dans le temps et parfaitement étrangers par leur nature de classe et leur fonction sociale ».

La notion de totalitarisme est malfaisante : elle détourne de l'antifascisme nécessaire « vers un danger hypothétique ou imaginaire ». Le principal ennemi du communisme étant le capitalisme, il y a beaucoup plus de similitude entre fascisme et libéralisme qu'entre communisme et fascisme : « À la fois le fascisme et les autres formes de l'État bourgeois sont tous des formes de l'État capitaliste. » Poulantzas veut bien admettre des variations dans les formes d'État capitaliste, mais pour lui l'opposition décisive reste celle du socialisme contre le capitalisme.

En son temps, Maurice Thorez, en février 1934, faisait valoir lui aussi que le fascisme n'était qu'une des formes de l'État capitaliste ; qu'il n'y avait pas, entre la démocratie libérale et le fascisme, de différence de nature : « L'expérience internationale prouve qu'il n'y a pas de différence de nature entre la démocratie bourgeoise et le fascisme. Ce sont deux formes de la dictature du Capital. Le fascisme naît de la démocratie bourgeoise. Entre le choléra et la peste, on ne choisit pas[2]. »

Au-delà des polémiques politico-idéologiques – on comprend évidemment pourquoi les communistes ne peuvent être d'accord avec l'emploi d'un concept qui désigne des similitudes entre communisme et fascisme –, l'historien peut retenir trois objections.

La première est celle qui porte sur les genèses respectives des prétendus États totalitaires. Dans un cas, il s'agit de coups d'État ou de coups de force d'extrême droite, avec l'appui de la grande finance et des classes moyennes, pour lutter précisément contre les forces révolutionnaires. En Italie, les Faisceaux de combat prennent la place des grévistes pour faire marcher les transports en commun et, dans les campagnes, ils deviennent le fer de lance des grands propriétaires contre les salariés agricoles. Dans l'autre cas, il s'agit d'une révolution populaire, prolétarienne, visant à en finir avec la société de classes, la société d'exploitation.

Deuxième objection : la nature des régimes économiques qui s'instaurent diffère ; dans un cas, le capitalisme est respecté, renforcé ; dans l'autre cas, on établit le socialisme par la collectivisation des moyens de production.

La troisième objection porte sur les idéologies. L'idéologie fasciste ou nazie est un particularisme exacerbé, nationaliste et raciste. L'idéologie marxiste-léniniste est universaliste, et vise à la libération de tous les peuples opprimés.

La preuve de l'antagonisme entre les deux systèmes a été largement donnée par la Seconde Guerre mondiale, qui a vu l'affrontement du nazisme et du communisme, lequel s'est identifié à l'antifascisme.

Enfin, certains auteurs, considérant la Shoah comme le Mal absolu, irréductible à toute autre œuvre d'inhumanité, refusent le concept dans la mesure où il risque de banaliser ce Mal absolu.

Validité du concept

Avant d'examiner quelques auteurs qui ont donné force à la légitimité du concept, nous pouvons répondre de manière empirique aux objections que je viens de résumer.

La généalogie, d'abord. Évidemment, la prise de pouvoir par le fascisme, le nazisme et le bolchevisme n'est pas la même. Toutefois, si l'on veut dépasser l'événementiel, il n'est pas interdit de considérer ces régimes comme issus de la Première Guerre mondiale. Furet parle du « caractère matriciel » de la Grande Guerre pour le XXᵉ siècle. Tous les trois, pour s'en tenir au trio historique, sont nés de la défaite ou d'une société en crise du fait de la guerre. En un sens, le fascisme s'est développé contre le communisme, mais en lui empruntant ses méthodes – et notamment la propagande de masse. Ce sont des phénomènes contemporains, interactifs.

La Première Guerre mondiale a ébauché dans les États belligérants le système totalitaire : unité de pensée (patriotique), censure, bourrage de crâne, mobilisation de l'économie au profit d'un seul but politique, la victoire.

Dans la guerre, c'est toute la nation qui est sommée de ne faire qu'une – et cette union est sacrée. Au front, les soldats n'ont pratiquement plus de fonctions individuelles – les fonctions de masse dominent, que ce soit par les offensives massives, les combats d'artillerie, l'industrialisation des moyens de destruction… La guerre moderne robotise les combattants.

La crise des sociétés après la guerre dure plusieurs années. La relève de la guerre est prise par la révolution, qui met en branle les masses : révolutions russe, allemande, hongroise… Relayées par des troubles sociaux dans tous les pays en 1919-1920 – notamment en Italie : grèves avec occupation d'usines –, la révolution et la contre-révolution se développent dans une société de masse bouleversée par la guerre.

Ajoutons que la guerre, ses ruines et ses hécatombes ont remis en cause l'optimisme libéral et positiviste. L'idée a fait son chemin qu'un vieux monde est mort ou à l'agonie. Les mouvements communiste et fasciste sont en quête d'un homme nouveau contre l'individu libéral, le bourgeois. Les deux systèmes sont nés de la crise de la démocratie libérale provoquée par la Grande Guerre. Ils rejettent cet ennemi commun, la démocratie libérale, tout en étant tous les deux des « figures potentielles de la démocratie moderne » (Furet).

L'objection sur les organisations économiques est aussi à discuter. Certes, pas de collectivisation d'un côté, et collectivisation de l'autre. Mais, au fur et à mesure que les régimes fasciste et nazi s'installent et développent leurs potentialités, il est clair qu'ils veulent soumettre l'économie à leurs desseins politiques. Contrairement à la doctrine du Komintern, Hitler n'est pas l'instrument des trusts et des cartels, mais le contraire.

Les idéologies ? Bien sûr, une différence notable. D'un côté, on se réfère au marxisme, doctrine universaliste d'émancipation humaine. Une idéologie de classes, qui vise à l'établissement de la société sans classes. De l'autre côté, une doctrine particulariste, nationaliste, raciste, qui reste profondément élitiste, hiérarchisant les hommes ou les races.

Cependant, quand on parle d'idéologie, il ne faut pas en rester aux contenus. Du reste, les contenus des idéologies fascistes sont variables et parfois contradictoires. L'idéologie doit être aussi considérée dans ses aspects fonctionnels. Le contenu compte moins que la façon de s'en servir. Qui dit idéologie totalitaire dit vérité officielle, vérité d'État, à laquelle nul ne peut se dérober – une idéologie qui prend en compte tous les aspects de la vie publique et de la vie privée. Nous touchons là une des nouveautés historiques du phénomène totalitaire, qui le distingue des tyrannies du passé.

L'idéologie justifie le pouvoir et toutes ses entreprises. Elle fait le partage entre amis et ennemis, en désignant l'adversaire. Elle explique les difficultés de l'heure et les promesses d'avenir. Elle a pour finalité de réaliser le Peuple-un.

La logique de l'idéologie induit la *terreur*. Il s'agit d'éradiquer l'ennemi sous tous ses aspects, d'annihiler toute l'action libre. L'État-parti a le monopole de toute initiative. L'individu est nié : il faut, écrit Arendt, « en finir avec le caractère unique de la personne humaine ».

La terreur aboutit à la formation des camps, camps de rééducation, camps de concentration, camps d'extermination, où se réalise le projet de la domination totale.

La signature du pacte germano-soviétique est une bonne illustration de la valeur relative des contenus idéologiques. Depuis des années, et officiellement depuis 1935, l'URSS et l'Internationale communiste se sont faites les championnes de l'antifascisme. La signature du pacte de 1939 est un déni de l'antifascisme. Certes, il a une explication stratégique : Staline veut repousser la guerre à l'Ouest. Mais l'antifascisme a été aussi une manœuvre stratégique : il s'agissait d'arrêter Hitler, dont la menace sur l'URSS est devenue évidente en 1934.

Claude Lefort, dans un article intitulé « la Logique totalitaire » (1980), montre que les trotskistes, qui auraient eu quelque raison de considérer l'URSS stalinienne comme un État totalitaire, y ont toujours répugné : « Le fascisme fut, pour eux, et reste un moyen que s'était donné le Grand Capital, dans des conditions historiques déterminées, pour réaffirmer sa domination sur le prolétariat, tandis que le stalinisme leur apparut et leur apparaît toujours comme le produit monstrueux d'une situation dans laquelle l'échec de la révolution mondiale avait dissocié de l'infrastructure socialiste une superstructure bureaucratique, dans laquelle s'était greffée sur l'État prolétarien une caste parasitaire. » Or, nous dit Lefort, Trotski lui-même a changé d'attitude à la fin de sa vie, lorsqu'il soulignait dans un livre sur Staline (inachevé) la mainmise stalinienne non seulement sur les rouages de l'État, mais sur la société tout entière.

Quant à la Shoah, il est vrai qu'elle est irréductible à toute autre catégorie historique. Mais le crime contre l'humanité ne vise pas seulement des victimes par la race : il existe des massacres de grande échelle au nom de la classe, au nom d'une terreur qui se fait l'accoucheuse de l'avenir radieux. Les victimes de la collectivisation des terres par Staline se chiffrent par millions. L'Angkar de Pol Pot, qui exerce sa tyrannie au Cambodge d'avril 1975 à janvier 1979, transforme le pays en un vaste goulag : libertés civiles abolies, suppression des lois, exécutions de masse, évacuation des villes, rationnement de nourriture impitoyable par les greniers collectifs, meetings de critique-autocritique dans les communes populaires, usines-prisons… Selon Pol Pot lui-même, le chiffre de la répression en était en 1978 à « 800 000 tués et 240 000 mutilés », soit 12 % de la population.

Le déchaînement meurtrier de l'Angkar se fait non seulement contre l'ennemi déclaré, les « impérialistes », les « hégémonistes », anciens et nouveaux, mais contre l'ennemi « qui ronge la société de l'intérieur ». Un rapport rédigé à la fin de 1976, faisant le bilan du gouvernement pour l'année, note : « Nous avons chassé des rangs du Parti, de l'armée et du peuple les traîtres cachés et enfouis. » Comme l'écrit Henri Locard, qui a étudié le Kampuchéa démocratique : « La purification de la société cambodgienne ne semblait jamais achevée… » Finalement, en moins de quatre ans, plus d'un million de Cambodgiens, soit 1 sur 7, sont morts. Certains démographes font une estimation double : 2 millions de morts pour cette période.

Certains emploient le mot de génocide. Discutable, puisque victimes et bourreaux sont de même origine ethnique. On a donc forgé le concept de « politicide » : « Dans un "génocide" de type nazi, l'État sélectionne les individus à éliminer selon leur origine ethnique ou nationale : on détruit l'autre qui souille la pureté raciale du groupe dominant ; dans un "politicide", la sélection a une base purement idéologique, c'est-à-dire les croyances religieuses ou, plus généralement, la position politique : on anéantit celui qui menace la pureté doctrinaire du Parti dominant (en réalité quiconque conteste son monopole absolu du Pouvoir). » C'est le « degré d'allégeance au parti unique en place » qui détermine le sort de chacun.

On peut donc comparer la purification politique de certains régimes communistes à la purification ethnique du nazisme, sans assimiler les deux processus.

Pouvons-nous passer maintenant à la définition du totalitarisme ? Pour y parvenir, on peut partir de son contraire, la démocratie libérale. Celle-ci est caractérisée par la distinction des différentes sphères d'activités, que résument les coupures ou les polarités État/société, vie publique/vie privée. Or, nous dit Lefort, « si un parti prétend s'identifier avec [le peuple] et s'approprier le pouvoir sous le couvert de cette identification, cette fois, c'est le principe même de la distinction État-société, le principe de la différence des normes qui régissent les divers types de rapports entre les hommes, mais aussi des modes de vie, de croyances, d'opinions qui se trouve nié – et, plus profondément, c'est le principe même d'une distinction entre ce qui relève de l'ordre du pouvoir, de l'ordre de la loi et de l'ordre de la connaissance. Il opère alors une sorte d'imbrication dans la politique de l'économique, du juridique, du culturel. Phénomène qui est justement caractéristique du totalitarisme ».

Dans le même article, Lefort repère certaines représentations clés « qui composent » la matrice idéologique du totalitarisme :

— *L'image du Peuple-un*, qui se confond avec celle d'un individu qui incarne l'unité et la volonté populaires : « Car le Peuple-un ne peut être à la fois figuré et énoncé que par un grand Autre. »

— *L'ennemi nécessaire* : « La définition de l'ennemi est constitutive de l'identité du peuple. »

— *La valorisation de l'organisation* qui « suppose l'idée d'une désorganisation, d'un chaos toujours menaçants et celle de perturbateurs, de saboteurs… ».

— *La maîtrise de l'innovation, le refus de la contingence* : « L'inconnu, l'imprévisible, l'indéterminable sont les figures de l'ennemi. » Fantasmagorie du Plan.

— L'incorporation des individus dans les seuls groupements légitimes : décomposition des rapports librement établis, des formes de sociabilité naturelle : « Dissoudre partout où il peut s'affirmer le sujet dans un "nous", pour agglomérer, fondre ces "nous" dans le grand "nous" [...], pour produire le Peuple-un. »

La validité du concept peut être contestée sur un plan épistémologique. Il s'agit en effet d'un concept philosophique : les historiens peuvent-ils y avoir recours sans faillir à leur tâche ? L'historien, en effet, visant à approfondir la connaissance du passé, rencontre « l'accroissement des niveaux de complexité du réel ». Pour reprendre Paul Ricœur, « pour [l'historien] l'humanité se diversifie sans fin dans sa réalité de fait, bien plus qu'elle ne s'unifie dans son sens de droit ». Là où l'historien voit le singulier et « la diversification croissante du réel », le philosophe vise l'interprétation, la signification. L'historien dira toujours : ce n'est pas si simple, et il sera toujours tenté de noter le caractère irréductible de tout phénomène étudié à un concept, une explication globale. L'exercice de la comparaison l'embarrasse, tant il privilégie d'ordinaire les *différences* sur les *ressemblances*.

Je suis convaincu, cependant, que les deux démarches, philosophique et historienne, sont plus complémentaires qu'antagoniques. L'historien ne cesse d'utiliser des concepts, même si ce n'est pas lui qui les a forgés. Quand il parle d'absolutisme, par exemple, que fait-il d'autre ? L'historien a besoin d'avoir recours aux sciences humaines, aux sciences sociales, aux sciences politiques, comme à la philosophie – même si son apport personnel est de rectifier la pensée abstraite, les globalisations abusives, les réductions conceptuelles qui finissent par dénaturer la réalité historique.

Le concept de totalitarisme ne sert nullement à dire : communisme et stalinisme, c'est la même chose. Il sert à observer ce que ces deux courants issus de la Première Guerre mondiale portent en commun, quitte à faire les nuances et les différences qui s'imposent. Le concept reste valide dans la mesure où il est avéré que les ressemblances systémiques l'emportent finalement sur les différences.

C'est à un historien d'origine polonaise, Krzysztof Pomian, que je ferai appel pour terminer. On lui doit une des mises au point les plus claires sur le totalitarisme[3].

Pomian analyse bien les différences qui existent entre fascistes, nazis et bolcheviks, lesquels n'ont pas la même histoire ni les mêmes références historiques, et ne se retrouvent pas dans le même camp entre 1941 et 1945 ; ils ne tiennent pas non plus les mêmes discours explicites.

Leurs similitudes justifient néanmoins la référence à un concept commun :

— Le parti unique contrôle tous les domaines de la vie sociale et la vie privée même des individus ;

— L'idéologie officielle imposée à tous et qu'imprègne le culte du chef (mobilisation des masses) ; George Lichtheim faisait remarquer : « Comme un régime totalitaire est dynamique par essence, il ne saurait fonctionner dans une atmosphère d'indifférence publique » ;

— L'absence de légalité que remplace un régime d'exception ;

— La terreur pratiquée à grande échelle (système concentrationnaire) ;

— La centralisation des décisions économiques et la subordination de la production à l'accroissement de la puissance ;

— L'état de guerre permanent (Nous/Eux) ;

— Le refus de la démocratie, la nation considérée comme une : « Dans tous les pays où la démocratie existe, une tension se manifeste… entre les institutions représentatives issues du suffrage universel et les institutions de l'État qui tirent leur légitimité à la fois de la tradition dans laquelle elles sont enracinées et de l'efficacité avec laquelle elles accomplissent leurs tâches… »

En finir avec le conflit, mettre en place des institutions intégratrices : un seul parti, une seule opinion, un seul chef. Refouler la conflictualité, imposer l'unanimité : changer l'homme – telle est la finalité du totalitarisme.

Le totalitarisme a-t-il disparu avec la fin du communisme soviétique ?

Longtemps, du reste, le caractère indestructible du communisme a fait illusion. Il devient plus facile de dire aujourd'hui que le totalitarisme a une historicité, un début et une fin précis. Pomian dit qu'il apparaît « comme un produit de la conjoncture créée par la révolution russe, ou plutôt par le coup d'État bolchevik à l'intérieur de celle-ci, et par la Première Guerre mondiale ».

Il a été le double rejet de la *tradition* et du *suffrage universel* : « On peut affirmer en effet qu'un des traits caractéristiques des révolutions du XXe siècle, c'est qu'elles débouchent sur les régimes totalitaires dans la mesure où elles rejettent du même coup un ancien régime, qu'il soit russe, chinois, éthiopien ou iranien, *et* la démocratie. »

Pour reprendre les deux modèles historiques, nazisme et stalinisme, il est notable que leur fin n'est pas la même. Le nazisme n'a pu réagir à ses difficultés que par la surenchère, la fuite en avant, le délire paroxystique : « Il finit en 1945 par sortir de l'histoire comme une voiture folle quitte la route[4] », alors que le stalinisme a démontré une faculté d'adaptation. À partir de Khrouchtchev, il s'agissait de savoir si le totalitarisme pouvait exister sans la terreur. Mais alors, les choses de la vie ont peu à peu désobéi aux mots du pouvoir. Le totalitarisme s'est rétracté, a reculé, s'est replié sur le centre. En Chine, le pouvoir garde la maîtrise de l'ensemble grâce aux communications, mais des pans entiers de la société ont une activité qui n'interfère pas avec le pouvoir.

Pour finir, insistons sur le fait que le totalitarisme n'a jamais été une entreprise achevée. Chaque système totalitaire a présenté des contradictions, une hétérogénéité, des résistances. Mais nous devons user de ce concept tout comme du concept d'absolutisme que j'ai mentionné : il éclaire, il stimule, il aide à comprendre. Et s'il fallait résumer la nature de ces régimes d'une phrase, je l'emprunterais à Paul Thibaud : « Ce sont les seuls régimes modernes pour qui la légitimité ne réside pas dans la volonté du peuple. Alors que les dictatures se veulent intérimaires, disant que le peuple n'est pas prêt, n'est pas éclairé… les totalitarismes dépossèdent et instrumentalisent le peuple au profit d'un concept – racial, classiste – du peuple. »

Un dernier mot, de psychologie cette fois. Les totalitarismes sont nés dans une certaine ferveur. Il ne s'agit pas de simples coups d'État. Milan Kundera répondait ainsi lors d'une interview en 1980 : « Je reproche à la critique du totalitarisme son manichéisme facile, comme si le totalitarisme était seulement le mal. Cette critique laisse intacte toute la "poésie" qui est liée à ce mal et qui l'engendre sans cesse. » Le même auteur, dans *La vie est ailleurs*, écrit : « Au fond, qu'est-il resté de ce temps lointain ? Aujourd'hui ce sont pour tout le monde les années des procès politiques, des persécutions, des livres à l'index et des assassinats judiciaires. Mais nous qui nous souvenons, nous devons apporter notre témoignage : ce n'était pas seulement le temps de l'horreur, c'était aussi le temps du lyrisme ! Le poète régnait avec le bourreau. »

Alain, de son côté, a pu dire à son époque que l'antifascisme, c'est d'abord « la grève de l'enthousiasme ». C'est que les régimes fasciste et nazi ont bénéficié d'une réelle popularité avant la Seconde Guerre mondiale.

« Grève de l'enthousiasme » : la formule est belle, certes, mais elle laisse entrevoir la faiblesse de la démocratie, dont le pragmatisme peut être désarmé par le lyrisme totalitaire.

4

Qu'est-ce que le fascisme ?

Quels mots sont plus galvaudés que « fascisme » ou « fasciste » ? Déjà, dans les années 1930, on pouvait en faire la remarque : « Non seulement les socialistes mais les masses de la république sentimentale affublent désormais de l'épithète de fasciste outre les fascistes véritables, les partis modérés, les libéraux, les conservateurs sociaux, tout ce qui est à l'opposé même du fascisme [...]. Fascisme finit par désigner tout ce qui n'est pas républicain dans le sens de la gauche[1]... »

Non seulement le mot a été banalisé à l'extrême, mais le phénomène fasciste lui-même, né en Italie au lendemain de la Grande Guerre, a été l'objet d'interprétations multiples, devenues d'autant plus contradictoires que le régime fasciste a sensiblement évolué depuis l'arrivée au pouvoir de Mussolini en 1922 jusqu'à l'entrée en guerre de l'Italie en 1940.

Le Duce a tenu à définir, avec l'aide du philosophe Gentile, la philosophie politique du nouvel État qu'il avait instauré[2]. Il reconnaît que cette doctrine ne préexistait pas au « mouvement », à l'« action », à l'« organisation » qu'il avait lancés en 1919, quand il avait fondé les Faisceaux de combat ; qu'elle s'est affirmée après la victoire. Au début, le fascisme a été une réaction vitale contre le pacifisme, et même une exaltation de la guerre : « La guerre, seule, porte au maximum de tension toutes les énergies humaines et imprime une marque de noblesse aux peuples qui ont le courage de l'affronter. » Idéal d'héroïsme, vécue par les sections d'assaut, qui doit se perpétuer la paix venue : « La vie doit être haute et pleine. »

Cet élan vital, écrit Mussolini, a deux ennemis principaux : le matérialisme historique, qui vante le « bonheur économique » – aspiration qui ravale les hommes au rang « d'animaux ne pensant qu'à une chose : être nourris et engraissés » – et les différentes formes du libéralisme, « antichambre historique et logique de l'anarchie ». Toutefois, le fascisme ne saurait être confondu avec le mouvement contre-révolutionnaire ; il ne veut pas revenir à l'Ancien Régime. Il est pénétré de la notion hégélienne de l'État. « Pour le fascisme, l'État est l'absolu devant lequel les individus et les groupes ne sont que le relatif. Individus et groupes ne sont concevables que dans l'État. » C'est pourquoi Mussolini affirme que « le fascisme est totalitaire », dominant toute la vie du peuple : rien d'humain ni de spirituel n'existe ni *a fortiori* n'a de valeur en dehors de l'État. En réalisant l'unité et l'organisation de la nation, l'État pourra affirmer « une volonté de puissance et de domination ». Explicitement, Mussolini décrit le fascisme comme un impérialisme : « Pour le fascisme, l'aspiration à l'empire, c'est-à-dire à l'expansion des nations, est une manifestation de vitalité : son contraire, l'esprit casanier, est un signe de décadence. »

Cette autodéfinition avait pour mérite la clarté : le fascisme se présente, au début des années 1930, comme un étatisme à vocation totalitaire et un impérialisme résolu, se développant sur les ruines de la démocratie libérale et contre le communisme. Ses fondements moraux s'appellent héroïsme guerrier, mépris de « la vie commode » (« vivre dangereusement »), éthique de l'action. Bien des aspects du fascisme sont passés sous silence : la répression policière, le culte du chef, la mise au pas des syndicats, l'interdiction des partis, etc.

Notons cependant que bien des interprètes du fascisme n'ont pas accordé d'attention suffisante aux aspects proprement expansionnistes et guerriers du fascisme, pourtant autoproclamés dans la doctrine officielle. Il s'agit en fait d'un des éléments majeurs du phénomène fasciste, nous y reviendrons.

L'installation du régime national-socialiste en Allemagne en 1933 et la multiplication des mouvements fascistes dans tous les pays européens, y compris dans celui qui, par l'antériorité de son régime de démocratie libérale, paraissait le plus imperméable à sa séduction, l'Angleterre, invitent à considérer le fascisme dans sa dimension européenne, en exagérant parfois les similitudes entre des cas fort différents. Les interprétations qu'on en donne sont nombreuses, d'inspiration souvent idéologique plus que scientifique ; on peut les classer, pour simplifier, en trois grandes catégories.

La première interprétation fait du fascisme un produit de la crise, à la fois morale et politique, due à la guerre mondiale, et affectant des pays tardivement unifiés et privés d'anticorps démocratiques. « Un égarement de la conscience, une crise de dépression civique et une ivresse, produits de la guerre[3] », écrit le philosophe italien Benedetto Croce, qui refuse de voir dans le fascisme la volonté agissante d'une classe sociale particulière. La guerre mondiale, en brisant les assises rationnelles de la société occidentale, en provoquant une crise de réadaptation économique après l'armistice, en inaugurant l'ère des masses, a créé dans les sociétés les plus fragiles un déséquilibre insurmontable, engendré une demande d'État que le régime parlementaire, mal en point, était incapable de satisfaire. L'inadaptation des pays en crise aux principes de la démocratie libérale, prônée comme universelle par les vainqueurs de la guerre, s'est révélée quand les procédures électorales démontrèrent leur incapacité à faire sortir des urnes une majorité stable et un gouvernement ayant autorité sur le pays. Jules Monnerot, dans *Sociologie de la*

Révolution[4], a insisté sur « l'état de détresse » d'une société en mal d'ordre et de pouvoir. « Tout se passe comme si, écrit-il, l'aversion pour les politiciens et les fonctionnaires qui symbolisent un État dévalué, ne faisait que raviver la nostalgie d'un pouvoir capable de ramener l'ordre et la prospérité. Un nombre grandissant d'hommes sont prêts à la révolution parce qu'ils aspirent à l'ordre. » Les fascistes ou les révolutionnaires de l'antidésordre. Ces analyses, pour pertinentes qu'elles soient, visent surtout à expliquer l'avènement du fascisme, plus que la nature même du nouveau régime.

À cette explication globale s'oppose l'interprétation économiste, dont les communistes se sont faits les plus constants théoriciens. Pour eux, le fascisme est la défense du capitalisme en crise. Au Ve congrès du Komintern, Bordiga, communiste italien, rapporteur de la commission sur le fascisme, décrit le régime mussolinien comme « un changement du personnel gouvernemental de la bourgeoisie ». Loin de s'émouvoir du fascisme, l'Internationale communiste croit y discerner une étape dans la décomposition du capitalisme, une ligne purement défensive d'une bourgeoisie aux abois, dont ne peut que profiter le mouvement révolutionnaire. « La démocratie bourgeoise, lit-on dans *Les Cahiers du bolchevisme* en 1933[5], est une forme *camouflée* de la dictature de la bourgeoisie, *le fascisme est une forme ouverte de la dictature de la bourgeoisie.* » En France, Maurice Thorez, lors de la journée du 6 février 1934, répète la vulgate : « L'expérience internationale prouve qu'il n'y a pas de différence de nature entre la démocratie bourgeoise et le fascisme. Ce sont deux formes de la dictature du Capital. Le fascisme naît de la démocratie bourgeoise. Entre le choléra et la peste on ne choisit pas[6]. »

Même quand, décidant le changement de ligne de 1934-1935, Staline prône l'alliance de l'URSS avec les démocraties bourgeoises dans une perspective « antifasciste », les communistes ne modifient pas fondamentalement leur définition. Celle-ci est précisée au VIIe congrès du Komintern en 1935, par la voix de Dimitrov : « Le fascisme au pouvoir est [...] la dictature terroriste déclarée des éléments les plus réactionnaires, les plus chauvins, les plus impérialistes du capital financier. »

D'autres analystes désignent le fascisme comme le résultat de la détresse des classes moyennes. Ainsi, pour l'économiste David Saposs[7], le fascisme est un mouvement « petit bourgeois » : « Le fascisme [est] une forme extrémiste de l'esprit des classes moyennes... Son idéal est la formation d'une classe de petits propriétaires, commerçants, artisans, agriculteurs. Cette partie constitutive de la société, appelée de nos jours "classe moyenne", appelle de ses vœux un régime de propriété privée, de profit et de concurrence dont la conception est toute différente du régime que préconise le capitalisme... »

Prise entre les syndicats ouvriers et les cartels capitalistes, cette classe moyenne a soutenu le fascisme comme une réaction désespérée : « L'impression d'insécurité dans une société toute nouvelle se renforçait du fait d'un appauvrissement qui venait affecter tous les membres de ces milieux de la petite bourgeoisie. Le terrain était favorable au développement des protestations impressionnantes et des mouvements où la classe moyenne devait rechercher des occasions de revanche[8]. » S'appuyant sur l'analyse électorale, le politologue américain S.M. Lipset montrait que le parti nazi présentait un attrait tout particulier pour la classe moyenne, petits paysans propriétaires et petite bourgeoisie urbaine formant la base sociale du nazisme, ce qui l'amenait à faire de celui-ci un « extrémisme du centre ».

À partir de la marche sur Rome en 1922, le fascisme devint un modèle d'exportation ; tous les pays européens ou peu s'en faut en connurent des imitations, ersatz ou non, quoique les dictatures traditionnelles l'aient emporté. La liste est longue : le Parti populaire national-socialiste en Suède et au Danemark, le Nasjonal Samling de Vidkun Quisling en Norvège, le Rexisme de Léon Degrelle en Belgique, le Nationaal-Socialistische Beweging d'Anton Mussert aux Pays-Bas, la British Union of Fascists d'Oswald Mosley en Angleterre, le Faisceau de Georges Valois, puis le Francisme de Marcel Bucard, le Parti populaire français de Jacques Doriot en France, la Phalange de Primo de Rivera en Espagne, l'éphémère Syndicalisme national de Rolao Preto, mis en veilleuse par le régime salazariste au Portugal, la Garde de fer de Corneliu Zelea Codreanu en Roumanie, les Croix fléchées de Ferenc Szalasi en Hongrie, l'Oustacha d'Ante Pavelic en Croatie, les Loups d'acier de Voldemaras en Lituanie, la Croix du tonnerre de Gustav Zemlin en Lettonie, le Front national du travail du général Larka en Estonie, le Lappo de Vittori Kosola en Finlande…

Toutes ces organisations avaient des points communs, mais aussi de fortes divergences. De là s'ensuit une définition du fascisme comme catégorie universelle et éternelle. De cette troisième interprétation, Umberto Eco s'est fait récemment le brillant représentant[9]. Alors qu'il n'existe qu'un seul nazisme, un seul franquisme, on peut parler, on parle, de fascisme de mille façons. « Le fascisme est devenu un terme s'adaptant à tout parce que, même si l'on élimine d'un régime fasciste un ou plusieurs aspects, il sera toujours possible de le reconnaître comme fasciste. » Et Umberto Eco de dresser une liste de caractéristiques typiques de ce qu'il appelle « l'Ur-fascisme, c'est-à-dire le Fascisme primitif et éternel » – le stockage des ressources anthropologiques, psychologiques, philosophiques et politiques, accumulées depuis les origines de l'humanité contre la liberté et la libération de l'homme. Il ajoute que si le mot « fascisme » a servi à désigner tous ces mouvements, dont les politologues raffinent les variations, c'est que le fascisme, italien donc, n'a été qu'un « totalitarisme “fuzzy” » – c'est-à-dire un ensemble flou, confus, imprécis, d'où résulte sa plasticité.

Quel que soit le brio de cette analyse, ici hâtivement évoquée, l'historien rechigne. À ses yeux, le fascisme n'a pas existé de toute éternité ; il est le produit d'une époque – celle des régimes totalitaires, spécifiques du XXe siècle. La question est de savoir s'il est licite d'user du mot *fascisme* hors de sa patrie d'origine. Nombre d'historiens refusent l'assimilation entre le cas italien et le cas allemand, entre la statolâtrie mussolinienne et le déterminisme raciste hitlérien. Il n'est pas douteux que les différences entre les deux régimes sont considérables. Mais leurs similitudes ne le sont pas moins, qui autorisent la construction d'un idéal-type[10] qui emprunte ses composantes à plusieurs mouvements et aux régimes fasciste et national-socialiste.

Le fascisme se propose de créer une conscience communautaire homogène. Sa quête de l'unité ne vise pas à une restauration d'un Ancien Régime, ni à l'établissement d'un régime d'égalité. Avec la tradition contre-révolutionnaire, il récuse le monde issu du Siècle des lumières et de la Révolution française, mais « le Fascisme, écrit Mussolini, ne revient pas en arrière ». Avec la révolution communiste, dont il est le contemporain et l'ennemi, le fascisme prend en compte l'ère des masses, la technique industrielle, et a la volonté de réaliser un « homme nouveau ». Le fascisme entend créer une conscience communautaire sur de nouvelles bases, en associant des valeurs d'héritage aux impératifs de l'ère des masses. Nous proposerons pour l'identifier les caractéristiques suivantes.

Un ultranationalisme

Le fascisme exalte l'unité nationale contre tout ce qui, à ses yeux, en menace le principe : la démocratie, le libéralisme, la lutte des classes. L'unité organique de la nation doit se prémunir et se protéger à la fois contre les rivalités entre individus et la rivalité entre classes sociales. Dans sa passion d'unité collective, le fascisme ne peut admettre le jeu des libertés individuelles ; il ne peut accepter l'apologie de la sphère privée contre le *Nous* communautaire.

Parallèlement, le fascisme veut en finir avec la lutte des classes. Sur le principe de l'anticapitalisme, mais récusant socialisme et communisme, il met en place sa solution de solidarité entre patrons et ouvriers : le corporatisme, qui annonce le déclin du syndicalisme et autres organisations de classe.

De même, le fascisme rejette les religions établies (même s'il doit provisoirement composer avec elles). Pouvoir spirituel moderne, il utilise à fond toutes les ressources de la propagande politique du XXe siècle : la presse, la radio, le cinéma. Il fait appel à la sensibilité, à l'affectif, à l'émotionnel : « Nous ne sommes pas, écrit Jules Monnerot, dans le domaine de la compatibilité des idées mais dans le domaine du maniement des énergies. » Cérémonies d'exaltation et d'exorcisme (les autodafés des mauvais livres), rassemblements cérémoniels, défilés aux torches, le fascisme fait appel à toutes les techniques de conditionnement des masses.

Un projet d'« homme nouveau »

Cette volonté d'homogénéiser la communauté est inséparable du projet d'« homme nouveau », l'homme débarrassé des préjugés libéraux, chrétiens, démocratiques, l'homme conscient d'appartenir à une nation ou à une race d'élite. À cette fin, l'éducation par l'école et les mouvements de jeunesse, l'enrégimentement des enfants, l'apprentissage de l'esprit collectif jouent un rôle décisif. Cette volonté de créer l'« homme nouveau », de régénérer la race, pourra aller jusqu'aux pratiques de sélection génétique, eugéniques, visant à l'élimination des malades mentaux, des incurables, des handicapés…

À partir de 1936, la volonté totalitaire de Mussolini se renforce. La langue italienne est appelée à se purifier du *lei* (troisième personne de la servilité) au bénéfice du *voi* ; un nouveau pas de parade est institué : le « pas romain » ; de même les fonctionnaires doivent revêtir l'uniforme et porter des grades. Le contrôle de l'information est renforcé, qu'il s'agisse de la radio ou de la presse. Le Centre expérimental de cinématographie fonctionne à partir de 1935 ; Cinecittà est inaugurée en 1937. Un ministère de la Culture populaire, créé en 1937, multiplie ses interventions, choisit les directeurs de périodiques, impose les noms des journalistes, exige le traitement de certains thèmes… Brochant sur le tout, la réforme de l'enseignement, exécutée par Bottai la même année, a pour vocation de préparer l'union des esprits dans l'idéal fasciste : « Le fascisme qui durera, déclare Bottai aux enseignants de Ferrare, le fascisme qui dépassera le cours de nos vies, le fascisme qui perpétuera à travers les années le nom et la gloire de Mussolini, c'est à vous de le façonner et vous le façonnerez dans la conscience, dans les âmes, dans les cœurs des enfants d'Italie[11]. » Fin 1937 est instituée la *Gioventù italiana del littorio* (GIL), après fusion des mouvements de jeunesse séparés. Tous les jeunes des deux sexes de six à vingt et un ans sont désormais pris en charge par la GIL : *Balilla* et Petites Italiennes, Avant-gardistes et Jeunes Italiennes, puis Jeunes fascistes (garçons et filles séparés) sont les paliers successifs de l'encadrement juvénile. Colonies de vacances, campings, croisières, manifestations, « samedis fascistes » sont autant d'occasions de « façonner » les esprits comme le demandait Bottai.

Unifier, c'est aussi exclure. Le fascisme est naturellement xénophobe, foncièrement raciste et antisémite. À des degrés divers, il est vrai. On a souvent distingué le racisme et l'antisémitisme du régime hitlérien de la relative tolérance du fascisme italien à l'égard des Juifs, jusqu'au moment où, pour des raisons de politique extérieure, le mimétisme s'est imposé à l'Italie, dont les lois raciales datent de 1938. L'historiographie contemporaine a tendance à amoindrir cette différence théorique entre les deux régimes[12].

« Nous sommes des Aryens, déclarait aussi Mussolini, et nous sommes venus des Alpes, du Nord. Donc nous sommes des Aryens de type méditerranéen, purs. » La quasi-totalité des mouvements fascistes ou fascisants d'Europe, d'autre part, ont été racistes, en tout cas antisémites. La peur de la différence, la condamnation des « intrus », les théories de l'inégalité des races, la causalité diabolique par laquelle on explique les malheurs de la communauté par l'étranger, par l'autre, par le non-conforme, autant de facteurs qui font du racisme et de l'antisémitisme une des bases du fascisme.

Un chef charismatique

Le premier instrument d'unification est le chef, le Duce, le Führer, le guide. Celui-ci n'appartient pas à la classe politique traditionnelle, il ne doit son autorité qu'à ses mérites exceptionnels, au pouvoir attaché à sa personne, et qui ne repose que sur la fascination qu'il exerce, l'enthousiasme qu'il suscite, l'héroïsation de sa personnalité historique.

Ce chef charismatique fait partie des hommes ordinaires, et non des anciennes élites ; il est représentatif, ne s'oppose pas à la masse, éprouvant les mêmes passions qu'elle. Il est le chef parce qu'il éprouve avec elle une « intensité contagieuse ». Le chef *dit* le peuple, exprime la volonté collective et informulée de la masse : « Le peuple est au chef, écrit l'idéologue nazi Rosenberg, ce que l'inconscience est à la conscience. » Hitler avait coutume de se comparer à un tambour, sur lequel résonnait la misère des Allemands.

« Résonateur de l'âme collective », la personnalité du chef transcende les rivalités des individus et des groupes : le culte, de nature religieuse, qui lui est rendu fait de lui un Sauveur.

Le parti unique

Le chef est indissociable du parti. Le parti unique – c'est une contradiction dans les termes – exerce deux fonctions principales, après la conquête du pouvoir. Il participe à l'entreprise d'unification par ses activités d'encadrement, de formation, de propagande et d'œuvre de théâtralisation : l'uniforme, les parades, les discours. Il célèbre les mythes de l'État fasciste et entretient le clergé de la contre-religion politique. D'autre part, il est la pépinière d'une nouvelle élite. D'un côté, il s'active dans la destruction des anciennes solidarités (de classe, de religion, etc.), et d'autre part il s'emploie à former la nouvelle aristocratie du régime. Ce parti est organisé selon les principes d'une hiérarchie rigide, et d'une soumission totale au chef.

Le recrutement du parti se fait dans les mouvements de jeunesse du fascisme. Les écoles de formation donnent aux meilleurs éléments de ces mouvements la conviction idéologique et l'entraînement physique nécessaires. Un des meilleurs théoriciens du parti unique est Marcel Déat, qui publie dans la France de 1942 une série d'articles réunis sous le titre de *Parti unique*, celui qu'il n'arriva jamais à mettre en place : « La révolution ne se morcelle pas, écrit-il, elle est vraiment totalitaire, en ce sens que le même esprit doit partout régner. [...] Mais tout demeurerait fragmentaire et dispersé s'il n'y avait pas le Parti. Le Parti est vraiment au centre de tout, il est le grand centre nerveux, il est le cerveau... »

Une idéologie d'État

Le fascisme détient la vérité. Une vérité d'État, exclusive, inconciliable. Hostile à tout pluralisme, l'État fasciste professe une doctrine que tous les instruments idéologiques du régime transmettent au peuple. Le contrôle des publications, la censure des productions culturelles vont de pair avec la mise en pratique d'une éthique et d'une esthétique d'État. Le régime dit non seulement le bien et le mal, il dit aussi le beau et le laid. Les campagnes contre l'« art dégénéré » visent à contribuer à la formation de l'« homme nouveau », à immuniser contre les méfaits d'une esthétique délétère. Outre les éléments doctrinaux du nationalisme et du racisme, le fascisme divulgue les canons d'un environnement littéraire et artistique conforme à son idée de renaissance.

Une philosophie de la guerre

« Le fascisme, écrivait Alain, est un autre nom du militarisme. » Disons même : un militarisme enthousiaste, produisant une attitude d'« obéissance joyeuse », selon le mot de Hitler. Une des meilleures façons d'unifier la nation est de la plonger dans l'état de guerre, ou un simili-état de guerre. La volonté nationale est alors tendue par un danger commun, la discipline s'impose. La guerre est génératrice des vertus viriles, elle recrée des hiérarchies véritables, elle est école de courage. L'ennemi commun permet l'union sacrée, comme la Grande Guerre l'a montré. Toutes les rivalités, toutes les luttes internes s'effacent sous la contrainte de la mobilisation. Le fascisme entend organiser la militarisation de la société, la mettre sur un pied de guerre permanent. Pour Mussolini : « Toute l'atmosphère qui entoure la vie du peuple italien a un caractère militaire, doit avoir et aura un caractère toujours plus militaire : le peuple est fier de se savoir mobilisé en permanence pour les œuvres de la paix et pour celles de la guerre. »

Un phalangiste espagnol, Gimenez Caballero, explique clairement en 1938 dans son ouvrage, *Genio de España*, les vertus politiques de la guerre : « Il n'a jamais existé, dans le monde, qu'un seul système pour surmonter l'éternelle lutte de classes : c'est de transférer la lutte sociale sur un autre plan. Les pauvres et les riches d'une nation peuvent se mettre d'accord seulement lorsque tous ont décidé d'attaquer d'autres peuples ou d'autres terres, où tous les envahisseurs pourront trouver la fortune et le pouvoir. Le sentiment de l'*égalité sociale* qui cause la rivalité entre toutes les classes ne peut être évité qu'en transposant cette *égalité* dans l'attaque contre d'autres pays qui nous sont inférieurs. Cette expansion du riche et du pauvre d'un pays contre un autre constitue le modèle de l'Empire. »

Le fascisme entretient avec la guerre une complicité de la première heure. Ses précurseurs ont été des soldats perdus. Ernst von Salomon, dans *Les Réprouvés*, nous les décrit dans l'Allemagne d'après la défaite, membres des corps francs, volontaires du Baltikum (les combats antibolcheviques sur les côtes de la Baltique), le fusil toujours à la main, refusant de rentrer dans leurs pénates, de « vivre bourgeoisement » : « Ce que nous voulions, nous ne le savions pas et ce que nous savions, nous ne le voulions pas. Guerre et aventure, sédition et destruction et, dans tous les recoins de nos cœurs, une pression inconnue, torturante qui nous poussait sans relâche. »

La guerre a forgé la mentalité guerrière du fascisme. Le nationalisme y a eu sa part, mais, au départ, moins que l'éthique de l'héroïsme. Les moralistes et les pacifistes ont beau présenter la guerre comme un objet de répulsion, elle fascinera toujours. La guerre est aussi une esthétique, où s'enchaînent le claquement des drapeaux, la manipulation des armes, le son des fifres et des tambours. La guerre est l'aventure, l'inconnu, l'évasion. Sans doute la majorité des citoyens ne goûte pas *a priori* aux vertus martiales et aux beautés des enrégimentements, mais le fascisme fut d'abord l'œuvre de minorités, combattants refusant la vie bourgeoise, *arditi* de l'expédition de Fiume derrière D'Annunzio. Au pouvoir, ses chantres et ses orateurs ont voulu inculquer l'enthousiasme et la haine aux foules en délire.

L'Allemagne avait été vaincue et humiliée par le *Diktat* de Versailles ; l'Italie avait vu sa victoire « mutilée ». Le fascisme a su prendre en compte l'opprobre national et a vécu d'un programme de revanche, de revendications territoriales, d'impérialisme, comme l'écrit lui-même Mussolini. La conquête de l'Éthiopie en 1935 marque un tournant du régime fasciste, qui jouit alors de la plus large adhésion populaire[13]. Achever la concentration complète du pouvoir dans un État monolithique et procéder à la politisation totale de la société civile sont pour Mussolini les conditions de sa politique impérialiste, celle-ci agissant en retour sur l'unification de la société.

Il y a dans le fascisme une vision néodarwiniste de la concurrence entre les peuples : Hitler parle, dans *Mein Kampf*, de la « loi d'airain de la nécessité et du droit à la victoire du meilleur et du plus fort[14] ». Et les plus forts sont ceux qui, justement, programment la guerre. La politique démographique doit y contribuer. Le natalisme a pour vocation d'encourager et de justifier la conquête, l'expansion territoriale. L'Italie fasciste parle de la Méditerranée comme de la *Mare Nostrum*, revendique Nice, la Savoie et la Corse, jette son dévolu sur l'Éthiopie. L'Allemagne hitlérienne exige un « espace vital » à l'est. En fait, au-delà des revendications immédiates, le fascisme ne fixe aucune borne à sa conquête : « L'État fasciste, écrit Mussolini, est une volonté de puissance et de domination. » Et Hitler : « Tout être tend vers l'expansion, et tout peuple vers la domination mondiale. »

Pour le fascisme, la guerre extérieure est inséparable de la révolution intérieure : c'est par la guerre qu'on pourra détruire les obstacles internes de la révolution fasciste, mettre au pas les Églises et les anciennes couches dirigeantes, éliminer éventuellement les Juifs, procéder aux réformes les plus radicales au nom de la nécessité du combat.

Le bellicisme fasciste a donc plusieurs fonctions : une fonction d'unification par l'ennemi, une fonction de régénération (Hitler : « Pour le bien du peuple allemand, il faut lui souhaiter une guerre tous les quinze ou vingt ans ») ; une fonction révolutionnaire : par la guerre, la révolution s'accélère, brise tous ses adversaires et tous ses obstacles.

Le fascisme a été à la fois contre-révolution et révolution. Il s'inscrit d'abord dans un mouvement de longue durée, l'hostilité à la société libérale et démocratique, dont la base est l'individu, dont la philosophie est la Déclaration des droits de l'homme, dont le mode de vie politique est pluraliste. Le fascisme, contre ces tendances individualistes, entend refonder la communauté. Cc n'est pas là son originalité, d'autres y ont pensé avant lui, mais il prend en charge au sortir de la guerre, dans le chaos de l'après-guerre, ce que Erich Fromm a appelé la « peur de la liberté » éprouvée par l'homme isolé de la société libérale, en quête de repères et d'assurance.

La première originalité du fascisme vient de ce qu'il est contemporain du bolchevisme. Un historien comme Ernst Nolte a même pu dire que le fascisme est inconcevable sans le communisme, qu'il en est son envers, communisme et fascisme formant les deux faces d'un même phénomène issu de la guerre mondiale. En tout cas, le fascisme, en Italie où il triomphe, est bien perçu comme un mouvement anti-ouvrier, antirévolutionnaire, antimarxiste : les Faisceaux de combat ont défendu les grands propriétaires terriens contre les paysans, se sont employés à casser les grèves dans les villes industrielles, ont exercé leur terreur sur les municipalités rouges… Ils ont joué partout de la peur sociale, quitte à la faire naître pour mieux l'apaiser. De là à en faire exclusivement l'instrument de défense du grand capital, il n'y avait qu'un pas à franchir, on ne s'en est pas privé. Le fascisme mussolinien s'est effectivement appuyé sur des bailleurs de fonds capitalistes, et son action a pu, à bon droit, être comparée à celle d'une garde privée des grands intérêts face aux révolutionnaires marxistes. Mais il était opportuniste, sans doctrine au départ, animé par l'esprit de guerre et de conquête. Une fois au pouvoir, sa politique n'a nullement été dictée par les représentants du capitalisme industriel ou financier. Non plus que le régime hitlérien. Une dictature militaire eût alors suffi. Le dessein du fascisme n'était pas d'en revenir à un « bon vieux temps », à servir les intérêts des classes dirigeantes traditionnelles, et encore moins les valeurs des Églises établies ; il était de préparer l'avènement de l'« homme nouveau » – un homme débarrassé précisément de la gangue bourgeoise, de la morale judéo-chrétienne, et du pacifisme.

L'âge du fascisme paraît s'achever avec la défaite de l'Allemagne hitlérienne. Pourtant, périodiquement, les résurgences du fascisme ou du nazisme font la une des journaux : groupuscules juvéniles, mode rétro, profanations de tombes juives, inscriptions murales, publications négationnistes… On a l'impression que les pires images du passé ne sont pas effacées, qu'elles fascinent de nouvelles générations. Le fascisme cesserait d'être un moment historique, ce serait un style politique, un comportement, ou, comme on dit, une sensibilité. D'où résulte la banalisation du mot, qu'on a tendance à appliquer à toutes les manifestations d'extrême droite.

Si l'on veut distinguer le fascisme des dictatures classiques, appuyées sur l'armée et les forces traditionnelles ainsi que sur les classes possédantes, il est nécessaire d'en voir, à côté de ses constituants contre-révolutionnaires dont il n'a pas le monopole, le projet révolutionnaire. Le fascisme est à la fois totalitaire et impérialiste. Il n'est pas seulement rejet de la démocratie, du libéralisme, du marxisme ; il est aussi projection dans l'avenir, utopie ou contre-utopie, sécrétant une idée de société nouvelle, excluant la pluralité, homogène, unifiée par une vision du monde commune et l'idéal d'une nouvelle humanité. Contre l'idéal réactionnaire d'un ordre stable, le fascisme veut être mouvement, révolution perpétuelle, tendue par l'esprit de conquête.

À mon sens, c'est cette passion de la guerre qui identifie le plus nettement le totalitarisme fasciste, la guerre considérée comme passion de l'âme, éthique collective, vocation assumée des peuples forts. C'est la guerre qui a fait réapparaître, sous le masque du civilisé, la vraie nature de l'homme. Produit de la guerre qui prépare la guerre, le fascisme a voulu le déchaînement de l'élémentaire contre la raison, cette divinité artificielle issue à ses yeux du Siècle des lumières. Cette complicité avec la guerre est une complicité avec la mort : le fascisme est porté par la pulsion de mort[15]. D'où résultent sa puissance de fascination, sa politique extérieure et son échec final.

À partir de ces propositions, on peut s'exercer à mesurer l'accomplissement du modèle selon les pays et selon les étapes de l'évolution historique. Le philosophe catholique Jacques Maritain, dénonçant en 1936, dans *Humanisme intégral*, les totalitarismes fascistes et le totalitarisme communiste, en arrive à parler pour l'Italie d'un « semi-totalitarisme » ; disons d'un totalitarisme voulu, mais non abouti. Le nazisme, lui, doté d'une idéologie raciste, et moins pénétrable par la critique religieuse, présentait les traits d'un totalitarisme plus achevé[16]. De même, on pourra évaluer l'authenticité fasciste des divers mouvements d'extrême droite que la France a connus dans les années 1930. Ceux-ci se sont souvent inspirés de l'aspect militaire du fascisme : uniformes, salut à la romaine, marche au pas, rassemblements alignés derrière les étendards. Aucun cependant n'était doté d'un programme ni d'une volonté bellicistes, participant même du néopacifisme de l'esprit de Munich. Le régime pétainiste de la Révolution nationale ne fut, lui aussi, fasciste qu'à partir du moment où la guerre (contre les résistants, les communistes, les Alliés) a été assumée : c'est la Milice, créée en 1943, qui représente la dimension proprement fasciste du régime de Vichy – un État fasciste dans un État qui ne l'était pas, dont le modèle restait la dictature de Salazar ou celle de Franco.

On a débattu aussi du « fascisme » supposé de Jean-Marie Le Pen. Il n'est pas douteux que le Front national comporte un certain nombre d'ingrédients fascistes : le culte du chef, le cérémonial et les rites des manifestations, les tendances racistes et l'anticommunisme, et même, pour certains, parfois anciens combattants d'Indochine ou d'Algérie, le goût de l'action violente. On peut imaginer que le mouvement lepéniste eût été un fascisme dans les années 1930 ; le contexte d'aujourd'hui ne lui offre pas la même planche d'appel. Surtout, comme tous les partis d'extrême droite en France, le Front national est privé de toute velléité impérialiste, les guerres coloniales étant finies. Le lepénisme se présente comme un nationalisme de rétraction, xénophobe, protectionniste, plus réactionnaire que révolutionnaire.

L'historien n'adhère pas à la notion de « fascisme éternel », quand bien même les fascismes historiques se sont nourris des tendances archaïques d'une humanité confrontée aux grands bouleversements du siècle, du retour en force d'un refoulé anthropologique face aux désordres de la modernité. Mais s'il est vrai que les tendances au fascisme puisent leur énergie dans un fonds séculaire de peur et de violence, le fascisme a des formes propres qui n'appartiennent qu'à son époque – d'une guerre mondiale à la fin d'une autre guerre mondiale.

5

La démocratie

La démocratie, sous sa forme libérale, est devenue ce qu'on a appelé « un étalon commun de la légitimité politique moderne » (John Dunn). Depuis l'effondrement du modèle soviétique, la démocratie occidentale s'impose non sans résistance (il s'en faut de beaucoup que la majorité des pays l'ait adoptée), du moins sans concurrence.

Il faut d'abord savoir s'en étonner. L'évolution ne va pas de soi.

La démocratie est un système politique fragile, parce qu'il requiert l'adhésion des citoyens. Or, ceux-ci sont divisés par leurs intérêts, leurs idées, leurs croyances, leurs systèmes d'appartenance. La question majeure qui se pose à la démocratie, c'est de maîtriser le danger intérieur de fragmentation, de décomposition, d'explosion.

Comment peut-on gouverner cette pluralité ?

La démocratie n'est pas un système établi une fois pour toutes, ses formes varient dans le temps. Le terme lui-même de démocratie, qui se réfère à la classification des régimes antiques, a une histoire.

De la démocratie antique à la démocratie moderne

L'usage du mot démocratie s'est pendant longtemps appliqué au système politique dont Athènes a créé le modèle et qu'on peut appeler la démocratie directe.

C'est en 508 av. J.-C. que le régime démocratique est établi, de manière durable, par Clisthène, à la suite d'une lutte de factions entre aristocrates : c'est pour s'assurer le concours du peuple que l'aristocrate Clisthène a fondé un système d'« autogouvernement du citoyen ». Tout citoyen d'Athènes était dès lors habilité à participer à la vie de la cité, à voter, et, passé trente ans, devenait éligible. Au demeurant, le plus grand nombre des postes était attribué par tirage au sort et non par l'élection.

Longtemps, donc, les Modernes ont utilisé le mot démocratie pour désigner un système obsolète, inapplicable dans un vaste pays comme la France. C'est bien ainsi qu'en parlent Montesquieu et Rousseau.

« C'est une loi fondamentale de la démocratie que le peuple seul fasse des lois », écrit Montesquieu (*De l'esprit des lois*, livre II, chap. 2) : la législation directe du peuple est un premier trait de cette démocratie, qui n'est pas représentative comme la nôtre.

Le second en est l'autogouvernement. Autrement dit, le peuple détient le pouvoir législatif et le pouvoir exécutif. Rousseau, dans le *Contrat social*, distingue, certes, le législateur du magistrat, mais c'est purement fonctionnel. Ce ne sont pas deux pouvoirs concurrents. Il faut pourtant des magistrats. Montesquieu rappelle donc que le propre de la démocratie est de désigner les magistrats par tirage au sort. « Le suffrage par le sort, écrit-il, est de la nature de la démocratie ; le suffrage par choix est celui de l'aristocratie. Le sort est une façon d'élire qui n'afflige personne ; il laisse à chaque citoyen une espérance raisonnable de servir la patrie. » Et Rousseau, dans le *Contrat social*, de répéter Montesquieu.

On comprend dès lors que le système n'est pas reproductible dans une patrie moderne. Du reste, on peut se demander si, même à Athènes, l'idéal de la démocratie a jamais existé : « À prendre le terme dans la rigueur de l'acception, il n'a jamais existé de véritable démocratie, et il n'en existera jamais. » Tel est le jugement de Rousseau. Lequel a aussi écrit la phrase restée célèbre : « S'il y a jamais un peuple de dieux, il se gouvernerait démocratiquement. Un gouvernement si parfait ne convient pas à des hommes. »

Pourtant, dira-t-on, Rousseau n'est-il pas le père de la démocratie moderne ? À vrai dire, ce que Rousseau a en vue, c'est la souveraineté du peuple : comment une société peut-elle s'auto-instituer sans être fondée sur un ordre donné ?

Le régime démocratique, pour les philosophes du XVIIIe siècle, n'est pas souhaitable. Dans l'*Encyclopédie*, le chevalier de Jaucourt, qui rédige l'article « Démocratie », dénonce, en s'inspirant de Montesquieu, la dégradation de celle-ci en *ochlocratie* ou en *aristocratie.* « C'est le sort de ce gouvernement admirable dans son principe, de devenir presque infailliblement la proie de l'ambition de quelques citoyens ou de celle des étrangers, et de passer ainsi d'une précieuse liberté dans la plus grande servitude. »

C'est au cours de la Révolution que le mot « démocratie » va être valorisé, mais pas immédiatement, et pas durablement. La démocratie garde pour les constituants de 1789 une connotation péjorative : il s'agit d'un régime antique, impraticable, utopique et archaïque tout à la fois. Pierre Rosanvallon, à qui l'on doit l'histoire de ce mot, note que dans la masse des journaux révolutionnaires, aucun, de 1789 à l'an IV, ne prend le substantif « démocratie » ou l'adjectif « démocratique » dans son titre. Les adjectifs courants sont « national », « patriotique », et « républicain » à partir de 1792. De 1789 à 1801 paraissent dix dictionnaires. Or, un seul consacre une entrée au mot « démocratie ».

Les modérés, Sieyès, Barnave, parlent de « gouvernement représentatif ». « Dans la démocratie, écrit Sieyès, les citoyens font eux-mêmes les lois, et nomment directement leurs officiers publics. Dans notre plan, les citoyens font, plus ou moins immédiatement, le choix de leurs députés à l'Assemblée législative ; la législation cesse donc d'être démocratique, et devient représentative. » Les radicaux (les Cordeliers) parlent de « souveraineté du peuple ». Ce qu'ils veulent, eux, c'est la « surveillance » des représentants, le contrôle des élus.

Le mot « démocrate » est plus fréquent, mais il s'impose pour désigner celui qui est l'adversaire des aristocrates – terme qui équivaut à : ennemi de la Révolution. Dans le supplément de 1798 au *Dictionnaire de l'Académie*, démocrate signifie : « Attaché à la Révolution, à la cause populaire. » C'est un synonyme de « patriote », « jacobin », « sans-culotte ».

Toutefois, en 1793, l'idée d'un recours à un gouvernement direct n'est plus exclu. Robespierre, en 1794, évoque ou invoque de plus en plus la démocratie. Le mot se réfère aux qualités antiques : la vertu, la frugalité, le dévouement à la chose publique. Il précise sa position le 5 février 1794 : « La démocratie n'est pas un État où le peuple, continuellement assemblé, règle par lui-même toutes les affaires publiques [...], la démocratie est un État où le peuple souverain, guidé par des lois qui sont son ouvrage, fait par lui-même tout ce qu'il peut bien faire et par des délégués tout ce qu'il ne peut faire lui-même. »

Cependant, Robespierre met en garde aussi bien contre le « despotisme représentatif » (des élus sans contrôle) que contre la « démocratie absolue », la « démocratie pure ». On voit donc que le mot commence à ne plus être opposé à « régime représentatif ».

La Révolution passée, le mot redevient péjoratif (la Terreur) ou continue à renvoyer à l'Antiquité. Pourtant, il va entrer dans la langue ordinaire non plus pour désigner un régime politique, mais une *société*, la société égalitaire moderne.

Tocqueville écrit la première partie de sa *Démocratie en Amérique* en 1835. Depuis la Restauration, on note l'usage du mot, d'abord pour parler d'action des masses, puis, comme ce sera le cas de Tocqueville, pour évoquer l'égalité des conditions. La démocratie est devenue un fait social : c'est l'élévation des classes moyennes, la réduction de l'écart qui les sépare des classes supérieures.

« L'égalité des droits, c'est le vrai de la démocratie, a prévalu ; reconnue, consacrée, garantie par la Charte, elle est aujourd'hui la forme universelle de la société, et c'est ainsi que la démocratie est partout » (Royer-Collard). Le mot qui, alors, sent le soufre, c'est celui de « république ». Quand les libéraux doctrinaires comme Royer-Collard emploient le mot « démocratie », c'est pour dire qu'ils acceptent l'œuvre juridique et sociologique de la Révolution (l'égalité civile), tout en repoussant le régime républicain. Tocqueville fait la distinction entre cette démocratie de fait et la démocratie de droit : « La démocratie constitue l'état social, le dogme de la souveraineté du peuple est une forme de gouvernement. »

Cependant, le même Tocqueville avoue que cette distinction, cette séparation n'est pas évidente : « Souveraineté du peuple et démocratie sont deux mots parfaitement corrélatifs ; l'un présente l'idée théorique, l'autre sa réalisation pratique. » Du coup, Guizot met en garde contre la démocratie, considérée comme un mouvement social, ce qu'il appelle la « guerre de bas en haut, du grand nombre contre le petit nombre, des petits contre les grands ». Notons cependant qu'à l'extrême gauche, le mot « démocratie » n'est pas accepté pour désigner le régime idéal. Armand Carrel, en 1835, intitule un article : « Il ne faut pas confondre démocratie et république. »

Tout change avec la révolution de 1848 et l'avènement du suffrage universel. La référence à la démocratie s'impose alors, pour désigner à la fois un régime politique et une forme de société. Le mot reste pourtant polysémique, on lui préfère république, ou socialisme. Ses définitions varient, selon les moyens qu'on préconise pour la réaliser. Le mot est lancé, il devient courant, son sens reste flou, c'est un idéal à atteindre.

Deux principes majeurs s'y réfèrent, sur lesquels je voudrais maintenant m'arrêter, celui de liberté et celui d'égalité. Une démocratie, peut-on dire, c'est un régime qui entend concilier liberté et égalité. Non sans mal.

Dialectique de la liberté et de l'égalité

La Déclaration des droits de l'homme et du citoyen proclame que les hommes naissent libres et égaux en droit. L'école marxiste a parlé à ce propos de « libertés formelles », parce qu'il s'agit de libertés de classe, de libertés bourgeoises interdites aux classes les plus basses, auxquelles font défaut les moyens matériels ou culturels nécessaires pour y accéder. Dans un régime libre, il y a des citoyens plus libres que d'autres.

Bertrand de Jouvenel *(Du Pouvoir)* écrit justement : « La liberté n'est qu'un besoin secondaire par rapport au besoin primaire de sécurité » *(Primum vivere)*. Cela explique ce que le même auteur appelle « les racines aristocratiques de la liberté ». La démocratie instaure, avec le suffrage universel, la liberté politique, c'est-à-dire la participation indirecte au pouvoir. Mais, pour les libéraux, la vraie liberté, c'est l'autonomie de la personne.

Jouvenel ajoute : « La liberté, ce n'est point notre participation plus ou moins illusoire à la Souveraineté absolue du Tout social sur les parties, mais c'est la souveraineté directe, immédiate et concrète de l'homme sur soi-même. » Il reprend là l'idée-force de Benjamin

Constant, lequel distingue la liberté des Anciens – la participation – de la liberté des Modernes – celle de faire ce que l'on veut dans le silence de la loi : « La reconnaissance abstraite de la souveraineté du peuple n'augmente en rien la somme de liberté des individus ; et si l'on attribue à cette souveraineté une latitude qu'elle ne doit pas avoir, la liberté peut être perdue malgré ce principe ou même *par ce principe.* »

Jouvenel, en remontant à la haute époque romaine, montre que la liberté n'appartient qu'à ceux qui peuvent la défendre. Elle est inséparable de la responsabilité ; elle exige des formes ; il lui faut des mœurs. En d'autres termes, elle n'est possible que pour une petite société patricienne, une « société privilégiée, dispensée des travaux serviles et des préoccupations sordides, nourrie du récit de belles actions, et dont on perdait à jamais les suffrages par une bassesse. »

La liberté, dit-il encore, était un système de classe. Elle reposait sur « une différenciation sociale profondément choquante pour l'esprit moderne ». Si l'on se réfère à la démocratie athénienne, celle-ci était en fait une aristocratie élargie, le nombre des citoyens étant bien moins important que le nombre des non-citoyens (métèques) et des esclaves. Historiquement, donc, la liberté n'appartient qu'à un petit nombre.

Dans ses *Considérations sur le Gouvernement de la Pologne* (1771), Rousseau écrit : « Je sens la difficulté du projet d'affranchir vos peuples. Ce que je crains n'est pas seulement l'intérêt mal entendu, l'amour-propre et les préjugés des maîtres. Cet obstacle vaincu, je craindrais les vices et la lâcheté des serfs. La liberté est un aliment de bon suc, mais de forte digestion ; il faut des estomacs bien sains pour le supporter. Je ris de ces peuples avilis qui, se laissant ameuter par des ligueurs, osent parler de liberté sans même en avoir l'idée et, le cœur plein de tous les vices des esclaves, s'imaginent que, pour être libres, il suffit d'être des mutins. Fière et saine liberté ! si ces pauvres gens pouvaient te connaître, s'ils savaient à quel prix on t'acquiert et te conserve ; s'ils sentaient combien tes lois sont plus austères que n'est dur le joug des tyrans, leurs faibles âmes, esclaves de passions qu'il faudrait étouffer, te craindraient plus cent fois que la servitude ; ils te fuiraient avec effroi comme un fardeau prêt à les écraser. »

En France, les adversaires de l'absolutisme sont d'abord les représentants de la noblesse libérale. Ce sont eux qui déclenchent la Révolution. Bien avant, ils frondent régulièrement, pour défendre non pas la liberté, mais leurs libertés, leurs privilèges. Le roi, lui, s'appuie sur la bourgeoisie, les classes moyennes, pour asseoir son autorité. Montesquieu, un des pères du libéralisme, représente bien cet esprit aristocratique dressé contre la monarchie absolue, contre les abus du pouvoir. On lui doit cette formule célèbre de l'*Esprit des lois* : « Pour qu'on ne puisse abuser du pouvoir, il faut que, par la disposition des choses, le pouvoir arrête le pouvoir. »

Dans le régime despotique, les trois pouvoirs fondamentaux sont confondus. Dans le régime monarchique, le roi détient à la fois le législatif et l'exécutif. C'est en Angleterre que la liberté est le mieux assurée, grâce à la séparation des pouvoirs. Montesquieu préconise une monarchie limitée où l'exécutif est confié au roi, tandis que le législatif est composé de deux Chambres, la Chambre haute – représentant la noblesse – ayant le pouvoir d'« empêcher ».

L'idée des deux Chambres a été longtemps tenue pour un héritage de l'aristocratie. Les premières constitutions révolutionnaires en refusaient le principe. Les libéraux, au contraire, le défendaient. Tandis que le pouvoir législatif équilibrait le pouvoir exécutif, le pouvoir législatif était lui-même intrinsèquement équilibré par ses deux Chambres, la Chambre haute ayant pour vocation de calmer les emportements de la Chambre basse.

Après la révolution de 1830 s'est engagée une discussion sur l'hérédité de la pairie, laquelle fut abolie en 1831. Or, il est remarquable qu'un libéral – libéral doctrinaire comme on appelle ceux qui entourent Guizot –, en l'occurrence Royer-Collard, ait défendu cette hérédité : « Elle exprime, disait-il, un fait social, à savoir l'inégalité sociale qui résulte des hautes supériorités de tout genre, la gloire, les services rendus à l'État, la propriété ou la richesse à ce point où elle est une force. » La Chambre des pairs s'interpose entre la Chambre des députés (le peuple, quoique…) et le roi. Elle ne doit donc pas être le résultat du suffrage, ni des nominations royales. Supprimer l'hérédité de la pairie, c'est supprimer la pairie, c'est préparer l'avènement de la démocratie, fût-elle une « démocratie royale » : « La démocratie dans le gouvernement est incapable de prudence ; c'est qu'elle est, de sa nature, violente, guerrière, banqueroutière. Avant donc de faire un pas décisif vers elle, dites un long adieu à la liberté, à l'ordre, à la paix, au crédit, à la prospérité. »

Ce discours nous montre bien à quel point, pour les libéraux, la liberté se défendait contre la démocratie, c'est-à-dire contre l'égalité.

Examinons à présent la notion d'égalité. Les libéraux du XIXe siècle ont bien saisi les rapports de causalité qui pouvaient exister – et pour certains qui existaient nécessairement – entre l'égalité et le régime autoritaire. De la monarchie absolue au jacobinisme, du jacobinisme au césarisme, le renforcement du pouvoir se faisait sur l'appel au peuple, et au nom de l'égalité.

Inversement, la passion égalitaire réclame le pouvoir fort pour créer l'égalité. Non pas l'égalité civile, mais l'égalité sociale. La forme moderne, actualisée de l'antique, en est le césarisme, en France le bonapartisme. Quand Louis Napoléon Bonaparte fait son coup d'État, il rétablit le suffrage universel. Le plébiscite devient sa légitimation populaire. Mieux : il protège les ouvriers, leur accorde le droit de coalition. Les petits paysans propriétaires, « parcellaires » dit Marx, le soutiennent contre les gros, les bourgeois, les nobles.

Marx lui-même, plus soucieux d'égalité que de liberté, préconise l'établissement d'une dictature du prolétariat. Dans son esprit, elle doit être brève, certes, mais les régimes qui se réclament de lui au XXe siècle abolissent les libertés, qu'ils disent « formelles », et finalement la liberté tout court : la société des égaux n'est réalisable que par la violence d'État, la suppression de la liberté.

Il n'est même pas besoin d'imaginer un régime socialiste pour évoquer la contradiction entre égalité et liberté. Tocqueville, dès la monarchie de Juillet, a eu la prescience, après son voyage aux États-Unis, qu'une société démocratique, égalitaire, courait le risque de s'abandonner à une dictature tranquille. Dans la *De la démocratie en Amérique*, le chapitre intitulé « Despotisme à craindre » décrit la société démocratique comme une espèce de société de consommation dont les citoyens ne s'intéressent plus aux affaires publiques : « Nos contemporains sont incessamment travaillés, dit-il, par deux passions ennemies : ils sentent le besoin d'être conduits et l'envie de rester libres. Ne pouvant détruire ni l'un ni l'autre de ces instincts contraires, ils s'efforcent de les satisfaire à la fois tous les deux. Ils imaginent un pouvoir unique, tutélaire, tout-puissant, mais élu par les citoyens. Ils combinent la centralisation et la souveraineté du peuple. Cela leur donne quelque relâche. Ils se consolent d'être en tutelle, en songeant qu'ils ont eux-mêmes choisi leurs tuteurs. Chaque individu souffre qu'on l'attache, parce qu'il voit que ce n'est pas un homme ni une classe, mais le peuple lui-même qui tient le bout de la chaîne. »

En 1989, Guy Hermet a publié un ouvrage au titre provocant : *Le Peuple contre la démocratie*. Depuis l'élection présidentielle de 1995, il aurait pu y ajouter un chapitre, quand on sait que le vote le plus important des ouvriers s'est dégagé en faveur de J.-M. Le Pen. Le populisme, comme le césarisme, comme le fascisme, se réclame du peuple contre les élites. Le sans-culottisme, le communisme, se réclament de l'égalité contre la liberté. La démocratie césarienne tout comme la démocratie populaire se nourrissent d'égalitarisme. Comme le souligne Vilfredo Pareto : « Un gouvernement légitime est celui qui a réussi à persuader les gouvernés qu'il est conforme à leur intérêt, à leur devoir, d'obéir au petit nombre. »

Néanmoins, en France, la IIe République a posé le principe d'une conciliation possible de la liberté et de l'égalité, comme fondement même de la démocratie : Liberté, Égalité, Fraternité. En 1848, le ministre de l'Instruction publique, Hippolyte Carnot, demande au philosophe Charles Renouvier de rédiger un manuel républicain. Le parti conservateur vainqueur renvoie Carnot. En 1871, Gambetta, à Tours, demande à son tour un manuel républicain à Jules Barni, un kantien, antibonapartiste, rentré d'exil. Après publication dans la presse, le livre paraît en 1872. Barni, comme Renouvier, s'efforce de dépasser la tension entre liberté et égalité. « L'égalité, dit-il, découle [...] nécessairement de la liberté. Dire que les hommes sont libres, c'est dire qu'ils sont égaux, puisque, en vertu de cette liberté, chacun doit être son propre maître, et que nul ne peut se faire le maître des autres que par usurpation. »

C'est l'égalité des citoyens, égaux devant la loi, tous soumis à la même loi (égalité civile) ; et ils sont égaux dans la loi, en ce sens qu'ils doivent tous participer à la formation des pouvoirs (égalité politique).

Cette égalité doit-elle aller jusqu'au nivellement de toutes les fortunes ? Réponse sans ambiguïté : non, car ce nivellement serait la ruine de la liberté. Seulement, il s'agit d'une liberté éclairée, qui suppose l'instruction, qui vise le bien général, bref le rapprochement progressif des différentes conditions sociales. Au nom de quoi ?

La théorie de l'intérêt individuel pourrait répondre. Il faut le moins d'écart possible entre les conditions pour établir la stabilité du corps social et politique (Aristote, Rousseau). Les républicains, eux, insistent sur la loi morale, qui se traduit par la fraternité.

La fraternité ne se décrète pas, elle ne peut être dans la loi, mais elle est la condition de vie d'une société humaine. La république implique des mœurs, dont fait partie l'amour de la liberté et de l'égalité. « La liberté ne va pas sans une règle qui en restreint pour chacun l'exercice au respect de celle des autres. » La liberté n'est pas la licence.

Parallèlement, l'égalité suppose aussi une attitude morale : ne pas chercher les distinctions, les décorations, les titres, refuser le luxe, ne pas accuser par ses attitudes la distance sociale. Cela ne veut pas dire alignement : il faut dénoncer la haine de toute supériorité, qui se manifeste par l'envie. Il faut que chacun apprenne à subordonner ses intérêts aux intérêts publics.

Sans gommer l'existence de plus riches et de plus pauvres, les républicains préconisent la réduction de l'écart entre ceux-ci et ceux-là. Ils ne sont pas socialistes, mais ils veulent que l'État, notamment par son système fiscal, atténue la pauvreté. En cela l'État peut être secondé par des associations. La solution sera toujours approximative, car il existe une « imperfection originaire de la nature », du moins doit-on travailler à l'amélioration des conditions les plus modestes.

Les fondateurs de la IIIe République comptaient surtout sur une égalisation par l'éducation. À partir de la IVe République s'est imposé l'État providence, une politique générale de redistribution. La plupart des démocraties européennes ont adopté ce nouveau rôle social de l'État : l'être-ensemble, le vouloir-vivre ensemble imposent cette protection sociale. La finalité en est humanitaire, mais aussi politique : l'État providence sauve la société du communisme menaçant.

On voit donc que la république assigne aux citoyens un devoir de solidarité, vertu capable de rendre possible la coexistence de la liberté et de l'égalité. La morale d'entraide, d'origine chrétienne (l'amour du prochain), sous-tend ainsi la démocratie.

Démocratie et pluralité

La démocratie n'a pas été d'emblée le régime de la pluralité, qui découle du principe de liberté. La Révolution française a conçu la souveraineté nationale comme un Tout. Le peuple des mandants devait faire corps avec le corps des mandataires. On rêve alors d'un peuple unifié, transgressant ses intérêts particuliers au profit de la volonté générale. De là, l'Assemblée unique, le refus des factions. C'était le rêve, selon Marcel Gauchet, d'une « communion mystique de la Nation avec l'assemblée de ses représentants ». Cependant, la pluralité s'est imposée au fil du temps.

L'exemple vient d'Angleterre, qui avait connu l'opposition des *whigs* et des *tories*. Dans les années 1820, le Royaume-Uni reconnaît « l'opposition de Sa Majesté ». Au monisme initial s'est substitué en France le pluralisme.

Face à une société plurale, dans laquelle les forces antagoniques travaillent pour leurs intérêts contradictoires, la solution a d'abord été celle de la « démocratie gouvernée », expression qu'on doit à G. Burdeau, lequel lui oppose la « démocratie gouvernante ». Dans la démocratie gouvernée, le peuple est souverain puisque c'est de lui que dépendent les institutions et la mise en place des gouvernants. Cependant, ces gouvernants jouissent d'une grande indépendance. Ils sont indépendants « parce qu'ils ne représentent pas une classe ou une tendance sociale particulière, mais la totalité indivisible du groupe national ». On pourrait dire : le peuple règne mais ne gouverne pas. C'est l'exemple des cinquante premières années de la IIIe République.

On peut taxer ce système d'assez peu démocratique. Mais certains voient dans l'indépendance de la classe politique la possibilité de maintenir la société. Karl Popper, notamment, refuse de définir la démocratie à partir de la question : « Qui gouverne ? » Pour lui, la démocratie répond à une autre question : « Comment concevoir l'organisation de l'État de façon à pouvoir nous libérer du gouvernement sans effusion de sang ? » Le pouvoir du peuple, ce n'est pas de commander, mais de pouvoir *révoquer*. La démocratie gouvernée est le régime où il est possible d'*empêcher* une dictature. Autrement dit, quand on vote, on ne légitime pas un nouveau gouvernement, on se prononce sur l'ancien.

Vouloir que le peuple gouverne dans un régime représentatif, c'est préconiser la représentation proportionnelle. Tous les groupes doivent être représentés. Or la société, dans sa diversité, est une mosaïque ou un chaos d'intérêts contradictoires, d'idéologies ennemies. C'est opter pour le multipartisme, et finalement pour l'ingouvernabilité : « La fragmentation des partis aboutit à des gouvernements de coalition dans lesquels personne n'est responsable devant le tribunal du peuple, parce que tout se ramène nécessairement à des compromis. En outre, il devient très incertain que l'on puisse se débarrasser d'un gouvernement, car il suffirait de trouver un nouvel allié de moindre importance dans la coalition pour pouvoir continuer de gouverner. En revanche, lorsqu'il y a peu de partis, les gouvernements sont essentiellement des gouvernements de majorité et leur responsabilité est claire et nette. En outre, je pense qu'il est sans utilité que les opinions de la population se reflètent proportionnellement au niveau de ses représentants, et encore moins au niveau du gouvernement. Cela aboutirait à une déresponsabilisation du gouvernement, parce que le miroir ne peut pas être responsable vis-à-vis de son original. »

L'idée de la souveraineté populaire (opposée à celle du « tribunal populaire ») est une idée dangereuse, car elle suppose que le peuple ne se trompe pas. Or, les exemples ne manquent pas, à commencer par l'épisode hitlérien, de la faillibilité populaire.

À la démocratie gouvernée s'oppose la démocratie gouvernante. C'est le peuple qui gouverne. On objectera que les divisions du peuple rendent nécessaire un pouvoir fort qui finit en gouvernement bureaucratique. Pourtant, on peut estimer avec Paul Ricœur que la démocratie implique un nombre croissant de citoyens dans l'exercice des pouvoirs : « Quant à la définition de la démocratie par rapport au *pouvoir*, je dirai que la démocratie est le régime dans lequel la participation à la décision est assurée à un nombre toujours plus grand de citoyens. C'est donc un régime dans lequel diminue l'écart entre le sujet et le souverain. »

Ainsi, tandis que Popper défend une conception négative de la démocratie (empêcher la dictature, avoir la faculté de changer de gouvernants sans violence), Ricœur avance une conception positive : la participation croissante des citoyens à la décision.

La démocratie plébiscitaire ne surmonterait-elle pas cette contradiction ? Sans supprimer le gouvernant, qui est même un chef, le peuple est constamment consulté. Reste que, comme dans la démocratie gouvernée, on ne lui demande pas ce qu'il veut mais *qui* il veut. N'est-ce pas retrouver, par un autre cheminement, la menace évoquée par Tocqueville : le repli de chacun sur la recherche de la tranquillité, du confort matériel, et la confiance aveugle donnée à des spécialistes ou à des chefs charismatiques ?

Quelque nom qu'on donne à notre démocratie, elle est radicalement opposée au mythe de ses origines, la Révolution. Celle-ci rêvait d'unité, nous sommes dans la pluralité. Comment, dans pareil cas, assurer l'unité du pouvoir ? Chaque pays démocratique donne des solutions particulières. Je voudrais seulement évoquer trois aspects assez généraux de la question.

D'abord, le rôle des chefs politiques. Ceux-ci ont la possibilité de convaincre, d'expliquer. Je dirais même qu'ils ont une mission pédagogique. Les instruments de communication modernes permettent aux dirigeants d'atteindre désormais le plus reculé des hameaux. Entre ces hommes politiques, le débat est possible. La démocratie, c'est précisément la compétition non seulement entre des intérêts, mais aussi entre des programmes.

Les décisions politiques supposent un degré d'information auquel n'accède pas l'homme de la rue. L'homme politique est tenu d'expliquer ses choix, de défendre ses dossiers. Les médias, comme leur nom l'indique, ont à jouer un rôle de médiation entre les dirigeants et le peuple. Leur indépendance, leur accès donné à tous sont des garants contre la manipulation. La fonction de la parole est capitale. Le débat public est au fondement même de la démocratie. Les citoyens ne sont pas immobilisés sur des positions partisanes : ils peuvent être convaincus.

Le deuxième élément à mentionner est l'utilité de l'opposition. Celle-ci a pour fonction non seulement de préparer son avènement au pouvoir, mais encore de concentrer les forces de protestation. Lorsque le pouvoir est solidement installé, soit parce qu'il s'agit d'un parti dominant comme le fut longtemps la Démocratie chrétienne italienne, ou d'un régime à dimension personnelle comme dans le cas de la république gaullienne, l'opposition reste très longtemps dans l'opposition. Pourtant elle exerce son jeu dans la partie, ce que G. Lavau a appelé la « fonction tribunitienne » en parlant du parti communiste. Il ne gouverne pas, il ne gouvernera pas, mais il canalise toutes les forces de rejet et de refus, forçant le pouvoir à un dialogue implicite.

L'opposition ne joue plus son rôle quand elle est morcelée, divisée, en proie à toutes les surenchères. Elle doit au contraire apparaître comme la solution de rechange.

Enfin, je reprendrai brièvement l'idée de Popper contre le scrutin proportionnel, qui repose sur la fausse idée de la représentation. On dit que le scrutin majoritaire est injuste, mais la plus grande injustice est celle que provoque l'ingouvernabilité. Les Britanniques ont le plus terrible des modes de scrutin – uninominal à un tour –, mais son efficacité leur a épargné bien des crises.

Je vois bien l'objection possible : que le pays légal étant trop éloigné du pays réel, la grogne l'emporte, l'antiparlementarisme se déchaîne. On a ainsi accusé le scrutin majoritaire d'avoir favorisé l'extrémisme de Le Pen, en lui refusant la représentation à l'Assemblée. Inversement, on a accusé les socialistes d'avoir favorisé Le Pen par le scrutin de liste, lequel permit au Front national d'entrer en force à l'Assemblée. Aucun mode de scrutin n'est parfait, mais le pire est celui qui rend impossible une action gouvernementale cohérente et suivie.

Gardons-nous d'assimiler pluralisme et chaos. Il est possible de gouverner la pluralité si celle-ci est composée d'un pourcentage honorable de citoyens responsables, éduqués, accessibles à l'idée d'intérêt général. Il est normal que chacun défende ses intérêts, *mais* jusqu'à une certaine limite, celle qui, une fois franchie, transforme le pluralisme en début de guerre civile.

Dans son ouvrage, *La Révolution des pouvoirs*, Marcel Gauchet décrit la démocratie comme un régime essentiellement dynamique. La démocratie de l'an II a été remplacée depuis longtemps par une démocratie pluraliste, elle-même sujette à bien des variations. Gauchet caractérise celle dans laquelle nous vivons par l'émergence de deux acteurs nouveaux : l'opinion et le juge.

L'opinion, c'était jadis la consultation électorale intermittente ; c'étaient surtout les journaux. Aujourd'hui, elle est construite par les sondages répercutés par les médias. Elle constitue ce que l'auteur appelle un « suffrage virtuel », assurant ainsi la continuité du contrôle. Son rôle peut être négatif, annihilant ; il peut être positif aussi, en rapprochant les élus des électeurs, même de façon abstraite. Il peut fabriquer du consensus quand il le faut.

L'élévation du juge dans l'ordre politique réaffirme le droit contre une majorité ou un gouvernement qui l'oublierait. C'est un pouvoir d'inspection, indépendant, un autre pouvoir de contrôle exercé par le droit. Les deux, l'opinion et le juge, se complètent. La première est le peuple actuel, la majorité d'un moment ; le second représente le peuple perpétuel, la continuité, la durée.

Ce schéma est certes un peu théorique. Pour nous en tenir à l'opinion, il est légitime de se demander si elle existe par elle-même ou si elle est fabriquée. La question des sondages reste en débat[1]. La question des médias, et surtout celle de la télévision, mérite d'être également posée. À la question : « Pourquoi les hommes politiques ont-ils abandonné leur devoir de pédagogie aux lois du spectacle ? », Michel Rocard répondait : « Parce que vous ne passez à la télévision qu'à condition de ne jamais dépasser une minute dix secondes[2]. »

L'audimat ! Le marché ! La pression de l'audience pousse à toutes les simplifications, sans parler des bidonnages…

« C'est toute la réalité, écrit P. Champagne, qui est aujourd'hui comme mise en forme insidieusement par l'existence même de la télévision et par la pratique ordinaire des sondages. »

De la sorte, alors que nos sociétés modernes disposent des moyens techniques permettant d'éclairer les citoyens et de les faire participer davantage au débat public, un système de dépendances en chaîne rend la scène politique plus opaque que jamais : les hommes politiques ont besoin des médias, les médias ont besoin d'audience, une complicité s'établit entre eux, qui repose sur les lois du marché. Faire gros, faire simple, faire vite, s'adresser aux émotions et non à la réflexion : l'opinion se fabrique à partir des stéréotypes.

Je ne fais qu'évoquer ce problème qui appellerait un ample développement et l'intervention de nombreux acteurs. Il ne s'agit pas de fustiger des boucs émissaires, mais de comprendre les limites actuelles du débat public, et, à travers elles, de rappeler que la démocratie n'est pas un régime installé une fois pour toutes. Elle n'est même pas un régime clairement défini. Elle est un idéal qui repose sur quelques principes intangibles ; elle ne sera jamais achevée.

6

L'extrémisme

Les attitudes et comportements extrémistes en politique sont d'abord observables dans la jeunesse. Les adolescents nationalistes deviennent des députés libéraux, les révolutionnaires finissent sociaux-démocrates, ce sont des effets de la maturation. Les jeunes gens, qui voient souvent le monde en noir et blanc, sont du parti de l'absolu, faute d'expérience, faute de connaissance de la nature humaine. Le jugement relatif, le compromis, la modération s'acquièrent avec l'âge. Mais il est vrai que la jeunesse n'a pas le monopole de l'extrémisme. N'y a-t-il pas une psychologie de l'extrémisme repérable dans toutes les classes d'âge, car, en définitive, la simplicité juvénile peut durer ? « Il y a quelque chose de plus triste que de vieillir, écrit Cesare Pavese, et c'est de rester enfant. »

Le tempérament extrémiste refuse la nature sociale où le Bien et le Mal sont inextricablement mêlés. Il lui faut des situations nettes : il y a le vrai et le faux. La première vérité est que le présent est insupportable, le monde est corrompu. L'extrémiste se projette dans un monde essentialiste où doit triompher son idéal de pureté sur l'existence des contradictions, des altérations, des compromissions. La fin des conflits est l'ultime visée : l'union derrière le chef ou la société sans classes.

La pureté de l'extrémiste relève de l'absolu, du postulat du parfait contre l'altérable. Le *raciste* veut la pureté de sa « race » ; il est mixophobe par excellence. Le *révolutionnaire* dénonce le social-démocrate qui compose avec le capitalisme. L'*antiparlementaire* ne supporte pas les discussions, les débats qui sont signes de division : il veut la réalisation de l'unité.

Le tempérament autoritaire se prête bien à l'extrémisme. L'autoritaire est souvent un angoissé et un médiocre, qui veut soumettre son autorité à une puissance qui le grandit. Le psychologue Pierre Janet parlait à ce sujet de la « conduite du sous-officier ». Il y a en lui un besoin profond de conformisme ; il déteste l'initiative individuelle, l'autonomie. Il est à la fois dur et soumis. Dur avec ceux qu'il peut dominer (sa femme, ses enfants, ses subordonnés) et soumis à l'autorité qui aligne les autres. Un régime autoritaire est sa revanche sur l'humiliation subie. Chez lui, on note une « intolérance d'autrui très primitive ». Cette agressivité de base s'entretient en critique incessante, en envie, en jalousie. Le ressentiment domine son jugement et son action. Selon Wilhelm Reich, la « misère sexuelle » y a sa part.

Chez maints extrémistes, en effet, on dénote un complexe d'infériorité. Il a des comptes à régler avec tout ce qui lui est supérieur, en richesse, en intelligence, en position sociale. Il aspire à une certaine forme d'égalité ou de hiérarchie où sa personne sera reconnue à sa valeur. Ou bien il veut noyer sa faiblesse, sa honte de soi dans un mouvement qui l'exhausse au-dessus de sa condition médiocre. Il tire un bénéfice psychologique de la discipline collective, du prestige du chef. Il précipite sur certaines victimes désignées, sur certains ennemis, son besoin de valorisation : les femmes, les Juifs, les immigrés, mais aussi les patrons, les intellectuels, les parlementaires. Il tombe régulièrement dans l'explication de ses malheurs ou des malheurs de la société par le complot : « Soulevons le voile qui cache les complots, s'écrie Saint-Just, épions les discours, les gestes, l'esprit de suite de chacun. »

L'extrémiste est souvent l'homme de la foule. La fusion lui plaît (les manifestations, les meetings...), car elle abolit les différences ; elle réduit les débats aux slogans ; elle lui restitue force et prestige individuels. La puissance émotionnelle de l'expression collective le rassure : il n'est pas seul.

Y a-t-il une sociologie de l'extrémisme ? Si l'on veut s'y risquer, il importe de distinguer l'extrémiste de droite et l'extrémiste de gauche.

Sont prédisposées à l'extrémisme de droite les couches moyennes, qui ne veulent pas être assimilées aux couches sociales inférieures, sans pouvoir l'être aux élites sociales. Elles ont un statut à défendre, à promouvoir. Elles se reconnaissent dans la personne des chefs issus de leurs rangs, et auxquels elles peuvent s'identifier. C'est la petite bourgeoisie menacée de prolétarisation, les « petits Blancs » qui ne supportent pas l'élévation des « inférieurs » (anciens esclaves, immigrés, colonisés) et qui reprochent à l'*establishment* de faire la promotion de ces inférieurs contre eux-mêmes. Les facteurs historiques exercent leur influence, comme la décolonisation, mais aussi les transformations socio-économiques, la déruralisation, le développement des grandes surfaces, etc. C'est ainsi que le poujadisme, dans les années 1950, défendaient les « petits », commerçants, artisans, paysans, en même temps que les colons et autres compatriotes d'outre-mer menacés, les uns par l'économie moderne, les autres par la fin des colonies. Bien des extrémistes ne le sont pas devenus par tempérament ou par déterminisme social. C'est l'événement qui a pu les jeter dans une logique de l'extrémisme : le malheur économique, la décolonisation, la défaite militaire... Ce sont des extrémistes non plus de structure, mais de conjoncture. L'exemple d'un général Salan montre le passage de l'obéissance militaire à la dissidence dans l'OAS, en opposition à la politique algérienne du général de Gaulle.

L'extrémisme de droite recrute aussi dans les corporations d'autorité : policiers, sous-officiers, gardiens de prison, qui reprochent toujours à l'État ses faiblesses, à la justice son laxisme. On y ajoutera les « soldats perdus » des guerres terminées qui refusent de revenir à la vie bourgeoise ; les nostalgiques du « vivre dangereusement ».

L'extrémisme de gauche est rarement le fait des ouvriers. Lénine souligne dans *Que faire ?* leur tendance au « trade-unionisme », c'est-à-dire au syndicalisme de revendications matérielles. Les ouvriers n'adhèrent aux partis extrémistes que dans la mesure où ils sont les seuls à les défendre, à se réclamer d'eux. Du reste, les leaders ouvriers des partis extrémistes « s'embourgeoisent », deviennent des fonctionnaires de parti, comme en témoigne l'histoire de la social-démocratie allemande ou du Parti communiste français.

Outre la jeunesse, l'extrémiste de gauche par excellence est l'intellectuel déclassé issu de la bourgeoisie, ou encore l'intellectuel d'origine populaire qui aspire à la reconnaissance. L'éloignement des affaires concrètes, le goût de l'abstraction, un idéal moral de solidarité avec les « damnés de la terre », l'esthétique de la radicalité peuvent se combiner avec l'ambition d'un pouvoir social. « L'intellectuel de gauche en France, écrit Raymond Aron, craint par-dessus tout de ne pas être révolutionnaire. »

On a souvent observé la présence dans les révolutions de la marge sociale : artistes pauvres, avocats sans cause, journalistes nécessiteux, acteurs frustrés, chômeurs intellectuels… Autant de gens qui ont tout à espérer des grandes convulsions politiques et sociales.

La démarche de l'extrémiste – de gauche comme de droite – est repérable suivant le schéma suivant :

1. Le rejet de la situation présente, jugée catastrophique ou scandaleuse en permanence : l'inégalité entre dominants et dominés, l'exploitation de l'homme par l'homme (à gauche) ; la décadence, le laxisme généralisé, l'altération de l'autorité, des mœurs et de la tradition (à droite).

2. Ce constat de faillite trouve son explication dans un agent privilégié de malédiction : pour l'extrémiste de gauche, les riches, le système capitaliste, les profiteurs ; pour l'extrémiste de droite, le parlementaire, les partis de gauche, le franc-maçon, le Juif, l'immigré…

3. La solution passe par l'appel à un sauveur, soit individuel (le tribun charismatique), soit collectif (le parti).

4. Le sauveur réalisera la restauration ou l'instauration d'un ordre nouveau.

7

Le parti socialiste : entre fidélité et affranchissement idéologique

Le parti socialiste a connu en 2007 sa troisième grave défaite en quatorze ans : effondrement aux élections législatives de 1993, alors que son ancien premier secrétaire, François Mitterrand, est président de la République ; échec retentissant de Lionel Jospin à la présidentielle de 2002, rejeté dès le premier tour, alors qu'il vient de diriger le plus long ministère socialiste de l'histoire française (cinq ans) ; enfin, nouvelle et double défaite du parti en 2007, à la présidentielle et aux législatives. La crise du parti socialiste est avérée, et de tous les horizons on parle de sa nécessaire *refondation*.

Cet appel à refaire un programme, à rénover un parti, à repartir sur de nouvelles bases est un phénomène récurrent dans l'histoire du socialisme français : 1905, 1920, 1946, 1969-1971, autant de références datées d'une volonté de restauration qui ont, toutes choses égales par ailleurs, à peu près toutes le même sens : une volonté de ressourcement aux principes originels, lutte de classes et projet révolutionnaire. Cependant, une autre tendance du parti a défendu, par intermittence, une voie différente, celle d'une adaptation aux nouvelles réalités économiques, sociales, internationales – qu'il s'agisse des réformateurs « de droite », lecteurs d'Eduard Bernstein ou d'Henri de Man, des participationnistes ou planistes, ou bien adeptes du Léon Blum d'*À l'échelle humaine*. À chaque reprise en main du parti, le discours « de gauche » s'est imposé. En 2007, après l'échec de Ségolène Royal à la présidentielle, ce même discours s'est ébauché à nouveau : la candidate socialiste aurait perdu parce qu'elle n'aurait pas été « suffisamment de gauche », parce qu'elle aurait révélé son « tropisme vers le centre ». Il appert à beaucoup que cette analyse est de moins en moins crédible : l'identité même du parti socialiste est en jeu.

Le mouvement socialiste est par vocation révolutionnaire. Né de l'industrialisation de l'économie et de la formation de la classe ouvrière, il inscrit son existence dans le projet d'une société radicalement nouvelle, cette société sans classes annoncée par ses théoriciens, et spécialement par Marx. À la fin du XIXe siècle, « socialisme », « communisme », « collectivisme » sont des termes synonymes qui se réfèrent à la révolution prolétarienne destinée à en finir avec les moyens privés de production et le système capitaliste.

Cependant, le mouvement socialiste s'enracine aussi dans une réalité politique, sans doute variable selon les pays mais qui, de toute façon, conditionne son existence. Dans certains cas, il devient la force déterminante de la démocratisation des institutions, tel l'établissement du suffrage universel. Dans un pays comme la France, il s'insère dans un système politique avancé, le régime républicain, qui se réclame lui-même de la Révolution. S'il n'a pas à se battre en faveur du suffrage universel, déjà établi, il peut avoir à livrer bataille contre les ennemis de la République, quitte à mettre provisoirement entre parenthèses sa propre lutte révolutionnaire.

Ainsi entre la radicalité doctrinale, le principe de la rupture, et la participation à la défense républicaine dans l'alliance avec des forces libérales, progressistes mais anticollectivistes, la hiérarchie des urgences ne fait pas toujours l'unanimité. Le cycle de l'affaire Dreyfus illustre cette contradiction. En 1898, l'unification des groupes socialistes est inachevée ; les choix politiques les divisent. Les uns, à l'instar de Jaurès, entrent dans la bataille dreyfusarde et dans la logique du Bloc des gauches, qui gagne les élections de 1902. Les autres, à la suite de Guesde, refusent de se mêler d'une querelle « bourgeoise », désireux qu'ils sont d'en rester sur le terrain proprement socialiste de la lutte des classes : « Il faut, déclare Guesde, sans se préoccuper des contingences de la politique courante, placer toujours les salariés en face du vrai, du seul problème social : le problème de la propriété et de sa transformation. » Le « ministérialisme », c'est-à-dire la participation d'un socialiste à un gouvernement bourgeois – comme c'est le cas de Millerand dans le cabinet Waldeck-Rousseau en 1899 –, concrétise la discorde entre les tenants de l'intransigeance et les partisans d'un compromis républicain dans la défense du régime. Cette tension entre deux tendances connaîtra bien des variations mais ne cessera pratiquement pas, jusqu'à nos jours.

Le congrès international d'Amsterdam en 1904 se montre décisif dans le procès d'unification entre intransigeants et modérés. Jaurès, dans sa volonté d'aboutir à l'unité, accepte les conditions qui lui sont imposées par Guesde et le SPD allemand[1]. De sorte que la naissance du parti socialiste SFIO au congrès de la Salle du Globe en 1905 donne l'avantage à la ligne « lutte des classes » au détriment du compromis : « Le Parti socialiste est un parti de classe qui a pour but de socialiser les moyens de production et d'échange, c'est-à-dire de transformer la société capitaliste en société collectiviste ou communiste et pour moyen l'organisation économique et politique du prolétariat. »

Le parti pourra participer aux élections, mais, une fois élus, les députés socialistes s'opposeront à toute contribution à la domination de la bourgeoisie, refuseront toute participation ministérielle « conformément à l'ordre du jour Kautsky voté au congrès international de Paris en 1900 », refuseront les crédits militaires et l'ensemble du budget. Il n'était plus question de conquête légale du pouvoir ou du « socialisme de gouvernement ». L'action de classe devait être la boussole du parti unifié.

Cette action de classe, cependant, souffrait de la séparation entre le parti socialiste et la CGT dirigée par les syndicalistes révolutionnaires. Contrairement à ce qu'on observait en Allemagne, en Autriche, dans les pays scandinaves, en Grande-Bretagne, il n'existait pas de lien organique ou contractuel entre le parti et le syndicat, quand bien même, localement, socialistes et syndicalistes pouvaient se prêter main-forte. Cette séparation n'était pas seulement de l'ordre organisationnel ; elle était doctrinale. Le syndicalisme d'action directe de la CGT refusait la médiation politique ; pour lui, la révolution ne pouvait avoir lieu que sur le terrain économique, et son arme serait la grève générale. La méfiance à l'endroit de l'organisation politique sous l'affirmation d'autonomie des syndicats devait interdire au PS de devenir un parti de masse. Même après la scission syndicale de 1921, la CGT réformiste restera indépendante de la SFIO. Les socialistes firent de leur mieux pour garder le lien avec les syndicalistes, comme on le vit sous le gouvernement de Clemenceau : entre 1906 et 1909, Jaurès combattit de toutes ses forces son ancien allié de l'affaire Dreyfus et soutint à la Chambre des députés les mouvements de grève et les manifestations auxquels le Tigre dut faire face.

Le principe de rupture avait pourtant ses limites. Dans la hiérarchie des urgences, la révolution passa au second rang lorsque les menaces de guerre nationale devinrent de plus en plus redoutables à partir de 1905 (Tanger). Jaurès prit la tête du mouvement pacifiste en France et au sein de l'Internationale socialiste. Mouvement qui se concrétisa en 1913 dans la bataille contre la loi des Trois Ans. Une bataille nécessairement menée avec des alliés qui n'étaient pas socialistes, empêcher la guerre « par tous les moyens, depuis l'intervention parlementaire, l'agitation publique, les manifestations populaires, jusqu'à la grève générale ouvrière et à l'insurrection ». L'action jaurèsienne lançait ainsi des ponts entre le parti socialiste et la CGT, mais aussi entre les socialistes et les radicaux – ceux des radicaux du moins qui étaient hostiles aux Trois Ans. Jaurès, qui adhérait pleinement au projet collectiviste, n'en restait pas moins l'opérateur de la synthèse entre socialisme et république.

Paradoxalement, la guerre elle-même, que le mouvement pacifiste n'avait pas réussi à empêcher, accélérait le mécanisme de l'intégration. Au lendemain de l'assassinat de Jaurès et de la déclaration de guerre, le parti socialiste se rallie à l'Union sacrée, Jules Guesde et Marcel Sembat entrent au gouvernement présidé par René Viviani, aux côtés des élus du centre et de la droite. La défense de la nation prime alors sur la lutte de classe. L'observateur de Sirius pouvait alors prévoir la transformation du parti socialiste en parti « révisionniste », selon la terminologie née avec le débat sur les thèses d'Eduard Bernstein, c'est-à-dire en parti de gauche réformiste, abandonnant son utopie révolutionnaire. Il n'en fut rien.

Deux faits contribuèrent au retour à une ligne de rupture : le caractère interminable d'un conflit meurtrier, qui relance le mouvement pacifiste, et la révolution russe, à l'origine de la scission interne du parti socialiste et de la fondation du parti communiste. Au long de l'année 1917, les opposants à l'Union sacrée ne cessent de se renforcer au sein du parti. Les socialistes refusent de participer au gouvernement Painlevé ; ils se montrent les adversaires résolus de son successeur, Clemenceau. Ce retrait sur l'Aventin n'empêche pas les élus socialistes de soutenir l'effort de guerre, mais, dès l'armistice signé, les socialistes s'isolent. Aux élections de 1919, partis seuls à la bataille, ils essuient un net échec, le nombre des sièges acquis ou conservés passant de 100 à 68. Lors du congrès de Strasbourg de février 1920, la majorité condamne « les coalitions de toute nature avec la bourgeoisie et spécialement les coalitions ministérielles qui, pendant la guerre et après la guerre, ont fonctionné dans la plupart des pays européens ». Cette ligne dure est confirmée au congrès de Tours de décembre 1920, qui voit la majorité du parti adhérer aux 21 conditions d'entrée dans l'Internationale communiste fondée deux ans plus tôt par Lénine.

Cette scission entre communistes et socialistes aurait pu être l'occasion de trancher entre révolutionnaires et réformistes, les uns adhérant au PCF, les autres à la SFIO. Ce ne fut pas le cas. Les minoritaires, restés dans la « vieille maison », selon la formule de Léon Blum, avaient refusé le bolchevisme mais nullement remis en cause la doxa marxiste. Même leur volonté fut de ne rien céder, sur le terrain doctrinal, aux communistes, qui eurent tôt fait pourtant de les traiter en ennemis de classe, particulièrement entre 1928 et 1934, lorsque le Komintern fixa sa ligne « classe contre classe ». « Social-traîtres », « social-fascistes », les socialistes étaient devenus, en France comme en Allemagne, les ennemis désignés du mouvement communiste. Mais ce ne fut pas encore l'occasion pour la SFIO de réviser sa doctrine. Léon Blum réaffirmait les principes du socialisme révolutionnaire, y compris la dictature du prolétariat[2].

Cependant, reprenant force, les socialistes acceptaient un accord avec les radicaux en vue des élections de 1924. Le Cartel des gauches l'emporta, mais les socialistes n'acceptaient nullement la participation gouvernementale. Le « soutien sans la participation », telle était la formule. Socialistes et radicaux avaient en effet des ennemis communs, mais, écrivait Léon Blum, à la différence des radicaux, « la lutte de classes et la dictature du prolétariat […] sont restées pour nous des idées actives[3] ». Le mode de scrutin des élections, uninominal à deux tours, commandait les alliances ; il n'imposait pas de programme commun. La question néanmoins était posée : que feraient les socialistes dans le cas où ils seraient le parti vainqueur aux élections ? C'est alors, en

1926, que Léon Blum forgea sa théorie quelque peu amphigourique de la distinction entre *conquête* et *exercice* du pouvoir – qu'il complétera plus tard par le concept d'*occupation*. La conquête est révolutionnaire ; l'exercice du pouvoir en régime capitaliste reste dans la légalité et a pour finalité une politique réformiste la plus favorable aux prolétaires. Un coin était ainsi enfoncé dans la rigidité de la doctrine de rupture. La journée du 6 février 1934 et le changement de ligne voulu par Staline prenant conscience du danger allemand furent à l'origine du rapprochement entre socialistes et communistes, signataires d'un pacte d'unité d'action en juillet 1934 ; un peu plus d'un an plus tard, le parti radical-socialiste rejoignait le Rassemblement populaire. Le programme de celui-ci, résolument antifasciste et réformiste, fut dépassé après la victoire électorale de la gauche unie en avril-mai 1936 du fait de l'immense mouvement social qui la suivit. La transformation de la société française pouvait se faire par la loi, quand les élus étaient soutenus par les masses ouvrières. Malgré l'extrême tension entre la gauche au pouvoir et les oppositions de droite, malgré les appels gauchistes (de Marceau Pivert et des trotskistes) à la rupture, le Front populaire fut une révolution sociale tranquille, avant d'être bloquée par l'opposition, en son sein, des radicaux. En dépit de cet échec final, et bien que pour les pivertistes (Colette Audry, Daniel Guérin) il eût été une « révolution manquée », le Front populaire restera pendant des décennies la référence de la gauche en quête d'unité et de réformes sociales profondes : une politique de gauche n'était pas incompatible avec le respect du régime parlementaire.

La guerre et l'après-guerre intégrèrent un peu plus les socialistes dans le système politique français qui allait donner naissance à la IVe République. La participation gouvernementale n'était plus un tabou, même les communistes l'acceptaient – du moins jusqu'au début de la guerre froide qui devait les marginaliser. La guerre froide elle-même poussa le parti socialiste dans des alliances de troisième force, et plusieurs présidents du Conseil et le président de la République lui-même, Vincent Auriol (1947-1954), furent choisis dans ses rangs.

Au demeurant, le parti socialiste, sous la houlette de Guy Mollet, son secrétaire général depuis 1946, n'avait nullement fait l'*aggiornamento* doctrinal auquel certains, comme Léon Blum, Daniel Mayer ou André Philip, avaient songé au lendemain de la guerre. La « thèse » marxiste demeura inchangée, en parfaite contradiction avec une pratique parfois très droitière, comme ce fut le cas pendant la guerre d'Algérie sous le gouvernement de Guy Mollet. La nature schizoïde de la SFIO n'avait jamais été aussi éclatante. La rupture révolutionnaire demeurait la finalité théorique et lointaine du parti, tandis que l'intégration au système républicain était, semblait-il, consommée dans un mélange d'anticommunisme, de nationalisme colonial, et de réformisme affirmé – que résuma l'expression d'Alexander Werth : le « national-molletisme ». On doit cependant corriger cette expression polémique par le fait que Guy Mollet engagea son parti et la France dans la construction européenne : c'est sous son gouvernement que fut signé le traité de Rome en 1957.

La chute de la IVe République, le retour au pouvoir du général de Gaulle, la fin de la guerre d'Algérie, autant de faits qui accusèrent le déclin du parti socialiste et qui auraient pu être une nouvelle occasion de refondation « au-delà du marxisme ». En 1959, au congrès de Bad Godesberg, les Allemands montraient la voie : à la lumière de la dictature soviétique et dans une conjoncture de croissance dont profitaient tous les pays occidentaux, la révolution cessait d'être l'aspiration des sociaux-démocrates. Mais la SFIO, fort peu soucieuse des considérations de doctrine, était surtout occupée de redresser ses forces politiques en face du gaullisme triomphant. La descente aux enfers s'accéléra jusqu'à la déroute de 1969, lorsque Gaston Defferre, candidat du parti socialiste, obtint à peine 5 % à l'élection présidentielle qui avait suivi la démission du général de Gaulle. On ne pouvait plus reculer, il fallait de toute nécessité refonder le parti.

Cette refondation attendue eut lieu en 1971, au congrès d'Épinay, qui vit l'entrée dans le nouveau PS (lancé en 1969 au congrès d'Alfortville) de François Mitterrand et l'accession simultanée de celui-ci au poste de premier secrétaire. Tout se passe alors comme si, pour la majorité, le déclin du parti est imputable à l'éloignement de ses assises doctrinales originelles. Refaire le parti socialiste, c'est le refaire nécessairement « à gauche », à l'abri des compromis qui l'ont défiguré et enfoncé dans la défaite. Deux moteurs agissent en faveur de ce sinistrisme. Le premier est d'ordre stratégique. L'échec, en 1965, de Gaston Defferre dans sa volonté d'alliance centriste au moyen d'une « grande fédération » réunissant la SFIO et le MRP a laissé la voie libre à une autre ligne, l'alliance avec le parti communiste, favorisée par le contexte international de la « détente ». L'élection présidentielle de 1965 a montré la voie, quand les communistes ont renoncé à présenter leur propre candidat et défendu la candidature de François Mitterrand. Cette alliance avec le PCF implique un programme commun qui va dans le sens de la rupture. Le second moteur qui y pousse est la conjoncture idéologique des lendemains de Mai 68. On assiste alors à une résurgence de l'idéologie marxiste et révolutionnaire sous de multiples formes (journaux, édition, groupuscules, enseignement...) : refonder le parti socialiste dans ce contexte culturel encourage ses protagonistes à réaffirmer sa vocation révolutionnaire. Le congrès d'Épinay voit celui qui allait en sortir premier secrétaire du parti, et qui n'était « socialiste » que par vocation tardive, tenir le discours de la radicalité : nul n'avait place dans le nouveau PS, déclarait-il en substance, qui refusait la « rupture » avec le capitalisme.

L'année suivante, en 1972, le Programme commun de gouvernement était signé entre le PS et le PCF.

La dislocation de l'Union de la gauche en septembre 1977 aurait pu être une nouvelle occasion de révision, mais le congrès de Metz de 1979 vit la défaite des « modernisateurs » derrière Michel Rocard et le maintien du programme de rupture. Le *Projet socialiste* de 1980 affirmait : « Il ne s'agit pas pour nous d'aménager le système capitaliste mais de lui en substituer un autre. » La victoire de François Mitterrand à l'élection présidentielle de 1981, suivie de la formation d'un gouvernement Pierre Mauroy, où prenaient place plusieurs ministres communistes, mettait le parti socialiste au pied du mur. Or, sa volonté de rupture ne se concrétise nullement. Installé dans un cadre constitutionnel qu'il a férocement critiqué, dès l'établissement de la Ve République, le nouveau président n'émet aucune velléité de changer les institutions. Les aspirations à la rupture conduisent à un train législatif certes important, dont les nationalisations sont le signe le plus flagrant, mais, au bout de dix-huit mois d'exercice du pouvoir et de trois dévaluations, le gouvernement socialiste rentre dans la norme face aux contraintes internationales : le socialisme en un seul pays est impossible.

L'échec de la rupture étant avéré, l'année 1983 marque un retour de fait à l'*exercice du pouvoir* en régime capitaliste. Nul renouvellement de doctrine n'est envisagé. Le retour du franc dans le système monétaire européen, la réhabilitation explicite qui suivra de l'entreprise, du marché, de la Bourse, toute cette contradiction avec les perspectives du *Projet socialiste* est interprétée comme l'effet de la contingence – une « parenthèse ». Ce n'est que pendant le second mandat présidentiel de François Mitterrand que le parti socialiste, aiguillonné par le courant de Michel Rocard, Premier ministre de 1988 à 1991, entreprend une démarche révisionniste[4], préconisant « une société solidaire en économie de marché ». De son côté, François Mitterrand, sans remettre en cause les fondements doctrinaux du parti, pèse de tout son poids en faveur d'une politique européenne qui les contredit. Le référendum de septembre 1992 sur le traité de Maastricht et la courte victoire du « oui » pouvaient préluder à la refondation nécessaire. Cependant, le « non » avait été majoritaire dans les milieux populaires, et l'effondrement électoral des socialistes aux législatives de 1993, suivi en 1994 par l'échec de la liste socialiste conduite par Michel Rocard aux élections européennes, relançaient le balancier à gauche. C'est ce que préconisait le nouveau premier secrétaire, Henri Emmanuelli, qui fit approuver l'opposition du parti au libéralisme lors du congrès de Liévin d'octobre 1994. Pourtant, au même congrès, la candidature d'un « social-démocrate » affirmé, d'un réformiste, Jacques Delors, prend consistance. La dichotomie interne est manifeste : l'idéologie suit une logique qui n'est pas celle de la politique.

L'émergence d'un nouveau leader, Lionel Jospin, choisi par les militants au détriment d'Henri Emmanuelli pour être candidat à la présidentielle de 1995, ouvre une nouvelle ère d'intégration. Obtenant un résultat inattendu, plus de 47 % des voix au second tour après être arrivé en tête au premier, Lionel Jospin bénéficie de la dissolution de l'Assemblée en 1997 suivie de la victoire de la gauche aux législatives. Premier ministre surprise d'une nouvelle cohabitation, l'ancien trotskiste témoigne par sa conduite politique de l'adaptation du PS au système politique français. Les réformes les plus importantes auxquelles il procède (le PACS, la parité, les 35 heures) s'affirment comme des mesures de gauche dans une économie de marché et de libre entreprise – selon la formule du Premier ministre : « Oui à l'économie de marché ; non à la société de marché. » Des privatisations témoignent de la renonciation à l'économie administrée. On peut penser que le PS est devenu un parti « social-démocrate » à l'instar des autres partis de gauche en Europe, quand bien même le terme de

« social-démocratie » n'est pas historiquement le plus précis et que, justement, les partis sociaux-démocrates (et le parti travailliste en Grande-Bretagne) remettent en cause leur propres fondements dans l'ère de la « désindustrialisation » et de la globalisation de l'économie. Quoi qu'il en soit, la mandature de Lionel Jospin, qui dure cinq ans, semble bien annoncer la mue identitaire du PS. Cependant, tout est remis une nouvelle fois en cause par le terrible échec de Lionel Jospin à l'élection présidentielle de 2002.

Cet échec est interprété par les uns comme l'effet d'une inattention des socialistes aux problèmes de l'insécurité (dégradations des immeubles, délinquance, incendies de voitures, atteintes aux personnes physiques...), dont les milieux populaires sont les victimes au premier chef. Jacques Chirac et la droite ont largement utilisé l'anomie des « banlieues » et la peur pour se poser en champions de l'ordre négligé par les socialistes. Mais une autre interprétation court au sein du PS, selon laquelle le parti ne s'est pas suffisamment affirmé à gauche et de gauche. Pour eux, la reconquête des couches populaires passe par la rupture avec le libéralisme. Le référendum sur le traité constitutionnel du 29 mai 2005 renforce les tenants de cette thèse. Bien qu'une petite majorité de militants ait ratifié le vote « oui » au traité comme le préconisait la direction du parti, à l'exception de Laurent Fabius, Henri Emmanuelli, Jean-Luc Mélenchon, Arnaud Montebourg, la victoire du « non » révèle une fois encore que le PS n'a plus prise sur les classes populaires, dont la majeure partie a refusé de le suivre. En s'appuyant sur cette réalité et sur le fait que la gauche de la gauche – trotskistes, alter-mondialistes, communistes – ont appuyé le « non » de toute leur force militante, la gauche interne du PS croit possible de reconstituer une union de la gauche sur la base de l'antilibéralisme. Le parti socialiste se trouve ainsi de nouveau profondément divisé. François Hollande, à défaut de proposer les principes d'une refondation nécessaire au risque d'une scission, se consacre à recoller les *membra disjecta* de son parti dans une médiocre « synthèse » qui assure l'unité du PS, et que votera finalement le congrès du Mans de 2006.

La désignation de Ségolène Royal comme candidate du parti socialiste pour l'élection présidentielle de 2007 marque l'échec des partisans de la rupture, Laurent Fabius n'obtenant des militants que 18 % des voix. Il est devancé par Dominique Strauss-Kahn, qui plaide explicitement pour une refondation « sociale-démocrate dans une économie mondialisée ». L'adhésion de nombreux nouveaux militants favorise Royal et révèle l'espérance d'un changement de la part de l'électorat socialiste. Royal ne fait pas campagne sur le thème de la rénovation nécessaire, quoique celui-ci soit implicite dans la marginalisation des cadres du PS qu'elle s'efforce d'accentuer au long de sa campagne. En obtenant au premier tour plus de 25 % des voix, qui la qualifient pour le second, elle atteint un des meilleurs résultats d'un candidat socialiste à la présidentielle. Son échec final face à Nicolas Sarkozy remet au jour les querelles de personnes qui n'ont pas cessé au PS, mais il est suivi par la demande de la refondation. Moins évasif que Ségolène Royal, Dominique Strauss-Kahn en affirme la nécessité : « Nous sommes en effet au bout, tout au bout même, du cycle que François Mitterrand avait ouvert à Épinay en 1971. Tout doit être repensé. Nous devons réinventer un projet en partant des réalités d'aujourd'hui : par exemple, la montée de la mondialisation et de l'individualisme. Nous devons reformuler nos propositions en ayant pour seul souci de savoir si elles seront efficaces pour les Français, et non pas si elles sont conformes aux dogmes anciens[5]. » Jean-Marc Ayrault, président du groupe parlementaire socialiste sortant, l'appuie en annonçant au *Monde* du 12 mai 2007 « la fin du cycle d'Épinay ».

Le parti socialiste sortira-t-il du vide idéologique où l'a entraîné la contradiction entre sa fidélité à ses fondements doctrinaux et sa pragmatique du pouvoir ? Depuis ses origines, une tension s'exerce, jusqu'ici insurmontée, entre son imaginaire utopique et l'impératif des réalités. Dans une France sociologiquement très différente de celle où il est né, le parti socialiste ne peut plus se poser en parti de la classe ouvrière ; dans un temps où il n'est plus question de combattre la mondialisation, mais de s'y adapter au mieux des intérêts populaires, le parti socialiste aura du mal à tenir une ligne antilibérale à laquelle poussent ses alliés ou pseudo-alliés de l'extrême gauche. La déroute de ceux-ci, plus encore aux législatives qu'à la présidentielle, pousse logiquement le PS vers l'alliance au centre. L'adaptation à son temps est néanmoins redoutée en ce qu'elle risque d'anéantir l'identité socialiste. Tel est sans doute le cœur du problème. Le congrès de Bad Godesberg, devenu la référence de l'*aggiornamento*, a su préserver, au moins pour le moment, l'identité du SPD. C'est que celui-ci est lié de près à un syndicalisme qui, pour autonome qu'il soit, est largement solidaire du parti. De la même façon, la « troisième voie », théorisée en Grande-Bretagne par Anthony Giddens et suivie par Tony Blair, a été possible grâce au soutien des syndicats. Le parti socialiste en France est faible, car ses adhérents sont peu nombreux et ses relais organisationnels dans la société civile, limités. Renoncer à l'héritage marxiste, quand bien même le marxisme a cessé d'inspirer l'ensemble du parti ; renoncer à l'Union de la gauche, accepter la perspective d'une alliance au centre, c'est risquer de perdre sa raison d'être. La nouvelle défaite électorale de 2007 annonce-t-elle une refondation ou un simple remodelage ?

Le PS est de fait largement intégré dans le système politique français. Dès le congrès de Toulouse de 1908, qui vit Jaurès prendre sa revanche sur Guesde, on peut suivre les étapes de cette intégration, de l'Union sacrée de la Grande Guerre à l'acceptation du régime de la Vᵉ République, et à son affirmation indiscutable comme seul parti possible de l'alternance à gauche. D'autre part, le maillage étroit des municipalités, des conseils généraux, des conseils régionaux dont il a la charge, enracine encore plus aujourd'hui qu'hier le PS, ce parti d'élus, dans la réalité de la vie collective. Pourtant, chaque recul électoral, chaque défaite politique, tend à réactiver en son sein la tendance au retour aux sources doctrinales, le marxisme de jadis, l'antilibéralisme d'aujourd'hui. Désireux d'une fidélité à son histoire en même temps que d'une affirmation identitaire, les socialistes se sont régulièrement retrempés dans les eaux lustrales de la rupture. Vis-à-vis de leur gauche (communiste ou gauchiste), longtemps ils n'ont pu surmonter le « complexe de Tours » ; depuis 1971, c'est la refondation d'Épinay qui leur a servi de référence. L'intégration était la réalité, la rupture est restée l'idéal. L'effondrement du communisme, les programmes des autres partis socialistes européens, les sévères défaites électorales en chaîne, rien n'a pu modifier la nature ambivalente du PS. Après le nouvel échec de 2007, sommes-nous arrivés, comme le dit et le souhaite Dominiquc Strauss-Kahn, à la « fin du cycle d'Épinay » ? Quelle est la place, quelle doit être la ligne d'un parti de gauche dans une économie de marché mondialisée ; comment mettre en œuvre les valeurs de justice et de cohésion sociale dans une culture individualiste dominante ? La nécessité de répondre à ces questions appelle un travail théorique laissé largement en friche.

Les psychologies y ont leur part. Une petite scène de la campagne des législatives de 2007 pourrait illustrer le malaise socialiste. Le samedi 2 juin, au marché du cours de Vincennes dans le XIIe arrondissement de Paris, un membre du Parti des travailleurs, fort des 0,34 % de voix obtenues par son candidat à la présidentielle, lance aux militants socialistes présents : « Osez chanter *L'Internationale*, mais osez[6] ! » La gêne est évidente chez ceux qui sont interpellés, pris en tenaille entre deux audaces : celle de chanter *L'Internationale* et celle de ne plus la chanter.

Au lendemain du second tour des législatives du 17 juin, les socialistes pouvaient se féliciter d'une remontée inespérée, près de 190 sièges dans la nouvelle Assemblée – ce qui était mieux qu'en 2002. Dès lors, on se demanda sur les ondes et dans la presse si ce rebond électoral n'allait pas renvoyer aux calendes grecques la refondation attendue. Le premier secrétaire François Hollande déclara au *Monde* : « Depuis longtemps, les socialistes ont fait leur *aggiornamento* sur l'économie, c'est une plaisanterie de dire le contraire. Comme si nous n'avions pas reconnu depuis 1981 l'économie de marché et obtenu des résultats sur la désinflation, la croissance et l'emploi ! » (19 mai). Une telle affirmation ne préfigurait-elle pas le prolongement du *statu quo* ? François Hollande ajoutait cependant : « Mais cette fois, il faut agir dans un cadre d'économie mondiale, clarifier le rôle de l'État sans le priver de moyens, concilier souplesse pour les entreprises et stabilité pour les salariés, utiliser l'impôt sans en faire un frein à l'initiative. » Sans parler de « la fin du cycle d'Épinay », le premier secrétaire du parti socialiste la confirmait implicitement. Une totale déroute électorale aurait peut-être, une nouvelle fois, encouragé le raidissement doctrinal ; la bonne tenue du PS dans ces élections pourrait lui permettre sa sortie explicite et définitive de l'idéologie de rupture pour assumer pleinement son intégration dans le système démocratique à l'exemple des autres grands partis de gauche européens. Mais rien n'est fait. Le conseil national du parti, dont la réunion s'est tenue le 23 juin 2007, en l'absence de Ségolène Royal, a surtout démontré les divisions du PS, et l'on peut se demander jusqu'à quel point ces graves discordes en son sein ne reculeront pas encore l'échéance de la refondation attendue par beaucoup.

Georges Lavau avait proposé, dans les années de la République gaullienne, la notion de « fonction tribunitienne » pour définir le rôle du PCF dans le système français : un grand parti de protestation sans vocation au pouvoir. Le défi du XXIe siècle lancé au PS est de donner une cohérence doctrinale au parti de gouvernement qu'il est devenu s'il ne veut pas être réduit à son tour, à l'échelle nationale, à cette fonction tribunitienne, comme si la droite avait la vocation à l'exclusivité du pouvoir d'État.

8

Le grand schisme idéologique

Le 10 mars 1976, le jour même où l'ambassade soviétique à Paris protestait contre la participation d'Alexandre Soljenitsyne aux « Dossiers de l'écran » sur Antenne 2, la *Pravda* publiait un vibrant hommage à André Jdanov, à l'occasion du 80e anniversaire de sa naissance. La guerre froide n'était donc pas achevée, même si ses moments les plus intenses dataient des dernières années de Staline. Jdanov, ami du dictateur, secrétaire du Comité central chargé de la propagande, des problèmes de l'enseignement secondaire et supérieur, de la littérature, des arts et des sciences, maintiendra son nom attaché à la guerre froide idéologique, bien qu'il soit mort dès 1948. C'est lui, en effet, qui présida, le 22 septembre 1947, la réunion de Szklarska Poreba, en Pologne, regroupant les représentants des neuf principaux partis communistes européens – dont ceux d'Italie et de France –, réunion d'où allait sortir le Kominform, nouvelle structure de liaison internationale destinée à ranger les partis communistes européens sous la direction unitaire du Kremlin. Le rapport Jdanov, dont la lecture en fut le moment fort, fixait la nouvelle ligne anti-impérialiste, que tous les partis communistes étaient invités à appliquer : la théorie des « deux camps » y était explicitée, le plan Marshall était la cible sur laquelle il fallait faire flèche de tout bois, la lutte contre « l'hégémonie mondiale » des États-Unis était vigoureusement lancée. Elle prend une intensité dramatique en France lors des grèves de novembre, que certains qualifient d'« insurrectionnelles », et d'où résulte la scission syndicale qui voit la naissance de la CGT-Force ouvrière, avec le soutien financier de l'AFL-CIO des États-Unis. L'année 1948 consomme l'affrontement idéologique et finit de structurer les deux blocs.

Dès le 2 octobre 1947, Maurice Thorez, lors d'un meeting au Vél'd'Hiv, inaugurait en France le nouveau combat Est-Ouest, communisme-capitalisme, partisans de la paix-fauteurs de guerre, qui devait mobiliser les militants. Le 9 juillet, le secrétaire général du PCF précisait, lors du Comité central de Gentilly : « Les discussions en apparence purement littéraires ou esthétiques ne sont pas simplement d'ordre idéologique, mais se rattachent aux problèmes politiques. Il ne faut jamais oublier que l'activité de l'ennemi se mène précisément dans tous les domaines : économique, politique, militaire, etc., *et idéologique*. »

Les intellectuels communistes devaient s'aligner « sans aucune réserve » sur les positions du Parti ; ils devaient, sur tous les terrains où ils exerçaient leurs compétences, se savoir en guerre. Il y avait désormais deux blocs, il fallait appuyer le bloc socialiste par tous les moyens, y compris la plume, le violon et le pinceau.

La ligne Jdanov

Jdanov avait consacré justement une partie de sa vie, comme disait l'article de la *Pravda* déjà cité, « à l'éducation idéologique du peuple soviétique » et maintenu jusqu'au bout « sa critique intransigeante de toute attitude neutraliste et objectiviste envers des opinions antimarxistes ». Dès 1934, au premier congrès de l'Union des écrivains, il avait formulé ce qu'on allait appeler le « jdanovisme », c'est-à-dire la théorie marxiste-léniniste en matière de littérature, de philosophie et de musique, qu'il devait compléter jusqu'en 1948. Pour s'en tenir à la littérature, il réclamait du « réalisme socialiste », des livres « riche[s] de contenu, révolutionnaire[s] », « l'enthousiasme et la passion de l'héroïsme », une littérature de « lutte de classe », profondément « optimiste », dont les personnages devaient être clairement définis : « Dans notre pays, les principaux héros des œuvres littéraires, ce sont les bâtisseurs actifs de la vie nouvelle : ouvriers et ouvrières, kolkhoziens et kolkhoziennes, membres du Parti, administrateurs, ingénieurs, jeunes communistes, pionniers[1]. »

Dans un article des *Cahiers du communisme*, paru en octobre 1948, Laurent Casanova rendait hommage à Jdanov, mort le 31 août précédent, en insistant sur la fécondité de ce qu'il appelait son « rapport de septembre » – qui avait pris valeur d'encyclique, depuis la fameuse conférence de Pologne, pour toutes les cellules communistes. La « voix secourable » de Jdanov – cette « noble figure » – avait formulé les points de repère des nouveaux combats :

1. Alors que les « positions mondiales du socialisme » sont partout renforcées, on assiste à l'intérieur du monde capitaliste à la prééminence des États-Unis d'Amérique. Ceux-ci, devenus puissance « conquérante et impérialiste », entendent imposer leur « hégémonie mondiale ».

2. Il résulte de cette situation la coupure du monde « en deux camps principaux », le camp impérialiste – regroupant sous la tutelle américaine « les forces réactionnaires et antidémocratiques » – et le camp anti-impérialiste, « dont l'Union soviétique et les démocraties populaires sont le fondement », et qui s'appuie « sur les forces populaires et progressives partout dans le monde ». Le premier des deux camps prépare « une nouvelle guerre antisoviétique », le second lutte « pour l'établissement d'une paix juste et durable ».

3. La politique expansionniste des États-Unis requiert des plans militaires, un contrôle économique et politique sur les pays dépendants, « la mise en œuvre d'une préparation idéologique minutieuse ». Le plan Marshall « est l'expression dernière de cette politique ».

La contre-offensive idéologique exigée par Staline, *via* Jdanov, contre l'entreprise hégémonique de l'impérialisme américain avait une apparence : faire croire à une révolution désirée à l'Ouest ; elle avait une réalité : permettre au chef du Kremlin de verrouiller le glacis des démocraties populaires, édifier un bloc monolithique sous sa houlette ; les partis communistes des États occidentaux devaient être les relais efficaces, propres à déstabiliser le bloc ennemi, ou tout au moins à l'affaiblir.

Le parti communiste, ses militants, sa presse, ses intellectuels, sont alors entrés avec enthousiasme dans un combat aux allures révolutionnaires mais qui était tout destiné à servir les intérêts soviétiques. Retenons-en les thèmes principaux :

— La dénonciation du plan Marshall, d'abord

Le plan Marshall avait tenté des pays comme la Tchécoslovaquie qui, au moment où son projet avait été exposé, n'étaient pas encore inféodés complètement à Staline. Il représentait le danger le plus immédiat. C'est pourquoi l'aide américaine est flétrie de manière violente et incessante par tous les haut-parleurs du PCF. Dans un article des *Cahiers du communisme* de mai 1948, Charles Tillon, ancien ministre de la Défense nationale, s'emploie à démontrer que le plan Marshall équivaut à un plan de guerre subordonnant l'armée et l'indépendance françaises aux États-Unis – lesquels s'assignent « le monopole absolu dans la fabrication des armements modernes » : « Le parti américain sabote notre reconstruction industrielle pour éviter la crise aux trusts américains en échange de dollars qui ne résolvent rien. »

À longueur de colonnes, la presse communiste présente le plan Marshall comme une ruse machiavélienne visant, sous couvert d'aide financière à l'Europe, l'asservissement de celle-ci à l'Amérique de Wall Street, et à la préparation de la guerre contre l'URSS :

« D'une main parcimonieuse, lit-on dans *France nouvelle* du 12 juin 1948, Marshall s'offre à aider les pays sinistrés pour réparer les désastres de la guerre passée, mais c'est pour avoir la possibilité de préparer d'une main agissante une guerre nouvelle, économique et militaire. »

Ce leitmotiv s'enrichit de toutes les variations et de toutes les illustrations conjoncturelles. Le relèvement prioritaire de l'Allemagne est ainsi dénoncé avec la plus extrême vigueur. Le PCF s'attache dans sa propagande à mêler la défense des intérêts nationaux à la défense d'une ligne de classe. L'ennemi a changé, la Résistance continue.

— L'antiaméricanisme

La lutte contre l'impérialisme américain dispose d'un arsenal plus ancien : une tradition française d'antiaméricanisme, dont les années 1930 avaient déjà montré l'efficacité. La civilisation américaine – et non plus la politique de la Maison-Blanche – est vilipendée en elle-même, comme parangon du capitalisme, de la standardisation abêtissante, de la criminalité urbaine, et autres modernismes éhontés… Dans ses diatribes contre l'Amérique déshumanisée, la propagande communiste peut compter sur de nombreux alliés, intellectuels, écrivains, universitaires, qui ont régulièrement stigmatisé les ravages de la culture de masse. *Les Lettres françaises* se montrent particulièrement éloquentes dans le genre Pléiade contre Série noire, pinot des Charentes contre Coca-Cola, *Vaillant* contre *Donald*, filles de France contre *pin-up girls*… « La *pin-up*, nous explique *L'Avant-Garde,* c'est-à-dire la femme à l'américaine, poupée peinturlurée dont le but est l'amour, un riche mariage, beaucoup de plaisir sans le moindre effort. »

Les stéréotypes accumulés ont pour fonction de présenter l'Amérique comme le pays de l'anticulture, tandis que – selon la formule d'Ilya Ehrenbourg, « les communistes sont les héritiers légitimes de la civilisation ».

— Contre le « parti américain »

L'ennemi n'est pas seulement outre-Atlantique. Il est chez nous, où le parti américain exerce ses méfaits à la tête du pays. La lutte idéologique doit être menée aussi bien contre la Troisième Force que contre le gaullisme du RPF. La Troisième Force repose sur l'alliance centrale des socialistes et du MRP. Contre les premiers, les communistes reprennent en les renouvelant les attaques de la fin des années 1920 et du début des années 1930, et aussi quelques formules de la période clandestine des années 1939-1941. Léon Blum redevient ainsi l'accusé de toutes les trahisons. Par exemple, *France nouvelle* du 11 décembre 1948 lui consacre ses deux pages centrales : « L'implacable réquisitoire de l'Histoire contre Léon Blum qui, dès 1936, recherchait, par anticommunisme, une entente avec Hitler. » On ne devait pas s'étonner, du même coup, si le même Blum caressait « le rêve absurde d'une croisade contre l'URSS ».

Le MRP subit moins d'attaques, quantitativement parlant. L'effet de proximité hisse la SFIO au rang d'ennemi privilégié. Toutefois, les communistes s'attachent à discréditer les démocrates-chrétiens non seulement à travers leurs hommes politiques (Robert Schuman étant particulièrement visé), mais encore à travers la hiérarchie catholique et l'attitude de Pie XII : « Les prélats catholiques [sont] dans le camp antidémocratique et impérialiste. » Pour autant, les communistes tendent toujours la main aux catholiques et se plaisent à citer ceux qui, parmi eux, refusent d'obtempérer à la propagande de Washington et à l'enseignement politique du Vatican.

Quant au RPF, récent vainqueur des élections municipales, les communistes le dénoncent comme un néofascisme, de Gaulle n'étant qu'une variante à usage interne, plus musclée, du « parti américain ».

Les intellectuels communistes et leurs alliés doivent se soumettre à deux exigences : dans leur propre spécialité, défendre un art socialiste, une littérature socialiste, une science socialiste ; sur le terrain proprement politique, donner leurs noms connus à toutes les causes, à tous les combats, à tous les rassemblements décidés par le parti communiste. De ces deux devoirs, le second était le plus évident. Les écrivains du Parti et leurs compagnons de route prêtèrent leurs signatures à des centaines de manifestes et autres pétitions ; ils écrivirent des articles répétés contre l'Amérique capitaliste et des hymnes, parfois rimés, au socialisme stalinien.

C'est ainsi que Frédéric Joliot-Curie, éminent savant, devint président du comité mondial des Partisans de la paix, qui fit circuler l'Appel de Stockholm en mars 1950, contre la bombe atomique (américaine), et qui fut signé par des centaines de milliers de personnes (parmi lesquelles Pierre Benoît, Armand Salacrou, Robert Merle, Marc Chagall, Pierre Renoir, Gérard Philipe, Marcel Carné, Jacques Prévert, Maurice Chevalier, Henri Wallon...). Les scientifiques, en effet, n'étaient pas moins engagés que les écrivains sur le front de la guerre froide, quitte à laisser au vestiaire leur esprit critique. On peut, à titre d'exemple, mesurer les ravages spirituels du stalinisme en prenant connaissance du numéro de novembre-décembre 1949 de *La Pensée* consacré au soixante-dixième anniversaire de Joseph Staline. Henri Wallon, dont on cite encore aujourd'hui les travaux sur la psychologie de l'enfant, écrivait ainsi sans vergogne :

« Dans l'histoire de l'humanité, il y a de très grands noms. Il y a eu des stratèges illustres, des penseurs éminents, des conducteurs de peuples ou des hommes d'État prestigieux. Mais en connaît-on un qui ait uni en lui toutes ces formes du génie, et peut-on les dénier à Staline ? »

Outre les slogans, les articles, les livres, les campagnes ordinaires, certaines affaires ont cristallisé la guerre idéologique à Paris, comme ce fut le cas du procès intenté par Victor Kravchenko aux *Lettres françaises*, à Paris, en 1949. Cet ancien fonctionnaire soviétique avait publié après la guerre un livre, *J'ai choisi la liberté*, traduit en français en 1947, qui allait être un des grands best-sellers de la période. *Les Lettres françaises*, contrôlées par le parti communiste, avaient accusé le Russe transfuge d'être un faussaire stipendié par les services américains. Celui-ci porta plainte, un procès suivit, dont les vingt-cinq audiences, du 24 janvier au 4 avril 1949, furent transformées en autant de meetings politiques. De tous les témoins de la défense appelés par l'hebdomadaire communiste, le prix Nobel Joliot-Curie était le plus célèbre (il avait lu Kravchenko « avec l'esprit critique, l'esprit du scientifique » et il avait découvert des « mensonges flagrants » qui visaient à présenter « un bilan défavorable » de l'URSS), mais les compagnons de route tels que Vercors, Louis Martin-Chauffier, Jean Cassou, Pierre Cot, Emmanuel d'Astier de la Vigerie, Albert Bayet, vinrent aussi appuyer le journal accusé. Celui-ci, dans son numéro du 10 mars 1949, résumait ainsi ses positions :

« Kravchenko n'est pas l'auteur de son livre. Kravchenko est un traître. Kravchenko est un agent américain. Cela a été dit, redit, prouvé, établi. Sur le fond du procès, *Les Lettres françaises* l'emportent : elles n'ont pas diffamé Kravchenko. »

L'enjeu du conflit tenait notamment dans le fait que l'ancien fonctionnaire soviétique avait fait état des horreurs de la collectivisation forcée des années 1927 à 1933, et surtout du système concentrationnaire soviétique – ce que Soljenitsyne appelera plus tard « l'Archipel du Goulag » – toujours en vigueur en 1949. Les révélations de Kravchenko, publiées en France en 1947, avaient fait scandale aux yeux de beaucoup, deux ans après la chute de l'Allemagne hitlérienne. Le mot « déporté » se référait à celle-ci ; on ne supportait pas qu'il fût employé à propos de l'URSS. Des anciens déportés dans les camps nazis, à commencer par Pierre Daix, s'élevaient avec indignation contre un honteux amalgame. Depuis la bataille de Stalingrad, Staline était devenu intouchable ; le régime soviétique était sacralisé. Cependant, le témoignage de Margarete Buber-Neumann, épouse d'un ancien dirigeant communiste allemand, victime des purges staliniennes, qui avait été transférée, à la suite du pacte germano-soviétique, des camps hitlériens aux camps staliniens fut accablant pour les communistes.

Les informations sur « les camps de travail » ne manquaient pourtant pas en France. Boris Souvarine, Victor Serge, Roland Dorgelès, Anton Ciliga – ancien communiste yougoslave – avaient déjà, avant la guerre, décrit ou évoqué les réalités du goulag. Mais la présence des Soviétiques aux côtés des démocraties pour vaincre la barbarie nazie avait tout effacé. Il était donc d'autant plus nécessaire d'étouffer Kravchenko sous les accusations de mensonge et de trahison. Le procès, à l'indignation des communistes, remit la question des camps d'actualité. En 1949 étaient publiés en français *Travail forcé en URSS* des anciens mencheviks Dallin et Nicolaievsky, *La Condition inhumaine* de Jules Margoline, qui avait pour sous-titre *Cinq ans dans les camps de concentration soviétiques*, et surtout David Rousset, ancien déporté en Allemagne, publiait le 12 novembre 1949, dans *Le Figaro littéraire*, un appel à ses anciens compagnons des camps pour dénoncer le goulag (le mot est alors employé par lui). Cette fois, *Les Lettres françaises* intentèrent, à leur tour, un procès à Rousset, accusé de faux. Nouveau témoignage de Margarete Buber-Neumann, nouvelles dépositions, nouvelle bataille acharnée entre les communistes et leurs adversaires sur les réalités concentrationnaires de l'URSS. Procès perdu encore une fois par *Les Lettres françaises*, sans que rien puisse ébranler la foi des croyants. Du reste, l'existence même du goulag ne saurait remettre en cause la finalité du régime soviétique. Cette fois, c'est un intellectuel non communiste, Jean-Paul Sartre, qui en avance l'argument : « Quelle que soit la nature de la présente société soviétique, l'URSS se trouve grosso modo située, dans l'équilibre des forces, du côté de celles qui luttent contre les formes d'exploitation de nous connues[2]. »

Plus difficile, pour les communistes, de suivre les recommandations du jdanovisme en matière littéraire, artistique et scientifique. Aragon s'y appliqua en bon militant, en écrivant *Les Communistes*, entre 1948 et 1951. Ce ne fut pas son chef-d'œuvre. Il eut à faire le gros dos par la suite, en tant que responsable des *Lettres françaises*, pour avoir laissé publier en 1953 un portrait de Staline exécuté par Picasso, jugé impie. Plus doué pour la littérature populaire, plus à l'aise dans le pop'communisme, André Stil mérita le prix Staline en 1952 pour *Le Premier Choc*, une histoire édifiante de dockers, devenus les héros positifs de la guerre anti-américaine sur le front occidental. Dans le domaine scientifique, les fameuses découvertes en biologie prolétarienne de Lyssenko, qui devaient, entre autres exploits, transformer la vache soviétique en usine à lait surgras, laissèrent plutôt sceptique un savant communiste comme Marcel Prenant. Il n'empêche qu'un numéro d'*Europe* préparé par Aragon en 1948 fut consacré à la gloire du lyssenkisme, sans compter les couplets entonnés en sa faveur dans tous les organes du PCF.

Du reste, Marcel Prenant lui-même, réfractaire au merveilleux lyssenkiste, n'en était pas moins un vaillant laudateur de l'URSS. Ainsi écrivait-il, dans *Démocratie nouvelle* en juin 1953, une de ces pages de lyrisme agricole par lesquelles on avait pris coutume de parler de

« la patrie du socialisme », y compris dans les amphithéâtres de la Sorbonne :

« Mais si vous acceptiez un seul instant de tourner les yeux vers l'Union soviétique, vous y verriez [...] se réaliser un vaste plan de transformation de la nature par l'homme, avec irrigation d'immenses étendues désertiques, avec plantations d'immenses bandes boisées, avec extension des cultures vers le nord, avec amélioration systématique et coordonnée des animaux domestiques et des plantes cultivées, ainsi que des moyens techniques de la culture. Et dans un pays où, en moyenne, le sol n'est ni meilleur ni plus neuf qu'ailleurs, on n'a pas peur de la surpopulation. Mais on n'y détruit pas le blé, et l'on n'y arrache pas les ceps de vigne, comme chez nous, pour garantir un profit individuel. »

Quand on sait le bilan de l'agriculture soviétique, il fallait à Marcel Prenant, universitaire réputé, les yeux de Chimène pour Rodrigue, c'est-à-dire les yeux du croyant communiste. C'est que chacun s'appliquait au sein du parti communiste à « être stalinien », selon l'expression de Jacques Duclos[3], citant Maurice Thorez :

« Et nous, communistes, que l'ennemi de classe et ses agents croient outrager en nous appelant "staliniens", nous redisons bien haut, comme il y a vingt ans, notre fierté de ce titre d'honneur et de gloire que nous nous efforçons de mériter.

« De tout notre cœur, nous proclamons notre amour ardent pour Staline et nous l'assurons de notre confiance inébranlable.

« Vive à jamais notre cher et grand Staline !

« Vive le communisme ! »

Dans le même article, Duclos rappelait le critère d'appartenance au communisme : la défense de l'URSS « sans réserve » et « sans condition ». « Le monde, disait-il, est partagé en deux camps : le camp de la guerre avec à sa tête l'impérialisme américain, le camp de la paix avec à sa tête l'Union soviétique. »

La résistance anticommuniste

Face à l'offensive tous azimuts du mouvement communiste international, renforcé en 1949 par la prise de pouvoir de Mao en Chine, armé de la conviction que la victoire finale ne lui échapperait pas, les partisans de ce qu'on appela « le monde libre » présentaient deux faiblesses. Contrairement à leur ennemi, ils manquaient d'unité, et les libéraux – qui étaient prépondérants – ne pouvaient, par définition, à moins de tomber en contradiction avec leurs propres valeurs, utiliser les instruments de la propagande totalitaire. La tentation, cependant, était réelle.

Le mauvais exemple vint des États-Unis, en la personne du sénateur républicain du Wisconsin, Joseph R. McCarthy. La victoire des communistes en Chine en 1949, l'explosion de la première bombe A soviétique la même année, les débuts de la guerre de Corée en 1950, ces événements avaient profondément ému l'opinion américaine et entretenaient l'idée fixe de la trahison. C'est dans ce climat que furent condamnés des proches du secrétariat d'État comme Alger Hiss et qu'eut lieu le procès des Rosenberg qui bouleversa l'opinion. Quoi qu'on pense des conclusions de ces poursuites (et en particulier de la peine de mort infligée aux époux Rosenberg), du moins les accusés étaient-ils coupables. McCarthy, lui, dans un rôle d'inquisiteur, à la tête de la commission sénatoriale chargée de déceler les activités antiaméricaines, se livra à une chasse aux sorcières débridée, résolu à « nettoyer » l'Université, l'Armée, Hollywood et l'ensemble des institutions du pays des communistes et des espions. Xénophobe, isolationniste, il parvint en

1953 et jusqu'aux accords de Genève, en 1954, à maintenir la confusion entre la bataille idéologique, les poursuites et les investigations légitimes au nom de la défense nationale, et – comme l'écrivait François Bondy – « un contrôle public de la pensée, frappant ainsi de suspicion tous les ferments de non-conformisme et d'esprit critique sans lesquels une société libre ne pourrait vivre[4] ».

En France, le maccarthysme n'eut que de pâles imitateurs dans une presse d'extrême droite heureuse de prendre sa revanche sur ses déboires de l'après-guerre. Cependant, pour lutter contre l'influence communiste, le député radical de Seine-et-Oise et maire de Mantes-la-Jolie, Jean-Paul David, ancien résistant, devint le secrétaire général d'une officine ayant pour nom « Paix et Liberté », qui s'ingénia à mener le combat contre les communistes, par voie d'affiches, de presse et de radio, sans craindre les raccourcis-choc et les slogans simplistes.

Parmi les intellectuels, un des tout premiers à réagir publiquement et à assumer pleinement la lutte anticommuniste fut Raymond Aron. Cet universitaire, qui avait soutenu sa thèse avant la guerre sur la philosophie de l'Histoire en Allemagne, avait été très tôt initié au phénomène totalitaire. Il avait rejoint Londres pendant la guerre, puis, malgré sa répugnance explicite envers le bonapartisme[5], il s'était rallié avec Malraux au Rassemblement du peuple français, créé par Charles de Gaulle en 1947, convaincu de la nécessité de rendre sa force à la France par la réforme institutionnelle. Renonçant – provisoirement – à une carrière universitaire, il était devenu journaliste à *Combat*, puis au *Figaro*, où il s'affirma des années durant comme un analyste politique de renommée internationale.

En 1948, Aron publia à chaud un livre de circonstance qui se révéla un des meilleurs essais sur la guerre froide à ses débuts : *Le Grand Schisme*. Il usait de quelques formules qui devaient faire florès – « paix impossible, guerre improbable », « paix belliqueuse », « mythe de la révolution », « doctrine protée », etc. –, mais, surtout, conciliant la modération du ton et la fermeté de la pensée, il prenait acte de la division du monde en « deux blocs », en acceptant résolument de choisir son camp, contrairement à grand nombre de ses pairs : « Face à une secte à la fois militaire et religieuse, qui applique en toute rigueur le principe : qui n'est pas avec moi est contre moi, la seule attitude honorable est l'assentiment total ou le refus absolu. Il n'y a pas de demi-mesure. »

Aron entendait ainsi rester fidèle à son combat antihitlérien : le stalinisme, à ses yeux, s'inscrivait comme le nazisme dans une tradition antihumaniste qui rejette « les valeurs chrétiennes et libérales aussi radicalement que lui ».

Il avait néanmoins conscience de l'inconfort de sa position. Bien des communistes en France étaient inspirés par la générosité ; bien des anticommunistes ne l'étaient que par « la peur », « l'égoïsme » et la défense de leurs « privilèges ». Mais aucune cause n'est pure, disait Aron – et l'anticommunisme qu'il revendiquait, pas plus qu'une autre. Simplement, il s'efforçait de penser le monde en politique, comme en toute occasion. Or, il n'y a pas de politique du sentiment. N'en déplaise aux âmes candides, « les partis communistes sont la 5e colonne de l'Union soviétique, nous nous bornons à constater un fait ».

La difficulté du combat idéologique venait de ce que les esprits libéraux ne pouvaient opposer aux intellectuels communistes la croyance à la croyance, une mythologie à une autre, dans la mesure même où il s'agissait de lutter contre des « religions séculières », qui se nourrissent de mystifications. À ses yeux, le capitalisme n'offrait nullement aux hommes un paradis de rechange – et Aron n'était pas avare de jugements critiques ni de propositions de réformes. Justement, la dignité intellectuelle impliquait « la reconnaissance du réel et l'effort ingrat et lent, pour améliorer la condition des hommes ».

Dans les dernières pages du *Grand Schisme*, Aron décrivait le caractère dissymétrique des deux systèmes qui se faisaient face : « L'un exige de tous un loyalisme total, à la fois politique et spirituel, à l'égard du régime, de la doctrine qu'il incarne et du chef qui l'interprète ; l'autre, tout en exigeant des citoyens l'obéissance aux lois, ne mobilise pas à son profit les élans de la foi, n'enrégimente pas les spéculations de l'homme sur son destin. » Il y avait donc un affrontement idéologique aux moyens inégaux – la politique de l'entendement, dans laquelle les incertitudes le disputent aux convictions, contre « l'unité de pensée » voulue par Lénine, organisée d'en haut et reprise par tous les haut-parleurs du système. En définitive, la réalité trancherait : les libéraux l'emporteront à condition que l'ardeur productive, les progrès techniques, la volonté humaine, sachent concourir à l'élévation du niveau de vie général. C'est ce à quoi il fallait s'appliquer, au lieu de s'abîmer dans des rêves stériles.

Ce langage de la raison raisonnable, peu de cercles, peu de revues intellectuelles, étaient décidés à le reprendre, du moins jusqu'en 1956 – année de la double brèche, celle du XXe congrès du PCUS et du rapport Khrouchtchev ; celle de l'intervention des chars soviétiques en Hongrie.

On peut cependant relever dans le panorama *Liberté de l'Esprit*, revue gaulliste, dont Claude Mauriac était directeur et rédacteur en chef, sous les auspices d'André Malraux. Celui-ci, dans le premier numéro paru en février 1949, jugeait la révolution soviétique comme « la plus vaste entreprise d'organisation du mépris connue depuis Hitler, et qui ne cesse de s'étendre tandis que ce siècle s'avance ». L'attitude de l'ancien combattant de la guerre d'Espagne scandalisait les intellectuels de gauche. Emmanuel Mounier, dans *Esprit*, ouvrit un dossier interrogatif. Pierre Hervé, un des jeunes flambards du PCF, lui donna aussitôt la leçon : « Qui a jamais dit ou pensé que Malraux est, littéralement parlant, conservateur ou réactionnaire ? Il est fasciste. Entendez-vous, Mounier ? Fasciste[6] ! »

Liberté de l'Esprit était une revue modeste, mais riche de quelques signatures connues : outre Malraux, on y lisait Jean Amrouche, Stanislas Fumet, Roger Nimier, Pierre-Jean Jouve, Roger Caillois, Raymond Aron, Jules Monnerot… Celui-ci apporta sa pierre à l'édifice théorique de l'anticommunisme intellectuel en publiant, en 1949, *Sociologie du communisme*, qui fut plusieurs fois réédité. Aron dirigea une collection « Liberté de l'Esprit » chez Calmann-Lévy, qui fut à coup sûr un des éditeurs de guerre froide les plus marqués : Arthur Koestler, Jules Margoline, David Dallin, James Burnham, Michel Collinet, Herbert Lüthy, Hannah Arendt, Manès Sperber, autant d'auteurs qui furent partie prenante dans le conflit des idées entre l'Ouest et l'Est.

Plus confidentielles, certaines revues intellectuelles ou militantes poursuivaient la critique du stalinisme entreprise dans les années 1930. C'était le cas de *Révolution prolétarienne*, où se mêlaient les influences du syndicalisme révolutionnaire et du trotskisme. Ses deux collaborateurs les plus constants, Pierre Monatte et Alfred Rosmer, avaient adhéré quelque temps à la révolution léniniste ; c'est un autre ancien communiste de la première heure, Boris Souvarine, dont le *Staline* paru en 1935 avait été une première entreprise de démystification, qui fut à l'origine d'un Centre de documentation sur l'URSS et le communisme international d'où sortit d'abord un bulletin, puis la revue *Est-Ouest*, véritable mine d'informations, à laquelle journalistes et spécialistes puiseront abondamment.

La revue intellectuelle qui fut la plus brillante des publications anticommunistes lors de la guerre froide fut, à coup sûr, *Preuves*, « fondée sous les auspices du congrès pour la Liberté de la Culture », tenu à Berlin en juin 1950, et dont le premier numéro vit le jour en mars 1951. Ce congrès, mis sur pied grâce à des fonds américains, fut à l'origine du financement de cinq revues européennes, *Preuves* ayant comme revues sœurs *Der Monat* en Allemagne, *Forum* en Autriche, *Encounter* en Grande-Bretagne et *Tempo presente* en Italie[7]. Un journaliste suisse, François Bondy, était responsable de la revue française.

Celui-ci fut au point de rencontre de deux milieux politiques et intellectuels : d'une part, les gaullistes et leurs amis (Malraux, Koestler, Claude Mauriac, Manès Sperber...), d'autre part, des écrivains et des journalistes qui avaient été dans le RDR mais avaient rompu avec le progressisme[8], et dont le quotidien *Franc-Tireur*, dirigé par Georges Altman, exprimait les tendances. L'accouchement fut laborieux, Aron préférant à une revue (il y en avait déjà beaucoup) un hebdomadaire qui eût pu rivaliser avec le tout neuf *Observateur* de Claude Bourdet. La ténacité de Bondy surmontant les obstacles, *Preuves* est devenue peu à peu une revue de qualité, comparable par son tirage à *Esprit* et aux *Temps modernes*, publiant Ignazio Silone, Karl Jaspers, Czeslaw Milosz, Herbert Lüthy, Denis de Rougemont, Maximilien Rubel, François Fejtö, Michel Collinet, Mircea Eliade, Manès Sperber, Arthur Koestler, Roger Caillois, et aussi, malgré ses premières réserves, Raymond Aron.

Développant les théories sur le totalitarisme rejetées par l'*establishment* universitaire, défendant l'idée d'une culture européenne, publiant quelques-uns des grands intellectuels de l'époque, *Preuves* n'en a pas moins subi au départ les attaques des principaux organes de l'intelligentsia parisienne : « Revue "policière" pour la presse du parti communiste, revue "de droite" pour *Les Temps modernes*, revue "occupée par une besogne de propagande" pour *Esprit* ou plus simplement revue "américaine" pour *Le Monde*, *Preuves* est au départ une revue pestiférée » (P. Grémion). C'est que pour la plupart des intellectuels français de l'époque, l'anticommunisme était une maladie honteuse.

Fascination et désir de neutralité

L'attitude la plus répandue chez les intellectuels français au cours des années de guerre froide – au moins de 1947 à 1956 – fut déterminée par le rapport de force entre l'Est et l'Ouest. De ce point de vue, ce qui fut décisif dans notre pays a été la puissance du parti communiste. Jusqu'aux élections législatives de 1956 incluses, celui-ci enlevait plus d'un quart des votes. Il bénéficiait de quelques atouts majeurs, au rang desquels il faut citer : son rôle dans la Résistance à partir de 1941, alors que bien des intellectuels avaient été attentistes jusqu'en 1944 ; le prestige acquis par l'URSS depuis Stalingrad, et l'idée qu'on se faisait de son « avenir radieux » ; la puissance stratégique et diplomatique de l'URSS, qui avait sous son contrôle des démocraties populaires en marche vers le socialisme ; la théorie marxiste-léniniste qui répondait à toutes les interrogations intellectuelles d'une société qui avait été bouleversée par la crise puis par la guerre mondiale ; l'attachement sentimental plus encore qu'intellectuel à une organisation politique qui avait pour programme l'émancipation de la classe ouvrière, la fondation d'une société sans classes ; le rejet du contre-modèle américain, exécré sous le nom de capitalisme, et accablé de vices subsidiaires comme le racisme anti-Noirs, la ségrégation, le maccarthysme, les horreurs de la culture de masse, etc. ; les suites de la mobilisation antifasciste : en France, il s'agissait du danger représenté par le RPF du général de Gaulle, qui avait, par exemple, suscité un numéro spécial d'*Esprit* intitulé « La pause des fascismes est terminée », ce qui entraînait du même coup une alliance, au moins défensive, avec le parti communiste.

Les esprits les plus évolués subissaient ce que Gramsci appelle l'hégémonie communiste, c'est-à-dire la pression des idées les plus fortes à un moment donné. La situation de la France, gouvernée à partir de mai 1947 par la Troisième Force, cette alliance boiteuse entre la SFIO, le MRP et les modérés, n'avait rien pour séduire les tenants de l'idéal. Les guerres coloniales, à commencer par celle d'Indochine dès 1947, portaient naturellement les anticolonialistes du côté d'une extrême gauche qui était seule à défendre une ligne qu'ils pouvaient suivre. Ce n'était pas la politique du socialiste Naegelen en Algérie, qui avait normalisé les trucages électoraux, ni les actions des Républicains populaires à Madagascar, où ils avaient maté la révolte de 1947 à la mitrailleuse, qui pouvaient amoindrir leur sympathie à l'égard du PCF.

Ajoutons à ces éléments positifs en faveur du communisme la crainte, « humaine, trop humaine », que faisait régner la direction intellectuelle communiste en certains milieux, notamment à l'Université. Bien des personnalités, peu enclines au léninisme, se considéraient comme tenues à un comportement de respect devant des hommes décidés, qui parlaient haut et fort, qui avaient de l'audience parmi les étudiants, qui écrivaient dans une presse aux multiples organes, et qui détenaient les clés de l'avenir. Car, aussi curieux que cela paraisse aujourd'hui, l'optimisme libéral ne dépassait pas quelques cercles restreints ; après la victoire de Mao dans la Chine immense, le communisme portait en lui l'avenir comme en hiver les arbres portent en eux la promesse de la prochaine floraison.

Sans doute l'adhésion pure et simple au communisme n'était pas l'attitude la plus répandue. Au-delà des cercles des compagnons de route, prêts à marcher jusqu'à l'épuisement avec le parti communiste, on pourrait dessiner une série d'isobares de sympathie dégressive, qui allait de la ferveur à un esprit critique développé. Les réactions au schisme titiste de 1948 pourraient établir de ce point de vue une intéressante cartographie du philocommunisme. Ne pouvant ici entrer dans le détail, nous retiendrons l'influence de quatre publications qui exercèrent un rôle majeur dans l'intelligentsia : les revues *Esprit* et *Les Temps modernes*, le quotidien *Le Monde* et *L'Observateur* hebdomadaire. À des degrés divers, elles proposèrent à leurs lecteurs une attitude « ni-niste » (ni capitalisme ni communisme), participèrent officiellement à ce qu'on appela le neutralisme, tout en réservant leurs coups les plus durs au capitalisme occidental.

Esprit, fondé en 1932 par Emmanuel Mounier, était resté après la guerre fondamentalement antilibéral. D'inspiration chrétienne, la revue défendait les idées d'un progressisme modéré (il y avait en effet des progressistes chrétiens qui lui reprochaient sa timidité), à la fois par fidélité à ses idées antilibérales, anti-individualistes, et par l'amour chrétien du pauvre. Même quand le communisme pouvait lui paraître odieux, elle stigmatisait l'anticommunisme au nom de la solidarité nécessaire avec le parti de la classe ouvrière, c'est-à-dire avec les pauvres. La mort de Mounier en 1950 accentua encore cette tendance, malgré la résistance de quelques compagnons du fondateur comme l'historien Henri Marrou ou le politiste François Goguel. La revue avait dénoncé les procès staliniens dans les démocraties populaires, l'hystérie antititiste de la presse communiste, défendu les thèses d'un « marxisme ouvert » contre les positions d'un « marxisme dogmatique », mais elle demeurait globalement dans le refus de porter une condamnation radicale – jusqu'en 1956 – du système stalinien. La solidarité que la revue manifesta à l'égard des prêtres-ouvriers, interdits par Pie XII en 1953, entrait dans la même perspective : les vertus théologales impliquaient la condamnation du capitalisme et, du même coup, inspiraient un minimum de sympathie pour les pays communistes, en dépit de leurs manques, de leurs injustices, et de leur athéisme officiel[9].

Les Temps modernes, dont Jean-Paul Sartre fut le grand manitou, avaient été créés en 1945, sur des bases encore équivoques, puisque Aron et Camus y participaient, et que la presse communiste était sévère à leur égard. Jean Kanapa, ancien élève de Sartre et procureur du PCF, ne lésinait pas sur les injures à l'adresse de l'auteur des *Mains sales*. Cependant, on assista dans la revue existentialiste à un chassé-croisé des plus étonnants : tandis que Sartre passait progressivement de la défense de l'individualisme à un marxisme sous conditions, un autre philosophe de la revue, Maurice Merleau-Ponty, plus politique, évolua d'une attitude globalement favorable à l'URSS (malgré des réserves de poids), du marxisme comme seule philosophie de l'Histoire possible (*Humanisme et Terreur*, 1947) à une critique de « l'ultra-bolchevisme » de Sartre, qui avait rallié les positions du PCF en 1952 dans un interminable article, « Les communistes et la paix » (*Les Aventures de la dialectique*, 1955). Contre Camus d'abord, puis contre Claude Lefort et contre Merleau-Ponty, tous trois à des degrés divers et selon leur démarche propre développant des idées antistaliniennes, Sartre et *Les Temps modernes*, de 1952 à 1956, s'affirmèrent de fidèles soutiens du mouvement communiste. Plus tard, Sartre écrira à ce sujet : « Les derniers liens furent brisés, ma vision fut transformée : un anticommuniste est un chien, je ne sors pas de là, je n'en sortirai plus jamais. [...] Après dix ans de ruminations, j'avais atteint le point de rupture et n'avais besoin que d'une chiquenaude. En langage d'Église, ce fut une conversion. Merleau s'était, lui aussi, converti : en 1950. [...] Lentement accumulés, nos dégoûts nous firent en un instant découvrir à l'un l'horreur du stalinisme, à l'autre celle de sa propre classe[10]. »

Moins complaisants pour le communisme furent *Le Monde* de Hubert Beuve-Méry et *L'Observateur* lancé par Roger Stéphane et Claude Bourdet en 1950. Mais, de plus grande portée, en raison de leur tirage, ils contribuèrent efficacement à former dans l'intelligentsia et chez les étudiants une répulsion envers l'Amérique opulente et une sympathie-malgré-tout à l'égard du camp socialiste. Ces deux organes de presse furent les champions des positions « neutralistes », c'est-à-dire du non-alignement. Du point de vue politique, c'était une position peu réaliste, car tout gouvernement devait choisir son camp ; qu'elle le veuille ou non, la France faisait partie du bloc occidental, et les valeurs démocratiques que la République entendait défendre n'étaient guère compatibles avec ce qu'on appelait le stalinisme. Cependant, deux facteurs jouaient en faveur du neutralisme. Chez le fondateur et directeur du *Monde*, il s'agissait avant tout d'une attitude morale : le capitalisme et l'Amérique lui faisaient horreur, parce que c'étaient les deux figures, l'une abstraite, l'autre concrète, de la souveraineté de l'Argent. À tout prendre, l'âme franciscaine de Beuve-Méry s'accordait mieux à la nature spartiate du socialisme soviétique qu'au spectacle dégradant de ce qu'on n'appelait pas encore la société de consommation, du moins à l'idée qu'on en avait avant la lettre[11]. Sur un ton modéré et d'autant plus crédible, *Le Monde*, au cours de la guerre froide au moins (et moyennant quelques variations, car on put lire aussi dans le même quotidien des articles de Jean-Jacques Servan-Schreiber favorables à l'Amérique), accrédita quelques préventions solides envers les États-Unis qui marquèrent plusieurs générations de lecteurs.

L'Observateur, lancé en 1950 grâce à l'entremise de Roger Stéphane, occupa d'abord une place modeste. Son vrai succès date en effet de la guerre d'Algérie, époque à laquelle il était devenu *France-Observateur*.

Mais, présenté sous une forme austère et vendu à 15 000 exemplaires, il devint vite le moniteur de la gauche intellectuelle, socialiste et neutraliste – celle qui était marxiste ou marxisante, mais critique envers Staline, et accordait sa sympathie à l'expérience de la Yougoslavie « autogestionnaire ». Fondamentalement hostile au choix de la SFIO en faveur de l'Alliance atlantique et de l'OTAN, résolu à la lutte anticolonialiste, *L'Observateur* défendait en politique extérieure le refus des deux blocs (« Le neutralisme sert la politique russe dans la mesure précise où l'URSS, en ce moment, craint la guerre mondiale, écrivait Bourdet le 14 septembre 1950, et, à cela, nous consentons bien volontiers »), et, en politique intérieure, l'idée d'un nouveau Front populaire, fondé sur l'espoir de voir émerger une SFIO bevaniste (Bevan avait été le leader travailliste de gauche) et un parti communiste se débarrassant de ses oripeaux staliniens[12].

Ainsi, la guerre froide en France n'avait pas provoqué une bataille idéologique frontale, simple, un camp contre l'autre. Le gros de l'intelligentsia refusa la ligne anticommuniste préconisée par Raymond Aron et quelques autres, qui furent isolés dans le milieu universitaire et littéraire. Les communistes, de leur côté, n'attirèrent qu'une faible partie de la haute intelligentsia dans leurs rangs[13]. Mais ils surent se présenter comme la seule force d'avenir crédible et interdire à nombre de leurs contempteurs potentiels leurs velléités critiques. Certains d'entre eux étaient inspirés par la mauvaise conscience que leur inaction ou leur attitude équivoque pendant l'Occupation avaient fait naître après la Libération. D'autres étaient convaincus de l'effondrement à terme du capitalisme. L'Europe de la guerre froide est un continent encore ravagé par les suites de la guerre, et les Trente Glorieuses ne sont, évidemment, qu'une vue rétrospective. La condition ouvrière suscite alors de la part des intellectuels autant de travaux que de compassion ;

le marxisme, aux yeux de beaucoup, est devenu le seul instrument de progrès réel, l'outil désigné de l'émancipation prolétarienne et humaine. Le catholicisme, encore très influent, y ajoute une morale évangélique : on ne doit pas se couper des pauvres et de leur parti. Certains fidèles de l'Église – les progressistes – vont plus loin : il faut, à leurs yeux, soutenir les communistes jusqu'à la révolution nécessaire, après quoi ils seront, eux, le levain d'une nouvelle christianisation.

L'exemple d'Albert Camus, qui n'est pas chrétien, lui, mais qui a été jadis dans les rangs du Parti communiste algérien, est significatif d'une attitude limite, qui était plus répandue qu'on ne le pense. Dans ses écrits de *Combat*, il se montre tout de suite un adversaire résolu du socialisme totalitaire et exprime dans *L'Homme révolté* son rejet de tout historicisme. Ses positions lui valent le mépris des communistes, la rupture avec Sartre et *Les Temps modernes*, et un certain isolement dans l'intelligentsia. Pourtant, Camus ne se départit pas de la neutralité entre les deux blocs. Ce n'est pas le courage intellectuel qui lui fait défaut, on le sait. Il y a chez lui une répugnance, venue de loin, à s'aligner sur les États-Unis, à prendre le parti des riches, par fidélité au monde des humbles qui a été celui de son enfance et de sa jeunesse.

Une fois de plus se vérifie la difficulté éprouvée par les intellectuels à penser le monde politiquement. L'attitude morale et sentimentale leur convient mieux, qui dispense des alliances douteuses, permet de garder son quant-à-soi et préserve des compromis salissants. La position de Raymond Aron, fondée en raison mais suspectée de trahison, est peu courante. Par intimidation ou conviction, une grande partie des intellectuels français ne craignirent rien tant que de passer pour anticommunistes. Après la mort de Staline en 1953, plusieurs étapes leur rendirent la tâche plus facile : la déstalinisation entamée en 1956, l'intervention armée des Soviétiques en

Hongrie, puis, douze ans plus tard, en Tchécoslovaquie, le mouvement des dissidents (nous serions étonnés néanmoins de lire aujourd'hui les noms de ceux qui donnèrent une appréciation critique de *L'Archipel du Goulag* !), et enfin la *perestroïka* suivie du coup d'État manqué du 19 août 1991. L'évidence qui tombe aujourd'hui en même temps que les statues de Lénine ou de Dzerjinski, peu d'esprits en ont eu la révélation du vivant de Staline.

Aron et ses amis n'ont pas gagné la guerre idéologique, mais, comme ils l'avaient souhaité, c'est l'évolution économique et sociale dans les pays du bloc occidental qui fut déterminante. Ce fut la victoire de la prospérité (relative), plus que celle de la liberté ! En quoi notre bonheur historique restera tempéré, jusqu'à preuve du contraire.

9

La fin du mythe soviétique et le courant antitotalitaire

Dans les premiers jours de janvier 1980, *L'Humanité*, organe du Parti communiste français, applaudit à l'invasion de l'Afghanistan entreprise par les troupes soviétiques à la fin du mois de décembre précédent. Quelques mois plus tard, Raymond Aron, dans un retentissant article, « L'hégémonisme soviétique : an I », dénonce la faiblesse des Occidentaux face à l'« action de taupe » de Brejnev et de ses compagnons. Un chiffre l'illustre : « Le budget américain de défense représente 5 % du produit national des États-Unis, ce même budget s'élève, en Union soviétique, à un pourcentage de 15 %[1]. » La stratégie d'enveloppement ne fait pas de doute : par l'Afghanistan, ce sera le Pakistan, le golfe Persique ; en Afrique, le Mozambique, l'Angola ; en Amérique, Cuba… Le rapport des forces semble inversé au détriment des États-Unis et de leurs alliés. La révolution mondiale, appelée par Lénine, est en marche.

En France, cependant, le communisme n'est pas à l'apogée de son histoire. Depuis septembre 1977, le PCF a rompu l'Union de la gauche, et les élections législatives de 1978 ont démontré le déclin relatif de son audience, au profit du PS, redevenu premier parti de la gauche comme en 1936. Surtout, le parti communiste subit, depuis une demi-douzaine d'années, un discrédit idéologique comme il n'en a jamais connu : le courant de pensée antitotalitaire est désormais dominant chez les intellectuels de gauche.

Le prestige du PCF a été fortement altéré depuis 1956, l'année du rapport Khrouchtchev et de l'intervention des troupes soviétiques dans la Hongrie insurgée. Mais les communistes tirent parti de leur opposition au régime gaulliste et de la détente internationale : leur puissance électorale se maintient au-dessus de 20 % des suffrages.

Le sort du parti communiste reste tributaire de l'Est, tant il est impensable sans ses liens congénitaux avec l'URSS. 1968 a été encore une année terrible pour lui, à cause d'une nouvelle intervention armée dans un « pays frère », en l'occurrence la Tchécoslovaquie. Pendant des mois, les partisans d'un socialisme libéré de l'État policier avaient rêvé sur le « printemps de Prague » et le « socialisme à visage humain ». On pouvait enfin célébrer les noces du socialisme et de la liberté : le politologue Maurice Duverger, le 29 mars, dans *Le Monde*, publiait leur faire-part.

Il fallut déchanter : le 20 août, les troupes du pacte de Varsovie mettaient fin à l'illusion. Dans un premier temps, le PCF exprima sa « réprobation », mais se rallia très vite à la politique soviétique de « normalisation ». Il y eut quelques craquements chez les fidèles. Quand la traduction de *La Plaisanterie* parut au mois de septembre, le roman de Milan Kundera fut précédé d'une préface de Louis Aragon : « Et voilà qu'une fin de nuit, au transistor, nous avons entendu la condamnation de nos illusions perpétuelles. Que disait-elle, cette voix d'ombre, derrière les rideaux encore fermés du 21 août à l'aube ? Elle disait que l'avenir avait eu lieu, qu'il ne serait plus qu'un recommencement. Cette voix qui depuis ne se tait plus, qui impose d'appeler vertu crime, qui appelle aide au peuple de Tchécoslovaquie l'intervention brutale par quoi le voilà plongé dans la servitude. Cette voix du mensonge qui prétend parler au nom de ce qui fut un demi-siècle l'espoir de l'humanité... »

À la longue, l'hebdomadaire d'Aragon, *Les Lettres françaises*, feront les frais de leur trop longue complaisance à l'égard des Tchèques révoltés, meurtris, normalisés. Le PCF est repris en main en 1972 par Georges Marchais, sans état d'âme. Rien n'y fait. Commence alors le long cortège des témoins et des écrivains dissidents qui parviennent à faire publier leurs ouvrages en Occident. Ce sont d'abord des récits de déportation, comme celui d'Anatoli Martchenko, solidaire des communistes tchécoslovaques, ou de Nadejda Mandelstam, superbe résistante au stalinisme[2]. Mais l'électrochoc est provoqué par l'ouvrage d'un autre écrivain : *L'Archipel du Goulag* de Soljenitsyne.

Dès sa sortie en langue russe par les soins de la maison d'édition YMCA Press, à Paris, en décembre 1973, le PCF s'efforce de mobiliser ses partisans contre un livre dont le but le plus clair est de « détourner l'attention de la crise qui sévit dans les pays capitalistes ». Le Comité central y va de sa condamnation : « Repousser l'antisoviétisme, c'est l'affaire de tous. » Le PCF a signé avec les socialistes en 1972 un programme commun de gouvernement : sa crédibilité, autant que sa stratégie, est en jeu. Les défenseurs de l'Union de la gauche, pas forcément communistes, s'émeuvent. *Témoignage chrétien*, sous la plume de Maurice Chavardès, est de ceux-là, qui écrit, parlant de Sakharov et de Soljenitsyne : « Ne crions pas, à gauche, avec la meute des anticommunistes de tous poils, qu'en eux résident générosité, noblesse ou vérité » (20 décembre 1973).

Pendant que François Mitterrand, chef de file de l'Union de la gauche, fait le dos rond, redoutant de voir sa stratégie de conquête du pouvoir remise en cause par une querelle sur un livre, les dirigeants communistes appellent à la rescousse des intellectuels de gauche bien intentionnés. C'est ainsi que le numéro du 19 février 1974 de l'hebdomadaire communiste *France nouvelle* publie « trois points de vue sur l'antisoviétisme », ceux de l'historien Alain Decaux, de Claude Gault, rédacteur en chef de *Témoignage chrétien*, et de Max-Pol Fouchet, brillant journaliste de télévision. Pas plus que les autres, celui-ci n'a lu *L'Archipel du Goulag*, car il ne connaît pas le russe, mais il sait bien que l'affaire Soljenitsyne « sert de machine de guerre contre l'URSS d'abord, contre le socialisme en général, et chez nous contre l'Union de la gauche ».

La polémique ne va pas cesser jusqu'à la sortie de la traduction du tome I de *L'Archipel*, en juin 1974. Très vite, le succès de librairie est énorme : Le Seuil en vendra près de 700 000 exemplaires. Aucun autre pays d'Occident ne fera un tel succès à l'écrivain russe. Son livre était-il réellement neuf ? Non, si l'on songe à la kyrielle d'ouvrages publiés depuis le *Staline* de Souvarine, en 1935, et qui décrivaient, avec ou sans le mot, le système soviétique comme une entreprise totalitaire. Mais trop de faits avaient censuré l'antisoviétisme, l'anticommunisme, comme une tare inqualifiable : c'était le temps du Front populaire, de la Résistance, de la guerre froide, de la politique d'indépendance du général de Gaulle. Cette fois, c'étaient l'Union de la gauche et le Programme commun qui interdisaient de soulever le voile un peu trop haut sur les réalités du communisme soviétique.

Au milieu des années 1970, nul impératif international ne vient plus faire obstacle à la critique. Comme un retour du refoulé, les précédentes crises de 1956 et de 1968 refont surface. Un certain nombre d'intellectuels, de gauche ou d'extrême gauche, engagent alors un combat théorique contre les présupposés et les réalités du communisme.

Dès 1975, deux textes sont publiés, qui actualisent la réflexion antitotalitaire : *La Cuisinière et le mangeur d'hommes* d'André Glucksmann et un article de Claude Lefort, repris l'année suivante sous le titre *Un homme de trop*[3]. Prenant fait et cause pour Soljenitsyne, vilipendé par la presse communiste et alliée, l'ancien communiste et maoïste André Glucksmann pourfend, au nom du vrai socialisme, un marxisme devenu une « science de l'autorité, la science de l'ensemble des méthodes, idées et conduites qui permettent de conquérir, de garder et de consolider le pouvoir au XXe siècle ». Claude Lefort, ancien animateur de la revue *Socialisme ou Barbarie* avec Cornélius Castoriadis, applaudit, lui, à un livre « mettant en pièces le décor du socialisme stalinien, faisant apparaître la grande machine d'oppression, les mécanismes d'extermination dissimulés sous les panneaux de la Révolution, de la Planification bienfaisante et de l'Homme nouveau… ».

Les livres des dissidents et *L'Archipel du Goulag* n'auraient certainement pas suffi à crever le mythe soviétique – on sait quelle abondante littérature existait depuis les années 1930 sur le système concentrationnaire d'URSS – sans la force des événements qui bouleversent le monde au cœur des années 1970. À la fin d'avril 1975, les communistes vietnamiens s'emparent de Saigon, que les Américains doivent abandonner. Commence alors l'épopée tragique des boat people qui, prenant tous les risques, s'embarquant sur des rafiots, bravant les requins, fuient leur terre natale. Leur pitoyable exode ruine les illusions des intellectuels sur les vertus libératrices de la victoire des troupes du Viêt-cong. Au Cambodge, c'est le régime criminel de Pol Pot et des Khmers rouges qui donne la mesure du délire sanguinaire d'hommes qui se recommandent de Marx et de Lénine. En Chine, la mort de Mao, le 9 septembre 1976, ouvre l'ère des révisions ; au banc des accusés, la « Bande des Quatre », parmi lesquels la propre veuve du Grand Timonier.

En Europe, l'URSS a beau signer en 1975 les accords d'Helsinki s'engageant à respecter les droits de l'homme, le régime de Brejnev interdit au savant Andreï Sakharov de se rendre à Stockholm recevoir son prix Nobel de la paix.

Tous ces faits accréditent dans la gauche intellectuelle le concept d'« État totalitaire », longtemps réservé aux régimes de type fasciste. *La Tentation totalitaire* de Jean-François Revel, paru en décembre 1975, contribue à vulgariser le mot. Au cours de l'année suivante, nombre d'intellectuels, venus de divers horizons, réunis dans un séminaire de travail de la revue *Esprit*, commencent à publier dans cette revue des textes théoriques importants. Marcel Gauchet démontre que le « totalitarisme » peut s'appliquer à des régimes de gauche (comme de droite) quand ils prétendent instaurer « une société sans divisions », « une société délivrée de son antagonisme intérieur ». Contrairement à Freud, pour lequel même le conflit psychique, « organisateur ultime de l'âme », est irréductible, Marx, lui, fait du conflit – la lutte des classes – une phase qui doit être dépassée dans la société sans classes : « L'État socialiste est l'État qui revendique la réalisation de l'unité sociale, et c'est en cela qu'il est spécifiquement totalitaire. » Marcel Gauchet donne du phénomène une définition lapidaire à travers « le critère le plus décisif du totalitarisme : l'affirmation de l'unité sociale ». Fascisme et communisme communient dans la même illusion, l'élimination des conflits de la société ouverte. L'échec avéré, l'illusion se fait coercition : mobilisation permanente, embrigadement des individus, « multiplication des manifestations d'unanimité[4] ».

Le mois suivant, *Esprit* publie un numéro spécial : « Révolution et Totalitarisme », auquel participent notamment Claude Lefort et François Furet. Peut-il exister une révolution immunisée contre le totalitarisme, une révolution antitotalitaire ? Claude Lefort veut encore préserver ses chances : cette « autre révolution » ne tirerait-elle pas profit de l'expérience historique ? Il n'en affirme pas moins : « Il faut le dire encore : l'idée de la Révolution, comme événement absolu, fondation d'un monde dans lequel les hommes domineraient entièrement les institutions, s'accorderaient dans l'ensemble de leurs activités et de leurs fins, d'un monde dans lequel le Pouvoir se dissoudrait dans le flux des décisions collectives, la loi dans le flux des volontés, d'où le conflit serait éliminé, cette idée a partie liée secrètement avec la représentation totalitaire ; la croyance en une société qui s'ordonnerait organiquement, somme toute du dedans d'elle-même, renvoie à une référence tout externe, à la position d'un grand Autre qui embrasserait l'ensemble et le constituerait comme l'Un[5]. »

Toujours en 1976, l'hebdomadaire *Les Nouvelles littéraires* lance l'appellation « nouveaux philosophes » pour parler de cette génération gauchiste qui, brûlant ce qu'elle avait adoré, s'est fait l'écho sonore de la critique antitotalitaire. Deux noms surtout de la petite tribu devinrent familiers du public, grâce à leurs apparitions à la télévision, à leurs formules bravaches, à leur aisance : c'était d'abord André Glucksmann, déjà cité, qui, après *La Cuisinière*, publiait *Les Maîtres à penser*, une généalogie du totalitarisme ; c'était aussi Bernard-Henri Lévy, auteur de *La Barbarie à visage humain*. La philosophie politique pour classes terminales bénéficiait de toute l'amplification du *star system*. Les aînés des « nouveaux philosophes » ironisèrent sur leurs approximations, déniant aux freluquets la moindre nouveauté conceptuelle, mais la fougue, la hardiesse, le culot, voire la plastique de ces jeunes gens furent une aubaine pour les médias de masse qui relayèrent à grandes pages le discours antitotalitaire des revues savantes.

Dans cette critique du système communiste, la Chine maoïste n'est pas épargnée. Alors que l'équipe de *Tel Quel* accomplit derrière Philippe Sollers, en 1974, son respectueux voyage au pays de Mao, le sinologue belge Simon Leys sape, la même année, avec *Ombres chinoises*, la glorieuse Révolution culturelle et le fantasme pro-chinois. De son vrai nom Pierre Ryckmans, cet universitaire belge, maniant une ironie ravageuse, dessillait les yeux de ceux qui, victimes des articles du *Monde* (Alain Bouc), des ouvrages de Maria-Antonietta Macchiochi *(De la Chine)*, voire d'Alain Peyrefitte *(Quand la Chine s'éveillera)*, avaient transféré leur besoin d'utopie de la Russie soviétique à la Chine populaire. En 1975, le témoignage de Jean Pasqualini, *Prisonnier de Mao*, révèle au grand public les réalités du goulag chinois. Les événements aidant, la « démaoïsation » va bon train, sous la plume des spécialistes comme Lucien Bianco, Claude Cadart ou Jean-Luc Domenach[6]. Les derniers fervents du maoïsme n'ont plus, pour peu de temps du reste, qu'à se raccrocher à la ténébreuse Albanie, dernier esquif stalino-maoïste dirigé par le petit timonier Enver Hodja, qui va rompre avec la Chine en 1978. De la politique, on passe au folklore.

L'effondrement du mythe marxiste-léniniste parmi les intellectuels connaît sa journée symbolique : le 26 juin 1979, André Glucksmann entraîne Sartre et Aron, les anciens « petits camarades », longtemps ennemis, pour un temps réconciliés, accompagnés par Michel Foucault, chez le président Giscard d'Estaing, à l'Élysée, pour demander à la France son aide officielle dans l'opération « Un bateau pour le Vietnam », dont le but était d'aider les boat people.

On pouvait se demander alors si la gauche intellectuelle, foulant aux pieds le socialisme totalitaire, issu de Marx et Lénine, pratiqué par Staline, Mao, Pol Pot et les autres, avait une solution de remplacement. Devait-elle réhabiliter la social-démocratie, toujours diabolisée par les communistes et les socialistes eux-mêmes ? De fait, au sein du PS, Michel Rocard en défendait les mérites : « Il faut avoir le courage, écrivait-il en 1979, de reconnaître que les forces syndicales et politiques de gauche ont infiniment moins fait en France pour l'amélioration du sort des classes populaires que les social-démocraties suédoise, autrichienne et allemande et que le travaillisme britannique[7]. » Mais Michel Rocard ne s'arrêtait pas à ce constat ; il préconisait avec la minorité du PS, la CFDT, le PSU et un certain nombre d'associations un « au-delà » de la social-démocratie, une nouvelle utopie sociale : ce serait *L'Âge de l'autogestion*, selon le titre de l'ouvrage de Pierre Rosanvallon datant de 1975. Contre le socialisme totalitaire, la « deuxième gauche » défendait les principes d'un socialisme autogestionnaire, débarrassé du carcan étatique, rendant vie à l'expérimentation sociale et aux initiatives décentralisées. L'idée qui avait fait florès lors du mouvement de Mai 68 et connu son heure de gloire avec l'affaire Lip en 1973 était entrée dans sa phase théorique. Est-ce à dire que François Mitterrand et les socialistes, futurs vainqueurs des épreuves électorales de 1981, étaient prêts à prendre à leur compte toute cette réflexion ? Non, tactique oblige. L'appui des communistes, à défaut de leur alliance, s'imposait. Les canons du socialisme français, imprégnés de guesdisme, en restaient à la « rupture avec le capitalisme ». En rompant, elle, avec le mythe soviétique, la gauche intellectuelle et autogestionnaire risquait d'offrir des gages à Valéry Giscard d'Estaing. Mitterrand refusa d'entrer dans ce débat pour garder ses chances d'être élu à la présidentielle.

Il faudra toute la décennie 1980, Solidarność, Gorbatchev, la chute du mur de Berlin, pour que le courant antitotalitaire porte ses fruits jusque dans les chefs-lieux de canton. Vaincu sur le terrain politique, comme on le vit lors du congrès socialiste de Metz en 1979 (nette majorité de Mitterrand sur Rocard), le courant de pensée antitotalitaire devait irriguer toute la réflexion sur la démocratie jusqu'à nos jours.

10

Un siècle démocratique quand même

S'avisant de résumer le siècle où il était né, Léon Daudet, polémiste de *L'Action française*, ne chercha pas midi à quatorze heures pour trouver le titre du dépôt de bilan qu'il publiait en 1922 : ce fut *Le Stupide XIXe siècle.* « La première vague démocratique, écrivait-il, nous a valu le charnier révolutionnaire et napoléonien n° 1. La seconde nous a valu le charnier de 1870-1871. La troisième nous a valu le charnier de 1914. Du côté chair et sang, la chose est jugée par plusieurs millions de jeunes cadavres accusateurs[1]. »

La démocratie, voilà le mal, voilà l'ennemi. De manière paradoxale, Daudet, dans sa diatribe, s'en prenait violemment à Ernest Renan et au « renanisme », père du scepticisme contemporain. Or le même Renan, au lendemain de la défaite de 1871, jugeait, dans *La Réforme intellectuelle et morale de la France*, que la raison profonde de la débâcle française provenait de l'esprit démocratique et matérialiste qui s'était épanoui dans le peuple à partir des années 1840 : « Le jugement et le gouvernement des choses ont été transportés à la masse ; or la masse est lourde, grossière, dominée par la vue la plus superficielle de l'intérêt[2]. »

On imagine ce que ces deux auteurs, ainsi que tous ceux qui ont fustigé le XIXe siècle (un Sainte-Beuve en France, un Ruskin en Angleterre), écriraient aujourd'hui du XXe siècle. Deux guerres mondiales, le totalitarisme sous ses diverses formes, les génocides et autres massacres génocidaires ne sont-ils pas des inventions des cent dernières années ? Du reste, les Léon Daudet d'aujourd'hui sont légion et ne manquent certainement pas d'arguments : l'exécrable XXe siècle !

Sans participer à ces jugements de valeur, peut-être pourrions-nous nous accorder avec ces censeurs sur une réalité, que le siècle qui s'achève a été, plus encore que le précédent, celui d'une démocratisation exponentielle : le temps qui a vu la disparition progressive des « anciens régimes » fondés sur l'inégalité des conditions et des droits et l'avènement des masses sur des principes égalitaires de plus en plus affirmés.

Parler de démocratie renvoie spontanément au registre politique. Ce n'est pas le seul, loin s'en faut. Mais on peut commencer par cette évidence : la souveraineté populaire et son corollaire, le suffrage universel, ont été adoptés peu à peu dans la majorité des pays ; le régime représentatif est devenu la règle commune, au nom de laquelle on peut juger justement du caractère légitime d'un système politique. La chose paraissait acquise en Europe dès les lendemains de la Grande Guerre : les vainqueurs entendaient redessiner la carte politique au nom du droit des peuples à disposer d'eux-mêmes, et leur propre système de démocratie libérale était donné pour modèle à tous les États-nations succédant aux empires. Ce ne fut qu'un feu de paille, puisque vingt ans plus tard, l'Europe présentait un double visage : celui des démocraties et celui des dictatures, que celles-ci fussent établies au nom de la « démocratie », du « peuple » ou du « prolétariat ».

La démocratie pluraliste, qui implique la compétition électorale, les libertés publiques, l'alternance des partis au pouvoir, ne va pas de soi. On le voit encore aujourd'hui en Russie, où le passage d'un régime à l'autre se fait dans la douleur. Mais tous les peuples sont passés sous ces fourches caudines de la transition.

L'Espagne, après deux essais de république (en 1873 et de 1931 à 1939), deux ères de dictature (Primo de Rivera et Franco) et une épouvantable guerre civile, s'est dotée d'une constitution démocratique en 1978, non sans subir encore, en février 1981, une nouvelle tentative de coup d'État. Le Portugal, après avoir connu des années de régime républicain (1910-1926), a subi, au lendemain du coup d'État de 1926, la dictature militaire, suivie de celle d'Antonio de Oliveira Salazar jusqu'à la mort de celui-ci en 1968, en attendant la révolution de 1974 et la révision constitutionnelle de 1982 qui a rangé le pays au sein des démocraties libérales. La Grèce a connu les coups d'État militaires à répétition, la dictature du général Metaxás, la guerre civile, la dictature des colonels, avant de connaître en 1974 le retour à la démocratie. Et que dire de l'Amérique latine ou de l'Asie ? Combien de coups d'État, de guerres civiles, de pronunciamientos, de révolutions des œillets, de menaces gauchistes, de mouvements réactionnaires ? Combien de massacres, de tortures, d'années de prison a-t-il fallu à tant de pays pour entrer (ou non) dans la catégorie des nations démocratiques ?

La démocratie est fragile parce qu'elle exige beaucoup des habitants d'un pays qui l'ont adoptée. Elle repose sur une idée de l'homme que maint auteur juge dangereusement optimiste : le civisme, l'esprit de tolérance, le respect du droit ne sont pas des vertus innées. Il faut les apprendre. La démocratie est-elle pensable sans éducation ? Mais un système éducatif suppose des moyens qui ne sont pas à la disposition de tous les États. Elle a aussi pour assise le principe d'égalité qui ne va certainement pas de soi : André Gide lui-même, qui ne passait pas pour un esprit conservateur, eut longtemps du mal à admettre le principe du suffrage universel qui faisait que sa voix, à lui, le grand écrivain, ne valait pas plus que celle de son concierge.

On ne peut contester l'inexorable démocratisation politique des sociétés au cours du siècle. L'instauration du suffrage universel conjointement aux libertés publiques est un des critères qui permettent d'observer le mouvement. Avant 1914, seuls quelques pays pratiquaient le suffrage universel et assurait les libertés : la France (depuis 1848, surtout depuis 1871), le Royaume-Uni (1885), la Confédération helvétique, les États-Unis (mais les droits civiques des Noirs étaient entravés dans le Sud)… Il n'était pleinement établi ni dans le Reich allemand (mais la république de Weimar l'adopta en 1919), ni en Italie (ce sera le cas en 1919), ni au Danemark (1915), ni en Suède (1917), ni aux Pays-Bas (1917), ni au Japon (1928). Entre les deux guerres, le suffrage universel était admis dans les pays de dictature, mais sans libertés publiques, c'est-à-dire sans véritable compétition électorale. Il a fallu attendre la Seconde Guerre mondiale, la décolonisation, la fin des dictatures en Grèce, en Espagne, au Portugal, et l'effondrement du bloc soviétique, pour que les fondements mêmes de la démocratie politique prennent force de loi dans la plupart des pays des cinq continents – avec de sensibles variations selon les latitudes. Personne ne s'étonne plus aujourd'hui que des élections aient lieu régulièrement dans des États nés d'hier. Mais cette pratique devenue norme date bien du XXᵉ siècle. Les trucages, les intimidations, les corruptions multiples n'y changent rien : autant d'hommages du vice à la vertu, car on ne défend plus aujourd'hui une autre source de légitimité politique. Inachèvement, certes ; parodies diverses, sans doute, mais le mouvement du XXᵉ siècle va nettement dans le sens que reprochait déjà au « stupide » XIXᵉ siècle Léon Daudet.

Si nous prenons l'exemple français, la démocratisation s'est prolongée depuis 1945 par le droit de vote donné (enfin !) aux femmes[3], par l'abaissement de la majorité civique de vingt et un à dix-huit ans, par la pratique intermittente (et contestée) du référendum, par l'élection directe du président de la République, par le droit de saisine du Conseil constitutionnel par l'opposition (on aurait pu dire d'abord : par la mise en place d'un Conseil constitutionnel), par la fin du monopole étatique de la télévision, par la loi de décentralisation… Plus nettement encore, le système français s'est démocratisé du fait de la possibilité nouvelle de l'alternance des partis et des chefs d'État de formations politiques opposées depuis 1981.

De manière encore plus évidente, les gouvernants d'aujourd'hui ne peuvent plus agir sans avoir (ou sans croire qu'ils ont) avec eux l'appui de l'opinion. À cet article, l'invention et l'utilisation des sondages d'opinion ont révolutionné les conduites gouvernementales. D'aucuns crient à la manipulation[4], les ministres déclarent avec superbe agir sans se soucier des sondages. Il n'empêche : ceux-ci agissent comme une force de soutien ou de réprobation, assurant « la continuité du contrôle d'un suffrage virtuel » dont ne peut se moquer aucun Président ou aucun Premier ministre[5]. Le danger qui en résulte est celui d'un gouvernement d'opinion, inhibé dans ses volontés par ce contrôleur anonyme, voguant au gré des humeurs de celui-ci, incapable des hardiesses qu'exigent soit l'esprit de réforme, soit les grandes décisions impopulaires nécessitées par la conjoncture. Il reste qu'un gouvernement, aujourd'hui, ne peut plus agir indépendamment de cette opinion suscitée entre les dates d'élections, sollicitée à toute occasion et « mise en images et en signes ». À défaut de référendum, les sondages sont une sorte de référendum permanent, officieux, mais redoutable.

La démocratisation de la scène politique est liée à celle de la société, même si les deux phénomènes ne coïncident pas. L'avènement des classes moyennes en est la caractéristique. À la société de classes nettement tranchées, qui était évidente au début du siècle, s'est substituée peu à peu une société égalitaire dont les membres tendent à une certaine uniformité d'aspiration et de comportement. Cette « médiocratisation » sociale (dans le sens où Aristote parle de « médiocratie ») n'est pas la suppression des classes proprement dite, ni l'égalisation des fortunes. Elle se caractérise par l'accès de plus en plus large des couches populaires à l'éducation, à l'information et à la consommation des produits réservés jusque-là aux couches supérieures, aristocratiques puis bourgeoises. Elle est marquée aussi par la régression de la conscience de classe.

L'accès à l'éducation est l'aboutissement d'un mouvement continu au long du siècle. Restons dans l'exemple français pour le concrétiser. Avant 1914, l'Université délivrait environ 5 000 parchemins du baccalauréat ; en 1950, 32 000 ; en 2001, 500 000. Augmentation de bacheliers incommensurable avec l'augmentation de la population : la seconde moitié du siècle a opéré une révolution scolaire. Alors qu'en 1900, le baccalauréat était un diplôme masculin attribué à une petite élite sociale flanquée d'une mince escouade de méritants issus généralement des familles de fonctionnaires et de quelques familles paysannes, le bac est désormais délivré à près des deux tiers de chaque classe d'âge, filles comprises. Le chiffre des étudiants montre aussi clairement l'évolution : la France en 1900 comptait une trentaine de milliers d'étudiants (dont plus de 10 000 en droit) ; en 1950, environ 130 000 ; aujourd'hui, plus de 2 000 000.

Le XXe siècle a encore vu la naissance d'une « société d'information ». L'accès à l'information, réservé au début du siècle aux lecteurs de journaux, s'est répandu par la diffusion généralisée, d'abord des postes de radio, puis des téléviseurs à partir des années 1960. Les obsèques de Winston Churchill à Londres, en janvier 1965, ont été suivies par 350 millions de téléspectateurs dans le monde. C'est par milliards qu'on chiffre aujourd'hui l'audience mondiale lors des grands événements, comme ce fut le cas lors de la guerre du Golfe. En dehors du spectacle offert, la radio et la télévision apportent dans chaque foyer des nouvelles du monde entier et, au jour le jour, les faits d'actualité. En France, comme dans les autres pays occidentaux, la concurrence des chaînes d'État et des chaînes indépendantes a profité à la liberté de l'information. D'une manière générale, la télévision tend à l'uniformisation des goûts et du langage. À ses débuts, au temps de la chaîne unique, l'État pouvait encore rêver de modeler les consciences. À la fin du siècle, les mesures d'audience (l'audimat) qu'exige la publicité induisent le renversement du schéma : le souci des chaînes n'est plus d'éduquer, mais de répondre à la demande publique sur laquelle on établit les programmes.

La société de consommation – appellation des années 1960, en pleine expansion économique – a progressivement doté les ménages d'automobiles, d'appareils ménagers, de gadgets multiples. Une « civilisation des loisirs » (Joffre Dumazedier), liée à la réduction de la durée du temps de travail et à l'enrichissement global, ouvrait désormais l'éventail des activités ludiques, sportives et culturelles : tourisme de masse, pratiques sportives, abonnements aux concerts et au théâtre, multiplication des associations en tous genres, initiatives des comités d'entreprise, etc. Dans le même temps, la majorité des Français devenaient propriétaires de leur appartement ou de leur maison individuelle (près de 55 % en 1999).

Dans ce parcours vers le bien-être, la conscience de classe s'est peu à peu atténuée. La grande majorité des Français vivent désormais dans des villes, grandes ou moyennes. C'est seulement depuis le début des années 1930 qu'ils ont cessé d'être des villageois. La ville de la première moitié du siècle était encore très contrastée socialement comme en témoignaient la nature du couvre-chef (casquette, béret, chapeau), la qualité et l'état des chaussures, la coupe des robes ou des costumes. La ville de la fin du siècle connaît une large indifférentiation du paysage social : le jean, les baskets, les tee-shirts, trois mots américains qui se réfèrent à la révolution vestimentaire. La « distinction », chère à Pierre Bourdieu, se fait plus discrète, plus secrète, offerte aux seuls initiés ; elle ne saute plus aux yeux. Sans doute voit-on, depuis les années 1980, la réapparition de la mendicité. On sait le poids du chômage, la réalité des SDF et l'existence des RMistes. Mais, globalement, la société française ne cesse de s'enrichir, comme en témoignent le parc automobile, les patrimoines immobiliers et les héritages[6].

L'évolution des catégories socioprofessionnelles a également contribué à l'affaiblissement de la conscience de classe : les ouvriers sont devenus moins nombreux que les employés au début des années 1990. Mais, lors même qu'ils étaient la catégorie sociale la plus nombreuse, les ouvriers qualifiés ont eu tendance à refuser l'identification prolétarienne. En 1966, les ouvriers qui déclaraient appartenir aux classes moyennes étaient 13 % ; en 1994, 30 %. Les deux extrêmes de l'échelle sociale, bourgeoisie et classe ouvrière, ne font plus recette[7] :

	1966	1994
Se déclarent des classes moyennes	21	38
De la classe ouvrière	39	22
De la bourgeoisie	7	3
Autres	33	37

Il est notable que le sentiment d'appartenance à une classe sociale, globalement en régression, s'amenuise encore chez les jeunes. La scolarisation massive, la similitude des activités, le mimétisme vestimentaire, tout concourt à créer une société juvénile relativement homogène, contrastant fortement avec les « niveaux » et les « barrières » de la société bourgeoise du début du siècle et de l'entre-deux-guerres[8].

Enfin, on ne saurait négliger l'acquisition des droits par les femmes, surtout depuis la fin de la Seconde Guerre mondiale. La Constitution de 1946 posait le principe dans son préambule de l'égalité des droits entre hommes et femmes. Il fallut tout de même attendre 1965 pour voir réformer les régimes matrimoniaux et permettre aux femmes mariées d'exercer une activité professionnelle malgré l'opposition éventuelle de leur mari. La loi Neuwirth autorisant la contraception (1967) et la loi Veil sur l'IVG (1975) ont inauguré une série de lois qui ont renforcé l'autonomie des femmes. La loi du 19 octobre 1995 a donné naissance à l'Observatoire de la parité chargé de recenser les inégalités entre hommes et femmes. Ce mouvement d'autonomisation et d'émancipation a été le fait de tous les pays « développés », avec plus ou moins de retard selon les cas. Un symbole en est l'accession des femmes aux plus hauts postes politiques (de la Canadienne Kim Cambell à la Pakistanaise Benazir Bhutto, de l'Irlandaise Mary Robinson à la Bolivienne Lidia Gueiler). Nul doute que nous sommes encore en présence d'un des faits sociaux, et accessoirement politiques, majeurs de la seconde moitié du XXe siècle. Les rémanences de la « domination masculine » ne peuvent occulter cette mutation si profonde : la société égalitaire est entraînée à réaliser aussi l'égalité entre les sexes.

Alexis de Tocqueville, au retour de son voyage aux États-Unis, au début des années 1830, avait analysé le modèle américain de la société démocratique, prévu son extension, et montré ses dangers. Aristocrate, assez peu porté naturellement aux principes de l'égalité, il se résignait avec lucidité à l'avènement des masses, tout en mettant ses lecteurs en garde contre les formes d'un nouveau despotisme. « Je vois, écrivait-il, une foule innombrable d'hommes semblables et égaux qui tournent sans repos sur eux-mêmes pour se procurer de petits et vulgaires plaisirs, dont ils emplissent leur âme. Chacun d'eux, retiré à l'écart, est comme étranger à la destinée de tous les autres. [...] Au-dessus de ceux-là s'élève un pouvoir immense et tutélaire, qui se charge seul d'assurer leur jouissance et de veiller sur leur sort.

Il est absolu, détaillé, régulier, prévoyant et doux. […] Le souverain étend ses bras sur la société tout entière ; il en couvre la surface d'un réseau de petites règles compliquées, minutieuses et uniformes, à travers lesquelles les esprits les plus originaux et les âmes les plus vigoureuses ne sauraient se faire jour pour dépasser la foule ; il ne brise pas les volontés, mais il les amollit, les plie et les dirige ; il force rarement d'agir, mais il s'oppose sans cesse à ce qu'on agisse ; il ne détruit point, il empêche de naître ; il ne tyrannise point, il gêne, il comprime, il énerve, il éteint, il hébète, et il réduit enfin chaque nation à n'être plus qu'un troupeau d'animaux timides et industrieux, dont le gouvernement est le berger[9]. »

La souveraineté du peuple n'est nullement incompatible avec cette mise en tutelle : douze ans avant l'avènement du Second Empire, Tocqueville en décrivait la menace. Le XXe siècle en a vu d'autres : c'est au nom du peuple et de l'égalité que se sont imposées les pires dictatures.

Sans aller jusque-là, la société démocratique pousse à l'« uniformité universelle ». Les grands écrivains laissent la place aux bonimenteurs médiatiques ; la cuisine de ménage s'efface devant les délices du *fast-food* ; l'opéra et le théâtre perdent peu à peu du terrain face aux plaisirs des *Disneylands* ; les grands hommes sont remplacés par d'habiles politiciens ; la protection sociale est valorisée aux dépens de l'aventure ; l'argent devient la valeur suprême et l'hédonisme, la philosophie du grand nombre.

Au demeurant, la société démocratique incline à la paix. Après deux guerres mondiales, déclenchées par les empires et les dictatures, les gouvernements démocratiques qui leur ont succédé ont remisé la guerre au rang des catastrophes évitables. Les vertus militaires ne sont plus de saison ; la longévité même des individus appelle à la tranquillité. Les nations enrichies poussent à la paix. Les pulsions agressives sont transférées dans la sphère de l'économie. Ce dont, en son temps, Ernest Renan trouvait matière à se plaindre – mais c'était au lendemain d'une humiliante défaite.

Toutes ces tendances sont contredites par l'inégale démocratisation de la planète, les suites troublées de la colonisation et de la décolonisation, le démantèlement récent du bloc soviétique, mais elles sont fortement intériorisées par les citoyens des pays avancés.

Au total, Tocqueville, glacé par l'uniformisation, « tenté de regretter la société qui n'est plus », acceptait, libéral et chrétien, l'évolution égalitaire de l'humanité, en convenant que son point de vue n'était pas celui de l'« Être tout-puissant et éternel » :

« Il est naturel de croire que ce qui satisfait le plus les regards de ce créateur et de ce conservateur des hommes, ce n'est point la prospérité singulière de quelques-uns, mais le plus grand bien-être de tous : ce qui me semble une décadence est donc à ses yeux un progrès ; ce qui me blesse lui agrée. L'égalité est moins élevée peut-être ; mais elle est plus juste, et sa justice fait sa grandeur et sa beauté[10]. »

Phrases étonnantes, écrites il y a de cela un siècle et demi, alors que l'état de la société européenne était encore largement tributaire des modèles et des finalités de la société aristocratique. C'est au long du XXe siècle, et particulièrement dans sa seconde moitié, que les prédictions de Tocqueville ont été validées. Les âmes sensibles d'aujourd'hui peuvent à loisir, tout comme l'auteur de *De la démocratie en Amérique*, souffrir de la médiocrité des aspirations communes, haïr les effets de ce qu'il est convenu d'appeler (mais ce n'est pas par hasard) l'américanisation de la société, de la culture, de la cuisine (les hamburgers, la BD et le rap, l'école pour tous et l'ignorance de la syntaxe) ou ce que Renan nommait le « béotisme démocratique », rien n'empêchera cet alignement des coutumes et des comportements : le XXe siècle l'a produit d'une manière irréversible.

Car autant la démocratie reste fragile au chapitre de la politique, autant la démocratisation des échanges sociaux, l'universalisation des droits égalitaires, l'effacement des ordres hiérarchiques s'enracinent chaque jour davantage. L'esprit de dépendance ou de soumission a disparu. Même dans un rapport de domesticité, le maître et le serviteur sont de la même espèce, car le serviteur peut devenir maître à son tour. Du reste, ce vocabulaire du temps de Tocqueville n'a plus cours : il n'y a plus que des employés de maison, dont le statut est protégé par la loi.

La démocratisation des sociétés a rendu vaine l'aspiration révolutionnaire. Celle-ci était motivée par le dénuement des classes pauvres : selon le mot de Marx, le prolétaire n'avait à perdre que ses chaînes. Aujourd'hui, l'immense majorité de la population des pays développés est composée de possédants. Arlette Laguiller ou d'autres peuvent bien nous peindre la situation des salariés avec des traits de flamme : la seconde moitié du siècle a désarmé les partisans du tout ou rien. Les socialistes sont devenus réformistes, et les communistes, dont le nombre s'amenuise, ne visent pas à autre chose, mais sans le dire.

À ce tableau, somme toute avantageux, les esprits critiques pourront objecter toutes les preuves des inégalités persistantes, le poids des misères éhontées, les privilèges abusifs et cyniques. Nous sommes loin, en effet, d'une société parfaitement égalitaire, à supposer qu'elle puisse jamais être réalisée, et qu'elle soit souhaitable. La longue phase de démocratisation sera-t-elle remise en cause par la crise mondiale surgie en 2008 ? Plusieurs indicatifs de freinage l'avaient précédée – tels, en France, le nombre accru des sans-logis, l'augmentation des RMistes, le moindre accès des enfants issus des milieux modestes aux grandes écoles, la détérioration des conditions de vie des femmes seules et mères de famille, etc. Inversement, l'expansion des micro-ordinateurs et de l'Internet paraît devoir renouveler l'autonomie des individus et l'expression de l'opinion. L'historien, qui, par métier, jette son regard sur le long terme, ne peut pas ne pas être frappé par l'extraordinaire mutation sociale et politique des sociétés modernes. Il ne saurait pour autant décider de l'avenir.

DEUXIÈME PARTIE

Variations sur l'idée nationale

11

Qu'est-ce qu'une nation ?

« On entend par nation un groupement d'hommes réunis par une même erreur sur leur origine et une commune aversion à l'égard de leurs voisins. » Cette plaisanterie d'Albert Mousset, fondateur de la revue *Affaires étrangères*, qui date de 1933, ne manque pas de pertinence ; elle met en lumière un des ressorts de la conscience nationale, l'identification collective par l'altérité : nous sommes « nous » parce que nous ne sommes pas « eux ».

Ce *Nous*, qui l'a fait ?

On oppose d'ordinaire deux théories de la nation, la française et l'allemande. Disons tout de suite qu'il vaudrait mieux les qualifier autrement, tant les Français ont contribué à la version dite allemande, et inversement. Le *made in France* vient de la Révolution ; le *made in Germany*, de la réaction antifrançaise nourrie de l'œuvre philologique de Herder[1]. À partir de cet affrontement s'imposent et s'affinent la « nation révolutionnaire » et la « nation romantique » ; la « nation-contrat » et la « nation-génie » ; la nation « subjective » ou volontariste et la nation objective ; la nation de la libre adhésion et la nation du *Volksgeist* (l'« esprit du peuple » ou esprit collectif inconscient)[2].

Le mot « nation » est un des mots clés de la Révolution française. Sieyès, dans *Qu'est-ce que le tiers état ?*, écrivait : « La nation existe avant tout, elle est l'origine de tout, sa volonté est toujours légale ; elle est la loi même. » Par là, Sieyès annonçait l'essence démocratique de l'idée de nation, qui est antérieure et supérieure à la société d'ordres et à la dynastie régnante. Tout naturellement, le 17 juin 1789, le tiers état se transforme en *Assemblée nationale* ; le 20, au Jeu de paume, les députés prêtent le serment de ne pas se séparer avant d'avoir voté une constitution ; le 23, après la séance royale qui annulait l'autoproclamation de l'Assemblée, son président, Bailly, déclare à Dreux-Brézé, le grand maître des cérémonies : « Il me semble que la nation assemblée ne peut pas recevoir d'ordre. » Confirmation quelques mois plus tard dans la Déclaration des droits de l'homme et du citoyen : « Le principe de toute souveraineté réside essentiellement dans la nation. Nul corps, nul individu ne peut exercer d'autorité qui n'en émane expressément. »

La nation, pour les révolutionnaires français, est une union de volontés. Elle est constituée sur les principes du contrat social ; elle résulte de l'adhésion volontaire de ses membres, des associés qui sont des citoyens. Dans ce cas, point de détermination naturelle : la nation est une réalité politique. On en est ou l'on s'en sépare par libre choix. Potentiellement, la nation est ouverte au genre humain.

En face, la définition « romantique » de la nation récuse toute volonté dans le processus de formation nationale : celle-ci est le fruit de la nature. On naît français ou allemand, on ne le devient pas. L'humanité est composée d'espèces différentes, hétérogènes, ayant chacune une âme commune, que traduit au mieux l'unité de la langue.

Dans la querelle opposant plus tard Français et Allemands sur la question d'Alsace-Lorraine, les Français opposeront leur théorie démocratique – le droit à l'autodétermination : les Alsaciens sont français parce qu'ils le veulent[3] – à l'identification nationalitaire par la langue, revendiquée par les Allemands, telle qu'en leurs travaux successifs et variés Herder, Fichte et Schlegel l'avaient suggérée[4]. D'où s'ensuit l'idéologie de l'enracinement : le monde paysan, par son attachement au sol, est la souche nationalitaire par excellence.

Cette opposition franco-allemande, qui prend un aspect racialiste dans la seconde moitié du XIXe siècle, Ernest Renan la résume bien – du point de vue français – dans ce passage de sa « Nouvelle lettre à M. Strauss », datée du 15 septembre 1871 :

« Notre politique, c'est la politique du droit des nations ; la vôtre, c'est la politique des races : nous croyons que la nôtre vaut mieux. La division trop accusée de l'humanité en races, outre qu'elle repose sur une erreur scientifique, trop peu de pays possédant une race vraiment pure, ne peut mener qu'à des guerres d'extermination, à des guerres "zoologiques", permettez-moi de le dire. [...] Ce serait la fin de ce mélange fécond, composé d'éléments nombreux et tous nécessaires, qui s'appelle l'humanité. Vous avez levé dans le monde le drapeau de la politique ethnographique et archéologique en place de la politique libérale ; cette politique vous sera fatale. »

Pourtant, il n'est pas vrai qu'on puisse attribuer aux seuls penseurs allemands la théorie « naturelle », « objective », ou « ethnographique » de la nation. Bien des auteurs français y ont contribué, à commencer par Renan lui-même, fort entiché de l'approche racialiste dans les débuts de sa carrière. Avant lui, le courant contre-révolutionnaire français, incarné par Joseph de Maistre, a nié toute notion contractuelle dans la formation d'une société : la Providence y préside, non la volonté des hommes. Plus tard, ce sont des auteurs français, Gobineau et Vacher de Lapouge, qui ont nourri l'idéologie du déterminisme ethnographique :

« Les nations, écrit Vacher de Lapouge dans *L'Aryen*, ne sont pas des sociétés dont on devient membre par élection, ni des associations d'intérêts où l'on entre en prenant une action, et d'où l'on sort comme d'une valeur[5]. »

Pour lui, la nation n'est pas une race, mais un réseau de lignées fédérées par des « sélections convergentes », des « néo-races », comme dit Taguieff, « caractérisées par des traits presque aussi fixes que ceux des races zoologiques ». L'appartenance nationale ne peut être soumise qu'au *jus sanguinis* ; la « naturalisation » est un leurre dangereux : on n'est français ou allemand que par ascendance.

Enfin, si nous nous référons aux définitions des nationalistes français les plus connus, Barrès et Maurras, l'un et l'autre nourrissent la vision contre-révolutionnaire ou anticontractuelle de la nation, l'un et l'autre en font le résultat non certes d'une race (et quoique Barrès ait ardemment voulu qu'il existât une race française, il doit concéder qu'elle n'existe pas), du moins d'une hérédité et d'un héritage, que nient précisément les idées issues de la Révolution, que véhiculent tous les *déracinés*. Pour Barrès, hérédité et héritage se traduisent par la « Terre et les morts » : « Notre terre nous donne une discipline et nous sommes les prolongements de nos morts[6]. » Pour lui, il existe un « instinct national », un « subconscient national », un « sentiment national », qui ne ressortissent pas à la raison par définition, et c'est pourquoi l'intellectuel est à ses yeux le principal ennemi de la nation.

Maurras, non plus que Barrès, n'accepte une définition racialiste de la nation, mais il récuse plus violemment encore « les logiques tenants de l'individualisme révolutionnaire[7] » : « Nous n'avons pas voulu notre nationalité, nous ne l'avons ni délibérée, ni même acceptée. [...] La patrie est une *société naturelle*, ou, ce qui revient absolument au même, *historique*. Son caractère décisif est la naissance. On ne choisit pas plus sa patrie – *la terre de ses pères* – que l'on ne choisit son père ou sa mère. On naît Français *par le hasard de la naissance*, comme on peut naître Montmorency ou Bourbon. C'est avant tout un phénomène d'hérédité. »

Inversement, les auteurs allemands ne manquent pas qui ont réfuté tout nationalisme, comme Niezstche et ses élans de fureur contre la « patriotardise » allemande, ou bien qui ont contribué, comme Kant, à un universalisme opposé au particularisme national. Le cas le plus contradictoire est celui de Fichte lui-même, donné pour un des piliers les plus solides de la théorie dite allemande de la nation-génie, qui, comme le montre Alain Renaut, ne perd pas de vue, dans le texte de son *Discours à la nation allemande*, la finalité universelle, et ne s'enferme pas dans la définition d'une nation-génie, préexistante à l'État, pur résultat d'un déterminisme quasi biologique, et fermé à tout apport extérieur[8].

Si nous en venons maintenant à la célèbre définition de Renan, dans sa conférence de la Sorbonne en 1882, nous pouvons observer que la formule restée la plus fameuse, et selon laquelle la nation est un « plébiscite permanent », ne résume qu'une seule dimension de la théorie renanienne. Après avoir rejeté l'amalgame entre la nation et la dynastie fondatrice, entre la nation et la race, entre la nation et la religion, entre la nation et la langue, Renan en vient à définir positivement la nation par « deux choses », l'une qui est du passé et l'autre du présent : « L'une est la possession en commun d'un riche legs de souvenirs ; l'autre est le consentement actuel, le désir de vivre ensemble, la volonté de continuer à faire valoir l'héritage qu'on a reçu indivis[9]. »

Renan procède donc à une synthèse qui concilie l'héritage et le vouloir-vivre ensemble : « Dans le passé, un héritage de gloire et de regrets à partager, dans l'avenir un même programme à réaliser. » Et d'ajouter : « Les nations ne sont pas quelque chose d'éternel. Elles ont commencé, elles finiront. La confédération européenne, probablement, les remplacera. »

L'historicité de la nation ainsi affirmée, la question est de savoir quand elle a commencé, puisque nous ne sommes pas en mesure de dire quand elle finira. Fait majeur : la nation n'existe pas indépendamment d'une conscience nationale. Or la vie des hommes pendant des millénaires a été, pour le plus grand nombre d'entre eux, localisée dans le cadre restreint des petites unités territoriales. Les sujets d'un même monarque ne connaissaient pas nécessairement la notion d'une solidarité, le sentiment d'une appartenance commune. Un certain nombre de facteurs économiques et techniques ont été autant de préalables à la formation de celui-ci et de celle-là. De l'invention de l'imprimerie à la mise en place des premiers chemins de fer, la mobilité des idées, l'unification des modes de pensée, la découverte du territoire, tout le système de communications modernes a concouru peu à peu à constituer un lot de valeurs et de signes communs sur l'ensemble d'un territoire. La guerre, surtout quand elle provoque l'invasion, accélère la formation d'une conscience nationale, par opposition à l'étranger. *Nous* et *Eux*, la distinction est un préalable à la naissance des nations, à laquelle participent également – soit en même temps, soit successivement – la réalisation d'un État centralisé et la révolution industrielle.

Dans les pays d'Europe occidentale, l'État a, en effet, précédé la nation. Contre l'Europe féodale, des dynasties diverses sont parvenues à constituer des États, peu à peu centralisés, qui ont travaillé à l'unification nationale par l'administration, la justice, l'impôt, l'usage d'une langue commune, la conscription militaire, les grandes cérémonies publiques, et, par-dessus tout, l'éducation. Tous les défenseurs du fait national y insistent, sans exception.

« C'est ici l'article important, écrit Rousseau dans ses *Considérations sur le Gouvernement de Pologne*. C'est l'éducation qui doit donner aux âmes la forme nationale, et diriger tellement leurs opinions et leurs goûts, qu'elles soient patriotes par inclination, par passion, par nécessité[10]. »

Cette éducation doit être publique, et si possible gratuite. En France, si les révolutionnaires n'ont guère eu le temps de réaliser cette instruction publique, les fondateurs de la IIIe République, comme on sait, s'y sont attachés fermement. C'est par l'école obligatoire, gratuite et laïque que s'est réalisée l'unification de la langue dans toutes les couches de la population ; c'est par l'école de Jules Ferry que se sont diffusés aux jeunes esprits les idéaux du patriotisme. La conscience nationale n'a jamais été aussi élevée certainement qu'entre la guerre de 1870-1871 et celle de 1914-1918. Le danger extérieur, l'ennemi dit héréditaire, la préparation de la revanche, les exercices scolaires, le nationalisme d'État, ont élevé cette conscience nationale jusqu'à un degré très haut d'intensité, que le nationalisme des nationalistes a porté jusqu'aux outrances qui s'appellent xénophobie, racisme, antisémitisme…

C'est donc l'État-nation qui est au principe de la nation ; c'est par ses outils d'État centralisé, et notamment par l'éducation, qu'il parvient à forger une société de masse à conscience nationale. Ailleurs, c'est le nationalisme qui produit la nationalité en veine de souveraineté, avant de poursuivre, dans le cadre de l'État-nation, l'œuvre de « nationalisation » inachevée.

Il est cependant des cas où la nation a précédé l'État. Par souci de rigueur sémantique, nous pouvons appeler *nationalité* un groupement d'individus qui ont une forte conscience d'appartenance commune et qui visent à conquérir leur souveraineté. La nationalité serait ainsi la nation avant l'État. Le mouvement des nationalités, qui parcourt le XIXe et le XXe siècle, emporte une série de peuples à conscience nationale dans une volonté d'indépendance politique. Leur lutte est le plus souvent dirigée contre des empires auxquels ils sont soumis : les Grecs ou les Serbes contre l'Empire ottoman, les Polonais contre l'Empire des tsars, les Slaves du Sud contre l'Empire austro-hongrois, etc. Cette réalité, cependant, ne fait que déplacer la question : ces nationalités, d'où viennent-elles ? Par quel processus ont-elles pris conscience d'elles-mêmes ?

Dans le « printemps des peuples » de 1848 et dans les décennies qui suivent jusqu'en 1914, la conscience nationale s'est exprimée, d'une part, derrière un nationalisme étatique – celui du Piémont et de la Prusse, qui finissent par regrouper, en 1870-1871, les Italiens et les Allemands dans des États unifiés –, et, d'autre part, à travers un processus de libération, résultant d'un refus de la domination exercée par un groupe exogène. L'affirmation d'un *Nous* en révolte contre le dominant s'est nourrie de tous les arguments particularistes, soit la langue (le magyar contre l'allemand, le roumain contre le magyar...), soit la religion (le catholicisme polonais contre l'orthodoxie russe, l'orthodoxie des provinces slaves contre l'Empire ottoman...), soit la mémoire historique. Il est notable, à ce sujet, que divers mouvements de nationalités se soient réclamés de l'existence ancienne d'États anéantis par la conquête : outre les Polonais, qui avaient encore un État au XVIIIe siècle, les Hongrois, les Bulgares, les Serbes, les Norvégiens pouvaient se prévaloir d'une antériorité politique, même si celle-ci n'avait pas survécu au XIIIe ou au XIVe siècle.

Toutefois, la conscience nationale, la nation ou la nationalité auraient-elles pu prendre forme sans le nationalisme ? Pour Ernest Gellner, auquel nous devons un des livres les plus importants sur la question[11], la nation, phénomène contingent, n'a pas précédé le nationalisme : c'est le nationalisme – « principe politique qui affirme que l'unité politique et l'unité nationale doivent être congruentes » – qui engendre la nation[12]. L'exemple du nationalisme algérien, même s'il date du XXe siècle, est très démonstratif aux yeux de Gellner : « Il n'y a pas eu, par le passé, de nation algérienne qui ait préexisté au réveil nationaliste de ce siècle, comme le remarquait Fehrat Abbas, un des principaux chefs nationalistes de la première heure. Il y avait l'immense communauté islamique et toute une série de communautés plus réduites, mais rien qui corresponde même vaguement aux habitants de l'actuel territoire. » On peut transposer ce modèle aux mouvements nationalitaires du XIXe siècle. Autrement dit, il n'y avait pas, à l'origine, des nations résultant de la nature et désireuses de se constituer en États ; ce sont les mouvements nationalistes, leurs idéologies, leurs luttes, débouchant souvent sur des conflits armés, qui ont forgé une conscience nationale, précédant la création d'un État-nation. Dans cette phase embryonnaire de la nation, c'est moins le peuple qui l'affirme qu'une certaine élite, culturelle, sociale, politique : les masses suivront…

À vrai dire, c'est même aller trop vite en besogne. L'État, devenu indépendant, n'est souvent encore qu'imparfaitement un État-nation. Il suffit, pour rester dans notre XXe siècle, de se rapporter au cas de l'Afrique noire : les nations qui correspondent aux États issus de l'indépendance sont encore à naître dans la plupart des cas. Si nation il doit y avoir, celle-ci sera la création de l'État.

Cependant, la nation n'est pas une nécessité : les deux derniers siècles ont connu des auteurs qui l'ont affirmé, convaincus du danger que présente le mouvement nationalitaire pour la paix. L'un des plus grands critiques du fait national a été assurément Lord Acton, catholique libéral anglais, à qui l'on doit un *Essai sur la nationalité* datant de 1862. Pour lui, la nationalité est « un pas rétrograde en histoire » : « La nationalité ne vise ni la liberté ni la prospérité, elle les sacrifie toutes deux à la nécessité impérieuse de *faire de la nation le moule et la mesure de l'État*… Son développement sera marqué par des ruines matérielles aussi bien que morales… » Pour lui, le point de départ est le partage de la Pologne, cet acte de violence commis au XVIIIe siècle au mépris du sentiment populaire autant que du droit public. Cette action de brigandage, menée par trois puissances européennes, la Russie, l'Autriche et la Prusse, rayant la Pologne de la carte européenne où elle figurait de plein droit, a marqué aux yeux de Lord Acton l'éveil en Europe de la théorie de la nationalité[13]. La Révolution française, nationale par essence, a eu pour effet de déchaîner les passions nationales contre ses œuvres : « Napoléon, dit-il, donna vie à un nouveau pouvoir en attaquant la nationalité en Russie, en la libérant en Italie et en la bravant en Allemagne et en Espagne. » Partout des mouvements populaires, nationaux, se dressèrent contre l'envahisseur étranger. Napoléon vaincu, la Sainte-Alliance s'employa à éteindre l'esprit révolutionnaire et l'esprit national : la restauration des anciens régimes l'exigeait. Dialectique implacable de l'histoire : les sentiments nationaux qui s'étaient élevés contre Napoléon, c'est désormais contre les gouvernements de la Restauration qu'ils continuèrent de se fortifier. Irlandais, Grecs, Belges, Polonais firent de la revendication nationale l'arme du combat à mener contre leurs oppresseurs ; « la doctrine se simplifia : les nations n'acceptèrent plus d'être gouvernées par des étrangers ».

Pour Lord Acton, cette nouvelle phase de l'esprit national eut pour responsable principal Metternich, qui, de tous les gouvernants de la Restauration, mena la politique la plus antinationale. Les Italiens et les Polonais, qui en firent les frais, en arrivèrent à la théorie selon laquelle l'État et la nation doivent avoir la même extension. Contre cette idée, Lord Acton développe une autre idée selon laquelle la nationalité n'est qu'un des éléments constitutifs de « détermination des formes de l'État » ; elle n'est pas dans un rapport de fusion avec celui-ci, mais, pourrait-on dire, dans un rapport de contre-pouvoir ; elle doit avoir pour effet la limitation du pouvoir excessif de l'État. « La présence, dit-il, de diverses nations sous la même souveraineté produit un effet analogue à celui de l'indépendance de l'Église et de l'État. Elle prémunit contre la servilité qui se développe à l'ombre d'une autorité unique, en équilibrant les intérêts, en multipliant les associations et en apportant au sujet la modération et le soutien d'une opinion rassemblée. » Le christianisme, dit Lord Acton, se plaît à mêler les races ; c'est la résurgence du paganisme qui les idolâtre dans leurs différences.

C'est donc l'État multinational qui présente les meilleures chances de civilisation : « Un État qui n'est pas capable de satisfaire des races différentes se condamne lui-même ; un État qui œuvre à les neutraliser, à les absorber ou à les exclure détruit sa propre vitalité ; un État qui ne les inclut pas dans son système se prive de la principale base d'un gouvernement libre. » L'effondrement final de l'Autriche-Hongrie marqua l'échec de cette pensée libérale et chrétienne, réfractaire à la théorie nationale. Lord Acton ne niait pas les nationalités, il niait la nécessité de leur coïncidence avec les frontières d'un seul et même État.

Les Français, eux aussi, ont alimenté l'antinationalisme. S'il ne fallait en citer qu'un seul, ce serait évidemment Proudhon, socialiste mutuelliste, adversaire résolu de l'État-nation. Penseur d'un socialisme antiautoritaire, antigouvernemental, autogestionnaire, Proudhon a mis en garde ses contemporains, au cœur même de la poussée nationalitaire de la moitié du XIXe siècle, contre le projet que portait celle-ci, la formation de nouveaux États centralisés qui ne seraient pas synonymes de liberté mais d'asservissement pour les peuples : « La fusion, en un mot, c'est-à-dire l'anéantissement des nationalités particulières, où vivent et se distinguent les citoyens, en une nationalité abstraite où l'on ne respire ni ne se connaît plus : voilà l'unité[14]. » C'est pourquoi Proudhon a défendu le principe fédéraliste, appliqué à toutes les sphères de la société, en économie comme en politique.

D'autres courants de pensée ont poussé, jusqu'aux partisans de la Fédération européenne, à considérer l'État-nation comme une nécessité et comme un idéal, si bien que les passions nationales ont paru l'emporter. La révolution marxiste elle-même a dû faire des concessions au principe national, pourtant dénoncé comme instrument idéologique de la bourgeoisie[15].

L'idéologie nationalitaire – ou si l'on préfère le nationalisme, dans l'acception selon laquelle il doit y avoir congruence entre État et nation – n'a pas été contestée seulement par des penseurs politiques ; l'histoire, parfois, a refusé de la suivre. L'ancien modèle de l'empire a longtemps survécu ; d'autre part, le modèle fédéral ou confédéral a son référent historique.

Si l'Autriche-Hongrie n'a pu résister à la puissance des forces centrifuges libérées par la défaite militaire de 1918, on peut s'interroger sur la fatalité de cet éclatement, vu le loyalisme des différentes nationalités composant l'Empire austro-hongrois jusqu'à la guerre mondiale. Le Tchèque Edvard Beneš, futur ministre des Affaires étrangères du nouvel État tchécoslovaque, n'écrivait-il pas vers 1910 : « L'on parle fréquemment d'un éclatement de l'Autriche. Pour moi, je n'y crois pas. Les liens historiques et économiques qui enchaînent les peuples autrichiens sont beaucoup trop forts pour que l'on puisse provoquer cet éclatement[16]. » Comme dirait Nietzsche : « La nécessité d'airain est quelque chose dont les hommes s'aperçoivent au cours de l'histoire qu'elle n'est ni d'airain ni nécessaire. » En est une autre illustration cet État multinational d'Europe qui a parfaitement résisté au mouvement des nationalités, la Suisse.

La formule de la Confédération, la réelle décentralisation des pouvoirs, le pacte politique passé entre les cantons, un État confondu avec ses fonctions administratives, les fréquentes consultations référendaires font de la Suisse un pays à peu près épargné par les passions nationalistes et un exemple d'entité politique échappant à la nécessité de l'État-nation – laquelle Suisse mérite plus d'attention que d'ironie convenue.

Il ne fait pas de doute néanmoins que la passion dominante des deux derniers siècles d'histoire aura été le nationalisme, dont les fureurs ne cessent de recomposer la carte politique de l'Europe. Le mot peut prêter à équivoque. Admettons-en la typologie suivante :

— Un nationalisme du premier degré, visant à la correspondance de l'État et de la nation. On l'a appelé aussi le mouvement des nationalités.

— Un nationalisme du second degré, d'État-nation constitué, visant à renforcer la « nationalisation » de la société par tous les moyens : unification linguistique, éducation patriotique, etc., ce que résumait Mazzini par sa formule : « Nous avons fait l'Italie, maintenant nous devons faire des Italiens[17]. » En France, la IIIe République a pratiqué un nationalisme intégrateur de ce type.

— Un nationalisme du troisième degré, développant au sein de l'État-nation une idéologie de la décadence, et appelant au sursaut national, soit par une révolution conservatrice (vœu du nationalisme français selon Barrès ou Maurras, vœu du nationalisme allemand sous la république de Weimar), soit par une politique extérieure agressive (l'Italie de Mussolini ou le IIIe Reich), soit par les deux à la fois.

L'histoire du monde pendant deux siècles a été largement tributaire de ces trois nationalismes. La guerre en a été l'intrigue la plus dramatique. N'est-on pas dès lors fondé à juger le principe national comme intrinsèquement néfaste ? C'est ce qu'ont affirmé par exemple Karl Popper, penseur du totalitarisme, ou Denis de Rougemont, théoricien du fédéralisme, et d'autres : « La nation constitue, écrit Jean-Jacques Wunenburger, une dimension infra-rationnelle, le foyer d'un pathos mythique, qui suscitent parmi les membres d'une société un abandon du vouloir rationnel au profit de sentiments incontrôlés qui culminent dans l'amour politique qu'est le patriotisme[18]. »

La condamnation morale ne sert de rien. La nation, qui n'est ni nécessaire ni immuable, joue néanmoins à notre époque un rôle qui n'est pas complètement négatif. Si son essence est bien démocratique, puisque c'est en elle que réside la légitimité de tout gouvernement d'État national, elle devient le truchement par lequel des peuples soumis accèdent à la liberté politique. On a pu dire qu'il s'agissait là d'une duperie ; j'incline à croire, cependant, que les Polonais, par exemple, d'abord en retrouvant un État après la Grande Guerre, ensuite en s'émancipant des Russes après la chute du communisme, ont quelque chance de connaître une vie enfin démocratique – même avec toutes les limitations, les imperfections, les à-peu-près que la situation suggère. Ce qui est vrai des Polonais est applicable à d'autres nations, quand bien même le nationalisme du troisième degré menace souvent de succéder aux deux autres.

D'une autre manière, la nation peut être considérée comme la communauté historique, peut-être provisoire et insuffisante, mais concrète, grâce à laquelle l'individu des sociétés sécularisées, les travailleurs et les consommateurs d'une économie mondialisée, les habitants des grandes agglomérations urbaines indifférenciées, peuvent éprouver un sentiment d'appartenance. Entre l'individu isolé et la vaste humanité, la nation demeure la référence la plus répandue du processus d'identification. Mieux : c'est par la médiation de l'identité nationale que chaque individu peut s'ouvrir au genre humain : « L'humanité n'est pas au-dessus des nations comme dans le vieux schéma libéral, écrivait Henri Lefebvre. Elle ne se superpose pas abstraitement à la nation. Elle naît au cœur même des nations, dans ce qu'elles ont de plus secrètement personnel et accompli. C'est en étant véritablement et profondément membre de la communauté nationale populaire que l'on est homme[19]. »

Encore faut-il que la nation ne soit pas considérée comme une espèce zoologique, engagée dans une lutte pour la vie, qui implique la guerre perpétuelle entre « nous » et « eux », mais – selon l'expression de Dominique Schnapper – la « communauté des citoyens[20] ». Or, il est patent que la conception que l'on s'est faite de la nation a nettement évolué du XIXᵉ au XXᵉ siècle. Au départ, on ne conçoit pas de nation sans une certaine étendue : principe d'un certain seuil en deçà duquel il n'y a pas d'État-nation possible. Si bien que Mazzini n'envisageait même pas, à cause de cela, l'indépendance de l'Irlande. En 1857, la carte qu'il donne de l'Europe des nations selon ses vues représentait une douzaine de nations et de fédérations. On sait qu'à l'issue de la Première Guerre mondiale, la nouvelle carte de l'Europe comportait vingt-six États, en attendant le vingt-septième que serait bientôt l'Irlande[21]. En dépit de quoi les principes wilsoniens qui avaient présidé aux négociations des traités de paix furent dans l'incapacité de réaliser cette Europe des nations impeccable et rêvée : le puzzle qui en résultait n'évitait pas le problème des minorités nationales, source des futurs conflits internationaux, sans parler des massacres et des transferts de populations. De surcroît, l'exaspération du sentiment « ethnographique » a fait naître des « nationalismes mineurs » au sein même des vieux États-nations comme la France – nationalismes qui ne sont souvent que le mode d'expression le plus radical de la revendication sociale.

En attendant d'être dépassée comme le prévoyait Renan, et malgré toutes les imperfections qu'on lui impute, la nation reste l'espace privilégié de la vie publique, le réceptacle du plus grand nombre de valeurs communes, d'habitudes et de culture partagées, le premier stade de la solidarité d'envergure entre les hommes. Une fois élaborée et souveraine, la nation transcende déjà les particularismes ethniques, religieux, culturels : le lien social qu'elle instaure est politique. Du moins est-ce ainsi que la tradition occidentale la conçoit, à travers l'ensemble des États-nations depuis longtemps constitués. La « nation ethnographique », selon l'expression de Renan, reste une réalité dans d'autres zones géographiques, notamment en Europe orientale et dans les Balkans ; l'histoire des longues soumissions à des régimes impériaux l'explique, mais complique d'autant la question initiale : « Qu'est-ce qu'une nation ? » Selon Jean Baechler, les « caractères distinctifs de la modernité, à commencer par les plus décisifs que sont la démocratie et le capitalisme, favorisent unilatéralement la version contractuelle de la nation[22] ». Certes, mais tous les peuples ne sont pas accordés au même diapason historique, de sorte que la distinction ancienne entre la nation-contrat et la nation-génie n'est pas une querelle d'idéologues achevée, elle décrit une réalité contrastée – et dramatique – du monde contemporain.

12

Les nationalismes français

Le mot « nationalisme » est d'emploi relativement récent. Il ne figurait pas dans le Littré, qui date de 1869. On y trouvait, en revanche, le terme de « nationalité » figurant dans le *Dictionnaire de l'Académie* depuis 1835 : « Le principe des nationalités, dit Littré, principe d'après lequel des portions d'une race d'hommes tendent à se constituer en un seul corps politique. »

C'est à la fin du XIXe siècle que s'accrédite le mot « nationalisme », sous la plume d'écrivains politiques comme Barrès, le premier à l'employer dans un article publié en 1892[1]. Toutefois, le même mot désigne aussi, en France, rétrospectivement, une certaine exaltation de l'État-nation pendant et après la Révolution, ainsi qu'une certaine volonté d'unification sociale sous la loi républicaine. Nous distinguerons donc un nationalisme républicain et un « nationalisme des nationalistes[2] », tous deux ayant des prolongements jusqu'à nos jours.

Le nationalisme républicain

Le nationalisme républicain pourrait se définir par la formule datant de la Grande Révolution : la République une et indivisible. « [V]oyez le paradoxe ! fait dire Claudel à l'un de ses personnages. Ce sont cependant ces Français, résidus de quarante peuplades hétéroclites et de trois ou quatre races disparates (car qu'y a-t-il de commun, je vous prie, entre un Flamand et un Basque, un Corse, un Alsacien, pour ne pas dire un Kabyle et un Breton ?) qui, incessamment pressés, comprimés, remués et malaxés dans ce fond de chausse qu'est notre pays au fin bout de la péninsule européenne, ont cependant fait d'eux-mêmes ce que le monde voyait pour la première fois : une nation, un corps où l'esprit et la volonté pénétraient et dominaient la matière, quelque chose de si incorporé et de si fondu que notre république a pu prendre pour synonyme le magnifique titre de *Une et Indivisible*[3]. » Contrairement à l'hétérogénéité administrative, juridique, sociale de l'Ancien Régime – société de privilèges, individuels et collectifs –, les constituants de 1789, suivis par les républicains de 1792 et des années suivantes, ont pratiqué une politique d'unification. Celle-ci était déjà largement entamée par plusieurs siècles de centralisation étatique due à la monarchie française, de sorte que Tocqueville a voulu présenter le phénomène révolutionnaire moins comme une rupture que comme un aboutissement, un achèvement. Le régime napoléonien, qui a mis un terme à la Révolution, tout en stabilisant une partie de son héritage, a renforcé encore cette politique d'unification par de nouvelles institutions (par exemple la création des préfets), resserrant encore la centralisation séculaire.

La IIIe République, définitivement installée à la fin des années 1870, a repris les principes révolutionnaires pour approfondir encore l'unité nationale. Les fondateurs du nouveau régime – et notamment Jules Ferry, convaincu par les leçons d'Auguste Comte qu'à la religion catholique il fallait substituer un nouveau ciment spirituel, propre à l'âge positif que les progrès de la science annonçaient – ont misé sur l'instrument scolaire pour y parvenir. L'école gratuite, obligatoire jusqu'à treize ans, laïque, devait être le creuset des âmes républicaines.

On estime qu'à la veille de la Révolution, douze ou treize millions d'habitants sur vingt-huit millions ignoraient le français. Les députés à la Convention voulurent imposer le français, langue des Lumières, contre les dialectes régionaux, utilisés par « les prêtres fanatiques » (Prieur de la Marne)[4]. Ce que la Révolution ne put accomplir, faute de temps et faute de moyens, il revint à la IIIe République de le réaliser : une seule langue était autorisée dans les classes de l'école primaire obligatoire, le français. Un sévère contrôle de la part des instituteurs, eux-mêmes surveillés par les inspecteurs d'académie, assura en quelques décennies l'universalité de la langue française à l'intérieur des frontières métropolitaines. Les familles qui utilisaient encore des langues minoritaires et des patois n'y firent pas obstacle : la langue française était celle du progrès, comme elle était celle de l'administration pourvoyeuse en postes. Pendant longtemps ces familles furent bilingues : le français était parlé à l'école et dans la vie publique ; chez soi, on continua sur plusieurs générations à entretenir les anciens langages[5]. L'école, bien avant la radio et la télévision, avait enraciné le français dans tous les départements.

Cette politique scolaire eut aussi pour finalité d'enseigner la morale, l'esprit civique, et spécialement le patriotisme. L'amour de la patrie, le respect de l'armée, mêlés à la fierté républicaine, ce fut largement l'enseignement de l'« histoire de France », auquel Ernest Lavisse consacra une grande partie de ses travaux[6], qui les inculqua aux jeunes esprits. La correspondance des soldats français pendant la guerre de 1914-1918 – que nous connaissons grâce au contrôle postal des armées – témoigne de la résonance de ces leçons[7].

L'école, puis le journal quand la presse fut devenue entièrement libre (1881) et – grâce aux innovations techniques – bon marché, le service militaire obligatoire lui aussi, firent avancer la culture savante au détriment des cultures régionales et populaires. Celles-ci furent peu à peu transformées en folklore, témoin d'un autre temps – même si, dans certaines provinces, un mouvement de résistance culturelle est notable : il était politiquement trop faible pour faire obstacle au processus d'unification langagière.

Cette culture nationale, centraliste, patriotique était nationaliste dans la mesure où elle était traversée par un sentiment sinon de supériorité, du moins d'excellence française : la France était la patrie des Lumières, la terre de la Révolution, la sentinelle du Progrès. Michelet n'a pas hésité à confondre l'histoire de la France avec celle de l'humanité, « parce que sa grande légende nationale, et pourtant humaine, est la seule complète et la mieux suivie de toutes, celle qui, par son enchaînement historique, répond le mieux aux exigences de la raison ». La patrie de Jeanne d'Arc et des soldats de l'an II était chargée d'une mission civilisatrice sur les autres continents, ce qui justifiait la politique coloniale de la République. Les Français – officiellement – ne faisaient pas la conquête de terres lointaines pour faire du commerce, comme les Anglais. Ils avaient des colonies pour hisser les peuples inférieurs, retardés, attardés dans l'« âge théologique » s'il faut parler comme Auguste Comte, au niveau des peuples civilisés. Dans ces perspectives, du reste, les missionnaires républicains faisaient bon ménage avec les missionnaires catholiques : il s'agissait pour les uns et pour les autres d'apporter la bonne parole, celle des progrès médicaux, du développement économique, comme celle de la sainte mère l'Église.

Ce nationalisme républicain était, jusqu'à un certain point, un nationalisme ouvert[8], en raison même de la définition qu'il donnait de la nation. Contrairement aux Allemands, pour lesquels la nationalité se définit objectivement, la langue – véhicule du *Volksgeist*, l'âme collective – en constituant le critère majeur, les Français avaient une définition héritée des principes révolutionnaires, et qu'avait illustrée la fête de la Fédération, le 14 juillet 1790. Ernest Renan, dans son discours prononcé à la Sorbonne en 1882, *Qu'est-ce qu'une nation ?*, en a donné la version la plus claire, transmise de génération en génération : « La nation est une âme, un principe spirituel. » Deux choses la constituent : « La possession en commun d'un riche legs de souvenirs. » Ensuite, « le consentement actuel, le désir de vivre ensemble ». Donc, des souffrances en commun, des regrets, des deuils, tout un héritage de gloire et de malheur. En même temps, un vouloir-vivre ensemble, « le désir clairement exprimé de continuer la vie commune ». Et Renan d'arriver à sa célèbre formule : « L'existence d'une nation est [...] un plébiscite de tous les jours[9]. » Les Français opposaient ainsi leur « théorie élective » de la nation à la « théorie ethnique » des Allemands. C'est dire le flou du concept, largement tributaire des contingences[10].

Le caractère volontariste et universaliste de la définition française paraît, de prime abord, supérieur philosophiquement à la définition naturaliste, ethnolinguistique des Allemands. Cependant, Louis Dumont nous met en garde, dans ses *Essais sur l'individualisme*, contre tout manichéisme en la matière : « On observera que le vieil ethnocentrisme ou sociocentrisme qui porte à exalter les *nous* et à mépriser *les autres* survit dans l'ère moderne, ici et là, mais de manière différente : les Allemands se posaient, et essayaient de s'imposer comme supérieurs en tant qu'Allemands, tandis que les Français ne postulaient consciemment que la supériorité de la culture universaliste mais s'identifiaient naïvement à elle au point de se prendre pour les instituteurs du genre humain[11]. »

Voilà pourquoi nous pouvons parler d'un nationalisme républicain, issu du nationalisme révolutionnaire. L'idée implicite de peuple élu et l'idée explicite de peuple missionnaire ont été transmises de la France très chrétienne, fille aînée de l'Église, à la France républicaine. Nul mieux que Georges Clemenceau ne l'a exprimé, le 11 novembre 1918, devant la Chambre des députés :

« En cette heure terrible, grande et magnifique, mon devoir est accompli. […] Au nom du peuple français, au nom de la République française, j'envoie le salut de la France unie et indivisible à l'Alsace et à la Lorraine retrouvées.

« Et puis, honneur à nos grands morts qui nous ont fait cette victoire. […] Quant aux vivants, que nous accueillerons quand ils passeront sur nos boulevards, vers l'Arc de Triomphe, qu'ils soient salués d'avance ! Nous les attendons pour la grande œuvre de reconstruction sociale. Grâce à eux, *la France, hier soldat de Dieu, aujourd'hui soldat de l'humanité, sera toujours le soldat de l'idéal.* »

De cette conception missionnaire de la France des droits de l'homme, on retrouve les traces dans le socialisme lui-même. Elle justifiait le ralliement du mouvement ouvrier français à l'Union sacrée en 1914. Elle imprègne aussi l'idéologie colonialiste, disons de Jules Ferry à Guy Mollet : la France des Lumières et de la Révolution devait répandre le progrès à travers le monde, fût-ce *manu militari*.

Le nationalisme du général de Gaulle a été une actualisation récente du nationalisme républicain. « La vocation de la France, dit-il, c'est d'œuvrer pour l'intérêt général. C'est en étant pleinement français qu'on est le plus européen, qu'on est le plus universel. Il y a eu un rôle de toujours de la France, qui l'a toujours distinguée des autres pays[12]. » Nationalisme ouvert, étranger aux formes de discrimination raciale, pratiquant le culte universel de la nation contre les empires (américain ou soviétique), et pénétré du grand mythe de « la France éternelle ». Cependant de Gaulle avait été nourri aussi d'une autre forme de nationalisme, moins visible dans ses œuvres, mais constitutif de sa sensibilité et de sa réflexion sur l'État, le nationalisme proprement dit de la fin du XIXe siècle.

Le nationalisme des nationalistes

C'est celui qui commence à prendre forme au moment du boulangisme, à la fin des années 1880, et qui s'épanouit avec l'affaire Dreyfus dix ans plus tard. Maurice Barrès et Charles Maurras s'efforcent d'en faire la théorie.

L'intuition fondatrice est un sentiment de peur : la France est en décadence. C'est l'idée que la nation est un corps organique menacé d'altération, de décomposition, de dégénérescence. Quelques symptômes : l'affaiblissement démographique, la destruction d'une ancienne civilisation rurale, la loi du divorce, l'émancipation des femmes, la montée en force de l'individualisme, la sécularisation accélérée de la société...

Ces différentes « preuves » d'une prétendue décadence ont été avancées, du moins en partie, dès les lendemains de la défaite de 1871 et de la Commune de Paris. Deux auteurs, dont se réclameront peu ou prou les nationalistes, exercent alors une influence profonde : le Taine des *Origines de la France contemporaine* et le Renan de *La Réforme intellectuelle et morale de la France*. Ces savants, éloignés de la droite traditionaliste, reprennent à leur compte la critique de la démocratie, s'effraient de la marée populaire, de l'affaiblissement des élites, et récusent le suffrage universel. Pendant trente ans, la France traverse une « crise allemande de la pensée française » (selon l'expression de Claude Digeon) – crise qui va se nourrir de toutes les critiques portées contre le régime de la IIIe République, sa philosophie universaliste et laïque, et donner naissance à une idéologie nationaliste – le mot, cette fois, étant pleinement affirmé et assumé.

Il se caractérise en premier lieu par la prévalence de l'ennemi intérieur : l'État républicain parlementaire. Pour le nationalisme fermé des antidreyfusards, celui des ligues, celui de l'Action française, l'Allemagne de

Bismarck puis de Guillaume II sécrète certes une germanophobie à tous crins, mais l'ennemi principal, l'ennemi immédiat, c'est à l'intérieur qu'il le situe. Le parcours de Paul Déroulède, président de la Ligue des patriotes, est démonstratif à cet égard. Lorsqu'il adhère à la Ligue en 1882, le poète et ancien combattant Déroulède est gambettiste. Sa Ligue n'a qu'une finalité : préparer la revanche. Justement, en 1886, Déroulède engage son mouvement dans la politique ; il s'est alors persuadé que le régime en place est dans l'incapacité de faire front à Bismarck. Pour être fort à l'extérieur, il faut d'abord être fort à l'intérieur. Il faut donc en finir avec le régime parlementaire qui divise et affaiblit le pays. Déroulède préconise une des solutions nationalistes possibles (il y en aura d'autres) : renforcer le pouvoir exécutif par l'instauration d'une république présidentielle et plébiscitaire.

Le nationalisme, toutes tendances confondues, rêve d'unité. Le passé lui fournit deux modèles : celui de la monarchie catholique (un roi, une religion, un peuple) ; celui de la tradition jacobine (un corps de citoyens étroitement unifiés sous le règne de la volonté générale). Or, contre cette image d'un Peuple-un, s'est constitué un régime de la division, de la concurrence des opinions et de la rivalité des partis, d'où s'ensuit l'affaiblissement du corps social et politique (« ce parlementarisme, écrit Barrès, dont notre patrie se meurt »).

À la recherche d'un principe unifiant, facteur de continuité et révélateur d'identité, les nationalistes revendiquent la catholicité. J'emploie ce terme de catholicité, et non celui de catholicisme, afin de distinguer la religion catholique et son instrumentalisation idéologique et politique par des écrivains et des publicistes qui sont souvent incroyants : c'est longtemps le cas de Barrès, c'est le cas de Maurras, c'est le cas de Jules Soury qui se revendique comme « clérical athée[13] ». Pour eux, les Évangiles seraient plutôt suspects (Barrès pourfend « l'idée que tous les hommes sont frères[14] », Maurras parle des évangélistes comme des « quatre Juifs obscurs », et déclare se défier des « turbulentes écritures orientales… »). L'important n'est pas le contenu d'une foi, mais la religion prise comme structure d'ordre. Dans le cas français, le facteur structurant de la nation ne peut être la « race », ni la langue, ni une dynastie régnante ; seule la religion, par sa permanence, peut identifier le corps national, le rattacher aux lointaines origines de la terre de France. Le catholicisme est facteur d'unité par l'orthodoxie, la hiérarchie, l'influence qu'il exerce sur les mœurs. La république parlementaire, elle, s'affirme rationaliste, individualiste, laïque : aux yeux des nationalistes, elle travaille à la dénationalisation de la France.

Ce n'est pas par hasard si l'affaire Dreyfus se termine par une lutte frontale entre les forces laïques et l'Église – et finalement par la séparation des Églises et de l'État. L'Église officielle a été assez prudente au cours de la crise dreyfusienne, mais elle n'a pu ou su se démarquer des campagnes fanatiques menées par la presse antisémite du national-catholicisme (*La Croix*, *Le Pélerin*, et tout un foisonnement de feuilles des milieux catholiques sociaux et démocrates-chrétiens). La politique de Défense républicaine menée par Waldeck-Rousseau à partir de 1899 et plus encore celle du Bloc des gauches menée par Combes après les élections de 1902 visent les congrégations et finalement l'Église elle-même.

La grande majorité des nationalistes, même éloignés du catholicisme, se sentent spontanément ou finalement solidaires d'une institution, l'Église catholique, qui, au même titre que l'armée mais dans un autre ordre, assure la pérennité, la continuité d'une identité française, plongeant ses racines en deçà de la Révolution, dans une ancienne France peu à peu édifiée, policée, consolidée par la religion catholique.

La république parlementaire est l'ennemi à abattre, les nationalistes n'ont cessé de détailler les soutiens, les alliés et, selon eux, les profiteurs de ce régime. Maurras a résumé le carré des adversaires travaillant à la perte de la France, à l'exploitation de ses richesses, à la dénaturation de son identité, sous la formule des « quatre États confédérés », savoir : les protestants, les francs-maçons, les Juifs, et les métèques. Mais si Maurras est l'auteur de la formule, il n'a pas inventé ce quadruple rejet.

En introduisant une religion dissidente, les protestants ont commencé par détruire l'unité religieuse de la France. Ensuite, par leur doctrine du libre examen, faisant de chaque fidèle le prêtre de sa religion, ils ont introduit le principe d'un individualisme négateur du lien social. Les « idées suisses », comme Maurras désigne les écrits de Calvin et de Rousseau, ont sapé l'ordre collectif. Louis XIV était justifié à rétablir l'unité par la révocation de l'édit de Nantes. Maurras n'hésite même pas à faire du massacre de la Saint-Barthélemy un grand acte politique, et s'emploie à illustrer ses thèses à travers la monographie qu'il consacre aux Monod.

L'affaire Dreyfus apparaît comme une affaire protestante autant que comme une affaire juive : la conscience individuelle l'emporte sur la discipline collective.

La maçonnerie, quant à elle, est dénoncée comme l'inspiratrice de la république parlementaire, la pourvoyeuse de son personnel. Le complot maçonnique, depuis la Révolution, a procédé à l'exclusion des catholiques de l'État et vise l'éradication finale du catholicisme en France.

L'antisémitisme est inséparable du nationalisme français fermé, pour lequel le Juif, c'est l'Autre par excellence, l'étranger dans nos murs. Émancipé par la Révolution, il a partie liée à ses œuvres, à la république parlementaire et à ses profits. Apatride, il est favorable à l'idéologie universaliste qui sert ses desseins. Pour maint nationaliste, le Juif incarne le monde moderne : l'usine, la banque, l'Université, toutes les valeurs *mobilières* contre les valeurs *foncières*. La mythologie antijuive, dont Édouard Drumont, auteur de *La France juive* et directeur de *La Libre Parole*, s'est fait le vulgarisateur en France, était déjà bien en place avant l'affaire Dreyfus. Celle-ci, pour les nationalistes, apparaît comme une divine surprise, une confirmation éclatante de leur thèse. D'autre part, l'antisémitisme va tendre à fédérer le mouvement nationaliste, par ailleurs assez hétérogène, contre un ennemi commun, dont le mythe est plastique à souhait.

Enfin, contre les « métèques », le nationalisme développe une xénophobie qui est une autre expression du rejet de l'ennemi intérieur. La France est menacée d'invasion, d'infiltration, voire de submersion. Le nationalisme prêche le chacun chez soi. Face à l'ennemi intérieur, le nationalisme reste divisé sur la solution à adopter. Le nationalisme français n'a jamais été – du moins jusqu'au Front national de J.-M. Le Pen – un mouvement unifié, ni dans sa direction, ni dans ses programmes. Retenons, pour simplifier, les deux tendances les plus nettes telles qu'elles s'affirment au cours de la crise dreyfusienne.

Une première solution est présentée par Paul Déroulède au moment de l'affaire Dreyfus. Lui se réclame de la Révolution, des grands ancêtres, des soldats de l'an II. Il fait confiance au peuple. C'est un *populiste*, en ce sens qu'il oppose le peuple, détenteur des vertus nationales, à une classe politique oligarchique et corrompue. Valorisant le suffrage universel, il préconise une république plébiscitaire, dans laquelle le chef dépendrait directement de la souveraineté populaire. Cette république nationale doit être fondée sur l'appel au peuple, à tous les niveaux, de la commune à l'État central. Pour y parvenir, Déroulède compte sur l'union du peuple et de l'armée, à partir de laquelle un coup de force deviendra possible.

À ce national-populisme, Maurras oppose son *nationalisme intégral*, s'employant à démontrer qu'en bonne logique la conclusion nécessaire du nationalisme, c'est la restauration monarchique. Lui aussi préconise un coup de force, lequel serait suivi d'une dictature royale transitoire, avant l'établissement d'un régime monarchique combinant un État fort et les libertés locales. L'Action française défendra ce programme *ne varietur*, jusqu'au soutien du régime de Vichy instauré par le maréchal Pétain en 1940 – régime où l'on retrouve bien des inspirations maurrassiennes.

En dépit de cette diversité politique, réduite ici à ses deux composantes principales au début du XXe siècle, le nationalisme français se caractérise principalement, à mon sens, par la dualité holisme/individualisme. Des plus modérés (par exemple Brunetière et la Ligue de la patrie française) aux plus radicaux (les racistes de la Ligue antisémitique), l'anti-individualisme est le mot de ralliement. On valorise au contraire tout ce qui cimente, unifie, organise. On se méfie de la société pluraliste qui rend impossible l'unité spirituelle de la nation. Nostalgique d'une hypothétique société ordonnée par des croyances communes, des traditions, une hiérarchie sociale légitime, une autorité politique indiscutée, le nationalisme s'affirme contre la société ouverte, celle qu'ont permise la révolution industrielle et la victoire du libéralisme. C'est pourquoi, au tournant du XIXe et du XXe siècle, il existe une alliance de fait entre le nationalisme et le catholicisme majoritaire, comme il y avait eu des liens étroits entre le catholicisme et la Contre-Révolution : l'œuvre d'un Barrès poursuit celle d'un Bonald, quand bien même il n'y aurait entre les deux auteurs aucune filiation en ligne directe.

Tandis que le nationalisme ouvert (celui de Michelet comme celui de De Gaulle) s'affirme comme l'expression d'une confiance en soi, le nationalisme fermé (celui de Drumont comme celui de Le Pen) est plutôt celui d'une hantise de la régression. L'un est dynamique, conquérant, et sécrète une idéologie universaliste, éventuellement au détriment des cultures minoritaires (corse, basque ou bretonne) ; l'autre, maladivement obsédé par la destruction du Moi national, notamment par les effets d'une immigration qualifiée d'« invasion », conjugue ses efforts pour restaurer une société homogène, close et protégée.

La construction européenne est mal ressentie par les adeptes du nationalisme républicain, ou néo-nationalisme gaulliste (tel le président de l'Assemblée nationale, Philippe Séguin, qui fit campagne pour le « non » au référendum sur le traité de Maastricht en compagnie de l'autre gaulliste Charles Pasqua), qui ne se consolent pas des atteintes portées à la souveraineté nationale ; plus encore, elle se heurte aux nationalistes de la tradition barréso-maurrassienne, eux aussi propagandistes du « non » au référendum de 1992, pour lesquels l'Europe unifiée condamne la nation française à la désagrégation.

Au-delà des facteurs proprement contemporains, tels que l'importance de l'immigration arabo-musulmane en France, il est frappant de constater l'existence d'une continuité d'attitudes – celles notamment qui se sont fondées depuis la fin du XIXe siècle sur la peur de la décadence, et qui renouent à leur manière avec le discours contre-révolutionnaire, holiste, anti-individualiste et anti-universaliste, qui a alimenté depuis 1789 la doctrine d'une droite « intégrale » ou « absolue », nostalgique d'un autre monde et angoissée face à la modernité.

En deçà de toute expression politique, il n'est pas abusif de parler d'une crise de l'identité nationale en France, qui correspond dans le domaine des faits à une mise en cause de l'État-nation. La construction de l'Union européenne, en ébranlant l'architecture historique de l'État centralisé, pourrait favoriser les nationalismes et les communautarismes minoritaires[15]. Les débats sur les transferts de souveraineté – de Paris à Bruxelles –, aussi bien que les troubles séparatistes en Corse, et que la crainte d'une nouvelle immigration inassimilable sont autant de signes de remise en question du modèle national français. L'élaboration d'une conscience européenne doit-elle se faire au détriment de la conscience nationale ? La globalisation de l'économie et de la communication, la paix installée en France depuis 1962 (fin des guerres coloniales) et l'extinction du patriotisme guerrier, ont ajouté leurs effets.

Jusqu'à présent, l'ensemble des Français veut une compatibilité, une complémentarité entre les deux systèmes d'appartenance – la nation restant pour eux la médiation nécessaire entre l'individu et l'Europe politique à construire. En même temps, l'échec du référendum de 2005 sur le traité européen de Lisbonne et les tentations du protectionnisme consécutives à la crise mondiale de 2008 peuvent être considérés comme des résurgences de nationalisme – ultime recours d'une population inquiète et pessimiste.

13

Les populismes français

Le mot « populisme » n'a fait qu'une apparition récente dans l'historiographie concernant la France. La Russie du XIXe siècle, les États-Unis de la fin du XIXe siècle, l'Amérique latine au XXe siècle, telles ont été les aires principales d'un populisme analysé et répertorié. C'est le surgissement et l'essor du Front national sous la direction de Jean-Marie Le Pen dans les années 1980 en France qui a provoqué l'utilisation du concept de « national-populisme », et d'abord sous la plume de l'historien des idées Pierre-André Taguieff[1]. Le travail de conceptualisation et de typologisation du même auteur nous invite à une relecture d'un certain nombre de courants historiques français, déjà étudiés maintes fois mais toujours susceptibles de réinterprétation globale ou partielle[2]. Contrairement à la méthode historique habituelle qui s'applique d'abord aux faits, et ensuite seulement à leur interprétation conceptuelle, nous partirons ici du concept de « populisme », à la lumière duquel nous nous proposons une autre traversée de la durée politique, du boulangisme au lepénisme.

Nous nous attacherons d'abord à la distinction typologique de P.-A. Taguieff entre le populisme *protestataire* et le populisme *identitaire*. La France en a donné deux modèles à la fin du siècle dernier : le boulangisme, spécialement sous la forme plus durable de la Ligue des patriotes entraînée par Paul Déroulède, et le courant antisémite, soutenu par les écrits d'Édouard Drumont et les agissements plus ou moins cohérents de la Ligue antisémitique, créée par le même Drumont et reprise par Jules Guérin.

Le boulangisme, dont le mouvement se développe de 1887 – date à laquelle le général Boulanger est limogé, avant d'être mis à la retraite de l'armée – à 1889 – année marquée par l'apogée du boulangisme après la députation de Boulanger à Paris –, a été perçu par ses adversaires contemporains comme un avatar du césarisme ou du bonapartisme : un chef ovationné qui parle au nom du peuple pour prendre le pouvoir. Son programme tient en trois mots : « Dissolution, Révision, Constituante. » Il a pour finalité le changement du régime politique, jugé inefficace, corrompu, et accaparé par une oligarchie séparée du peuple. Lancé d'abord par des membres de l'extrême gauche du parti radical-socialiste, jugeant le compromis constitutionnel de 1875 insuffisamment républicain, Boulanger est peu à peu soutenu par toutes les familles d'opposants à la république parlementaire : bonapartistes, monarchistes, catholiques antilaïques, et même une partie des blanquistes.

Benoît Malon, directeur de la *Revue socialiste*, explique à l'un de ses correspondants en avril 1888 pourquoi lui et ses collaborateurs ne peuvent être avec Boulanger, quelles que soient les revendications populaires qu'il est censé incarner : « Chaque fois qu'en France on est entré dans cette voie, on est tombé dans les fondrières du despotisme et de l'invasion. Sont-ils donc déjà si oubliés ces noms funèbres : Brumaire et Waterloo, Décembre et Sedan[3] ? » Le même explique que « nous sommes en présence de l'irruption torrentielle de tous les mécontentements, de toutes les déceptions, de toutes les colères, de toutes les espérances qui fermentaient dans les masses[4] ». La raison profonde réside dans les insuffisances d'un régime républicain qui s'est refusé à toute révision démocratique de la Constitution, à toute réforme économique dans le temps où la France est atteinte par la crise, et qui, de plus, présente tous les aspects de la corruption, le palais de l'Élysée lui-même devenant le tremplin des prévarications du gendre du président Grévy (« le Wilsonisme a tout pourri »).

Malon n'est guère optimiste au moment où il écrit ce texte. Il voit le danger de la coalition, il redoute l'ambiguïté du mouvement (républicain à gauche et césariste à droite), et il juge qu'une « concentration républicaine » contre la menace n'aboutira qu'à « un bref retour de l'opportunisme » au pouvoir, à moins, dit-il, qu'on se décide à la révision démocratique et républicaine de la Constitution de 1875 et que l'on prenne « d'immédiates et profondes réformes économiques ». « Sachons le reconnaître, il y a quelque chose d'incompressible dans la poussée boulangiste parce que la foule incarne en elle son désir ardent, impatient, coléreux d'un assainissement politique et d'une transformation sociale trop attendus et rendus plus urgents par la crise industrielle et commerciale si cruellement sévissante depuis 1883. »

Le correspondant de Benoît Malon, Eugène Fournière – syndicaliste qui avait été aux côtés des grévistes des mines de Decazeville, où la troupe, en 1886, au moment où Boulanger était ministre de la Guerre, s'était montrée bienveillante[5] –, détaille, dans le numéro de la même revue, quelques éléments constitutifs du boulangisme : « L'irrésistible instinct populaire » qui se manifeste, le caractère composite de sa clientèle ou de ses partisans (« les vaincus d'hier et les déçus de toujours »), auquel répond un « programme obscur et purement négatif », la coupure qu'il manifeste entre lui et les « dirigeants de l'opinion » (députés et journalistes), l'apparition d'un prétendu sauveur, incarnant la patrie (« ce goût pour les héros » disait Barrès), dont le prestige est chaque jour amplifié par la propagande et la curiosité de la presse (« imagerie mystique », « chansonnerie idolâtre »). Selon Fournière, l'hétérogénéité de ce « syndicat de mécontents » aura pour conséquence la division des « meneurs », mais « la foule, en qui reste un vieux sédiment d'idolâtrie, suivra celui qui sait si bien se tenir à égale distance des groupes qui opèrent sous son nom et le fera César ». En même temps, Fournière, prévenu contre le bonapartisme, avançait le mot d'ordre : « Et si la dissolution se fait : Guerre au plébiscite. » Mais il ajoutait : « Et si la révision se fait : Guerre au parlementarisme. » Car le boulangisme porte en lui une protestation légitime contre les « chefs parlementaires » qui ont abusé le peuple.

L'idéologie boulangiste, si elle existe, est donc d'abord négative. Contre le parlementarisme et la corruption – la Chambre des députés est désignée comme un « syndicat à six cents têtes, dont chaque membre n'a qu'une pensée : s'emparer du pouvoir afin de l'exploiter au profit de ses appétits et de ses ambitions ; comme s'il y avait une tyrannie plus redoutable que celle de tous ces tripoteurs dont le seul but est de faire leurs affaires au lieu de faire celles du pays[6] ». Moraliser la vie publique est un leitmotiv. Le boulangisme s'oppose à un régime d'autre part inefficace : absentéisme des députés, manque de cohérence de la politique générale, absence de réforme. Il dénonce l'accaparement du pouvoir par les opportunistes, ces républicains modérés, anticléricaux, aventurés dans une entreprise coloniale qui détourne les Français de la revanche, qui sont également rejetés par les tenants d'une politique sociale, les adversaires des lois laïques et les patriotes. Le vrai mal provient de la séparation qui s'agrandit entre ce que d'autres appelleraient le « pays légal » – la classe politique – et le « pays réel » – le suffrage universel. C'est pourquoi l'ancien clivage gauche-droite ou républicains-monarchistes est dépassé. Boulanger est là-dessus explicite : « Ce n'est plus entre républicains et monarchistes que va s'engager la prochaine lutte électorale. Elle va s'engager entre les oligarques épris du parlementarisme d'une part, et les démocrates de l'autre. Déjà, l'on voit un certain nombre de royalistes, qui refusent de se joindre à nous à cause du caractère démocratique de notre programme former, sous le nom d'Union libérale, un groupe avec les hommes du centre gauche, dont les intrigues parlementaires n'ont jamais cessé d'être l'idéal[7]. » Le boulangisme se pose en démocratie véritable contre la démocratie oligarchique et corrompue.

Positivement, le boulangisme s'affirme *révisionniste*, parce que la Constitution de 1875 n'est pas démocratique ; parce qu'elle n'a pas été soumise au peuple souverain. Le projet de révision constitutionnelle reste flou, car l'extrême gauche du Parti national (comme s'appelle le boulangisme) voudrait la suppression de la Présidence de la République comme celle du Sénat, alors que la droite du mouvement réclame un exécutif fort. Boulanger lui-même, sans trop s'y attarder, opine plutôt pour le renforcement de celui-ci : « Le remède est tout simplement, dit-il dans un entretien, dans le retour à un chef d'État effectif, responsable comme le président des États-Unis. Seulement, je voudrais que la durée du mandat fût prolongée de dix ans[8]. » Une fois au moins, Boulanger s'est exprimé clairement sur ses intentions constitutionnelles, à la Chambre, en juin 1888, après son élection dans le Nord. Ce qui se dégage de la lecture d'un texte maintes fois interrompue par les députés présents, c'est l'idée de l'appel au peuple, non seulement la ratification de la nouvelle Constitution abolissant le parlementarisme, mais aussi la mise en place du référendum d'initiative populaire[9]. Le sens de cette réforme est la volonté de rétablir l'autorité de l'État, tout en s'appuyant sur le suffrage populaire. Le plus constant dans l'idée a été Paul Déroulède, qui avait entraîné sa Ligue des patriotes dans la cause boulangiste, qu'on retrouvera – elle et lui – dans l'antidreyfusisme : c'est lui et non Boulanger qui parle de « république plébiscitaire », qui implique l'élection du président de la République au suffrage universel et la consultation régulière de la même volonté populaire par « plébiscite législatif », c'est-à-dire par référendum[10].

Cette réforme des institutions a pour finalité un train de réformes sociales. Comme le disait *La Cocarde*, « ce n'est pas une Constitution qui est à réviser, un gouvernement qui est à rafistoler, c'est une société qui est à refaire[11] ». En fait, le caractère composite de son électorat interdit au boulangisme trop de précision dans ce domaine. La xénophobie peut en tenir lieu. Henri Rochefort, dont le journal *L'Intransigeant* est populaire chez les ouvriers parisiens, réclame en 1888 l'expulsion de 500 000 Italiens vivant en France[12]. Lucien Nicot, opposé au radical Floquet dans le XIe arrondissement de Paris, écrit dans son affiche de propagande électorale : « Vous, ouvriers sans travail, chassés à l'avantage des ouvriers étrangers qui retirent le pain quotidien de la bouche de vos femmes et de vos enfants. » Subsidiairement, un certain nombre de boulangistes ne craignent pas, surtout au moment de la retombée de la vague boulangiste, et Boulanger étant lui-même en exil, à reprendre le thème de l'antisémitisme. Au demeurant, celui-ci est non seulement marginal, relevant de choix personnels des uns ou des autres, mais encore est-il répudié par le chef du mouvement, qui refuse notamment les 80 000 francs que lui offre la Ligue antisémitique pour ses campagnes électorales[13].

Le boulangisme s'affirme enfin comme un nationalisme avant la lettre. Le culte des provinces perdues induit une diplomatie antiallemande active, l'alliance franco-russe, le détachement de l'Italie de la Triple-Alliance. Pareille politique exige l'unité nationale et le dépassement des clivages sociaux et politiques – ce qui nous ramène au préalable de la révision constitutionnelle.

Au total, le boulangisme paraît bien répondre à la définition du populisme protestataire défini par P.-A. Taguieff : antiélitisme (ceux d'en bas-ceux d'en haut), confiance dans le peuple, méfiance à l'endroit du régime représentatif (antiparlementarisme), appel au peuple par voie de référendum, « hyperpersonnalisation du mouvement à travers la figure charismatique du leader “viril” et “honnête” », discours interclassiste, idéologie de l’unité nationale.

Différent du populisme protestataire est le populisme identitaire, même si les deux peuvent s’interpénétrer dans un même mouvement : leurs fondements sont différents. Il s’agit cette fois d’opposer non plus « ceux d’en bas » à « ceux d’en haut », mais, comme dit encore P.-A. Taguieff, « ceux d’ici » à « ceux d’en face ». D’affirmer un Moi collectif, national, toutes classes confondues, à l’Autre, qui menace d’en altérer l’identité historique, culturelle, voire ethnique. Ce populisme s’exprime ordinairement par la xénophobie, l’Autre étant variable selon les pays et les moments ; il peut aussi s’exprimer sous la forme particulière de l’antisémitisme. Ce fut le cas en France du courant antisémite dont Édouard Drumont a été le « prophète », et dont la Ligue antisémitique a été une des tentatives d’organisation populaire.

La campagne antijuive commence au début des années 1880, au moment où la IIIe République est solidement installée et se donne les assises législatives qui complètent les lois constitutionnelles de 1875 : loi sur la liberté de réunion, sur la liberté de la presse, rétablissement de l’élection des maires, lois scolaires… Celles-ci ne sont pas pour rien dans l’hostilité du quotidien *La Croix*, que dirigent les augustins de l’Assomption, dans les articles hostiles aux Juifs que le journal publie, surtout à partir de 1884. En 1890, *La Croix* se flatte d’être « le journal le plus antijuif de France, celui qui porte le Christ, signe d’horreur aux Juifs[14] ». Les arguments du quotidien catholique ne ressortissent pas tous à l’antijudaïsme traditionnel, à fondement religieux. En 1882, le père Bailly, dépité par les victoires républicaines, en vient à écrire : « Le Juif, c’est l’ennemi, tel est le cri chrétien depuis le Golgotha jusqu’à nos jours. » En

1884, un vaincu du 16 Mai, l'amiral Gicquel des Touches, ancien ministre du duc de Broglie, adresse à *La Croix* des réflexions sur la place des israélites dans la société française. Le même entame dans le même journal, en 1886 – l'année de *La France juive* de Drumont –, une campagne antisémite, dans laquelle il établit l'opposition non seulement du chrétien et du Juif, mais du Français et du Juif : « Israël est bien un peuple. [...] Par le fait même de sa nationalité distincte, il n'a aucun titre à partager la nôtre. [...] Laissons-leur [aux Juifs] leur nationalité, et refusons-leur la nôtre[15]. » L'ennemi de la société est désigné sous les aspects de l'Étranger, d'une autre nature, qui parasite le pays et qui a pour but l'« asservissement de notre race » : accaparement des hautes fonctions dans la banque, le commerce, l'administration, et source d'inspiration occulte – avec les francs-maçons et les protestants – de la législation républicaine (loi Naquet sur le divorce notamment). Retombée dans les années qui suivent, la campagne antisémite reprend de nouveau dans *La Croix* en 1889. De son côté, *Le Pèlerin*, hebdomadaire populaire que publie le même groupe de La Bonne Presse, entre dans la dénonciation antisémite à partir de 1890, sur un thème principal : l'or juif, la spoliation des chrétiens par les Juifs. La montée du socialisme en France inquiète le quotidien catholique. À partir de 1893, celui-ci va distinguer le patronat français du patronat juif : « La question sociale est, au fond, écrit le père Bailly, la question juive. [...] Aujourd'hui, la source de l'esclavage, c'est le Juif ; ôtez le Juif et le capital redeviendra un instrument de travail et non d'agio[16]. » L'affaire Dreyfus, dans les dernières années du siècle, ne fait que confirmer le diagnostic dans les mêmes journaux d'une *invasion* de la France par les Juifs, qui occupent même les hauts postes de l'état-major. Le vocabulaire du quotidien catholique devient de plus en plus vulgaire pour insulter Israël, qui s'acharne à diviser la nation.

La Croix et *Le Pèlerin* atteignent un demi-million de lecteurs[17] (*La Croix* vend entre 165 000 et 170 000 exemplaires en 1888). Pendant une vingtaine d'années, ce lectorat a été soumis à une propagande antijuive réitérée, quoique discontinue. L'antisémitisme s'est imposé comme une forme d'antimodernisme de la part des défenseurs d'une ancienne France, précapitaliste, rurale, unifiée par la religion d'État. Le régime républicain et la société industrielle ont déstructuré le vieux pays. L'antisémitisme offre à *La Croix* une explication (le Juif dans l'État, le Juif dans le capital) ; il lui permet aussi d'affirmer une identité dont les signes d'altération lui paraissent de plus en plus manifestes en cette fin de siècle.

Parallèlement, le mouvement antisémite a été stimulé par les ouvrages d'Édouard Drumont, dont *La France juive*, immense succès de librairie, marque le début d'une carrière entièrement vouée à la dénonciation de l'« invasion juive ». Catholique, fervent de l'ancienne France, du « vieux Paris », contempteur du monde moderne, lui aussi a trouvé l'agent diabolique de tous les maux d'un pays soumis à « cette république franc-maçonnique et juive [...], pourrie jusqu'aux moelles, putréfiée, gangrenée[18]... » : la « conquête juive ». Drumont a le sens des formules : « Tout vient du Juif ; tout revient au Juif. » D'ouvrage en ouvrage, il instille à son public, dans un langage coloré, les arguments et les preuves d'une inlassable démonstration, qui rassemble les griefs religieux, économiques, et racistes contre les Juifs. Il reprend notamment à son compte les théories de la lutte des races, lutte séculaire entre l'Aryen et le Sémite, clé de tous les affrontements contemporains. C'est par « l'introduction d'un corps étranger dans un organisme resté sain jusque-là » que s'explique la décadence, « la douloureuse agonie d'une si généreuse nation[19] ». Après avoir caractérisé l'ennemi *intra muros*, physiquement (« nez recourbé », « yeux clignotants », etc.) et psychologiquement (étranger au patriotisme, esprit nomade, cupide, etc.), Drumont n'en définit que mieux le Français, son antipode : la « France est la négation absolue de tout le tempérament juif ».

Drumont est sensible à la misère ouvrière, il fréquente les socialistes, mais il leur propose de voir autrement la question sociale : substituer à la lutte des classes qu'ils préconisent la lutte des races trop ignorée. Dans *La Fin d'un monde*, il expose ses sympathies pour les ouvriers, les communards, les socialistes à la Benoît Malon : « Ce sont des hommes pareils à nous que ceux-là, ils sont nés comme nous en terre française ; ils ont été corrompus sans doute par l'atmosphère de calomnies et de mensonges contre l'Église, créée par la bourgeoisie athée, mais ils ont gardé, quand même, le fond humain, honnête, religieux même à leur insu, qu'avaient mis en eux d'innombrables générations de paysans vivant, honnêtes et chrétiens, dans des villages tranquilles, loin des manufactures et des usines d'aujourd'hui[20]. »

L'identité française se précise à travers cette image d'un peuple rural, honnête, chrétien, tranquille. Puissante nostalgie antimoderniste qu'exprime Drumont : « Où faut-il donc aller pour retrouver la famille telle qu'elle était autrefois ? Dans les campagnes, où le travail des champs, moralisateur par excellence, entretient, malgré les vices inhérents à l'homme, les mœurs traditionnelles qui ont fait si puissante et si forte la France de nos aïeux. » Cette France rurale, matrice de l'identité nationale, est aujourd'hui en décomposition : « Qui donc empêche ces gens-là de vivre, qui donc aura bientôt donné à la France l'aspect d'un pays en friche ? Est-ce Jules Guesde ? Non, c'est le spéculateur sur les blés étrangers, c'est le Juif, c'est l'ami du comte de Paris, le commensal du duc de Doudeauville, le favori de tous les salons du noble faubourg, c'est Éphrussi, le chef de la Bande sémitique qui tripote sur les blés[21]. »

Toutes classes confondues, la réconciliation nationale doit se faire contre les Juifs : « À la prochaine Commune, comptez sur nous, m'ont dit des officiers traînés dans la boue pour avoir été à la messe. Nous ne toucherons plus à nos ouvriers, et, quand ils auront les mains noires de poudre, nous ne nous en apercevrons pas. Nous savons maintenant sur qui frapper et quels sont les vrais fauteurs des guerres civiles[22]. »

À partir de ces idées et de leur succès, le mouvement antisémite est lancé. En 1892, Drumont fonde *La Libre Parole*, un quotidien antisémite qui participe à toutes les campagnes antisémites, de l'affaire de Panama à l'affaire Dreyfus. En septembre 1889, au cœur de la bataille boulangiste, peu avant les élections législatives, est créée la Ligue antisémitique, que Drumont et Jacques de Biez président. Drumont, homme de plume plus que d'action, laisse le marquis de Morès à la tête de sa Ligue, mais la débâcle du boulangisme, sur les marges duquel le mouvement s'était développé, met un terme à la première phase de son histoire[23]. La Ligue est relancée en 1897 par un adjoint de Morès, Jules Guérin, de moralité douteuse, obéré, failli, qui se pose en défenseur de la petite entreprise contre les « gros ». Les statuts officiels de la Ligue ressuscitée précisent ses buts : protéger le « travail national » sans distinction de classes sociales contre la concurrence étrangère ; libérer la nation française « du joug des Juifs » ; interdire aux Juifs l'accès de toutes les fonctions publiques, « en attendant de leur enlever les droits de citoyens français ». La Ligue antisémitique, forte d'une dizaine de milliers d'adhérents, et son journal *L'Antijuif*, connaît son apogée au moment de l'affaire Dreyfus, en 1898-1899. En Algérie, Drumont, grâce à l'appui de l'agitateur local Max Régis, est élu aux élections de mai 1898, et peut constituer à la Chambre un petit groupe « antisémite ». Après l'épisode du fort Chabrol – les bureaux de la Ligue, devenue « Grand Occident de France », étaient situés à Paris, dans un hôtel particulier de la rue de Chabrol –, qui entraîne le jugement de Guérin en Haute Cour, et sa condamnation, le mouvement antisémite sous sa forme activiste disparaît.

Ce mouvement à la fois nationaliste (défense des Français aryens contre les Juifs, « nous ne voulons pas, dit Guérin en Haute Cour, que l'Étranger, dans sa marche de l'est vers l'ouest, vienne nous jeter à la mer ») et populiste (défense du peuple contre les « accapareurs » : « La seule synagogue que nous voulions détruire, dit toujours Guérin, c'est la Bourse[24] ») n'a jamais trouvé le chef charismatique qui lui eût permis de prendre politiquement plus de force qu'il n'en a eu. Édouard Drumont était trop homme de lettres, Jules Guérin avait la réputation d'un aigrefin, le marquis de Morès est mort prématurément dans le désert africain, et Max Régis n'était qu'un héros local d'Alger. L'affaire Dreyfus a permis aux antisémites d'organiser des manifestations de rue, voire des pogroms de l'autre côté de la Méditerranée[25], mais sans force face à la contre-offensive républicaine menée par le gouvernement Waldeck-Rousseau.

Les deux populismes, le protestataire, issu de la crise boulangiste, et l'identitaire, affirmé dans l'antisémitisme, n'avaient pas fusionné. Le nationaliste Déroulède et l'antisémite Guérin s'étaient retrouvés sur le banc des accusés devant la Haute Cour, qui les condamna en 1900. Le défenseur de Guérin, Me Ménard, établit qu'il n'existait aucune complicité entre les deux hommes, le « sociologue », comme il disait du ligueur antisémite, et l'homme politique qui avait fait sa romantique tentative de putsch : « Il n'y avait entre eux aucune espèce de rapport, aucune espèce d'analogie, aucun point de contact[26]. »

Quelles que soient les variations du populisme, dont le contenu doctrinal et programmatique n'est pas le fort, la distinction entre ses deux sources – protestataire et identitaire – nous permet d'identifier des courants et des tendances dans ce qu'on appelle de manière assez large le nationalisme français, à l'exclusion de l'Action française, élitiste et monarchiste. La défense du peuple – toutes classes confondues – contre les oligarchies en est la base commune. L'accent n'est pas mis au même endroit, selon que le peuple est considéré comme *dêmos* ou comme *ethnos*[27]. Dans le premier cas, on parlera de populisme simple (protestation du peuple contre les élites) ; dans le second, de national-populisme (dénonciation par le peuple identifié en permanence comme national de l'étranger envahisseur). La France avait connu ces deux tendances distinctes, entre 1886 et 1900 ; rien n'interdisait leur convergence, ou leur fusion.

La France des années 1930, qui a connu de nouveaux assauts contre la république parlementaire, a vu la résurgence d'anciennes ligues et la création de nouvelles, le mimétisme fasciste, et le renouveau du nationalisme sous ses différentes formes. Il est difficile cependant d'identifier dans cette profusion de journaux et de mouvements, qualifiés traditionnellement d'« extrême droite », un courant populiste fortement caractérisé. Les thèmes du populisme protestataire comme ceux du populisme identitaire se retrouvent à l'état diffus. On peut estimer que la journée du 6 février 1934 est marquée au coin du populisme : dénonciation de la corruption, indignation contre la faiblesse du régime, antiparlementarisme violent, on rencontre bon nombre des ingrédients du boulangisme, à ceci près qu'il n'y a pas à l'horizon de général Boulanger, pas d'homme providentiel auquel on pourrait confier le soin de nettoyer le Palais-Bourbon et les ministères.

Le culte du chef est largement répandu dans la presse « nationale », où l'on admire Salazar, Mussolini, voire Hitler (en raison de son antibolchevisme), mais la confiance dans le peuple qui caractérise les populismes fait défaut en ces temps de Front populaire : « C'est bien le suffrage universel qui apparaît, en fin de compte, comme une farine incomestible[28]. » La xénophobie, aiguisée par la crise économique, et l'antisémitisme, aiguillonné par les refugiés juifs d'Allemagne, d'Autriche, puis par ceux d'Italie, se retrouvent dans le discours de nombreuses organisations : Parti unitaire français d'action socialiste et nationale, Rassemblement antijuif de France, Front de la Jeunesse, Parti français national-communiste, Grand Occident, Front français, Union antimaçonnique de France, Combat français, Parti national prolétarien, Ordre national, Parti socialiste national de France[29]... Les pouvoirs publics y font écho en durcissant sévèrement les conditions d'accueil des exilés politiques et « raciaux[30] ». Le Front populaire lui-même, une fois au pouvoir, ne change pas la politique restrictive de ses prédécesseurs. Le grand thème populiste du rassemblement des Français contre une poignée d'accapareurs, le parti communiste ne répugne pas à l'intégrer à sa propagande à travers le mythe des « 200 familles » : « La grande vertu de cette réconciliation française contre les 200 familles – à laquelle nous travaillons ici de toutes nos forces, écrivait Paul Vaillant-Couturier dans *L'Humanité* – c'est justement qu'elle est en train de rendre la France aux Français, c'est-à-dire à ces masses laborieuses, classe ouvrière, paysans, classes moyennes, que rien ne doit plus diviser[31]... »

Le Parti social français du colonel de La Rocque est devenu la principale formation de droite à partir de 1936. Son programme est emprunté au catholicisme social, et sa stratégie repose sur la conquête légale du pouvoir. On peut discerner dans son discours quelques traits classiques du populisme protestataire, sa dénonciation de la corruption, l'appel solennel à la moralité. Un apport plus original de sa part au populisme est moins son antiparlementarisme que son antipolitisme. Les convictions catholiques du leader y comptent pour beaucoup. La nostalgie d'une France réunifiée s'appuie sur la conviction que la politique « divise[32] ». Imperméable à l'idée que toute société est conflictuelle, La Rocque récuse les partis et les systèmes. Son parti est un antiparti, son système, un antisystème. Son refus renouvelé d'alliance avec les autres formations de la droite extrême et de l'extrême droite le fait détester par elles. Féru de « mystique », réfractaire à la « politique », qui implique l'affrontement, la ruse, la manœuvre, cet antimachiavélien, confondu en son temps avec un chef fasciste, rêve de « communauté », de « grande famille », de réconciliation des classes dans les « valeurs spirituelles ». L'activité et les discours de La Rocque nous suggèrent que le catholicisme pourrait être une source du populisme autrement qu'on l'a vu au sujet de La Bonne Presse de la fin du siècle dernier : en nourrissant l'antiparlementarisme, la défiance à l'endroit de la classe politique, l'aspiration à une société solidaire sous la houlette d'un chef de haute moralité et de main ferme, par la détestation de la politique même, de sa nature conflictuelle, portée au plus haut point dans une démocratie parlementaire. Il ne s'agit plus d'un antiélitisme de frustrés ou de vaincus, mais d'une aversion sentimentale qui assimile la politique au domaine du mal. Cette défiance, sous-jacente, implicite, mais qui a ses racines historiques dans une religion de l'unanimité, peut nourrir peu ou prou les courants populistes dans un pays comme la France.

La France de la IVe République, instaurée officiellement en janvier 1947, a connu un type de populisme plus précis, le poujadisme. Sous les coups d'une modernisation devenue un impératif du nouveau régime, de nombreuses couches sociales, celles des artisans, des petits commerçants, des petits patrons, voire des propriétaires-exploitants de l'agriculture, se sentirent menacées au début des années 1950 par l'industrialisation, l'urbanisation, l'exode rural, la concentration industrielle et commerciale. Excédés par la pression fiscale, certains d'entre eux se révoltèrent contre Paris, son administration inhumaine, et d'une manière plus générale contre les transformations en profondeur d'un pays resté très longtemps équilibré entre ses activités modernes et la vie qui tournait autour des clochers des villages ou des bourgs. La plongée de la France dans le monde du *marketing* et des grandes surfaces suscita ainsi la révolte dans les départements les moins avancés dans l'ère industrielle. Pierre Poujade devint le héraut et le prophète de ces laissés-pour-compte du progrès. Libraire à Saint-Céré, dans le département du Lot, l'un des moins pénétrés par l'industrialisation, il avait créé l'Union de défense des commerçants et artisans (UDCA), devenue bientôt une véritable force politique dans cette zone de dépeuplement où les artisans et commerçants perdaient chaque année une part de leur clientèle happée par la ville. La nouvelle politique économique et financière des années 1953-1954 conjuguée à la fin (ou à la pause) de l'inflation, le renforcement des contrôles fiscaux et des sanctions contre la fraude, jetèrent le désarroi dans une population d'économie ancienne menacée de prolétarisation. Pierre Poujade commença sa carrière politique en appelant à s'opposer aux contrôles de l'administration parisienne des impôts. C'est en sillonnant les routes des départements, pour engager ses confrères dans l'opposition aux agents du fisc, qu'il créa l'UDCA, devenue bientôt un pôle de ralliement de toute une France, encore nombreuse alors, de travailleurs indépendants.

Le mouvement Poujade bénéficie bientôt d'une alliance : celle des victimes de la décolonisation en Afrique du Nord. Le premier congrès national de l'UDCA se tient en novembre 1954 à Alger ; un Algérois cossu, Paul Chevallet, assure la direction de l'organe du mouvement, *Fraternité française*. Poujade, parti de la résistance au fisc, en arrive à la critique antiparlementaire, en tentant de rallier toutes les victimes des transformations de l'heure, dont le gouvernement Mendès France est le symbole décrié. Celui-ci, décidé à lutter contre la fraude fiscale et contre l'alcoolisme, mécontente toute une frange de la France rurale ou semi-rurale, bouilleurs de cru, débitants de boissons, et victimes du contrôle fiscal. Le 24 janvier 1955, un rassemblement de plus de 100 000 personnes à la porte de

Versailles à Paris témoigne du pouvoir de mobilisation d'un mouvement qui va *crescendo*.

La campagne électorale en vue des élections législatives du 2 janvier 1956 devient le point d'orgue d'une année de réunions et de propagande dans tous les départements. Le programme de l'UDCA reste assez flou, sauf sur la défense de l'Algérie française, mais « Pierrot » ne cesse de gagner en popularité, tandis que ses adversaires de gauche, dénonçant le fascisme, le surnomment « Poujadolf ». Le résultat des élections est flatteur pour une jeune organisation comme l'UDCA : 2,5 millions de voix, 11,6 % des suffrages exprimés, 52 sièges, ce n'est pas un raz-de-marée, du moins est-ce un succès incontestable. Victoire à la Pyrrhus cependant : deux ans plus tard, le retour au pouvoir du général de Gaulle réduit à néant cette flambée poujadiste. La faiblesse insigne du poujadisme tient à son conservatisme foncier dans un monde en plein changement : « Nous défendrons la structure traditionnelle de l'économie française. »

Le populisme protestataire de Poujade s'en prend aux parlementaires, aux technocrates, aux intellectuels, à toute cette élite parisienne qui a perdu le sens du terroir. À sa manière, il continue le combat des radicaux et du philosophe Alain, celui des « petits » contre les « gros ». Il se réclame de la Révolution, des sans-culottes, il veut réunir de nouveaux États généraux : toute sa culture historique lui vient de cette école laïque qui exalte la formule républicaine (Liberté, Égalité, Fraternité). La personnalité de Mendès France, un Juif au gouvernement de juin 1954 à février 1955, lui inspire cependant des allusions antisémites. La France du poujadisme est une France identifiée à sa ruralité, à son peuple des couches préindustrielles, à ses petits Blancs des bastions coloniaux menacés. Encore plus qu'antiparlementaire, Poujade s'affirme anti-intellectuel, car la France intellectuelle, c'est la France irréelle : « Ce n'est pas à moi, qui à seize ans gagnais ma vie, écrit Pierre Poujade, de te dire, à toi, intellectuel, ce qu'est l'esprit de la France. Cependant, je peux et je dois me tourner vers toi, car sans nous, tu ne serais rien d'autre qu'une machine à penser, qu'un vulgaire tambour qui résonne, certes, mais qui sous la peau n'a que du vent. Pour que tu puisses faire rayonner notre pays, il te faut, comme les racines de l'arbre, aller chercher la substance au cœur même de la nation[33]. »

Mouvement de protestation catégorielle, le poujadisme, la guerre d'Algérie aidant, a pu devenir – brièvement – l'expression d'une révolte des petites gens vaincus, abaissés, ou menacés de l'être, par l'évolution du monde moderne. Sa géographie électorale traduit bien ses origines[34]. La modernisation de la vie économique et la décolonisation étaient irrésistibles, et le mouvement Poujade fut emporté par la nécessité historique. Sa dimension identitaire est moindre que sa dimension protestataire ; elle n'est pas absente de ses discours néanmoins. Son antisémitisme larvé en est la plus claire expression. Au demeurant, le populisme poujadiste est très nettement localisé dans le temps – celui des derniers efforts d'une ancienne France pour survivre à l'heure de l'expansion.

Ancien député poujadiste, Jean-Marie Le Pen fonde en 1972 le Front national, petit parti d'extrême droite qui végète comme tant d'autres, apparemment sans avenir. Les années 1980 le portent sous les feux de l'actualité, d'abord lors d'une élection municipale partielle à Dreux, où il fait une première percée en 1983, et l'année suivante, aux élections européennes, où il obtient ses premiers élus. Son essor se confirme sous le second septennat de François Mitterrand et sous la présidence de Jacques Chirac : autour de 15 % pour J.-M. Le Pen à l'élection présidentielle de 1988 et à celle de 1995, victoire éclatante aux élections municipales partielles de Vitrolles (Bouches-du-Rhône), en février 1996 : pour la première fois une liste lepéniste est élue à la majorité absolue des suffrages.

Cette montée en puissance du Front national correspond sans doute aux progrès des partis populistes et xénophobes dans de nombreux pays européens, mais nulle part – sauf en Autriche – elle n'a été aussi forte. Les commentateurs ont éprouvé un certain embarras pour rendre raison du phénomène. Son étiologie se résume à un catalogue des difficultés engendrées par le chômage croissant, à l'importance numérique d'une population issue de l'immigration arabo-musulmane, à une construction européenne mettant en question la souveraineté nationale, et à une mondialisation des échanges et des communications dont l'effet est de menacer l'identité française. Sa nature est plus délicate à définir. Le Pen est qualifié de « fasciste » par la presse de gauche ; il est plus souvent étiqueté du terme plus vague d'« extrême droite »… On doit donc à Pierre-André Taguieff d'avoir introduit le terme de « national-populisme » dans le débat – concept plus opératoire, à notre avis.

Le national-populisme de J.-M. Le Pen est la fusion, jusqu'à ce jour réussie, de multiples éléments de l'extrême droite française, depuis le catholicisme intégriste (et son quotidien *Présent*), qui relève de l'école contre-révolutionnaire hostile aux principes de 1789, jusqu'aux néofascistes et néonazis, en passant par les nostalgiques de la Révolution nationale (du maréchal Pétain) et/ou de l'Algérie française. Cet amalgame des extrémismes de droite serait déjà un succès quand on pense à l'impossible unification de leurs devanciers des années 1930. La réussite du Front national est plus importante ; c'est d'avoir, au-delà de ces chapelles et de ces réunions de demi-solde, capté un vaste électorat de Français venant de toutes les couches sociales et de tous les bords politiques, au point d'avoir fait du parti lepéniste le plus « populaire », et notamment le plus « ouvrier[35] ».

Nous n'examinerons pas ici les causes des succès du Front national. Contentons-nous de quelques remarques à même d'aider à sa définition.

La première tient à la personnalité de son inventeur et de son chef. La montée du Front national est d'abord due à un homme *hors du système*. D'origine sociale modeste, il n'est pas sorti des grandes écoles. Il fut un médiocre étudiant en droit, mais un ancien engagé de la guerre d'Indochine, un ancien officier de la guerre d'Algérie. Ce patriote, qui a payé de sa personne, s'est toujours réclamé de la « droite nationale[36] ». Habile harangueur, excellent orateur, tantôt goguenard tantôt violent, autopromoteur de son label à coups de provocations et de déclarations à l'emporte-pièce, très bon manœuvrier, il est le type du démagogue moderne, que la télévision et les médias ont favorisé, malgré ses dénégations. La personnalisation du mouvement est intense ; le guide incarne toutes les révoltes et toutes les souffrances du peuple, qui projette en lui ses espoirs.

« Nous sommes le peuple », déclare-t-il. Le peuple de France, c'est le peuple en entier sans barrières de classe. Le mythe du peuple unifié finit par obtenir un début de confirmation par la sociologie électorale. Le Front national n'est pas un parti plébéien, malgré les faveurs accrues que lui accordent les couches ouvrières. Il défend aussi bien les classes moyennes traditionnelles (artisans et commerçants), les classes moyennes salariées. Il aspire à devenir toute la France.

À deux exceptions près : la classe politique qui est aux affaires et les étrangers vivant en France. Mouvement protestataire, le lepénisme assume la « fonction tribunitienne » du peuple contre les élites qui le trahissent : l'« énarchie », la technocratie, la « bande des quatre », autant d'appellations pour désigner « ceux d'en haut » à la vindicte de « ceux d'en bas ». Cette guerre contre les pouvoirs en place, contre « l'étatisme bureaucratique », fait bon ménage avec l'anti-intellectualisme, les intellectuels français étant non seulement les ennemis naturels du Front national, mais les inspirateurs des idées dominantes dans les rangs de la droite elle-même. Le Premier ministre Alain Juppé – qui, en septembre 1996, accusait J.-M. Le Pen d'être « raciste, antisémite et xénophobe » – est la figure de l'adversaire emblématique du Front national : l'ancien normalien, l'agrégé, l'ancien énarque, celui qui ignore le peuple tant il en est éloigné. Dans son effort sémantique, Le Pen a tenté de franciser le terme anglais d'*establishment*, vouant l'« établissement » aux gémonies. « Aujourd'hui, écrivait J.-M. Le Pen en 1985, le seul recours de sauvegarde qui reste à ce pays, c'est précisément l'appel à son peuple[37]. » Le Front national préconise notamment l'usage du référendum pour légiférer sur les problèmes dits de société, comme le rétablissement de la peine de mort, ou le sort à réserver aux immigrés.

Car ce peuple de toutes classes, de toutes conditions sociales, qui est écœuré par l'impuissance des politiciens devant les maux dont souffre le pays, il s'agit du peuple *français* : « Le Front national c'est le syndicat des indigènes de ce pays[38]. » Son leader, qui revendique ses origines celtes, n'a de cesse d'alarmer la population autochtone sur le trop-plein d'une immigration qui explique le chômage, la délinquance, l'insécurité généralisée : « Il nous suffit de regarder les rues, les aéroports, les écoles, les services sociaux, les hôpitaux dont nous sommes boutés par une véritable marée humaine et on comprend que ceux qui défendent en fait ce système sont les complices d'une entreprise de subversion et de submersion du continent européen et de la France[39]. » Soulignant par ailleurs la dénatalité en cours, J.-M. Le Pen professe l'atteinte « mortelle » à l'identité ethnoculturelle de la France par l'« invasion ». La France, dit-il, est le terrain d'affrontement de deux cultures fondamentalement différentes : « L'Islam qui représente déjà la deuxième religion en France, s'oppose à toute assimilation et menace notre propre identité, notre civilisation occidentale et chrétienne[40]. » La discrimination n'est pas seulement culturelle, mais ethnique : J.-M. Le Pen n'hésite pas à proclamer l'inégalité des races et son hostilité au métissage. Ce qui est menacé à ses yeux, c'est « notre substance même, notre substance biologique, notre substance morale, notre substance spirituelle[41] ». Sa xénophobie est clairement sélective et hiérarchisée. Dans cette phobie identitaire, le leader du Front national n'a pu s'exonérer de l'antisémitisme. Assez discret en raison de la loi, il s'est néanmoins manifesté de manière continue. Les Juifs, à ses yeux, sont aux commandes des médias, presse, télévision, édition… Ils participent au complot médiatique contre le Front national. Au-delà, au « complot euro-mondialiste qui vise à dénationaliser la France[42] ». Les mauvais jeux de mots de J.-M. Le Pen, sa complaisance à l'égard des thèses négationnistes, la référence explicite qu'il fait à une « internationale juive », au « capital anonyme et vagabond », à une « minorité anonyme et conquérante », autant de formules qui le rattachent au vocabulaire de l'antisémitisme traditionnel, au risque des condamnations judiciaires. Le cosmopolitisme reste sa hantise : il importe de verrouiller la France contre ses importations de toutes sortes.

Quel est l'avenir du Front national ? D'aucuns, au milieu des années 1980, avaient diagnostiqué son caractère passager. Peut-être avait-on en mémoire les précédents que nous avons évoqués, le boulangisme, le mouvement antisémite, le poujadisme… Pour la première fois en France nous assistons à l'enracinement d'un phénomène que nous estimions superficiel et conjoncturel. Son avenir est tributaire de plusieurs variables, et d'abord de la situation économique. Pour en rester là où nous sommes, observons que ce mouvement est devenu un parti, structuré, dont les familles couvrent tout le territoire national ; qu'il embrasse des catégories socioprofessionnelles que n'avait pu atteindre le poujadisme. Se donnant pour une « droite populaire, sociale et nationale », il refuse le slogan « ni droite ni gauche » des autres mouvements de rassemblement. Il veut être la « vraie droite ». De sorte que son adversaire politique le plus direct est la droite gouvernementale. Malgré l'incompréhension de certains de ses partisans, J.-M. Le Pen fait du RPR-UDF son ennemi immédiat, principal, visant à substituer à cette « fausse droite » une droite « authentique », dont les finalités visent à la protection de l'identité ethno-culturelle de la nation française.

Les concepts de *populisme* et de *national-populisme* apportent-ils quelque chose à l'intelligibilité du phénomène lepéniste ? Les sociologues dédaignent souvent les filiations, les héritages, l'histoire même. Ils nous préviennent ainsi contre l'abus des analogies, voire contre le mythe des continuités apparentes, chaque situation étant nouvelle. Au-delà, nous pouvons répondre que toute société porte en elle une mémoire agissante, un répertoire de signes, des habitudes de pensée, et que le fondateur d'un parti comme J.-M. Le Pen n'est pas tombé du ciel au début des années 1980. Si nous acceptons ce principe de méthode élémentaire qui consiste à analyser dans tout phénomène ce qui est reçu et ce qui est inventé, l'historien a son mot à dire. À propos du Front national, répétons-le, l'analogie avec le fascisme, soit dans un souci d'explication, soit dans une volonté militante, s'est imposée. Le goût de J.-M. Le Pen pour les réunions à grand spectacle, à la mise en scène soignée, avec drapeaux et musique, conditionnant l'émotion de ses fidèles, rappelle les images de la propagande totalitaire des années 1930. Mais le fascisme en France n'a que des référents éphémères, littéraires, ou groupusculaires. Les concepts de populisme (protestataire) et de national-populisme (identitaire) me semblent aider mieux que le « fascisme » passe-partout à la compréhension du phénomène. Celui-ci, au demeurant, n'est pas statique. Que deviendrait-il si d'aventure, il accédait au pouvoir ? Un régime d'apartheid ? Un néobonapartisme xénophobe ? Une ochlocratie nationaliste ? Nul ne peut en préjuger, vu le caractère protéiforme des populismes. Leur stratégie et leur propagande sont fondées sur toutes les ressources de l'émotivité populaire ;

leurs fins politiques restent tributaires de l'imprévisible conjoncture. Le lepénisme, en tout cas, rompt avec la tradition républicaine, ce qui n'était le cas ni du boulangisme ni du poujadisme ; le rejet même des valeurs de cette tradition le situe dans les métamorphoses contemporaines de la Contre-Révolution, le droit populaire prenant la place du droit divin. Le modèle fixiste d'une société d'avant la Révolution, d'avant l'ouverture des frontières, d'avant le Déluge, reste la hantise du Front national – pour lequel toutes les manifestations du changement s'appellent *décadence*. Le populisme peut séduire une partie de la gauche ; le national-populisme, nostalgique d'un corps social immobile, participe de la « droite absolue ». Il est une réaction aux effets perturbateurs et accélérateurs de la mondialisation des échanges et de la communication, et prospère sur les troubles que celle-ci provoque. Il flatte un fantasme de clôture et d'immobilité dans un univers soumis aux bouleversements des conditions d'existence et de perception du réel. De même que la Contre-Révolution était sans avenir face à la montée du libéralisme et de la démocratie, de même l'idéologie de l'enfermement nationaliste ne paraît pas de taille à faire barrage à la globalisation planétaire. À court et moyen terme, le national-populisme, tout comme la Contre-Révolution, peut remporter des victoires momentanées. D'ores et déjà – le régime de Vichy mis à part –, la France n'a jamais connu pareille montée d'une « droite nationale ». En dire plus serait se livrer à des spéculations trop fragiles[43].

14

Charles Maurras et le nationalisme intégral

Il y a lieu d'abord de considérer l'importance et l'influence de Charles Maurras et de l'Action française, de l'affaire Dreyfus à la Seconde Guerre mondiale, soit pendant près d'un demi-siècle.

L'Action française a d'abord été une petite revue d'idées, lancée par Henri Vaugeois et Marcel Pujo en 1899. Une revue antidreyfusarde dont la finalité était de donner un corps de doctrines au nationalisme français. C'est Charles Maurras qui l'assumera, en convertissant ses deux amis à l'idée que, selon lui, en bonne logique, le nationalisme devait aboutir à la restauration monarchique – ce que le doctrinaire de l'Action française appellera le *nationalisme intégral.*

L'Action française est ensuite devenue une ligue (1905), dotée d'une structure d'organisation, comprenant notamment un Institut d'Action française – une sorte d'université parallèle (dans le même temps où les intellectuels socialistes organisaient les universités populaires) –, une Fédération des étudiants. En 1908, *L'Action française* devenait un journal quotidien – dont l'influence n'a cessé de grandir, dépassant largement les rangs royalistes – et où Léon Daudet exerça un talent de polémiste hors de pair. Des équipes de jeunes gens, d'étudiants étaient mobilisées pour la vente du journal – ce furent les Camelots du roi. En 1910 apparaissent les « commissaires » (gardes du corps et commandos de choc).

Selon Pierre Nora, l'Action française connut deux apogées. Le premier, au lendemain de la Grande Guerre – au cours de laquelle le journal de Maurras et Daudet avait fait preuve d'un patriotisme et d'un antigermanisme propres à leur rallier une vaste opinion, y compris dans les rangs des chefs politiques, comme ce fut le cas de Raymond Poincaré : président de la République et indiscutable républicain, il n'en eut pas moins une correspondance politique attentive avec le chef de l'Action française. En 1919, quoique hostile au régime parlementaire, l'Action française compta une trentaine des siens parmi les élus du Bloc national.

Aux yeux d'un certain nombre de ses membres, l'Action française était en train de s'embourgeoiser. Elle perdait de vue ses ambitions premières en gérant le capital de sympathie acquis durant la guerre en père de famille. Ce jugement était, par exemple, celui d'un ancien Camelot du roi – Georges Bernanos – qui s'éloigna à ce moment-là de l'AF. Pour y revenir, ou plutôt pour soutenir Maurras à la fin de 1926, quand celui-ci subit les foudres pontificales – une condamnation romaine dont ne se relèvera jamais complètement le mouvement, même si, en 1939, le nouveau pape Pie XII lève l'interdiction lancée par son prédécesseur.

Le second apogée coïncide avec la mise en place de la Révolution nationale du maréchal Pétain – régime que Charles Maurras et son journal soutiendront de bout en bout, comme une préface au régime idéal de leur choix. L'effondrement de l'Allemagne hitlérienne, qui entraîne Vichy dans sa chute, met aussi un terme à la carrière de Charles Maurras, arrêté, jugé, condamné à la prison (il meurt en 1952).

Pendant un demi-siècle, l'Action française a exercé une influence en profondeur. Maurras avait doté le courant de pensée contre-révolutionnaire d'une armature intellectuelle qui a fasciné beaucoup d'esprits. En face de l'idéologie républicaine et laïque, en face des courants socialistes, il a su opérer l'articulation doctrinale entre le nationalisme et le royalisme – alors que l'ancien légitimisme sombrait dans l'impuissance et la sentimentalité et que le nationalisme fin de siècle, capable de soulever les foules, se montrait politiquement impuissant à rallier autour d'une idée-force les troupes mobilisables.

Avec Maurras, le nationalisme cessait d'être purement émotionnel, il se dotait d'une méthode et d'un but. En même temps, *L'Action française*, tout en prônant le « politique d'abord », a su attirer de nombreux lecteurs par ses qualités proprement littéraires. De nombreux écrivains, des lettrés, parfois assez éloignés de Maurras, lisaient néanmoins son journal en raison d'une certaine élévation de ton (Proust parle lui-même à son sujet d'une « cure d'attitude mentale »). L'Action française fut largement un mouvement d'écrivains et d'intellectuels, qui avait su rallier les Paul Bourget, les Jules Lemaître – en attendant Robert Brasillach, Jacques Laurent, et Pierre Boutang.

Maurras est reçu à l'Académie française en 1938 – peu après avoir purgé une peine de prison en raison de ses articles meurtriers. Pierre Gaxotte dirige la célèbre collection jaune d'histoire chez Fayard, tout en s'occupant de l'hebdomadaire *Candide*. L'Action française exerce ainsi un pouvoir de pénétration dans les lettres et dans l'édition françaises.

Quel fut le poids exact de cette influence dans la vie politique ? Pour certains historiens, l'Action française a perpétué avec une extrême violence la guerre civile entre Français. Pour d'autres, elle a empêché la France des années 1930 de tomber dans le fascisme, en polarisant une grande partie des forces d'extrême droite…

Je n'aborderai pas ici ces questions. Après avoir rappelé à grands traits le rayonnement considérable des idées maurassiennes pendant un demi-siècle, je dois en revenir à leurs origines et à Charles Maurras lui-même.

Maurras est né le 20 avril 1868 à Martigues, dans les Bouches-du-Rhône. Son père, qui était percepteur, est mort alors que le jeune Charles n'avait que six ans. Nous étions en 1874 : le père de Maurras avait été très favorable à M. Thiers, que les monarchistes avaient renversé. Le reste de la famille paternelle était divisée politiquement. La famille maternelle était peut-être plus homogène : « Extrêmement stricte en matière religieuse, ma mère avait été élevée dans l'horreur de la révolution. » Néanmoins, Maurras nous dit que sa mère « inclinait aux idées libérales ».

Malgré des influences diverses, le jeune Maurras fut d'abord, selon sa propre expression, « pour Henri V ». Il sculpte au canif sur sa table de collégien : VHV (Vive Henri V). Mais, vers treize ans, ses sentiments royalistes s'envolent. Il découvre les *Paroles d'un croyant* de Lamennais qui l'enthousiasment. Il devient partisan, dit-il, d'une « théocratie révolutionnaire », « frénésie qui, doublée d'une fameuse crise de romantisme, dura quelque trois ou quatre ans ».

Le jeune Maurras subit alors une épreuve terrible : il devient brusquement sourd, alors qu'il est en classe de 4e. Beaucoup gloseront sur cette surdité pour expliquer son entêtement, ses idées fixes ; en tout cas, elle le pousse au repli sur soi. Entre seize et vingt ans, il est devenu indifférent, sceptique. Il a perdu la foi religieuse, tout comme la foi politique.

Cela ne l'empêche pas de nourrir son esprit de multiples lectures – parmi lesquelles Taine, Auguste Comte, Renan. Son baccalauréat passé, Charles et sa mère viennent s'installer à Paris – qui est alors en pleine agitation boulangiste. Maurras explique alors la sympathie qu'il éprouve : « Le premier Boulangisme m'avait répugné par son aspect de démagogie. Je me rendis peu à peu à ses allures de réveil national, et l'évolution conservatrice du général me décida même à avaler, pour l'amour de lui, un assez dur crapaud : majeur en 1889 et vivant rue Cujas, au Ve arrondissement, je donnai mon premier bulletin de vote au juif Naquet, bien que je fusse antisémite de cœur ! La vérité profonde est que l'indiscipline des partis de droite avait été si souvent blâmée devant moi que j'avais voulu débuter par la plus méritoire des obéissances. »

Mais revenons quelques années en arrière, en cet automne 1885, lorsque Maurras découvre Paris. Il nous raconte, dans *Au signe de Flore*, que trois sentiments l'ont alors assailli, presque simultanément.

Il s'émeut d'abord de voir au long des belles rues et des boulevards de la capitale « une multitude d'enseignes étrangères, chargées de ces noms en K, en W, en Z que nos ouvriers d'imprimerie appellent spirituellement les lettres juives. Les Français étaient-ils encore chez eux en France ? ». Outre son antisémitisme, Maurras témoigne par cette remarque de son ignorance des provinces du Nord et de l'Est. Sa conception de la France est latine, méditerranéenne, provençale – tout le contraire des conceptions de Renan ou de Barrès assez méprisants pour le Midi.

Justement, la deuxième pensée forte qui hante alors Maurras, c'est sa Provence, qui lui est « devenue beaucoup plus chère de loin ». Il se met alors à lire et à relire les grands poètes du Midi, Aubanel, Roumanille et Mistral : « Ma mère assurait, pour me taquiner, que j'avais appris le provençal à Paris. Plaisanterie à part, c'était bien Paris qui m'avait rempli de ce grand amour pour la langue de notre peuple, pour ses légendes pleines de sagesse et de poésie, ses coutumes fidèles, ses jeux, ses proverbes si sages, ses mœurs si variées, que seule unifiait l'égale beauté de son ciel. » À ses yeux, la France souffre de la centralisation due à 1789 (ignorant délibérément les leçons de Tocqueville qui avait montré l'œuvre monarchique dans cette centralisation) – centralisation qui, à l'en croire, a fait naître le nivellement, le conformisme.

À l'occasion d'une cérémonie, il est introduit dans la société des félibres de Paris, où il rencontre de nombreux poètes et artistes, mais aussi des députés et des sénateurs méridionaux, « démocrates traditionnels ». Il devient secrétaire général de la revue mensuelle le *Viro Soulén* (le Tournesol) et fréquente le saint des saints des félibres, le café Voltaire. Il y aura cependant une scission dans le félibrige de Paris – les félibres proches du pouvoir s'émouvant de l'agitation de certains de leurs cadets, dont Charles Maurras, en faveur de la « régénération » des pouvoirs locaux. « Après deux années de débats mon exclusion fut prononcée, douze "jeunes félibres" donnèrent leurs démissions et nous allâmes fonder de l'autre côté de la Seine une "École parisienne du Félibrige", qui vécut quelque temps au café du Centre près des Arts-et-Métiers, puis revint se fixer aux Cadrans place Saint-Michel et finalement au café Procope, où elle brilla [jusqu'à] l'affaire Dreyfus qui brouilla tout le monde et nous dispersa. »

Retenons cet amour de la Provence natale – comment concilier nationalisme (qui implique pouvoir fort) et décentralisation ? C'est une question à laquelle Maurras tentera de répondre dans sa doctrine – mais, notons-le, ce n'était pas une question pour l'ancienne monarchie qui n'a cessé de construire et de renforcer son pouvoir centralisateur.

Enfin, un troisième sentiment touche Maurras à Paris quand il visite ses musées, ses bibliothèques : il prend conscience tout à la fois du dépôt de merveilles que les siècles ont accumulées et de leur fragilité : « J'étais également saisi de la qualité périssable de ces trésors et du risque dont ils sont grevés à toute minute, soit l'usure du temps, soit la rage des éléments, soit surtout la folie assassine et incendiaire des hommes. » D'où résulte cette affirmation : « Mon droit à la durée et au maintien de tant de trésors m'apparut le premier des droits. »

En résumé, avant même sa vingtième année, Charles Maurras se décrit comme un Français obsédé par l'invasion étrangère et la présence juive ; un Provençal fier de ses origines, favorable à la renaissance des provinces, à la décentralisation ; un esprit hanté par la fragilité de l'héritage des siècles, exposé à l'usure du temps et à la méchanceté des humains. Il ne s'agit pas encore d'un système de pensée mais ce sont déjà des éléments de base, sur lesquels va s'édifier la doctrine de Maurras.

Avant de devenir royaliste, Maurras a été pénétré par une obsession croissante – largement partagée par ses contemporains –, celle de la *décadence.* Vaste sujet que celui-là traité par Taine, Renan, Paul Bourget, Barrès et combien d'autres. La décadence, « mythe majeur du XIXe siècle », comme l'écrit Victor Nguyen auquel nous devons une étude remarquée, *Aux origines de l'Action française*, publiée en 1991.

Toute l'œuvre de Maurras plonge ses racines dans ce mythe que la défaite française de 1871 a porté au cœur des représentations. La génération de Maurras, c'est-à-dire celle qui s'éveille à la politique au cours de la crise boulangiste, est nourrie par les diagnostics de Taine et Renan – « Tarn-et-Garonne », selon la plaisanterie de Thibaudet –, lesquels inaugurent une nouvelle pensée traditionaliste qui n'est plus fondée sur la religion (Maistre, Bonald), mais sur l'observation positive, voire le scientisme. Ce pessimisme était né de la défaite et de la guerre civile (la Commune), mais il se justifiait par une remontée aux sources : la critique de la Révolution.

Un snobisme décadent, dont l'œuvre de Huysmans – et notamment *À rebours* (1884) – est la meilleure illustration, pourrait nous induire en erreur, en privilégiant la dimension esthétique du phénomène. En fait la décadence est ressentie par beaucoup comme une sorte de fatalité, à laquelle il faut se résigner ou bien qu'il faut combattre.

L'analyse de la décadence est tout à la fois sociale, politique, religieuse. Sur le plan social et économique, c'est la destruction de l'antique civilisation rurale, l'« enlaidissement urbain et la production standardisée ».

Sur le plan politique c'est le triomphe de la démocratie, c'est-à-dire pour beaucoup le règne de la médiocrité. « Nous allons à l'américanisme » : la formule d'Edmond Scherer résume tout. Sur le plan religieux, c'est la « démolition de la chrétienté ». Il y a même un déclin démographique, observé dès le milieu du XIXe siècle, une diminution de la natalité qui va de pair, croit-on, avec la dégénérescence de la race française et l'immigration.

Souvent, cette notion de décadence est liée à la dénonciation de la civilisation industrielle. On en trouve les prémices dans l'œuvre de Michelet, grand dénonciateur de la machine. Un monde qui se délite, qui se défait, qui perd de vue ses ascendants, ses principes, son héritage : dans les vingt années qui suivent la défaite, maints auteurs se livrent à cette analyse, proposent des explications, se risquent à avancer des solutions…

Le régime politique – celui de la IIIe République – est considéré comme facteur ou complice de cette décadence. Il est impuissant, inefficace, instable. On réclame la restauration d'un régime fort et durable. Or, l'échec du boulangisme interdit toute réforme institutionnelle – défendre la république, être républicain, c'est vouloir assurer la pérennité d'un régime parlementaire inefficace, qui entretient la division des Français entre eux.

L'œuvre de Maurras – tout comme l'œuvre de Barrès, ou celle de Bourget – est une tentative de réponse à cette obsession de la décadence. Réponse à multiples facettes : à l'invasion juive et étrangère, dont l'affaire Dreyfus apparaît comme une preuve, réponse par la xénophobie organisée et l'antisémitisme d'État ; à la centralisation abusive et à l'industrialisation forcée, réponse par la défense des libertés locales et l'exaltation d'une latinité, matrice d'une francité millénaire ; aux défis du changement et de l'altération par le temps, réponse par le classicisme.

Comment rassembler cette pensée multiple dans une réponse globale ? Charles Maurras n'a pas attendu qu'éclatât l'affaire Dreyfus, à l'automne 1897, pour en décider. C'est en 1896, lors d'un voyage en Grèce, qu'il se convainc que seule la monarchie peut redresser la France abîmée. Dans ses souvenirs, où il raconte sa conversion au royalisme, il mentionne un petit événement déclencheur. À bord d'un bateau bondé de Britanniques, mais dont la cuisine est française, le chef a inscrit au menu du « ronstec ». Il assiste alors à la réaction d'une dame anglaise très méprisante qui, de sa plume, rétablit sur la carte l'orthographe anglaise « rumsteak ». C'est un déclic. Maurras y lit la suffisance de l'hégémonie britannique : « Il ne serait pas dit que j'aurais pu battre une dame, écrit-il, mais, par-dessus les verreries, les plats et les fleurs, je lui assenai le regard de l'homme ruiné, dépouillé, qu'on expulse de sa maison. »

Maurras nous dit qu'il prit alors conscience que la monarchie seule pourrait assurer la continuité de la France. Cette France qu'il fallait sauver – comme les trésors des musées – de l'usure du temps et des calamités de toutes sortes : « L'évidence m'en arrachait enfin l'aveu : il nous fallait rétablir enfin ce régime si nous voulions être les derniers des Français. Pour que vécût la France, il fallait que revînt le roi. »

Un an plus tard, l'affaire Dreyfus confirme Maurras dans son diagnostic et dans son programme. Et lorsqu'il rejoint Vaugeois et Pujo dans l'entreprise de l'Action française, lancée en 1898, il n'a de cesse de les convaincre que le débouché naturel, conséquent, obligé, de leur nationalisme est un néoroyalisme, dont il construit la doctrine avec clarté et sens des formules.

Il s'attelle d'abord à la critique de la démocratie. Maurras a résumé par la formule des « 3 R » ses trois rejets fondamentaux : R comme Romantisme ; R comme Réforme ; R comme Révolution. Maurras, chez qui l'esthétique a précédé la politique, a vu dans le romantisme, issu des pays du Nord, une force de désagrégation, un désordre : « Ronsard et Malherbe,

Corneille et Bossuet, défendaient en leur temps l'État, le roi, la religion. Les lettres romantiques attaquent les lois ou l'État, la discipline publique et privée la patrie, la famille et la propriété : une condition presque unique de leur succès paraît être de plaire à l'opposition, de travailler à l'anarchie. » Esthétique de l'ordre, de la mesure, de l'équilibre, le classicisme défie le temps, l'usure du temps ; Maurras y célèbre l'essence française.

Critique de la Réforme – qui a rompu l'unité de ce qu'il appelle le « splendide tout catholique ». Le protestantisme a instauré le principe du libre examen, qui est à l'origine de l'individualisme et aboutit à l'anarchie de l'État. De ce point de vue, l'affaire Dreyfus est typiquement une affaire protestante.

Critique de la Révolution, péché originel du régime républicain. Elle a opéré une dissociation des liens naturels de la Cité – qu'elle a remplacés par un système de centralisation tyrannique. Elle est le fruit, du reste, du protestantisme, de l'esprit de libre examen – comme en témoigne la Déclaration des droits de l'homme et du citoyen.

Pour Maurras, l'homme par lui-même est un être médiocre et agressif. Il ne compte pour rien sans ces cadres sociaux traditionnels que sont la famille, les groupes professionnels, la paroisse. La Révolution a atomisé la société et ainsi déstructuré sa cohésion. Le rejet de la Révolution est total : tous ses principes mènent à l'anarchie.

Aux lois « naturelles », la Révolution a substitué un principe, une idée, l'égalité. Or, l'égalité désorganise : « Il ne s'agit pas de savoir l'opinion des 9/10 des Français sur les conditions du salut public, mais bien quelles sont les conditions même de ce salut. Ne fût-on, à connaître ces conditions, qu'un seul contre 38 millions, on aurait raison de les proposer, de les soutenir, de plaider pour elles, de travailler à les faire prévaloir sur l'avis des autres. » Autrement dit, la raison n'est pas un produit arithmétique.

L'égalité, c'est aussi le principe de la guerre sociale. Il n'y a pas d'organisation sans hiérarchie, pas de hiérarchie sans inégalité. L'égalité, c'est le règne de la jalousie, donc du désordre.

Maurras s'en prend au régime parlementaire, institution étrangère, source de tous les désordres : « Non, la démocratie, le libéralisme, l'esprit de la République, de la Révolution et de la Réforme n'ont rien de latin. Tout cela tire, en fait, son origine des forêts de la Germanie. »

En fait, dit Maurras, la démocratie n'est qu'un mot – qui couvre une réalité oligarchique. C'est la différence qu'il établit entre le pays légal (la classe politique) et le pays réel (l'ensemble des Français). Cette oligarchie s'appuie sur ce que Maurras appelle les quatre États confédérés, les protestants, les Juifs, les francs-maçons et les « métèques », quadrige diabolisé qui complote contre la France – sa France-réceptacle de la plus lente civilisation – et complice de l'Allemagne : « Les Allemands sont des barbares et les meilleurs d'entre eux le savent. Je ne parle ni des Moscovites ni des Tartares. Le génie humain, c'est notre France, non seulement pour nous, mais pour le genre humain. »

« Organisation maçonnique, colonie étrangère, société protestante, nation juive, tels sont les quatre éléments qui se sont développés de plus en plus dans la France moderne depuis 1789. » Il faut effacer 1789.

Maurras s'en prend particulièrement à la Bible – aux intrusions de l'esprit biblique – et au monothéisme lui-même qui est facteur d'anarchie. Heureusement, d'« intelligentes destinées ont fait que les peuples policés de l'Europe n'ont guère connu ces turbulentes écritures orientales qu'extraites, composées, expliquées par l'Église dans la merveille du missel et de tout le Bréviaire ». Maurras professe ainsi une sorte de catholicisme a-chrétien : l'institution prime sur la foi.

La démocratie aboutit logiquement à la ploutocratie, à la tyrannie des marchands d'or « qui sont d'une autre chair que nous, c'est-à-dire d'une autre langue et d'une autre pensée ». Il faut défendre les intérêts français contre la finance internationale.

L'antisémitisme que Maurras développe est aussi un antisémitisme instrumental.

Il se défend d'être raciste. Il parle d'un antisémitisme d'État – un antisémitisme qui est xénophobie, mais aussi un instrument politique : « Tout paraît impossible, ou affreusement difficile, sans cette providence de l'antisémitisme. Par elle, tout s'arrange, s'aplanit et se simplifie. Si l'on n'était antisémite par volonté patriotique, on le deviendrait par simple sentiment de l'opportunité. » L'influence de Drumont, l'auteur de *La France juive*, est manifeste.

Enfin, Maurras est le critique du système établi par la Révolution entre un État centralisé et une société atomisée. Il prône la nécessité des corps intermédiaires, des libertés régionales, des libertés locales. Face à une nation affaiblie et divisée, à un État à la fois centralisé et privé de puissance par le régime parlementaire et à la domination des quatre États confédérés, que propose Maurras pour refaire l'unité française ?

D'abord une méthode. La politique est une science positive, qui ne doit pas être confondue avec la morale : « La science et l'art de la conduite de l'État ne sont pas la science et l'art de la conduite de l'homme. Où l'homme général peut être satisfait l'État particulier peut être déconfit. » Tout doit être jugé du point de vue de l'intérêt national.

Cependant, malgré l'existence de lois politiques, Maurras se défend d'adhérer au fatalisme historique. Sa méthode en politique s'appelle l'*empirisme organisateur*, qu'il définit comme « la mise à profit des bonheurs du passé en vue de l'avenir ». Or que nous apprend l'expérience, c'est-à-dire l'histoire ? Que le « monde se modifie avec une extrême lenteur, si toutefois, ajoute

Maurras, il se modifie ». Les parties variables sont les moins importantes, ce sont les individus – « membres successifs, accidentels et éphémères » des organes qui constituent une nation. « La France vaut mieux que nos Français. » Les individus n'existent que par les groupes qui constituent la nation. Les groupes, les collectivités priment sur les individus.

Dès lors, qu'est-ce que le nationalisme de Maurras ? « Le nationalisme est la sauvegarde due à tous ces trésors qui peuvent être menacés sans qu'une armée étrangère ait passé la frontière, sans que le territoire soit physiquement envahi. Il défend la nation contre l'Étranger de l'intérieur. »

Comment combattre les ennemis de l'intérieur ? Quels sont les remèdes ?

Aux 3 R, Maurras répond par 3 C : C comme Classicisme, C comme Catholicisme, C comme Contre-Révolution.

Le catholicisme est dans notre héritage – il assure le lien social. L'avantage du catholicisme est qu'il a « filtré » la Bible, sans rompre du reste avec le polythéisme, au moyen du culte des saints. Le monothéisme est dangereux parce que l'appel direct à Dieu légitime et nourrit la rébellion « contre les intérêts généraux ». L'esprit prophétique, agent de désordre, est haïssable. Le Juif monothéiste est un « agent révolutionnaire », mais le « protestant procède absolument du juif : monothéisme, prophétisme, anarchisme, au moins de pensée ».

Heureusement, l'Église catholique a organisé l'idée de Dieu. Elle ne laisse passer sa parole que contrôlée par une autorité. Aux « quatre Juifs obscurs » qui ont écrit les Évangiles, Maurras oppose « ce cortège savant des conciles, des papes et de tous les grands hommes de l'élite moderne ». Pour lui, le privilège attribué au catholicisme n'est pas fondé sur le *vrai* (lui-même est agnostique), mais sur le *bien.* Il s'agit d'une conception politique et instrumentale de la religion qui ne pouvait à la longue qu'attirer la condamnation romaine.

Au nationalisme qui se développe à la fin du XIXe siècle et qui ne trouve pas de solution politique (voir Déroulède), Maurras offre la solution royaliste : ce sera le nationalisme intégral, un nationalisme achevé : « Une monarchie traditionnelle, héréditaire, antiparlementaire, et décentralisée. » S'inspirant de La Tour du Pin, de Mistral, Maurras préconise le respect des collectivités autonomes, des « petites organisations spontanées », pour lesquelles peut exister un « parlementarisme sain » : « Vivent les républiques ! si elles sont groupées sous leur chef naturel et rationnel, le roi de France. » Comment en est-on arrivé à cette idée monarchiste ? « On démontre la nécessité de la monarchie comme un théorème. La volonté de conserver notre patrie française une fois posée comme postulat, tout s'enchaîne, tout se déduit d'un mouvement inéluctable. La fantaisie, le choix lui-même n'y ont aucune part : si vous avez résolu d'être patriote, vous serez obligatoirement royaliste. Mais si vous êtes ainsi conduit à la monarchie, vous n'êtes pas libre d'obliquer vers le libéralisme, vers le démocratisme ou leurs succédanés. La raison le veut. Il faut la suivre et aller où elle conduit. »

« La raison le veut » : le royalisme de Maurras n'est le fruit ni d'un attachement sentimental, ni d'une métaphysique : « À d'autres, dit-il, le vieux droit divin, solennelle sottise des courtisans inintelligents du passé ! »

« Oui, la République est le mal, oui, le mal est inévitable en république. Et ce que nous disons de la monarchie, c'est qu'elle est possibilité du bien. »

La Restauration s'opérerait en trois temps : par l'action d'une minorité énergique – le *coup de force* – qui amènera une *dictature royaliste*, transition autoritaire dirigée contre les meneurs des adversaires de la royauté ; après quoi s'installera le régime royal.

En attendant, il faut préparer les esprits : « Quand on gémira du présent, on concevra avec netteté un avenir différent. On verra quelque chose, on verra Autre

Chose. On ne dira plus : La république ou l'inconnu ; le second terme de l'alternative sera défini et clair. On possédera la formule d'une espérance. » Maurras disait travailler « pour 1950 ».

Maurras a été un grand agitateur intellectuel : par ses formules, ses polémiques, ses excès qui lui vaudront la prison, il exerça une influence exécrable, forma une véritable école de journalisme paroxystique. Maurras a aussi assis son influence grâce à ses qualités pédagogiques et son organisation.

Cette influence refait surface sous Vichy. Bien des lois de la Révolution nationale paraissent inspirées par les idées maurassiennes – en particulier le statut des Juifs, l'interdiction de la franc-maçonnerie, la Charte du travail, etc. Mais cet apogée est contaminé par une contradiction mortelle : fruit du nationalisme, de l'antigermanisme, l'Action française ne récolte ses premiers succès politiques, législatifs – et d'abord le renversement du régime républicain – qu'au prix de la défaite et de l'occupation allemande. Mais cette contradiction mortelle, qui allait ranger l'Action française dans le camp des vaincus, n'est que l'ultime contradiction d'un mouvement dès l'origine paradoxal : par sa doctrine positiviste, Maurras se distinguait de la pensée traditionnelle de la Contre-Révolution ; il voulait faire divorcer la Raison d'avec la république et la réconcilier avec le royalisme. C'était faire du royalisme une déduction abstraite qui ne tenait aucun compte de l'avis ou du désaveu du prince.

Autre paradoxe et contradiction découlant de la précédente : son catholicisme vidé de foi chrétienne. Un jour ou l'autre, il devait rencontrer la censure catholique, lui qui félicitait l'Église d'avoir merveilleusement trahi le christianisme.

Et puis – et je terminerai par là, sans épuiser le sujet – lui si attentif à l'histoire, à l'expérience, comment pouvait-il abolir toute l'histoire française depuis 1789 ?

C'était, finalement, exclure la majorité de ses compatriotes de son système. Aussi Barrès avait-il ainsi répondu à l'« Enquête sur la monarchie » (1900) : « Je ne date pas d'un siècle l'histoire de France, mais je ne puis longtemps méconnaître ses périodes les plus récentes. Elles ont disposé nos concitoyens de telle sorte qu'ils réservent pour le principe républicain ces puissances de sentiment que d'autres nations accordent au principe d'hérédité et sans lesquelles un gouvernement ne peut subsister. »

Et voici la leçon que Barrès donne à Maurras : « Ne pouvant faire que ce qui vous paraît raisonnable soit accepté de tous, pourquoi ne tâchez-vous pas que ce que la majorité accepte devienne raisonnable ? Au sommet de l'État, l'autorité, sur le sol et dans les groupes, la décentralisation, voilà des réformes que permet le système républicain et qui assureraient le développement des forces françaises aujourd'hui gravement anémiées. »

Comment pourrait-on appeler cette méthode préconisée par Barrès ? Je crois bien qu'on pourrait l'appeler *empirisme organisateur*. Maurras avait trouvé la jolie formule, mais il en a moins été le praticien que le représentant d'un dogmatisme – qui a fait d'abord toute sa force d'attraction – avant de se révéler à l'usage comme sa plus grande faiblesse.

Pour conclure, disons que la doctrine de l'Action française et toute l'œuvre de Charles Maurras ont été une remarquable machine de guerre intellectuelle contre la modernité. Cette modernité s'appelait parlementarisme, droits de l'homme, individualisme, société industrielle, urbanisation, pluralisme religieux et politique, mouvement incessant, flux migratoires, changement perpétuel. Aux yeux de Maurras, elle était déstructurante et mortifère : elle mettait en cause les principes d'une civilisation ancestrale et d'une unité sociale qui avaient fait non seulement la grandeur de la

France, mais assuré aux Français une identité et une unité, faute desquelles ils seraient anéantis. Cette modernité était synonyme de décadence, de dégénération, de dissolution.

Il importait donc de colmater, de reconstruire, de restaurer : œuvre proprement réactionnaire, au sens étymologique du mot. La force de Maurras fut d'avoir doté le mouvement réactionnaire d'une méthode, d'une doctrine, d'une esthétique et d'un élan inattendu. Conscient que les grands ensembles de jadis, l'Empire romain, puis la chrétienté, avaient laissé place à l'État-nation, il a voulu réaliser la greffe du nationalisme sur l'ancien royalisme.

Les principes d'unité et de pérennité ont motivé ses condamnations, dans le temps comme dans l'espace, et justifié ses choix positifs en faveur d'une monarchie alliant la puissance à la décentralisation. L'historien des idées ne peut qu'être frappé par la cohérence de sa doctrine, servie de surcroît par le grand talent de l'écrivain (voir par exemple les portraits qu'il brosse de Chateaubriand ou de Sainte-Beuve).

Sa faiblesse vient de ce qu'il s'agissait d'une doctrine close, figée, improductive. La nouvelle génération maurrassienne, celle des Brasillach et des Rebatet, en eut vite conscience, qui opta pour le fascisme. Le seul débouché historique de l'Action française fut le fruit de la défaite de 1940.

1940 : le régime de la Révolution nationale comblait dans une large mesure les vœux de Maurras : antirépublicanisme, antiparlementarisme, antimaçonnisme, antisémitisme, restauration de l'autorité du chef, idéologie provincialiste, etc. Mais le paradoxe était que ce régime n'avait d'existence que par la volonté de l'envahisseur, de l'occupant germanique, lors même que Charles Maurras avait édifié sa doctrine sur l'antigermanisme. Certes, Maurras s'élève contre les collaborationnistes, ceux qui adulent l'Allemagne hitlérienne. Mais le nationalisme de la défaite, entraîné dans une logique infernale, s'est retourné contre le patriotisme de la France libre et de la Résistance ; le nationalisme de la défaite devenait, *nolens volens*, une politique de collaboration avec l'ennemi. De cette contradiction, l'Action française n'a jamais pu se relever.

Néanmoins, son histoire participe d'un mouvement qui, lui, n'est pas fini et qui, sans doute, ne finira jamais. Je veux parler de la réaction psychologique, culturelle, intellectuelle, qui anime une part de nous-mêmes contre le changement trop rapide des mœurs, des institutions, et du paysage. Je dis : en nous-mêmes, car devant la mutation accélérée des choses, nous sommes peu ou prou tentés par la nostalgie de ce qui ne peut plus être. Bardés d'appareils mécaniques, électriques, électroniques ; perdus dans la foule anonyme des mégapoles ; menacés dans notre identité (aujourd'hui par la mondialisation, l'Europe, etc.), une part de nous-mêmes réclame protection, retour à l'équilibre plus ou moins imaginaire de jadis. L'Action française aura été la tentative la plus cohérente pour organiser politiquement la réaction nostalgique, plus souvent abandonnée à la littérature. L'Action française est morte, mais nous voyons bien dans l'univers politique et culturel d'aujourd'hui des mouvements analogues, si ce ne sont des héritages assumés.

En ce sens, l'Action française est un moment particulier d'une plus longue histoire. Elle participe de cette compassion narcissique pour la part de nous-mêmes, part maudite si l'on veut, qui a perdu le monde d'hier, le monde de son enfance, et qui se retrouve dans le bruit et la fureur des temps nouveaux et incertains.

C'est ainsi, peut-être, que l'on peut tenter de comprendre ce qui pour beaucoup d'entre nous est *a priori* incompréhensible ou odieux, et surtout irréaliste, car il s'agit d'une histoire à rebours. La haine du présent, la valorisation d'un passé mythique (pour d'autres l'espérance d'un avenir aussi mythique), ce sont là des mouvements de l'esprit auxquels il faut toujours résister, parce que le vieillissement y préside et que nous sommes condamnés à devenir vieux.

15

À qui appartient Jeanne d'Arc ?

Le 29 mai 1878, *La Lanterne*, journal anticlérical, publiait cet article en forme d'appel : « Le 30 mai prochain, il y aura 447 ans que Jeanne d'Arc fut brûlée à Rouen par les bons soins de l'Inquisition et de Cauchon, évêque de Beauvais. À l'occasion de cet anniversaire, les cléricaux doivent aller porter des couronnes aux pieds de la statue de cette martyre du patriotisme. Il vaut mieux tard que jamais. [...] Quant à nous, [...] nous engageons tous les républicains à porter, eux aussi, au pied de la statue de Jeanne d'Arc, des couronnes avec cette inscription : À JEANNE LA LORRAINE, À L'HÉROÏQUE FRANÇAISE, À LA VICTIME DU CLÉRICALISME. »

Le gouvernement Dufaure décide alors d'interdire toutes les manifestations pour l'anniversaire de la mort de Jeanne d'Arc, à l'indignation du journal catholique et ultramontain *L'Univers*. Nous sommes alors un an après le « coup du 16 mai », le renvoi de Jules Simon malgré la majorité dont il disposait à la Chambre des députés, en 1877 – renvoi dont le prolongement avait été la dissolution de cette Chambre républicaine par le président de la République Mac-Mahon. La campagne électorale qui avait suivi avait été farouche ; deux France s'étaient opposées, la grande majorité des catholiques – hiérarchie, organes de presse, personnalités en vue – se prononçant pour une droite encore profondément monarchiste, et contre une gauche républicaine, menée par Léon Gambetta. Celle-ci avait fini par remporter les élections d'octobre 1877 malgré tous les tracas que l'administration en place avait occasionnés à ses candidats : saisies de journaux, poursuites judiciaires, révocations de fonctionnaires… Des prélats et des curés de paroisse étaient entrés dans la bataille par leurs prêches dominicaux et leurs bulletins paroissiaux. Malgré une frange d'opinion catholique libérale, favorable à une république parlementaire, le gros des paroissiens avait suivi. C'est dans ce contexte qu'il faut situer le conflit de 1878, année du centenaire de la mort de Voltaire, entre « cléricaux » et « anticléricaux », la question de la place de l'Église dans la société étant au cœur des divisions idéologiques. Jeanne d'Arc devient alors un enjeu symbolique : c'est à celui des deux camps affrontés qui saura le mieux se servir des attraits de sa mémoire.

Nos contemporains, habitués depuis plusieurs lustres à voir le Front national célébrer la fête de Jeanne d'Arc, ignorent souvent que le culte de la « bonne Lorraine » a une origine moderne « de gauche ». Longtemps, après les procès de condamnation et de réhabilitation, la Pucelle avait été oubliée. Pas complètement, certes. Tous les ans, on la célébrait à Domrémy, son village natal, et à Orléans, où les commémorations avaient une ferveur catholique et monarchiste, notamment sous la Restauration. Des écrivains et des poètes, depuis François Villon, la prenaient pour thème. Sa figure, néanmoins, n'était pas au centre des *exempla* catholiques : le silence sur la future sainte d'un Bossuet, éloquent défenseur de la monarchie chrétienne et absolue, en témoigne. Voltaire, lui, s'était grossièrement moqué en vers de cabaret de la Pucelle, dont il avait fait une servante d'auberge sans mœurs et la fille d'un curé sans vergogne. Des érudits, à la fin du XVIIIe siècle, surtout Clément de l'Averdy, commencèrent pourtant à faire sortir la figure johannique du folklore. C'est le

XIXe siècle, le grand siècle de l'histoire, qui fit de Jeanne d'Arc l'héroïne la plus pure de la patrie française.

Michelet, dans le Livre X de son *Histoire de France*, en fut le grand inventeur. Cette fille d'un laboureur de la Marche de Lorraine et de Champagne, si éprouvée par la guerre, avait été convaincue de sa mission par des visions. En fait, elle était l'incarnation du bon sens, le « bon sens dans l'exaltation ». Elle devint aussi l'incarnation du peuple : « En un moment tout le monde fut pour elle. » Au terme de son récit légendaire, Michelet voyait apparaître à travers cette « fille de France » la naissance de la Patrie. Jules Quicherat, élève de Michelet, offrit un apport érudit au culte naissant de Jeanne en publiant les actes des deux procès (en latin) d'après les manuscrits de la Bibliothèque nationale, entre 1841 et 1849. Pour lui, cette « sainte », qui avait réalisé la « perfection chrétienne », était aussi une martyre de la Patrie : « Elle ne prophétisait que sur la France, parce que toutes les forces de son inspiration tendaient à l'affranchissement immédiat de son pays[1]... » Admirateur de Quicherat, Henri Martin, autre historien républicain, qui consacre un livre à *Jeanne Darc* (orthographe démocratisée) en 1856, introduit la dimension celtique dans le patriotisme de Jeanne, censée représenter les vertus gauloises, la pure essence française, c'est-à-dire l'esprit de liberté-« Messie de la nationalité » contre le clergé romain. Le *Grand Dictionnaire du XIXe siècle* de Pierre Larousse (1870) résume assez bien l'attitude des libres-penseurs républicains, dans le sommaire de la longue notice qu'il réserve à Jeanne Darc (orthographe démocratisée) : « 1° Jeanne Darc eut-elle réellement des visions ? (Non.) 2° Son mobile le plus certain ne prit-il pas sa source dans les mouvements d'un patriotisme exalté ? (Oui.) 3° Quels furent les vrais sentiments du roi à son égard ? (Indifférence et défiance.) 4° Quelle a été dans tous les temps la vraie pensée du clergé pour Jeanne ? (Entraver sa mission, la faire mourir et sous prétexte de la réhabiliter, charger de légendes apocryphes sa mémoire.) »

Cette Jeanne d'Arc de gauche – fille du peuple, héroïne de la Patrie, oubliée d'une monarchie ingrate, martyrisée par l'Église –, les socialistes, à leur tour, la revendiquent. Lucien Herr, bibliothécaire de l'École normale supérieure, écrit dans *Le Parti ouvrier* du 14 mai 1890, sous le pseudonyme de Pierre Breton, un article intitulé « Notre Jeanne d'Arc », qui dénie à l'Église catholique le droit d'instaurer le culte de celle qui a été brûlée sur son ordre : « Jeanne est des nôtres, elle est à nous ; et nous ne voulons pas qu'on y touche. » Quelques années plus tard, face au mouvement d'appropriation de la Pucelle par les catholiques, Charles Péguy, un jeune socialiste, normalien, ami de Lucien Herr, futur meneur dreyfusard, compose sa première *Jeanne d'Arc*, qu'il dédie « À toutes celles et à tous ceux qui seront morts de leur mort humaine pour l'établissement de la République socialiste universelle ». Jean Jaurès, à son tour, rendra hommage à Jeanne dans *L'Armée nouvelle* en 1910.

Le camp d'en face s'était réveillé depuis longtemps. À commencer par les catholiques eux-mêmes, qui, s'opposant au « culte civique de Jeanne d'Arc », parlent à partir de 1850 d'une canonisation. En 1869, Mgr Dupanloup, évêque d'Orléans, en fait la demande au pape. Il faut attendre 1894 pour que le Saint-Siège instruise la cause de la béatification, première étape de la sanctification. Il faudra encore attendre le 18 avril 1909 pour qu'une bulle déclare Jeanne « bienheureuse ». En 1894, Mgr Gonthe-Soulard, archevêque d'Aix-en-Provence, revendique hautement l'inspirée : « Jeanne appartient à l'Église. Léon XIII écrivait ces temps derniers : *"Columbus noster est,* Christophe Colomb est à nous !" Jeanne aussi est nôtre… *Johanna nostra est.* On ne laïcise pas les saints. » Aux protestations de la gauche, faisant valoir la responsabilité de l'évêque de Beauvais dans la condamnation de Jeanne, le catholique Kérohant réplique : « Cauchon est de l'Église comme Judas était des disciples de Jésus-Christ. » Et le publiciste qui rapporte ces paroles d'ajouter : « Au dire de M. de Kérohant, Cauchon aurait même été juif[2]. »

Cette volonté d'accaparement cléricale provoqua dans les rangs des libres-penseurs, ou chez certains d'entre eux, une attitude de rejet, un retour aux moqueries voltairiennes. Un de leurs journaux, *L'Action*, en date du 14 avril 1904, déclare ainsi : « Maladive, hystérique, ignorante, Jeanne d'Arc, même brûlée par les prêtres, ne mérite pas nos sympathies. » Le 26 avril, Laurent Tailhade, célèbre agitateur anticlérical, terminait ainsi son article « Contre Jeanne d'Arc » : « Résistons à la lotharingeomanie de la bonne Lorraine ; que le 8 mai prochain, la France libre penseuse proteste par une tempête de sifflets, par une trombe de huées contre le culte rendu à une idiote qui causa notre malheur. »

Une controverse s'était aussi engagée sur les « voix » de Jeanne d'Arc. Alors que Michelet avait expliqué cette inspiration surnaturelle par la poésie et les légendes locales, les libres-penseurs et les scientistes s'employèrent à expliquer le cas de Jeanne médicalement. Anatole France, à qui l'on doit une biographie de Jeanne d'Arc, en fit un cas relativement banal d'hallucination. Les manuels de l'école laïque, quant à eux, s'efforçaient de ne pas insister sur cette question des « voix », qui donnait tant d'avantages aux catholiques. Répondant à Anatole France, le R.P. Ayroles écrit en 1910 : « Qu'est la Bienheureuse Pucelle, sinon le christianisme prouvé une fois de plus, enseigné par un fait aussi plein de charmes que lumineux ? Qui ne voit pas l'Homme-Dieu dans la Pucelle ne le connaît pas[3]. »

Depuis le début du siècle, le monde catholique avait évolué. Longtemps attaché à la cause monarchique, en rupture avec la France révolutionnaire, il avait tenu en suspicion la passion nationale qui en était issue. Or, au long du XIXe siècle, le sentiment national se trouve émancipé peu à peu de ses origines, et la défaite de 1871 l'exacerbe dans toutes les familles spirituelles et politiques. Jeanne d'Arc cesse alors d'être, aux yeux des catholiques, le seul emblème de leur foi et de leur Église ; elle est aussi pour eux ce qu'en avait fait Michelet, et qu'ils récupèrent : la sainte patronne de la patrie. Mgr Ricard, vicaire général honoraire de l'archevêque d'Aix, peut écrire en 1894 : « Exaltez, en la personne de Jeanne, le patriotisme chrétien, afin de protéger la France contre les alliances qui la menacent[4]. »

Dans les années qui suivent, au cœur de l'affaire Dreyfus, le mouvement nationaliste, qui met en cause le régime en place, va faire sien l'étendard de Jeanne d'Arc, mobilisée dans la protestation identitaire de l'antidreyfusisme. Jeanne d'Arc, c'est la France ! Pas n'importe quelle France : ni celle des francs-maçons, ni celle des protestants, ni celle des Juifs, ni celle des étrangers fraîchement naturalisés, ni celle des intellectuels. Une France définie par ses origines terriennes et catholiques. Certains vont plus loin, cherchant à la définir selon des critères ethniques. Il y avait eu le précédent d'Henri Martin, qui, on l'a vu, aimait faire de Jeanne une Celte, dans la mesure où le fonds gaulois représentait la démocratie face aux apports germaniques qui avaient produit l'aristocratie et la monarchie. Les antisémites, entichés de « race aryenne », furent heureux de déclarer comme Édouard Drumont : « C'est une Celte que Jeanne d'Arc, qui sauva la patrie. » Dans les réunions nationalistes au tournant du XIXe et du XXe siècle, les cris « Vive Jeanne d'Arc ! » et « À bas les Juifs ! » se répondaient. Ainsi, dans une réunion publique tenue par la Ligue de la patrie française rue de Grenelle, le 5 décembre 1904, Drumont fait lire une communication qu'il conclut par ces mots : « C'est Jeanne d'Arc qui rapproche dans une généreuse et patriotique étreinte les hommes d'opinions différentes qui seront rassemblés ce soir autour de vous. Vous connaissez mes idées et celles de mes amis, et vous savez de quel nom nous appelons l'Ennemi qui a remplacé chez nous l'Anglais envahisseur du XVe siècle, et qui essaie de nous asservir par la force brutale du fer. Cet Ennemi s'appelle pour nous le Juif et le franc-maçon. Je ne veux pas aujourd'hui insister sur ce point, je veux simplement crier avec vous : Vive la France ! Gloire à Jeanne d'Arc ! » (La lecture de [cette lettre] provoque de longues acclamations : Vive Lemaître ! Vive Drumont ! À bas les Juifs ! À bas les francs-maçons[5] !)

Les manifestations de cette année 1904 font bien apparaître le changement. Si de nombreux républicains et socialistes défendent toujours l'image d'une Jeanne fille du peuple, patriote, et victime de l'Inquisition, l'aile la plus antireligieuse de la gauche tend à abandonner l'emblème johannique à l'adversaire nationaliste qui s'en sert « contre la République et la paix », comme l'écrit, le 17 avril 1904, Henry Bérenger dans *L'Action*, qui dit encore : « La Pucelle militariste et bondieusarde est un fétiche entre les mains des généraux et des évêques. C'en est assez pour que tout républicain et tout libre-penseur s'emploie sans retard à jeter bas ce fétiche. »

L'affaire Thalamas, à la fin de cette année orageuse qui avait connu à la Chambre les débats tumultueux sur le scandale des fiches – affaire qui mettait en cause le ministre de la Guerre, le général André, giflé par le député nationaliste Gabriel Syveton –, aggrava la division des deux « blocs », et marqua une étape supplémentaire dans la captation de la figure de Jeanne d'Arc par la droite nationaliste. L'origine du « scandale » était un incident survenu au lycée Condorcet, en octobre : un député de la Seine avait écrit au ministre de l'Instruction publique pour se plaindre de l'enseignement d'un professeur d'histoire, Thalamas, qui avait « outragé devant ses élèves la mémoire de Jeanne d'Arc ». Les nationalistes s'emparèrent de cette mince affaire (« un boucan de collège », comme dit le député socialiste Marcel

Sembat à la Chambre, le 1er décembre 1904) pour en faire l'objet d'un scandale : manifestations d'étudiants, gerbes et couronnes déposées devant la statue de Frémiet place des Pyramides à Paris, articles vengeurs et réunions publiques. François Coppée, poète de la Ligue de la patrie française, sema sa prose dans les journaux. Maurras et l'Action française donnèrent carrière à leur indignation agressive. Édouard Drumont, encore une fois, profitait de l'aubaine dans *La Libre Parole* pour en revenir à son obsession : « Ils sont toute une bande dans les établissements d'enseignement, dans les sociétés savantes, dans les revues, dans les académies, tous Juifs, protestants, francs-maçons, qui se sont fait, mutuellement, la courte échelle et qui ont réussi à faire croire qu'ils avaient régénéré, transformé, rénové la littérature, l'Histoire et la Science. [...] Jamais il ne fut question au moment du procès de Rouen des soupçons ignominieux que Thalamas fait planer sur la pure et chaste héroïne[6]. » L'anti-intellectualisme est repris dans le même quotidien antisémite par Gaston Méry, signalant le rôle joué par l'université de Paris dans la condamnation de Jeanne d'Arc : « Ce que certains professeurs rééditent sur la Pucelle, c'est ce que pensait d'elle l'université de Paris au moment où la pauvre enfant monta sur le bûcher. »

Belle occasion encore pour Paul Déroulède, exilé à Saint-Sébastien depuis sa condamnation en Haute Cour en 1900. *L'Humanité* s'étant moquée des manifestations devant la statue de Jeanne d'Arc, le chef de la Ligue des patriotes adresse incontinent une dépêche à Jaurès : « Je tiens Jeanne d'Arc pour la plus sublime héroïne de toute notre héroïque histoire, François Coppée et ses jeunes protestataires pour des patriotes d'autant plus nécessaires à la patrie que vos disciples et vous lui êtes funestes, et je vous tiens, M. Jaurès, pour le plus odieux pervertisseur de consciences qui ait jamais fait en France le jeu de l'étranger[7]. » Furieux, Jaurès retourne à Déroulède un télégramme pour le provoquer en duel. Le

4 décembre, toutes affaires cessantes, le directeur du quotidien socialiste, flanqué de deux témoins, prend le train pour l'Espagne. Le duel a finalement lieu à Hendaye. Les pistolets lâchent leurs balles sans résultat ; Jaurès rentre aussitôt à Paris, et Déroulède repasse la frontière. Jeanne d'Arc finissait par faire perdre la tête à tout le monde.

Il n'était pas dit cependant que la Pucelle serait définitivement le totem de la droite catholique et de la droite nationaliste. Des républicains avaient songé depuis longtemps à faire de Jeanne d'Arc non pas une figure de ralliement partisan, mais le symbole éclatant du rassemblement, de l'unité française. Dès 1884, Joseph Fabre, député radical de l'Aveyron, prend l'initiative d'un projet de loi instaurant une fête annuelle de Jeanne d'Arc, qu'il baptise « fête du patriotisme ». Dans son exposé des motifs, il fait valoir que les États-Unis ont, outre l'*Independance Day*, leur fête de Washington. Aussi bien la République française peut-elle instituer un complément du 14 Juillet (fête nationale depuis 1880), la fête de Jeanne d'Arc, qui pourrait avoir lieu le 8 mai, anniversaire de la délivrance d'Orléans, plutôt que le 30 mai, anniversaire de deuil : « Ce jour-là, tous les Français s'uniraient dans une bienfaisante communion d'enthousiasme. Jeanne n'appartient pas à un parti ; elle appartient à la France. » Deux cent cinquante députés signent le projet, soutenu par ailleurs par Paul Déroulède et la Ligue des patriotes. Malgré l'appui d'un certain nombre de députés de gauche – Floquet, Ranc, Barodet, etc. –, la majorité refuse de suivre, jugeant que ladite fête risque d'être détournée par le clergé. Dix ans plus tard, l'année où le pape instruit le dossier de Jeanne en béatification, Joseph Fabre, devenu sénateur, revient à la charge. Il obtient l'appui du président du Conseil Charles Dupuy, qui déclare devant les sénateurs : « La fête du 14 juillet, c'est la fête de la liberté ; celle de Jeanne d'Arc, M. Fabre l'appelle la fête du patriotisme. On pourrait l'appeler la fête de l'indépendance. » Le

Sénat vote le projet, mais l'idée n'est pas encore mûre à la Chambre[8]. Ce mûrissement, c'est la Grande Guerre qui devait le permettre.

Maurice Barrès, député, auteur d'un éditorial quotidien et martial dans *L'Écho de Paris*, chantre de l'Union sacrée, dépose à son tour en décembre 1914 une proposition de loi ayant pour objet l'institution d'une fête nationale de Jeanne d'Arc : « Son culte est né, écrivait-il, avec la patrie envahie ; elle est l'incarnation de la résistance contre l'étranger. » L'ancien doctrinaire du nationalisme fermé, xénophobe et antisémite, glorifiait désormais la pluralité française dans l'union, publiant en 1917 son ouvrage irénique, *Les Diverses Familles spirituelles de la France*.

La victoire survenue, toujours député et président de la Ligue des patriotes, il exposait les motifs de son projet de loi, le 14 avril 1920 : « Il n'y a pas un Français, quelle que soit son opinion religieuse, politique ou philosophique, dont Jeanne d'Arc ne satisfasse les vénérations profondes. Chacun de nous peut personnifier en elle son idéal. Êtes-vous catholique ? C'est une martyre et une sainte, que l'Église vient de mettre sur les autels. Êtes-vous royaliste ? C'est l'héroïne qui a fait consacrer le fils de Saint Louis par le sacrement gallican de Reims. Rejetez-vous le surnaturel ? Jamais personne ne fut aussi réaliste que cette mystique ; elle est pratique, frondeuse et goguenarde, comme le soldat de toutes nos épopées… Pour les républicains, c'est l'enfant du peuple qui dépasse en magnanimité toutes les grandeurs établies. […] Enfin les socialistes ne peuvent oublier qu'elle disait : “J'ai été envoyée pour la consolation des pauvres et des malheureux.” Ainsi tous les partis peuvent réclamer Jeanne d'Arc. Mais elle les dépasse tous. Nul ne peut la confisquer. C'est autour de sa bannière que peut s'accomplir aujourd'hui, comme il y a cinq siècles, le miracle de la réconciliation nationale. »

La Chambre bleu horizon, faite de nombreux anciens combattants qui avaient connu la fraternisation des curés et des laïcs dans les tranchées, vota le projet le 24 juin 1920, quelques semaines après que le pape Benoît XV eut, de son côté, canonisé Jeanne d'Arc en présence d'un représentant du gouvernement français, Gabriel Hanotaux, ambassadeur extraordinaire auprès du Saint-Siège. En 1921, sous le gouvernement d'Aristide Briand, les relations diplomatiques étaient renouées entre la République et le Vatican. En 1929, Gaston Doumergue, un protestant, fut le premier président de la République française depuis la Séparation à assister à une messe officielle : c'était pour la célébration du cinq centième anniversaire de la délivrance d'Orléans. Deux ans plus tard, pour la commémoration du cinq centième anniversaire de la mort de Jeanne d'Arc, Raymond Poincaré, ancien président de la République, exalta sur la place du Vieux-Marché de Rouen l'« image vivante de la patrie ». Mieux encore, le culte de la « bonne Lorraine » voyait son sens s'élargir au-delà des frontières : « On s'aperçoit aujourd'hui, écrit Barrès en 1920, après la guerre, que cette fille portait en elle l'embryon de la Société des Nations, de ce patriotisme qui respecte les autres patries pour qu'on le respecte lui-même[9]. »

Cette fonction de rassemblement que prenait le culte demeure au cœur des fêtes de Jeanne d'Arc, chaque année, à Orléans. Au moins une fois au cours de leur septennat, nos présidents de la République y viennent prononcer un discours qui tourne toujours autour du thème de l'unité, de l'union, de la solidarité entre les Français. Mais, comme si en devenant officielle, syncrétique, unanimiste, la sainte de la patrie s'était affadie sous les couleurs ternes d'une sulpicerie républicaine, la ferveur johannique n'animait plus guère les rangs de la gauche – malgré quelques retours de flamme au moment du Front populaire. La droite nationaliste, elle, continua, entre les deux guerres, son effort pour monopoliser la mémoire de Jeanne. Les cérémonies, place des Pyramides, devant la statue dorée de la Jeanne équestre de Frémiet, à Paris, étaient devenues des rituels du mois de mai pour les différents groupes nationalistes, à commencer par l'Action française – qui faisait de Jeanne une « anti-Marianne ». Quand Maurras et son journal furent condamnés par le pape en 1926, leurs partisans redoublèrent de ferveur à l'égard de celle qui, en son temps, avait été anathématisée par une Église ignorante. Toutes les ligues nationalistes se réclament alors de Jeanne d'Arc : le Faisceau de Georges Valois, qui organise, le 22 mai 1927, un vaste rassemblement à Domrémy (« Nous avons été à Domrémy. C'est une des journées les plus hautes du fascisme[10] ») ; les Jeunesses patriotes que Pierre Taittinger place sous la protection de la sainte ; les Croix-de-Feu, la Solidarité nationale… Pas une formation de la droite dite nationale qui ne brandisse sa bannière. Pendant le Front populaire et la guerre d'Espagne, l'extrême droite oppose l'étendard de Jeanne au drapeau rouge. Ainsi J.-J. Brousson écrit-il dans *Je suis partout*, le 15 mai 1937 : « Visiblement la sainte de la patrie n'est pas en odeur chez les fanatiques de la Pasionaria. Une vierge qui croit à Dieu et à la patrie ! Ah ! s'il y avait eu une manifestation en faveur de cette Judith qui se glissa dans la tente d'Holopherne, et lui trancha gentiment le col ! » En 1938, les membres des ligues dissoutes défilent à la fête de Jeanne d'Arc en agitant chacun son journal – *La Liberté, L'Action française, Je suis partout*… « Et pas n'importe quel numéro de *Je suis partout* : le numéro spécial sur les Juifs[11]. »

La Révolution nationale de Pétain célébra avec d'autant plus de fleurs – hommage du vice à la vertu – celle qui avait combattu l'envahisseur qu'elle se résignait à l'Occupation et à la collaboration. Elle exaltait en Jeanne non pas la guerrière, évidemment, mais la terrienne, la catholique, et finalement… l'anglophobe ! « Elle est élevée en paysanne, en bonne paysanne de France, vigoureuse, de sens solide et d'humeur gaie », écrit-on au moment du Retour à la Terre. Robert Brasillach oppose Jeanne au régime « judéo-maçonnique » défunt : « Jeanne appartient au nationalisme français dans ce qu'il a de plus réaliste, de plus profond et de plus attaché à la terre. [...] Jeanne n'appartient pas à l'argent, aux idéologues, aux faux défenseurs d'une civilisation pourrie, puisqu'elle appartient à la jeunesse éternelle et à la vivacité créatrice[12]. » Jeanne devenait l'emblème raccoutré du maréchalisme : « Une même pensée, un même instinct ont porté cette toute jeune et toute simple paysanne et le vieux et grand soldat vers un même destin historique. L'une et l'autre ont eu le sens de l'unité française[13]. » En mai 1944, au moment où la presse collaborationniste se déchaîne contre les bombardements alliés, un tract distribué à l'occasion de la fête de Jeanne d'Arc proclame : « Hier comme aujourd'hui, UN SEUL ENNEMI : L'ANGLAIS ! Pour que la France vive, il faut comme Jeanne d'Arc bouter les Anglais hors d'Europe. »

Jeanne fut pourtant aussi invoquée dans les rangs de la Résistance et de la France libre, dans la poésie de Jules Supervielle ou d'Aragon. Mais elle paraissait décidément devoir estampiller les œuvres de la droite nationaliste (et colonialiste), comme on le vit après la Libération. En 1957, on assiste à la création d'une « Alliance Jeanne d'Arc », sur l'initiative du général Weygand, entraînant Léon Bérard, André Frossard, Gustave Thibon, qui eurent l'idée de faire de la Pucelle la championne de l'Algérie française : « Sous l'invocation de Jeanne d'Arc, l'Alliance dirigée par M. le général Weygand est résolue à engager le combat contre toutes les formes du mensonge, contre les idéologies destructrices de la dignité humaine, contre les multiples impiétés des inconscients bénéficiaires de la longue suite de labeurs et de souffrances qui constitue l'héritage français. » Le 15 octobre 1959, un député antigaulliste, Me Biaggi, s'exclame à l'Assemblée : « Quand Jeanne d'Arc boutait l'Anglais hors de France, ce n'est pas à l'autodétermination qu'elle faisait appel ! »

Enfin, quand Jean-Marie Le Pen lance son Front national, bon connaisseur de la mythologie française, excellant dans l'art de la communication, il choisit l'image de Jeanne d'Arc, après tant d'autres chefs des ligues, pour en refaire ce symbole d'essence française à opposer à tous les envahisseurs – c'est-à-dire les étrangers, les immigrés, ceux-qui-ne-sont-pas-de-chez-nous. « Elle est là, écrit Bruno Mégret, alors député lepéniste de l'Isère, pour nous dire que nous appartenons à une communauté qui nous est propre, qui est différente de celle des autres et dont nous devons être fiers parce que c'est la nôtre et celle de nos ancêtres. Retrouvons cette confiance en nous, cette fierté de ce que nous sommes et cette spontanéité dans l'affirmation de notre identité… » L'affirmation identitaire se double dans le national-populisme du Front national d'une attitude protestataire, que symbolise encore Jeanne d'Arc : « Elle nous rappelle qu'aujourd'hui comme hier, alors que les classes dirigeantes ont renoncé à assurer l'avenir de la nation, c'est de notre peuple que doivent venir les forces de renouveau[14]. »

Le Front national institue sa propre fête de Jeanne d'Arc en choisissant la date du 1er Mai. Symbole contre symbole, la fête nationale contre la journée de l'internationalisme ouvrier. Tous les ans, les télévisions et les journaux offrent à J.-M. Le Pen et à son organisation une occasion merveilleuse de propagande de longue portée et riche en couleurs. Les défilés rue de Rivoli et place des Pyramides – parfois émaillés de sinistres incidents – sont redevenus, comme dans les années 1930, une des manifestations les plus en vue de l'extrême droite.

La réplique des républicains est assez faible. Le culte de Jeanne d'Arc paraît non seulement obsolète, mais encore trop contaminé par les autels de Vichy et les offices des nationalistes. Jacques Chirac, élu président de la République en 1995, n'a pas manqué de se rendre à Orléans dès la première année de son septennat, comme le veut la tradition. François Mitterrand, en 1989, avait déjà fait allusion à la xénophobie du Front national, affirmant que Jeanne « ne [s'était] jamais laissé aller à la haine de l'étranger ». À son tour, le 8 mai 1996, Jacques Chirac réaffirmait alors le sens de cette fête : Jeanne d'Arc n'appartenait à aucun parti : « Comment ne pas voir combien Jeanne est étrangère à toute idée de mépris et de haine ? Combien ses paroles sont à l'opposé du discours d'intolérance, de rejet, de violence que l'on ose parfois tenir en son nom. » La meilleure contre-offensive se situe peut-être sur un autre terrain que celui des effusions et des partis pris – celui de l'histoire. Ajoutons : et de la création artistique. Comment pourrait-on prendre au sérieux les discours qui détournent la mémoire de l'éblouissante jouvencelle, après avoir vu *Jeanne la Pucelle* de Jacques Rivette ?

16

Clemenceau et de Gaulle

Parler de Clemenceau et de De Gaulle dans un même discours, c'est une idée à la Plutarque, qui a inventé le genre des « Vies parallèles ». C'est une comparaison entre deux personnalités historiques marquantes, et cette comparaison est possible parce que ces deux hommes, si différents, sont associés dans la légende nationale sous le label « grands hommes ». Sur les Champs-Élysées, à la hauteur du Grand Palais, leurs deux statues de bronze symétriques invitent le passant à unir leurs mémoires. Ces deux statues – celle de Clemenceau par François Cogné, celle de De Gaulle par Jean Cardot – ont en commun de représenter non des bustes statiques, mais des hommes en marche.

Mais peut-on encore pratiquer le culte des grands hommes ? Et l'historien doit-il tomber, comme le dénonçait Fernand Braudel, dans une « histoire arbitrairement réduite au rôle des héros quintessenciés » ? Deux écoles, au moins, nous ont détournés des grands hommes : l'école marxiste pour laquelle l'histoire est l'histoire des masses, l'histoire de la lutte des classes ; mais aussi l'école des Annales, visant elle aussi au collectif, à l'histoire des anonymes, Georges Duby parlant de M. « On », c'est-à-dire de l'« individu quelconque ». On doit éviter soigneusement de se laisser fasciner par des individus exceptionnels… Il fallait laisser les biographies aux amateurs d'anecdotes, aux romanciers manqués, ou aux crédules qui s'imaginent l'histoire comme une pièce de théâtre qui se joue entre quelques personnages principaux.

Outre cette tendance historiographique, la démocratie elle-même nous invite à récuser les grands hommes. « Les rois ne sont grands, disait le révolutionnaire Vergniaud, que parce que nous sommes à genoux. Levons-nous ! » Rappelons-nous la formule de Sartre en 1958. Au moment où l'on rappelait de Gaulle, il ironisait sur le « grand homme honoraire » qu'on rappelait en activité : le recours à l'homme providentiel est toujours une défaite de la démocratie.

Admettons-le : moralement, philosophiquement, nous devrions être assez grands pour savoir nous passer de « sauveurs ». Mais, en fait, quand nous sortons de l'histoire économique, de l'histoire sociale, de l'histoire des mentalités dont parlait Georges Duby, et que nous nous attelons à l'histoire politique, nous pouvons difficilement échapper au rôle des individus. C'est la réhabilitation de cette histoire politique, naguère quelque peu méprisée, qui nous ramène au *singulier* – même si le pluriel reste l'objet propre de notre discipline. Du reste, il est remarquable que le marxisme, qui devait nous détourner des grands hommes, a produit une révolution bolchevique qui, sans un homme *particulier*, Lénine, n'aurait jamais eu lieu. Toute l'histoire du communisme est ponctuée par des décisions individuelles prises par des demi-dieux : après Lénine, Staline, Mao, Pol Pot… sans lesquels cette histoire eût été différente.

Les « individus historiques », pour reprendre l'expression de Hegel, ce sont des personnalités qui, à un moment donné, ne se sont pas contentées de *représenter* un groupe, un parti, une nation, mais qui, par leurs actions, leurs décisions, ont forcé, détourné, modifié le cours de l'histoire. Ou alors ils ont contribué à rendre possible la réalisation de la nécessité, ce qu'on appelait sous la Révolution la force des choses. C'est l'idée de Machiavel, selon qui le Prince ne doit pas affronter la nécessité mais l'accompagner. Ainsi de Gaulle – si nous admettons que l'indépendance des colonies, y compris de l'Algérie, était devenue une nécessité – l'a rendue réalisable grâce à des qualités personnelles exceptionnelles. L'important, pour l'historien, est de ne jamais détacher la singularité du grand homme de la société et du temps dans lesquels il a pu se révéler.

Ces considérations étant faites, je voudrais donc non pas retracer les vies parallèles de Clemenceau et de De Gaulle, mais tenter une comparaison. Georges Clemenceau a été au pouvoir de 1906 à 1909, puis de novembre 1917 à janvier 1920 ; de Gaulle, lui, de 1944 à janvier 1946, puis de juin 1958 à avril 1969.

Ce qui frappe d'abord, c'est bien les différences entre ces deux hommes, entre le républicain de naissance et le républicain d'adoption, entre le parlementaire et le militaire, entre le médecin matérialiste et l'officier catholique.

Clemenceau a reçu de son père une culture de gauche. Ce père, Benjamin Clemenceau, médecin comme le sera son fils, est un bourgeois de Vendée, mais de la Vendée bleue. Le jeune Georges a été élevé sous les portraits des grands révolutionnaires. Il lui arrive un jour de dire : « La Révolution est un bloc ! » Non qu'il mît les actes révolutionnaires sur le même plan ; il n'avait aucun goût pour la Terreur et la guillotine. Cette sentence veut dire qu'il y a en France, en ce début des années 1890, deux camps qui s'affrontent : celui qui se reconnaît dans l'héritage de la Révolution et le camp de la Contre-Révolution. Une opposition bloc contre bloc.

Élu député en 1875, Clemenceau siège à l'extrême gauche, sous la bannière radicale. Il se bat alors à la Chambre, comme Victor Hugo au Sénat, pour l'amnistie des communards. En même temps, il est le seul à défendre un programme social détaillé, à une époque où il n'y a pas de représentation socialiste au Parlement. Défense du droit de grève, défense de la représentation syndicale, limitation des heures de travail, impôt sur le revenu, etc. Le programme de Clemenceau est celui d'un radical-socialiste avancé.

Entendons-nous sur le mot socialiste, car Clemenceau sera plus tard opposé aux socialistes. Clemenceau est à l'avant-garde de l'esprit réformiste. Contre Jules Ferry, il affirme en 1884 : « C'est l'État qui doit intervenir directement pour résoudre le problème de la misère, sous peine de voir la guerre sociale éclater au premier jour. » Lors de la grève des mineurs d'Anzin, il déclare : « La grève est terminée, non par une réconciliation des parties, mais par le triomphe de la Force. Là est le mal, pour qui a souci de l'avenir. La paix imposée par la Force, tous les régimes la donnent avec des gendarmes. La paix de la liberté, la paix de la justice. C'est ce qu'avait promis la République. Ce jour n'est pas encore venu. Quand viendra-t-il ? »

Cependant, Clemenceau, qui se dit animé par l'« esprit socialiste », rejette le socialisme des socialistes, celui de Jules Guesde comme celui de Jean Jaurès, c'est-à-dire le collectivisme : « Quant à me prononcer pour votre appropriation collective du sol, du sous-sol, etc., je réponds catégoriquement : non ! non ! Je suis pour la liberté intégrale et je ne consentirai jamais à entrer dans les couvents et dans les casernes que vous entendez nous préparer. » Les mots socialiste, collectiviste, communiste, sont synonymes nous dit Jaurès. Clemenceau n'est pas socialiste dans ce sens de la propriété collective. D'esprit socialiste, il n'en est pas moins un défenseur de l'individualisme philosophique, même si c'est un individualisme solidaire.

Soldat de la liberté, Clemenceau se bat pour toutes les libertés : liberté de la presse, liberté de réunion, liberté de pensée, liberté syndicale, liberté de l'enseignement. Mais la liberté avec la justice – *La Justice*, c'est le nom qu'il donne à son premier quotidien. Et la justice comprend la justice sociale. Un livre de lui, *La Mêlée sociale*, de 1894, développe un esprit de réformisme social qui le situe nettement à gauche.

Également très à gauche, à l'avant-garde, ses positions sur la colonisation : il est et restera un anticolonialiste convaincu, refusant l'idée de Jules Ferry selon laquelle il y aurait des races supérieures ayant le devoir d'éduquer les races inférieures.

C'est ce même esprit de justice qui l'entraîne à devenir l'un des principaux militants du dreyfusisme. Convaincu par le sénateur Scheurer-Kestner, par Bernard Lazare, par Mathieu Dreyfus de l'irrégularité du procès, puis de l'innocence du capitaine Dreyfus, il lutte jusqu'au bout pour la révision du procès, afin que l'innocent châtié soit innocenté. Contre la hiérarchie militaire, contre les antisémites, et aussi contre les Juifs qui n'osent pas s'en mêler, contre les gouvernements qui se succèdent, Clemenceau multiplie les flèches, au point que l'ensemble de ses articles recueillis sur l'affaire Dreyfus compte sept tomes (en cours de réimpression).

Voilà quelques traits qui définissent la République de Clemenceau, fondée sur la réforme, la justice sociale et la justice tout court. Il faut y ajouter une adhésion totale au régime parlementaire. Pour lui, la souveraineté du peuple s'exprime à travers ses élus, qui détiennent la réalité du pouvoir. Il partage avec beaucoup de républicains de sa génération la haine de l'Empire, du pouvoir personnel, et d'un pouvoir personnel appuyé sur l'armée. Sa bataille contre le boulangisme est explicite, même s'il a été responsable de la promotion du général Boulanger.

Voici ce qu'il déclare à la Chambre le 4 juin 1888 :

« Eh bien, je le dis très haut : je suis pour la politique de parti, et, en le disant, je ne fais que reprendre une vieille parole de Gambetta : "On ne gouverne qu'avec son parti."

« Pour l'orateur qui a parlé tout à l'heure [il s'agit de Boulanger], qu'est-ce qu'un parti ? C'est un groupement d'intérêts. Il ignore apparemment, lui qui essaie de faire un parti, que c'est d'abord un groupement d'idées, que c'est là ce qui, dans tous les pays du monde, constitue un parti, que c'est là sa raison d'être, sa force, ce qui l'ennoblit, ce qui lui donne l'action, la vie... »

Et plus loin, évoquant les travaux du Parlement : « Oui ! gloire au pays où l'on parle, honte au pays où l'on se tait. Si c'est le régime de discussion que vous croyez flétrir sous le nom de parlementarisme, sachez-le, c'est le régime représentatif lui-même, c'est la République sur qui vous osez porter la main. »

Avec le général de Gaulle, nous sommes dans une autre culture, un autre milieu et dans une autre république. De Gaulle n'a pas été au lycée comme Clemenceau, mais dans un collège de jésuites. Son père, Henri de Gaulle, lui-même professeur de lettres classiques dans un collège de jésuites, exerce le même rôle que Benjamin Clemenceau : tous deux enseignent à leur fils l'histoire de France. Gageons que ce n'est pas exactement la même histoire. Henri de Gaulle était de sentiments monarchistes, abonné à *L'Action française* (1908), sans toutefois croire possible la restauration. Sa femme, la mère de Charles, Jeanne Maillot, une Lilloise (Charles est né à Lille), était, elle aussi, monarchiste et d'un catholicisme rigoriste. Très jeune adolescent, Charles a la conviction qu'il préparera Saint-Cyr. Ce qu'il fera au collège Stanislas à Paris, après avoir terminé ses études secondaires en Belgique, en raison de la loi d'expulsion des congrégations (que met du reste en œuvre Clemenceau, devenu en 1906 ministre de l'Intérieur).

Entre le carabin Clemenceau, républicain à tous crins, et le cyrard de Gaulle, fils de famille monarchiste, le contraste est frappant. Mme de Gaulle mère se plaignait cependant que ses enfants soient « républicains ». De fait, de Gaulle n'a pas adhéré aux convictions de sa mère, sans toutefois être immunisé contre les nostalgies de son père. Dans ses entretiens avec Alain Peyrefitte, il dévoile son mariage de raison avec la République : « Je n'aime pas la république pour la république, mais puisque les Français y adhèrent, il faut bien y adhérer. Ils n'imaginent pas de vivre autrement qu'en république. »

Commentaire de Peyrefitte : « Je ne suis pas sûr que le Général n'ait pas été, comme sa mère, “monarchiste de regret”. Pourtant, il a opté en entrant dans l'armée : sa conduite serait républicaine. C'était le régime de la France. Il a été républicain en homme d'honneur, sinon en homme de conviction. En tout cas, il croyait au *peuple*, autant que Michelet et qu'aucun républicain. »

Une république par conséquent vidée de sa mystique issue de la Révolution. La république qu'il veut, la république qu'il finira par établir est tout le contraire de la république parlementaire de Clemenceau : ce sera, selon sa propre expression, à partir de 1962, une « monarchie élective » : son président élu au suffrage universel sera un véritable monarque temporaire. La république est le cadre institutionnel, mais le principe de la république gaullienne est l'incarnation du pouvoir par l'élu du peuple. Cette monarchie n'est plus la monarchie héréditaire de l'Ancien Régime – c'est une république dont la « légitimité repose sur le peuple ». Il saura, au lendemain du référendum perdu de 1969, se retirer en prenant acte de la volonté du peuple. Ce peuple dans lequel il a foi, plus que Clemenceau, un rien sceptique sur la lucidité des masses.

L'appel direct au peuple, par le référendum, puis par l'élection du président au suffrage universel, c'est la dimension populiste ou bonapartiste de la république gaullienne. La médiation des partis, la médiation des parlementaires, si chères à Clemenceau, sont tenues en suspicion par de Gaulle : ce sont des forces de division. De Gaulle pense à la France comme une entité, une union, un rassemblement, que le chef de l'État doit guider. Clemenceau, qui a fait ses classes sous le Second Empire, qui a eu à combattre ensuite les partisans d'une république plébiscitaire (boulangistes), est aux antipodes de cette conception.

Insistons sur cette vision opposée de la vie politique. Clemenceau accepte et assume la conflictualité : il y a des partis, des traditions, des familles de pensée qui s'opposent : que le meilleur gagne ! Pour de Gaulle, il y a un peuple, tiraillé par les divisions, mais que doit maintenir uni le guide qu'il s'est choisi. Si l'on objecte à de Gaulle son manque de démocratie, il répond qu'avec le référendum, plus tard l'élection présidentielle au suffrage universel, il donne la parole directement au peuple, qu'il est plus démocrate que les caciques des partis. Pour Clemenceau, s'en remettre à un seul homme, à un sauveur, à un guide suprême, c'est du « messianisme » ; c'est le contraire de la politique selon la raison, c'est de la religion.

En dépit de cette opposition majeure entre les conceptions politiques des deux hommes, leurs traits communs ne manquent pas.

D'abord le caractère. Voltaire écrivait dans *Le Siècle de Louis XIV* : « Ce n'est point une pénétration supérieure qui fait l'homme d'État, c'est son caractère. » De Gaulle a tracé le portrait de l'homme de caractère dans *Le Fil de l'épée* : « Face à l'événement, c'est à soi-même que recourt l'homme de caractère, son mouvement est d'imposer à l'action sa marque, de la prendre à son compte, d'en faire son affaire, et, loin de s'abriter sous la hiérarchie, de se cacher dans les textes, de se couvrir des comptes rendus, le voilà qui se dresse, se campe et fait front, non qu'il veuille oublier les ordres, ou négliger les conseils, mais il a la passion de vouloir, la jalousie de décider. »

C'était écrit avant que de Gaulle ne devienne l'homme du 18 Juin, et ce chef de la France libre qui ne cessa d'affronter Roosevelt pour défendre l'indépendance de la France au long de la guerre, et spécialement lors du Débarquement. Après son retour au pouvoir en

1958, il ne cesse de multiplier les actes d'indépendance : le discours de Phnom Penh en 1966, s'opposant à la guerre menée par les États-Unis au Vietnam, est un exemple parmi cent autres d'un esprit de résistance parfois contesté par ceux-là mêmes qui le soutiennent.

Ce caractère, cette intransigeance appartiennent aussi à Clemenceau. Deux de ses surnoms s'y réfèrent : il a été le Tigre, avant de s'appeler lui-même le « premier flic de France ». Ministre de l'Intérieur et président du Conseil, Clemenceau est aux prises, entre 1906 et 1909, à une vague de mouvements sociaux sans précédent depuis les débuts de la IIIe République. Défenseur des communards, défenseur du droit de grève, défenseur des syndicats, le voilà affronté à la violence sociale. Non seulement la grève, mais les voies de fait de la part de grévistes contre les non-grévistes, les charges contre la police, les ports d'armes à feu dans les manifestations. Ministre de l'Intérieur, il a la responsabilité de l'ordre public. Jaurès, son ancien compagnon dans la lutte dreyfusarde, l'interpelle à la Chambre, Clemenceau réplique : « Vous êtes à ma place, que ferez-vous si votre préfet vous télégraphie : on pille la maison d'un mineur !.... Dites si, oui ou non, vous feriez protéger l'ordre ? Ayez le courage de répondre, puisque vous interrompez, et dites si oui ou non vous feriez protéger l'ordre ! J'attends votre réponse. » Jaurès se tait. « Vous ne répondez pas ?… En ne répondant pas, vous avez répondu. »

C'est cette tâche de « premier flic » qui le coupe définitivement des organisations ouvrières. Il devient, pour elles, le bras de la réaction. Mais Clemenceau n'a pas changé d'attitude : les revendications, les grèves, les manifestations, oui ! mais en restant dans le cadre des libertés républicaines. Or, le mouvement ouvrier de ces années-là se moque des libertés républicaines ; il a choisi la voie révolutionnaire. Aussi bien la CGT que le tout jeune parti socialiste fondé en 1905 sur la lutte des classes. Pour Clemenceau, le collectivisme que les socialistes envisagent est la promesse d'une société qui marche au pas. Dans sa fermeté, on peut lire aussi cette fracture au sein de la gauche, entre ceux qui rêvent du Grand Soir et les réformistes. Cette ligne n'a pas changé, ne changera pas, mais Clemenceau est au pouvoir, nous ne sommes plus dans un aimable débat d'idées.

Le caractère. Il se manifeste chez Clemenceau comme chez de Gaulle par la rudesse dans les relations humaines. Clemenceau est un vachard, redouté pour ses formules caustiques, son ironie, sa virulence dont ses amis politiques eux-mêmes ne sont pas épargnés. Sa réputation de tueur est d'autant mieux répandue qu'il est responsable de la chute de nombreux ministères. Un jour qu'il avait applaudi le discours d'un de ses jeunes collègues au Palais-Bourbon, il lui dit à la descente de la tribune : « Beau début, jeune homme, venez sur mon cœur. » L'autre, décidément doué, lui répondit tout à trac : « Monsieur le Président, j'ai horreur du vide. » L'anecdote est peut-être apocryphe, mais elle montre la renommée de Clemenceau. Un témoin fiable, Julien Gracq, a été élève du lycée de Nantes, qui fut baptisé lycée Clemenceau au lendemain de la Grande Guerre. Il a assisté à la cérémonie en présence du Tigre, dont il dit, dans *Lettrines* : « Clemenceau, ce qui frappe surtout dans cette personnalité aux arêtes tranchantes comme un rasoir, c'est l'agressivité pure, gratuite, incongrue – à l'état natif. »

Les lecteurs de *C'était de Gaulle*, ces entretiens du Général avec Peyrefitte, se souviennent des formules à l'emporte-pièce contre les adversaires, contre les *politichiens* – « laissons tous ces crabes se bouffer entre eux » –, la « démocrasouille », la « classe [politique] papoteuse, ragotante et jacassante ». « Mitterrand est une arsouille », disait-il ; « Lecanuet, c'est l'enfant de chœur qui a bu le vin des burettes et qui s'en est enivré » ; « Barbu, c'est un brave couillon, il y en a beaucoup qui doivent se reconnaître en lui ».

Cette dureté chez les deux hommes est aussi le masque d'une réelle sensibilité et le revers d'une grande délicatesse. Clemenceau a été aimé par les poilus en raison de l'attention qu'il leur a portée dès le début de la guerre. Comme président de la commission sénatoriale des armées, il a eu la possibilité de visiter les tranchées. Ce qu'il a continué à faire une fois devenu président du Conseil. Ce lien avec les plus humbles des combattants a eu sa part dans la popularité extraordinaire qu'il acquiert alors. Et lorsque les Allemands déclarent accepter les conditions d'armistice du président Wilson, voici que Clemenceau, le dur, l'intraitable, pleure de joie. Poincaré et Foch voudraient continuer la guerre jusqu'à Berlin, mais Clemenceau, celui qu'on prend pour un belliciste, déclare qu'il n'y aura pas un mort de plus.

La sensibilité est peut-être plus refoulée chez de Gaulle, et encore ! Dans un chapitre de son livre, *Vivre avec de Gaulle*, Michel Tauriac consacre à cette sensibilité du Général un chapitre qui commence par ces mots : « De Gaulle est un monstre froid. Il ne tolère que les exécutants. Il n'a pas d'amis. Il est indifférent à ses semblables. Il poursuit ses opposants de sa haine. Il est brutal et vindicatif avec ses collaborateurs. Il méprise les gens simples, ne va jamais au-devant des désirs d'autrui… Qu'entendons-nous pas dans le Landerneau ! » Or tout cela n'est qu'une apparence, et l'auteur de citer une série de scènes et d'anecdotes qui nous montrent un homme qui sait pleurer – notamment le jour de la panthéonisation de Jean Moulin ; un homme prévenant, soucieux des autres, attentif à leurs malheurs privés, sachant les aider, les consoler, les encourager. Sous la statue du Commandeur, il y a un homme plein de timidité, de pudeur et de générosité.

Tous les deux, Clemenceau et de Gaulle, sont des hommes de grande culture. À la fin de sa vie, au moment où les hommes politiques de son âge s'appliquent à écrire leurs Mémoires, Clemenceau rédige deux ouvrages, très différents l'un de l'autre, mais qui manifestent l'étendue de ses connaissances et son amour de l'art. Le premier est une étude sur Claude Monet, dont il a été un ami cher : non pas une biographie, mais un essai de critique d'art. Le second est une somme en deux volumes, intitulé *Au soir de la pensée*, où Clemenceau s'est employé à exposer les connaissances de son temps, à peu près dans tous les domaines, scientifique, religieux et autres. La curiosité d'esprit qu'il manifeste ici est absolument extraordinaire. Bon helléniste, sachant parfaitement l'anglais et comprenant plusieurs autres langues, il a été un grand journaliste, il a même écrit un roman.

On sait à quel point de Gaulle est, de son côté, un artiste du verbe. Cet « écrivain latin de langue française », dont les *Mémoires* ont mérité les honneurs de la Bibliothèque de la Pléiade, a été nourri de lectures classiques et modernes. Lorsque Alain Peyrefitte lui demande quelle est la meilleure formation pour accéder au commandement, il lui répond : « C'est la culture générale. » Ses discours, ses conférences de presse, ses conversations fourmillent de références. Avant 1914, il est abonné aux *Cahiers de la quinzaine*, la revue de Charles Péguy, dont il est un lecteur fidèle. On sait qu'il lit aussi Bergson. Ce ne sont pas là des lectures familières aux officiers. Mais de Gaulle est surtout un grand connaisseur d'histoire, et pas seulement d'histoire militaire – qu'il enseigna à Saint-Cyr en 1921.

Tous les deux sont doués d'une qualité indispensable à la direction politique : l'éloquence. Un art oratoire qu'ils manient de façon très différente. Clemenceau subjugue son auditoire par la formule. Ses discours sont rarement composés, le plus souvent improvisés. Mais il parle d'abondance, sans notes, en phrases brèves, sans lyrisme, et puis, d'un coup, l'envoi d'un boulet qui touche, fait rire, assomme. Il ne se laisse jamais démonter par les interruptions ; il les écoute, réplique du tac au tac à celui qui l'a interrompu, en l'appelant par son nom, en l'enfonçant sur son banc comme, sur le terrain, si souvent, il fait reculer l'adversaire l'épée à la main. Une éloquence de polémiste, une éloquence de bretteur.

Il y a chez de Gaulle, au contraire, un long travail de préparation. Ses brouillons sont surchargés de ratures, de corrections. La période est ample, majestueuse, à la Bossuet, mais trouée d'aphorismes et d'expressions originales. Comme Clemenceau, le Général ne lit pas ses textes ; il les apprend par cœur. Tous les deux fascinent.

Ces dons d'orateur nourrissent chez l'un et l'autre un extraordinaire charisme, une souveraineté naturelle, qui leur permettent d'être respectés, qu'ils soient aimés ou haïs. Outre les qualités qu'on peut répertorier chez l'un ou l'autre, Clemenceau et de Gaulle font partie de ces individus qui disposent de je ne sais quel ascendant naturel qui intimide et rallie. Ce sont des meneurs d'hommes, pénétrés de convictions fortes qu'ils savent faire partager. L'action parlementaire de Clemenceau est connue : il sait tenir en respect quatre cents députés ou trois cents sénateurs ; il sait entraîner une majorité. Quant à de Gaulle, le témoignage d'un de ses anciens élèves de Saint-Cyr suffit à donner la mesure de son charisme : « Il n'était pas le seul à entrer dans le grand amphithéâtre botté, le sabre au côté, écrit le général Nérot. Mais tout cela prenait chez lui un aspect solennel et saisissant. Il ôtait son képi, détachait son sabre, le posait à côté de son couvre-chef sur le bureau et, gardant ses gants, regardait l'auditoire d'une façon qui n'appartenait qu'à lui… Immense, cambré, le col raide serrant le cou trop long, il parlait deux heures durant sans consulter ses notes. Il nous subjuguait… La sensation produite sur ses auditoires était telle que bientôt, on vit s'asseoir au premier rang les cadres de l'école, des officiers supérieurs, puis des généraux.

« Le moment culminant de ces conférences – une douzaine en tout – fut celui où, évoquant les combattants de Verdun, il fit un long silence, puis rugit : “Messieurs, debout !” et l'on vit se dresser aussi bien les généraux présents que nous autres, les simples élèves, tandis qu'il rendait hommage aux morts de Douaumont... C'est dire l'extraordinaire ascendant de ce capitaine sur les hommes de tous âges et de tous grades... »

Ajoutons encore ce trait qu'ils partagent : la simplicité des orgueilleux. Clemenceau s'est moqué toute sa vie des honneurs et des solennités. Devenu « Père la Victoire », il a prévenu qu'il refusait les obsèques nationales. Il a voulu être enterré auprès de son père, dans le hameau du Colombier, en Vendée. Deux rectangles de terre côte à côte dans un sous-bois, sans inscription d'aucune sorte. De même le général de Gaulle, refusant lui aussi à l'avance les funérailles nationales, a été enterré dans son village, à Colombey-les-Deux-Églises. La grandeur est ennemie des flonflons.

Pour revenir au livre de Michel Tauriac sur le Général, je note les titres de chapitre : surprenant, séducteur, impassible, méfiant, humaniste, coléreux, perfectionniste, pessimiste, déterminé, secret, logique, attentif, virtuose, démocrate, objectif, charmeur, croyant, rusé, sensible, dominateur, narquois, intuitif, impatient, Malraux, tolérant, intransigeant, équitable, réaliste, respectueux, naturel, obstiné, Yvonne, fataliste. Dans cette liste, si nous remplacions Malraux par Claude Monet, et Yvonne par Marguerite, l'ultime amour du Tigre, nous pourrions croire que le livre s'appelle : *Vivre avec Clemenceau.* Il n'y a guère qu'un qualificatif que Clemenceau ne partage pas avec de Gaulle : croyant. Et pourtant, si les deux hommes ne communient pas dans la foi en un même Dieu, ils sacrifient tous deux à une même déesse, qui s'appelle la France.

Ces deux hommes, à la fois si différents et tellement semblables, ont encore en commun d'avoir été happés l'un après l'autre par la guerre mondiale. Que serait Clemenceau dans la mémoire nationale sans la Grande Guerre ? Certes, il aurait droit à une place dans les manuels, dans l'histoire parlementaire, dans l'histoire de l'affaire Dreyfus, mais son nom se serait sans doute noyé dans le *Who's Who* du personnel politique. De Gaulle, lui, sans la Seconde Guerre mondiale, eût sans doute fait une honnête carrière militaire et littéraire. C'est le temps des combats et de la patrie en danger qui les a vraiment créés.

Nous n'avons pas, et pour cause, de jugements sur de Gaulle de la part de Clemenceau : celui-ci avait près de cinquante ans de plus que celui-là. En revanche, les références de De Gaulle à Clemenceau sont, pendant la Seconde Guerre mondiale, extrêmement nombreuses. C'est, dans ses discours, le nom qui revient le plus souvent avec ceux de Jeanne d'Arc et de Danton. Ces noms-là signifient résistance. Le 11 novembre 1941, le Général, à la radio de Londres, s'adresse directement à Clemenceau :

« Au fond de votre tombe vendéenne, aujourd'hui 11 novembre, Clemenceau ! vous ne dormez pas !

« Car, certainement, la vieille terre de France qui vous enterre pour toujours a tressailli avec colère tandis que le pas insolent de l'ennemi et la marche feutrée des traîtres foulaient le sol de la patrie.

« Ah ! Vieux Tigre ! De votre temps, nous avions des canons qui hachaient les rangs allemands, des chefs que rien n'abattait et une caponnière à Vincennes pour faire justice de la trahison. Nous avions *vous*, qui répondiez à toutes les voix de l'infamie : “La guerre ! rien que la guerre ! Le pays connaîtra qu'il est défendu !” »

Et l'allocution du Général se terminait ainsi :

« Père la Victoire ! le soir du 11 novembre, quand la foule, ivre de joie, s'épuisait à vous acclamer, vous avez crié les seuls mots qu'il fallait dire. Vous avez crié : “Vive la France !” Eh bien ! vous n'avez pas crié pour rien ! La France vivra et, au nom des Français, je vous jure qu'elle vivra victorieuse.

« Quand la victoire sera gagnée et que justice sera faite, les Français viendront vous le dire. Alors, avec tous les morts, dont est pétrie la terre de France, vous pourrez dormir en paix. »

L'exemple de Clemenceau, chef de guerre intrépide à plus de soixante-seize ans, ne cesse d'être évoqué par le chef de la France libre. Le 4 mars 1942, il termine encore son allocution à la radio de Londres par un cri : « Voici l'heure de Clemenceau ! »

Après la guerre, le 12 juin 1946, de Gaulle vient s'incliner en Vendée sur la tombe du Père la Victoire, et déclare : « Président Clemenceau ! tandis que l'ennemi écrasait la patrie, nous avions fait le serment d'être fidèle à votre exemple. C'est à l'Histoire de dire si le serment fut tenu. Mais aussi, nous avions promis de venir dire merci des leçons que vous nous avez données. Voici la promesse accomplie sur votre tombe vendéenne. »

On le voit : il n'est pas factice d'assembler ces deux noms. Dans l'esprit d'aujourd'hui, dans l'Europe pacifiée, Georges Clemenceau et Charles de Gaulle passent pour des nationalistes. Le mot n'est pas faux, à condition de bien s'entendre sur sa définition. Clemenceau et de Gaulle ont eu la passion de leur patrie, et notamment lorsque celle-ci fut, en 1917 et en 1940, au bord de l'abîme. Leur patriotisme ardent n'a rien à voir avec le nationalisme xénophobe, militariste, antisémite, du nationalisme antidreyfusard. C'était un nationalisme ouvert, respectueux des autres peuples, ignorant toute espèce de racisme. Alors pourquoi retenir ce mot de nationalisme ? Parce que Clemenceau comme de Gaulle attribuaient à la France une mission particulière, chacun d'eux puisant dans les éléments d'une culture différente.

La patrie selon Clemenceau a été véritablement créée par la Révolution. Le « Vive la nation ! » de la bataille de Valmy résume le génie de la Révolution : la nation contre les princes, les soldats de la liberté contre les armées du despotisme. La France délivrait au monde le grand message des Lumières, de l'égalité entre les êtres humains, la Déclaration des droits de l'homme et du citoyen. Clemenceau n'aime pas la guerre, mais il ne supporte pas l'idée que la terre de la Révolution soit envahie par ceux qui continuent à la combattre. Conception éminemment politique du patriotisme, assurément. Et pourtant Clemenceau est prêt à tous les compromis quand la patrie est en danger. Ainsi, lorsqu'il défend en 1913 la loi des Trois Ans et que ses adversaires lui reprochent de voter avec la droite, avec la réaction, il s'exclame : « Quand nos soldats marcheront à l'ennemi, les républicains marcheront avec les réactionnaires. Il n'y aura plus ni républicains ni réactionnaires, il y aura des Français. »

Le 11 novembre 1918, devant le Parlement, il se réjouit que la France retrouve « sa place dans le monde pour poursuivre sa course magnifique dans l'infini du progrès humain, autrefois soldat de Dieu, aujourd'hui soldat de l'humanité, toujours soldat de l'idéal ».

Le nationalisme du général de Gaulle n'exclut pas l'héritage révolutionnaire. On a vu qu'une de ses références pendant la guerre est le nom de Danton ; il sait aussi ce que la France doit à Carnot. En ce sens, il n'a rien de commun avec le nationalisme intégral de Maurras et de l'Action française pour lesquels la France n'a de grandeur authentique qu'avant 1789, cette Révolution qui l'a fait entrer dans un fatal déclin. Il se trouve mieux accordé avec le nationalisme de Barrès, qui reprochait précisément à Maurras de faire un tri dans le passé français et de refuser le meilleur de la Révolution. Reste que le nationalisme de De Gaulle est marqué en profondeur par la France ancienne, chrétienne, monarchique. La France est un peuple élu ; dès la première page de ses *Mémoires*, l'idée est affirmée :

« Toute ma vie, je me suis fait une certaine idée de la France. Le sentiment me l'inspire aussi bien que la raison. Ce qu'il y a, en moi, d'affectif imagine naturellement la France, telle la princesse des contes ou la madone aux fresques des murs, comme vouée à une destinée éminente et exceptionnelle. J'ai d'instinct l'impression que la Providence l'a créée pour des succès achevés ou des malheurs exemplaires. »

À vrai dire, le nationalisme républicain de Clemenceau et le nationalisme providentialiste de De Gaulle se rejoignent dans une même exaltation de la patrie. Cette convergence des deux France, la chrétienne et la laïque, a été magnifiée par Charles Péguy – un Péguy qui admira Clemenceau avant d'être tué au combat dès 1914, un Péguy dont le futur général de Gaulle était un fervent lecteur.

Quoi que nous soyons devenus, dans un monde où les frontières s'abolissent, où l'idée de patrie s'effiloche, où le scepticisme provoque la rouille de tous les idéaux, nous sommes encore tributaires de notre histoire nationale, dont les deux grandes sources, la chrétienne et la révolutionnaire, ont fini par converger dans la République. Clemenceau en a été l'un des artisans passionnés ; De Gaulle, l'un des convertis héroïques.

Il y a dans l'*Iliade* un personnage de guerrier qui s'appelle Thersite. Un inlassable bavard, nous dit Homère, qui se moque sans mesure des rois et des grands chefs. Dans son livre *La Raison dans l'histoire*, Hegel a tiré du nom de Thersite un substantif, le *thersitisme*. C'est un mal dont souffrent ceux qui sont en impuissance d'admiration, des niveleurs qui ne voient aucune tête dépasser. Aujourd'hui où l'on voudrait que tout se vaille, j'ai voulu, quant à moi, parler contre le thersitisme.

Immergés que nous sommes dans la mondialisation, non seulement économique mais culturelle, nos repères, notre généalogie collective, notre histoire s'effacent ; le roman national – ce roman national que nous ont lu nos instituteurs, que nous ont écrit nos poètes – en est à ses dernières pages. Saurons-nous y substituer un roman européen ? Je ne sais s'il est possible ; et quand bien même, nous n'en sommes qu'aux premiers mots.

TROISIÈME PARTIE

Un siècle de controverses

17

Un héritage de divisions

On dit souvent que l'histoire intérieure de la France est l'histoire d'une guerre civile ininterrompue, tantôt vive et sanglante, tantôt larvée mais prête à renaître. Rochefort, le pamphlétaire de *La Lanterne*, écrivait sous le Second Empire : « La France contient trente-six millions de sujets, sans compter les sujets de mécontentement. » D'aucuns ont imaginé que le début de ces affrontements répétés se trouve dans la révolution de 1789. En fait, le conflit est aussi au cœur de l'Ancien Régime. Dans un livre récent, *La Rébellion française*, Jean Nicolas a répertorié les soulèvements et « émotions » de tous genres qui ont sévi depuis les débuts du règne de Louis XIV jusqu'à la veille de la Révolution : le nombre de ces guerres intestines est impressionnant. De véritables insurrections se produisent notamment contre les agents du fisc royal : l'État centralisé et la construction de l'absolutisme se heurtent à l'insoumission de sujets et de régions que l'appareil d'État royal doit mater par la force. Rien n'est plus étranger à la réalité historique que cette idée d'une France monarchique pacifiée, d'une société tenue en main par le roi, d'une société harmonieuse. Si nous devons résumer les principaux clivages dans la longue durée, trois types de conflit s'interpénètrent, les guerres de Religion, l'affrontement sur les institutions et la lutte des classes.

La première guerre de Religion est celle qui oppose catholiques et protestants. Comme les autres pays européens, la France a été gagnée par la Réforme. L'un de ses deux grands fondateurs est un Français, Jean Calvin, dont la version en langue française de *L'Institution de la religion chrétienne*, en 1541, marque l'entrée en guerre contre les « superstitions de la papauté ». Calvin s'installe cette année-là à Genève, où il vivra jusqu'à sa mort en 1564. Son livre obtient un grand succès en France dans les couches supérieures de la société, dans la bourgeoisie alphabétisée et dans la noblesse. Des « groupes pieux » se forment dans le royaume. Le pouvoir royal s'en inquiète et réprime les hérétiques. La régente Catherine de Médicis tente une politique de conciliation, mais la première guerre de Religion en France commence par un massacre, celui de Wassy, en Champagne, perpétré le 1er mars 1562 par François de Guise contre des protestants, appelés désormais huguenots ou réformés. Ceux-ci bénéficient du soutien de quelques grands du royaume, comme Louis de Condé qui entraîne, en décembre 1562, ses hommes dans une bataille armée, à Dreux, que remportent les catholiques. La guerre continue, chaque camp recrutant des mercenaires, et se poursuivra pendant une quarantaine d'années. L'épisode le plus mémorable de cette guerre est le massacre de la Saint-Barthélemy, le 24 août 1572, qui n'est pas dû seulement au conseil royal du roi Charles IX, désireux d'éliminer les chefs huguenots, mais à la fureur fanatique de la population catholique de Paris qui se lance dans une tuerie dont sont victimes entre 2 000 et 4 000 protestants. Fanatisme contagieux qui entraîne de multiples massacres dans diverses villes de province, dont le bilan élève à 10 000 le nombre des huguenots tués. Les protestants usent, eux aussi, de la violence à l'encontre de prêtres et de notables catholiques.

Un dernier conflit est provoqué, en 1585, par la perspective d'un avènement protestant au trône royal : Henri de Navarre, que la loi salique désigne comme l'héritier futur d'Henri III, après que celui-ci, sans enfants, a perdu son frère François d'Alençon. Un parti catholique apparaît, la Ligue, largement subventionné par l'Espagne de Philippe II, dont le duc de Guise est le chef. Henri III le fait assassiner, mais lui-même meurt à son tour sous les coups d'un moine ligueur, Jacques Clément. Henri de Navarre devient Henri IV, et mettra plusieurs années à s'imposer, au prix d'une conversion au catholicisme. Cette longue guerre de Religion s'achève par un compromis, l'édit de Nantes d'avril 1598. Celui-ci organise la coexistence pacifique des deux communautés, tout en limitant la liberté de culte des protestants et en astreignant ceux-ci à payer la dîme à l'Église catholique. En revanche, l'édit concède aux huguenots des places de sûreté. La paix religieuse s'établit progressivement. Au demeurant, la tolérance du culte protestant, même limité, encadré, surveillé, est une anomalie pour le pouvoir royal. La paix d'Augsbourg, en 1555, avait proclamé le principe *Cujus regio, ejus religio* : la religion des sujets devait être la même que celle du prince. Après la mort d'Henri IV, à son tour victime du fanatisme catholique qui encourage le « tyrannicide », la monarchie n'aura de cesse d'amenuiser les concessions faites aux protestants. En 1629, Richelieu, par l'édit d'Alès, confirme les clauses religieuses de l'édit de Nantes, mais en élimine les articles politiques et militaires. Louis XIV, quant à lui, entreprend une action de conversion par la force (illustrée par les sinistres dragonnades), dont le point d'orgue est la révocation de l'édit de Nantes par l'édit de Fontainebleau du 17 octobre 1685.

Le protestantisme est de nouveau hors la loi. La décision royale entraîne une vaste émigration des huguenots français vers la Suisse, l'Allemagne, l'Angleterre... Ceux qui sont restés en France doivent pratiquer leur culte dans la clandestinité. En 1702 commence dans les Cévennes la guerre des Camisards – ces protestants soulevés contre la politique de persécution de Louis XIV –

qui ne prendra fin qu'en 1710. Il faut attendre 1787 pour que Louis XVI accorde un nouvel édit de tolérance instituant un état civil pour les protestants et leur accordant l'accès à toutes les charges et emplois, à l'exception de la judicature et de l'enseignement. Enfin, la Déclaration des droits de l'homme et du citoyen de 1789 affirme le principe de la liberté religieuse.

De cette longue histoire, souvent meurtrière, a résulté sinon l'éradication du protestantisme en France, à tout le moins la réduction des protestants aux limites d'une petite minorité religieuse : de deux millions de réformés que comptait la France au milieu du XVIe siècle, on est passé aujourd'hui à 700 000 environ. Les protestants n'en ont pas moins exercé un rôle important dans la société civile et la société politique. Souvent membres de l'élite sociale, ils ont été particulièrement influents dans la formation de l'esprit républicain et très actifs dans les fondations de la IIIe République, dont la naissance et la consolidation peuvent être considérées comme une défaite du catholicisme. La géographie électorale a perpétué longtemps le clivage catholiques/protestants, dans les départements où les deux confessions rivalisaient : les catholiques votaient à droite, les protestants à gauche. On peut considérer Michel Rocard et Lionel Jospin comme les représentants contemporains de cette tradition politique.

L'antiprotestantisme a été l'une des idées-forces de la culture contre-révolutionnaire. De Joseph de Maistre à Charles Maurras, ce courant de pensée estime que la Réforme a préparé la Révolution, en injectant dans l'esprit français le libre examen et en sapant les bases morales du catholicisme. Au moment de l'affaire Dreyfus, Maurice Barrès considère que le dreyfusisme est moins d'origine juive que protestante. À cette époque, les protestants font partie de la majorité républicaine. La question religieuse s'est déplacée. C'est désormais le catholicisme qui n'est plus en phase avec l'idéologie dominante. L'antilibéralisme du magistère romain, résumé dans le *Syllabus* de 1864, a nourri l'anticléricalisme des républicains. Le nouveau clivage religieux oppose les fidèles d'un catholicisme intransigeant – le catholicisme officiel, le catholicisme romain, au moins jusqu'à la Grande Guerre – et tous ceux, libéraux, protestants, libres-penseurs, républicains, qui veulent émanciper les institutions de la tutelle de l'Église.

Cet affrontement, observable dès la Révolution (quand le pape condamnait la Déclaration des droits de l'homme), est devenu central sous la IIIe République. Celle-ci a trouvé la solution aux problèmes religieux : ce sera la laïcisation de l'école, avant de passer à la laïcisation de l'État. Les lois scolaires des années 1880, qui instituent l'école primaire gratuite, obligatoire et laïque, créent un enseignement profane, une « école sans Dieu » disent les catholiques, qui ont la liberté de faire donner un enseignement religieux à leurs enfants, mais en dehors de l'école, une journée par semaine – le jeudi – permettant la tenue du catéchisme. Une école laïque qui ne prétend pas au monopole puisque les écoles confessionnelles restent autorisées, mais une école où, pour la première fois, tout enseignement religieux est exclu.

Le conflit est devenu intense au lendemain de l'affaire Dreyfus. La majorité des catholiques et leur grande presse avaient donné leurs voix à l'antidreyfusisme, à l'antisémitisme, et aux nationalistes, devenus dangereux aux yeux des républicains. Le ministère Waldeck-Rousseau, constitué en 1899, entreprend une remise en ordre en faisant voter la loi sur les associations, dont une partie est destinée à surveiller et au besoin contraindre les congrégations, dont le zèle antidreyfusard avait été trop manifeste. L'application de cette loi a été durcie par le ministère Combes, puisque, finalement, les congrégations ont été interdites d'enseignement. En 1905, le chapitre de ce conflit paraît clos lorsque le Parlement vote la loi de Séparation des Églises et de l'État.

Cette querelle religieuse entre cléricaux et anticléricaux n'était pas totalement apaisée. La question de l'école restait un enjeu de taille. Demande de subventions de la part des catholiques, défense de la laïcité de la part de la gauche : cette opposition a structuré les camps politiques. La droite, même renforcée des éléments modérés de la gauche, a été durablement favorable aux aides à donner à l'enseignement privé ; la gauche, même tolérante, s'est efforcée de défendre l'école publique contre les demandes de l'école catholique. Le régime de Vichy, favorable à celle-ci, fut un moment de revanche, et la hiérarchie catholique a soutenu massivement le régime du maréchal Pétain. Plus tard, la loi Debré, en 1960, a été votée pour arriver à la paix des écoles. Mais la question peut rebondir, par intermittence. Les plus grandes manifestations des vingt dernières années du XXe siècle furent, d'une part, celle des partisans de l'école privée, en lutte contre le projet de loi socialiste de nationalisation, en 1984 ; d'autre part, celle des défenseurs de la laïcité qui, en 1994, se sont mobilisés contre un projet gouvernemental (François Bayrou, ministre de l'Éducation nationale) remettant en cause les principes de subvention des écoles privées par les collectivités locales, datant de la loi Falloux (1850). Tour à tour, un gouvernement de gauche et un gouvernement de droite durent renoncer à leurs projets de réforme.

La question de la laïcité se pose aujourd'hui tout autrement, depuis l'affaire du collège de Creil, en 1989, à propos des foulards islamiques. La laïcité, dont les principes sont désormais acceptés par l'ensemble de la population, y compris par les catholiques, se heurte aux exigences d'une religion musulmane devenue la deuxième religion française par le nombre de ses fidèles. De ce fait, les clivages religieux restent au cœur de la vie politique française.

Un deuxième type de clivages, lié au précédent, est dû au conflit sur les institutions politiques. La France a tenté d'établir une monarchie constitutionnelle, sans succès durable. La solution républicaine, jusqu'aux années 1880, a été un autre échec. Le bonapartisme a semblé, un moment, le régime le mieux adapté aux comportements des Français, mais il a fini sa carrière à l'épreuve de la guerre et de la défaite, en 1814-1815 et en 1870. Finalement la république, troisième du nom, a fini par s'enraciner. Mais, outre la permanence des crises qui l'ont ébranlée, une nouvelle défaite militaire, en 1940, a laissé place à un régime de réaction, l'État français du maréchal Pétain. Restaurée, la république, quatrième du nom, n'a pas résisté aux troubles provoqués par la décolonisation et la guerre d'Algérie. Nous sommes enfin dans une Ve République, dont les faiblesses apparues poussent certains à en souhaiter une VIe. Au total, une bonne quinzaine de constitutions depuis 1789 témoignent de l'instabilité et des antagonismes français en matière politique.

Tout se passe comme si les Français, fort peu pénétrés de culture libérale, ne concevaient que deux sortes de régimes légitimes : la monarchie absolue de droit divin ou la république fondée sur la souveraineté populaire.

La notion de souveraineté est au cœur de la culture politique des Français. Les constituants de 1789, comme le fait remarquer Pierre Rosanvallon, n'avaient pas eu pour but de *limiter* la souveraineté, mais de la *transférer*. C'était l'une ou l'autre – celle du roi ou celle du peuple. Dès lors que le peuple était proclamé souverain, que faire d'un roi ? Les légitimistes et les républicains s'apparentaient sur cette alternative nécessaire. Les premiers mis hors du jeu, la république s'imposait. C'est pourquoi les insurgés de 1830 ont jugé la révolution de Juillet « escamotée ». Les libéraux doctrinaires parvenus au pouvoir tentèrent bien, Guizot en tête, de donner une assise intellectuelle au régime de l'entre-deux, à cette monarchie constitutionnelle que les Bourbons avaient, par leurs préjugés, rendue impossible. Ce fut sans doute leur mérite d'établir un régime qui dura près de dix-huit ans. Jamais, cependant, ils ne purent enraciner leur choix dans l'esprit public.

La culture politique des Français prend sa source dans le drame de la Révolution, qui inaugure une guerre civile intermittente, devenue structurelle. Entre les deux pôles clairement identifiés – les partisans de la tradition royale et les défenseurs du peuple souverain –, le tiers-parti libéral dispose de forces trop incertaines, et se heurte à la radicalité de deux France inconciliables. Le sens du compromis, qui devrait les inspirer, n'effleure guère les doctrinaires au pouvoir eux-mêmes. La rigidité d'un Guizot, son refus d'élargir l'assiette électorale en abaissant le cens, dénotent chez les dirigeants de la monarchie de Juillet une inaptitude aux concessions qu'expliquent là encore une mémoire et une culture foncièrement éloignées d'un authentique libéralisme. La modération, le sens de l'évolution, le goût de la réforme, c'est leur absence que l'on constate le plus souvent chez ceux-là mêmes qui devraient les incarner. La monarchie constitutionnelle n'est pas morte en France de la main de ses seuls adversaires, elle a été affaiblie et ébranlée par ses propres partisans.

La République a donc triomphé. Mais quelle république ? Celle des socialistes, celle des radicaux, celle des modérés ? Cette fois, le suffrage universel allait en décider. Jusque-là, la question du régime se posait dans le cadre étroit d'un pays légal défini par la loi censitaire. Désormais, toutes les couches sociales ont voix au chapitre : la complexité d'une société à la fois bourgeoise et paysanne, quelque peu apeurée par la montée en puissance de la minorité ouvrière, se ferait sentir, à côté des oppositions religieuses et des diversités régionales. La république pouvait-elle répondre à tant de vœux divergents : concilier l'ordre et le droit au travail, les faubourgs et les beaux quartiers, la liberté et l'égalité, la souveraineté populaire et la stabilité gouvernementale ? Or, la pratique du suffrage universel en 1848 et l'année suivante favorise des oppositions multiples : la peur des rouges devient une obsession, malgré la puissance électorale des conservateurs. Les conservateurs eux-mêmes sont divisés entre légitimistes et orléanistes, tandis que les républicains se déchirent entre modérés et socialistes. Le coup d'État de Louis Napoléon Bonaparte du 2 décembre 1851 opère comme une force d'arbitrage : la puissance du sabre, comme au 18 Brumaire, aligne tout le monde sous l'autorité d'un chef bientôt autoproclamé empereur.

Le régime bonapartiste a pour source légitime la souveraineté populaire, mais s'il s'agit d'un gouvernement pour le peuple, il n'est pas un gouvernement du peuple. Pour être maintenue, la démocratie doit échapper aux luttes des factions et reposer sur le principe d'autorité, s'incarner dans un chef, un grand homme, un « conducteur d'âmes ». Louis Napoléon, la nuit même de son coup d'État, rétablit le suffrage universel, que la République conservatrice avait restreint (le nombre des électeurs était passé de 9 600 000 à 6 800 000 par la loi du 31 mai 1850). Comme son oncle qui avait fait appel au peuple, il assoit son pouvoir par deux plébiscites en moins d'une année. Les 21 et 22 décembre 1851, il fait approuver son coup d'État sur la question : « Le peuple français veut le maintien de Louis Napoléon Bonaparte et lui délègue les pouvoirs pour établir une constitution sur les bases proposées par sa proclamation. » Le plébiscite donne 7 339 000 oui et 647 000 non. À la suite de quoi, il prolonge le pouvoir du président de la République de dix ans par la Constitution du 14 janvier 1852. Dans un second temps, il fait ratifier le rétablissement de l'empire par le plébiscite des 20 et 21 novembre 1852, obtenant 7 824 000 oui contre 253 000 non. Ainsi, tandis que la République conservatrice reposait sur un suffrage tronqué, le régime impérial s'appuie sur l'assentiment populaire universel. « Aujourd'hui, écrivait le prisonnier du fort de Ham, le règne des castes est fini : on ne peut gouverner qu'avec les masses ; il faut donc les organiser pour qu'elles puissent formuler leurs volontés et les discipliner pour qu'elles puissent être dirigées et éclairées sur leurs propres intérêts. »

Cette conception paternaliste de la démocratie implique la nécessité de canaliser le suffrage populaire. Le régime napoléonien use donc de la candidature officielle, sans compter les trucages électoraux toujours possibles. Il limite les libertés d'expression et de réunion, rétablit la censure dramatique, soumet les individus à l'arbitraire administratif, contrôle l'Université. Le pouvoir exécutif, appuyé sur une administration aux ordres, a seul l'initiative des lois. Les assemblées – Corps législatif, Sénat, et Conseil d'État – ne sont que des instruments du chef de l'État. Le Corps législatif, élu au suffrage universel, « discute et vote les projets de loi et l'impôt », sans aucune initiative et sans la faculté de renverser le gouvernement. C'est au nom de l'empereur que la justice est rendue. C'est encore lui qui dispose du droit d'amendement de la Constitution. L'unité du peuple précède sa liberté, telle est la maxime impériale : « À ceux qui regrettent qu'une part plus large n'ait pas été faite à la liberté, déclare l'empereur en 1853, je répondrai : la liberté n'a jamais aidé à fonder d'édifice durable, elle le couronne quand le temps l'a consolidé[1]. »

L'exemple de Jules César est rappelé pour dénoncer les « rivalités mesquines » qui se font jour dans les assemblées et entravent la direction politique du pays : les intérêts de classe, les jalousies individuelles fomentent les complots ordinaires des régimes d'assemblée, au détriment de l'intérêt général. César, lui, n'était pas l'homme d'une faction, il était « l'homme de son siècle ». Napoléon III se déclare « national » envers et contre le système des partis qui divisent la nation. Il incarne proprement le peuple – ce peuple qu'il visite régulièrement dans les départements, un genre de démocratie directe ou, comme on l'a dit, de « plébiscites continus ». Le Prince-Président avait proclamé dans sa déclaration du 2 Décembre qu'il entendait « fermer l'ère des révolutions en satisfaisant aux besoins légitimes du peuple ».

Trois modèles ont ainsi résulté de la grande Révolution, qui ont eu chacun leurs partisans : la monarchie constitutionnelle, la république, et le césarisme napoléonien. Si l'on veut simplifier les oppositions après la fin du Second Empire, il me paraît légitime de dessiner le clivage récurrent qui, quelles que soient les formes concrètes de régime proposées, sépare les défenseurs d'un exécutif fort (soit un monarque qui gouverne, un empereur autoritaire, un président de la République qui guide le pays) des partisans du législatif dominant. Cette opposition a pu réaliser l'opposition monarchistes/républicains, bonapartistes/républicains, mais aussi républicains autoritaires/républicains libéraux. L'instauration de la IIIe République s'est faite au lendemain du 16 mai 1877 par la victoire électorale des partisans du législatif contre les partisans du présidentialisme à la Mac-Mahon. L'instauration de la IVe République s'est faite contre le général de Gaulle, qui, prenant sa revanche en 1958, a réussi à établir un système constitutionnel privilégiant l'exécutif, et particulièrement la Présidence de la République, en instituant l'élection du président au suffrage universel. La république gaullienne passée, les défenseurs du Parlement revendiquent à nouveau les droits du législatif sur l'exécutif. Le système de la cohabitation a affaibli l'Élysée au profit de Matignon et de la majorité parlementaire, mais ses contradictions ne laissent pas de susciter la demande de réforme, dont la première a été la réduction du mandat présidentiel de sept à cinq ans.

Évidemment, ces querelles constitutionnelles ne sont pas seulement des disputes entre spécialistes du droit constitutionnel. Elles reflètent des oppositions politiques.

On peut dire, en gros, que la gauche est plus versée dans la défense du Parlement, et la droite dans la défense de la prérogative présidentielle. Quoi qu'il en soit, force est de constater que les Français, contrairement aux grands pays de démocratie libérale, en sont encore à discuter de leurs institutions politiques, même si, aujourd'hui, les affrontements dans ce domaine ont pris un tour technique et n'intéressent plus au premier chef les citoyens.

Le troisième type de clivage hérité du XIXe siècle est ce qu'on appelait la question sociale. Trois affrontements au caractère de classe ont rythmé l'histoire du mouvement ouvrier français : la révolte des ouvriers de la soie, les canuts de Lyon, en 1831 ; l'insurrection des ouvriers des Ateliers nationaux, en juin 1848 ; enfin la Commune de Paris de 1871. Les journées de Juin et la Commune ont ceci de commun qu'elles se déroulent dans le cadre d'un régime républicain et parlementaire appuyé sur le suffrage universel. Victor Hugo, dans un passage optimiste des *Misérables*, estimait que l'instauration du suffrage universel librement exercé devait mettre fin aux émeutes : « Le suffrage universel, écrivait-il, a cela d'admirable qu'il dissout l'émeute dans son principe, et qu'en donnant le vote à l'insurrection, il lui ôte l'arme. » Or, il n'en est rien. La critique socialiste du suffrage universel continuera à légitimer l'insurrection, qui est la véritable expression du prolétariat exploité.

Après la répression de la Commune, la reconstitution d'un mouvement ouvrier et socialiste en France ne s'est pas faite, comme en Allemagne, à partir d'une organisation partisane liée à une organisation syndicale, mais à partir des grèves et, au-delà, à partir d'un syndicalisme révolutionnaire, dont la radicalité est accordée à la tradition insurrectionnelle française. Le projet d'une grève générale qui ouvrirait l'ère nouvelle d'une société sans classes illustre la pérennité d'une culture que nourrissent, par ailleurs, les grands souvenirs des luttes ouvrières, au premier rang desquelles la Commune de 1871. Cette culture révolutionnaire est, sans doute, partagée par le mouvement socialiste international qui s'organise au début des années 1890, mais, là même où la théorie marxiste s'impose, en Allemagne, elle ne correspond jamais, comme en France, à un type de comportement. Le socialisme de parti, plus tard le communisme, héritent de cette culture de la barricade, de la manifestation, et de la grève. La négociation, le compromis, la discipline syndicale sont autant de choses étrangères à la culture sociale des Français.

Tandis que, d'un côté, un certain style de commandement, une certaine arrogance d'État témoignent de l'inaptitude à la négociation, d'un autre côté, la surenchère revendicatrice, le maximalisme des grévistes sont tout autant d'obstacles aux nécessaires compromis. « Il faut savoir terminer une grève », disait Maurice Thorez, secrétaire général du parti communiste, du temps où celui-ci avait des responsabilités gouvernementales, au lendemain de la Libération. Car les grèves, fréquentes, se terminent mal, tant les négociateurs sont amers, les uns d'avoir lâché trop de lest, les autres de n'avoir pas tout obtenu. Ce qu'on a appelé les « accords de Grenelle », en 1968, qui concluaient les négociations entre syndicats, patronat et gouvernement, illustrent bien la démarche. L'accord, jugé satisfaisant par la CGT elle-même, est soumis à l'approbation d'une réunion de salariés des usines Renault qui le repoussent. Il leur faudra pourtant reprendre le travail, mais avec le sentiment d'une défaite, alors que les accords de Grenelle étaient pour eux très avantageux.

La révolution et, quand elle n'est plus imaginable, ses succédanés gardent la force d'un mythe agissant. Après la déconfiture du parti communiste, qui, longtemps, avait porté les espérances révolutionnaires de la gauche, on assiste à un réinvestissement des ferveurs disponibles dans les multiples organisations de l'extrême gauche et de l'ultra-gauche.

L'influence des intellectuels, déjà observée par Tocqueville dans la genèse de la révolution de 1789, n'est pas négligeable. La raison morale qui anime les meilleurs d'entre eux les incitent à opposer le Bien et le Mal, en niant la complexité du réel. Le Mal reste toujours clairement désigné : c'est le capitalisme. Le Bien s'appelait socialisme ; il est perçu moins clairement depuis la chute du communisme. De sorte que le mouvement gauchiste d'aujourd'hui est surtout négatif, mais il reste capable de puissantes mobilisations et s'efforce de donner un sens aux revendications et manifestations des salariés en colère, des écologistes, des antimondialistes, etc.

Résumons-nous. La société française est traversée, depuis l'Ancien Régime, par de puissants mouvements de contestation et par des affrontements, dont les formes évoluent sans que les comportements changent vraiment. L'État providence et la société de consommation n'ont nullement effacé les vieux antagonismes et empêché le retour de flamme des comportements contestataires, protestataires et jusqu'au-boutistes. Des trois conflits majeurs que j'ai rapidement présentés, aucun n'est véritablement surmonté. Le conflit religieux s'est déplacé ; la laïcité, considérée longtemps comme la solution française à la diversité confessionnelle et philosophique, est aujourd'hui contestée par une partie de la minorité musulmane : de ce point de vue, la question de l'école reste au cœur des enjeux politiques et provoque nombre de désaccords. Le conflit constitutionnel est aujourd'hui suspendu par la double victoire de la droite, à la présidentielle et aux législatives, en 2002, mais, comme un serpent de mer, il émergera de nouveau à l'occasion, par exemple, d'une nouvelle cohabitation. C'est surtout les affaires sociales qui cristallisent au mieux aujourd'hui les comportements anciens, comme on l'a vu, en 2003, avec les grèves consécutives à la réforme des retraites et avec les manifestations des intermittents du spectacle dont le statut était remis en cause. La direction de la CGT s'interroge sur sa pratique protestataire, mais sa base ne semble pas prête à accepter une pratique de la réforme et du compromis comme celle de la CFDT. La politique de la CFDT a, du reste, entraîné des départs et des scissions, d'où est né un nouveau syndicat protestataire, SUD. FO, jadis réformiste, est devenu, sous la direction de Marc Blondel et sous l'influence de sa minorité trotskiste, une organisation de défense corporatiste sans esprit de responsabilité collective.

La société française n'est pas encore pacifiée.

18

Affaire Dreyfus : une question de principe

« Nous aussi nous croyons que les controverses d'hier ne faisaient qu'exprimer superficiellement un dissentiment plus profond ; que les esprits se sont départagés beaucoup plus sur une question de principe que sur une question de fait. »

Émile DURKHEIM.

L'affaire Dreyfus a été une des grandes batailles de la guerre idéologique et religieuse que les Français n'ont cessé de se faire depuis la Réforme et la Révolution : le tumulte des passions qu'elle déchaîne se situe dans une certaine continuité de conflits. En même temps, elle nourrit la dispute séculaire des caractères nouveaux. C'est à cette époque que s'affirme un nationalisme, dont l'échec n'interdira nullement les réapparitions jusqu'à nos jours. C'est aussi le moment, comme la sémantique en témoigne, où s'impose la figure collective des « intellectuels ». Il paraît même légitime de voir dans l'affaire Dreyfus – telle qu'elle se déroule au lendemain du « J'accuse » d'Émile Zola – l'opposition centrale des nationalistes et des intellectuels sur les fondements éthiques de la Cité.

Ce débat paradigmatique s'instaure à une époque où les anciennes solidarités sont remises en question par deux phénomènes apparus au cours des années 1890. En premier lieu, l'attitude nouvelle des catholiques, appelés à *rallier* la république par le pape Léon XIII, dont le souci est de contrecarrer une législation « antichrétienne ». Rome recommandait aux catholiques français d'accepter non la doctrine républicaine, et notamment le principe de laïcité, mais les institutions de la République. Une bonne partie des républicains modérés, dits « progressistes », vit d'un bon œil ce renfort, par une droite ralliée, du régime de leur choix, d'autant que celui-ci devenait simultanément l'objet des critiques révolutionnaires d'un socialisme et d'un syndicalisme menaçants. Les élections législatives de 1893, qui voient la première véritable percée socialiste à la Chambre, les attentats anarchistes qui sèment la terreur dans les années 1893-1894, la création de la Confédération générale du travail en 1895, sont autant de sujets d'inquiétude qui incitent les républicains modérés à professer un « esprit nouveau ». Celui-ci se traduit par l'alliance parlementaire d'un centre gauche et d'une droite ralliée, comme le ministère Méline en devient le symbole à partir de 1896, l'année des élections municipales par lesquelles les socialistes gagnent une série de grandes mairies, de Lille à Marseille, tandis que les radicaux dénoncent un « gouvernement réactionnaire et clérical ».

Quand l'affaire Dreyfus éclate, le vieux parti républicain est donc plus divisé que jamais entre progressistes plus ou moins adeptes de l'esprit nouveau, radicaux remobilisés sur le thème de l'anticléricalisme et socialistes en plein essor. Un des effets les plus nets de la crise est la reformation des deux blocs antagonistes, gauche contre droite, moyennant la cassure du centre, les plus nombreux des modérés suivant Méline à droite, les autres soutenant le gouvernement de Défense républicaine présidé par Waldeck-Rousseau en 1899, puis le ministère Combes à la suite de la victoire du Bloc des gauches aux élections de 1902.

Cette reprise du vieil antagonisme entre les deux France ne doit pas, cependant, nous faire perdre de vue que le conflit fut d'abord ouvert dans le champ des idées – c'est ce qu'on appelle parfois la première affaire Dreyfus. Quel en fut l'enjeu, voilà ce qui nous retiendra ici. Le recul aidant, le problème de l'antisémitisme semble occuper toute la scène. N'est-ce pas là illusion d'optique ? C'est à travers cette interrogation que nous essaierons de préciser la « question de principe » posée par l'Affaire, et les réponses que lui donnent les nationalistes et les intellectuels dreyfusards, avant d'examiner le cas spécifique des catholiques.

L'affaire Dreyfus est-elle réductible à la « question juive » ?

Que l'antisémitisme soit bien au cœur de l'affaire Dreyfus, nul ne peut en douter. S'il en est besoin, rappelons-en quelques réalités. Dès le 1er novembre 1894, quinze jours après l'arrestation du capitaine Alfred Dreyfus, la presse antisémite, informée grâce à des fuites en provenance de la prison du Cherche-Midi, fait grand tapage sur l'identité de l'accusé. C'est le quotidien de Drumont, *La Libre Parole*, qui donne le *la*. Dès le 3 novembre, *La Croix* lui emboîte le pas en publiant un article bientôt repris par *Le Pèlerin*, où l'on peut lire : « C'était l'ennemi juif trahissant la France[1]. » Le quotidien de La Bonne Presse redouble alors d'insultes contre les Juifs : « Qu'il s'agisse de voler, de corrompre ou de trahir notre pays, le Juif toujours mène la charge, ourdit le complot, dresse le piège, arme le bras, dirige ou exécute la trahison[2]. »

La lettre ouverte d'Émile Zola au président de la République, publiée par *L'Aurore* le 13 janvier 1898, provoque en France métropolitaine et en Algérie des manifestations de rue, aux violences contagieuses et aux slogans réitérés : « À bas Zola ! », « Vive l'armée ! »,

« À bas les Juifs ! », les incidents les plus graves ayant lieu en Algérie où l'on assiste au pillage de magasins israélites et à des scènes d'émeutes que l'on peut qualifier comme des débuts de pogroms[3].

Tout au long des actes successifs du drame qui conduiront au double procès de Zola, au second procès de Dreyfus, à la politique de « Défense républicaine » du cabinet Waldeck-Rousseau, et, au-delà, jusqu'à la décision de la Cour de cassation de 1906, suivie de la réhabilitation de Dreyfus, la haine antijuive n'aura de cesse d'exciter l'opinion et de prétendre résumer l'Affaire à la manière de Barrès : « Que Dreyfus est capable de trahir, je le conclus de sa race[4]. »

Il n'est pas besoin d'ajouter des preuves : au cours de l'affaire Dreyfus, l'antisémitisme s'est manifesté en France de manière paroxystique. Est-ce à dire pour autant que la bataille opposa les philosémites aux antisémites ; que deux camps se firent face, pour ou contre les Juifs ? C'est sur ce point qu'il faut apporter quelques sérieuses nuances.

Rappelons d'abord que lors de la condamnation de Dreyfus, le Parlement quasi unanime, de même que l'opinion, ne remet pas en cause les conclusions du conseil de guerre. C'est par étapes que les uns et les autres vont se départir de cette certitude établie, fondée sur la confiance dans la « chose jugée », et qui plus est jugée par une institution militaire à un moment de notre histoire où l'armée bénéficie d'une admiration et d'une affection transgressant les divisions politiques. Précisément, en dépit des fureurs des feuilles antisémites, il est nécessaire de rappeler que l'affaire Dreyfus a d'abord été une affaire militaire, mettant en jeu les relations nouées entre la classe politique et l'armée, entre l'opinion et l'armée.

Dans un article de *La Revue socialiste* de mars 1898, Gustave Rouanet, s'appliquant à analyser la crise, fait assez peu de cas de l'antisémitisme. Il insiste au contraire sur ce qui lui paraît le fond du problème, à savoir la place exorbitante prise par l'armée dans la vie publique des Français :

« Depuis 1871, écrit-il, la France est en proie à une militarisation croissante, consistant bien moins dans l'enrégimentation de ses fils à la caserne que dans l'enrégimentation des esprits, systématiquement faussés par toute notre littérature et notre enseignement public[5]. »

Selon Rouanet, les républicains de gouvernement ont laissé se reconstituer une caste militaire adulée par un public aux réactions conditionnées par la presse, les livres et l'enseignement. Adulation des grands chefs, émancipation des officiers du pouvoir civil à la faveur des conquêtes coloniales, utilisation de l'armée comme force de maintien de l'ordre, tous les abus ont été couverts par les opportunistes et facilités par le chauvinisme officiel.

La diatribe du socialiste est sans doute exagérée, mais elle atteste *a contrario* le respect éminent dont jouit l'armée depuis la défaite de 1871. Il ne faut pas affaiblir l'outil de la revanche, tel est le leitmotiv de l'antidreyfusisme, tel a été le réflexe des parlementaires républicains, modérés ou radicaux, au cours des premiers assauts donnés par les « révisionnistes ». C'est ainsi que réagit le général Billot, ministre de la Guerre, lors de la séance du 13 janvier 1898 à la Chambre :

« Peut-on compromettre la défense nationale, à laquelle nous avons tout sacrifié ? Veut-on que ce pays, où tout citoyen est soldat, ne suive plus ses chefs au jour du danger !

« Le gouvernement est prêt, il est très résolu à mettre fin à une pareille situation et à défendre l'honneur de l'armée, le respect des décisions du conseil de guerre et les intérêts de la patrie. »

Tel est bien l'avis de Godefroy Cavaignac, député radical, issu d'une illustre famille républicaine, qui se fait applaudir de tous côtés lors de cette même séance pour avoir dit qu'« il y a à la Chambre des défenseurs de l'armée sur d'autres bancs que ceux de droite, et ces défenseurs sont décidés eux aussi à répondre résolument à toutes les attaques dirigées contre elle[6] ».

Ainsi, devant les efforts entrepris par un petit nombre, au lendemain de la lettre de Zola, pour exiger la révision du procès Dreyfus, la majeure partie de l'opinion et de la classe politique s'indigne contre ce qu'Albert de Mun appelle un « outrage sanglant adressé aux généraux et aux officiers ». Cette volonté « patriotique » devient, encore un an plus tard, la motivation principale de la Ligue de la patrie française, telle que l'expriment, entre autres, deux de ses interprètes les mieux accrédités, Ferdinand Brunetière, membre de son Comité, et Jules Lemaître, son président.

Le premier publie dans la *Revue des Deux Mondes* – qu'il dirige – un article, « Après le procès », bientôt repris sous forme de brochure, où il se démarque explicitement de l'antisémitisme, pour en venir à la question militaire – la vraie question. À propos du développement des passions antijuives, il incrimine les « savants » – anthropologues et linguistes notamment – qui ont posé la distinction des différentes races d'hommes en « inférieures » et en « supérieures », offrant aux publicistes à la Drumont l'occasion de diffuser le « dogme physiologique de l'inégalité des races ». Il insiste ensuite sur le fait que la IIIe République, fondée contre les hommes du « 16 Mai », a dû renouveler son personnel, au détriment des catholiques, et en faveur des protestants, des Juifs et des francs-maçons : « L'antisémitisme, explique-t-il, n'est qu'un nom pour dissimuler le vif désir de les déposséder. »

Brunetière, après s'être démarqué de l'antisémitisme, tout en s'efforçant d'en rendre raison, en vient alors à ce qui lui paraît principal, le primat de la Défense. L'armée seule est en mesure d'assurer non seulement la protection du territoire national, non seulement le rayonnement français dans tous les ordres, mais encore l'existence même d'un régime démocratique :

« C'est, dit-il, ce que l'instinct de la foule a bien senti, dans ce procès tristement fameux, et qu'en dépit de tous les sophismes l'armée de la France, aujourd'hui comme jadis, c'était la France elle-même. [...] [S]ans l'armée, c'est la démocratie qui serait elle-même en danger de périr[7]. »

Jules Lemaître, collègue de Brunetière à l'Académie, développe la même argumentation à la présidence de la Ligue de la patrie française. Ainsi, le 19 janvier 1899, lors d'une conférence prononcée salle des Horticulteurs, à Paris. Lui aussi rejette l'antisémitisme : « Les israélites sont des citoyens français. Comment, de quel front proscririons-nous 70 000 de nos concitoyens à cause de leur sang, d'ailleurs presque aussi mêlé que le nôtre, et à cause de leur religion ? » Pour lui, d'autre part, rien n'autorise à remettre en cause le jugement d'un conseil de guerre, seul habilité à trancher sur un sujet aussi délicat qu'une affaire d'espionnage. Les particuliers ne peuvent « s'insurger publiquement contre un arrêt légal et contribuer à fomenter une agitation mortelle aux intérêts du pays... ».

L'amour de la patrie a pour corollaire la défense de l'armée, qui en est le rempart. Impératif indiscutable : qui touche à l'armée affaiblit le corps social. S'en prendre à l'armée, c'est se faire mal à soi-même : « Notre âme n'est pas distincte de celle de l'armée. L'armée, c'est la nation ramassée et debout pour assurer sa propre durée. C'est peut-être, par la très grande majorité de ses chefs, le meilleur de la nation et c'est, tour à tour, par ses soldats, la nation entière[8]. »

La défense de l'armée n'est pas un simple sujet de rhétorique. On a dit plus haut la ferveur populaire dont elle jouit alors dans le pays. Ajoutons qu'elle est en même temps l'objet des attaques régulières du mouvement révolutionnaire, anarchiste, syndicaliste et socialiste[9]. L'affaire Dreyfus, qui est une aubaine pour les antisémites, en est une aussi pour les adversaires de l'armée et les théoriciens de l'antipatriotisme. Pour ne prendre qu'un exemple, voici Maurice Charnay, qui fut, comme les autres allemanistes (les militants du Parti ouvrier socialiste révolutionnaire de Jean Allemane), des premiers à prendre le parti de la révision dans les rangs socialistes, et qui fustige le public chauvin et admirateur des parades militaires : « Le peuple aime la main qui le frappe ; il lècherait, s'il pouvait, les bottes des officiers qui représentent, dans l'État capitaliste, toute la force de la réaction, la dernière résistance aux réformes devenues nécessaires, celle qui s'exercera par le sabre, les coups de fusil et la déportation sans jugement[10]... »

Les anarchistes, dont les publications foisonnent, et qui exercent une influence réelle dans certains groupes intellectuels, s'expriment encore plus nettement : « Si nous refusons de reconnaître et de respecter l'armée, écrit ainsi Charles-Albert, c'est qu'en face du travail, de l'intelligence et de l'énergie paisible qui peinent à édifier le monde nouveau, elle représente parmi nous la paresse, la bêtise et la violence des âges lointains. Meurtrière en temps de guerre, où elle procède aux boucheries humaines, elle l'est encore en temps de paix où elle immobilise en d'inutiles et déprimantes besognes des intelligences et des énergies nécessaires ailleurs. Instrument d'imbécile et continuelle destruction[11]... »

Résumons-nous : un bon nombre d'antidreyfusards ont été étrangers à l'antisémitisme ; en tout cas, l'antisémitisme n'a été ni leur motivation première ni leur motivation principale. Pour eux – que l'on songe à un Denys Cochin ou à un comte d'Haussonville, exprimant leur dégoût pour l'antisémitisme – la question militaire était fondamentale : il s'agissait de défendre, comme le dit encore Brunetière, l'honorabilité, la probité, la loyauté des juges militaires, seuls compétents[12]. En mettant en cause les conseils de guerre, les dreyfusards jetaient la suspicion sur toute l'armée. C'était donc l'affaiblir au moral. C'était risquer de l'affaiblir au physique en temps de guerre. Les générations élevées dans le deuil des « provinces perdues », l'idée de la revanche et le culte des armes ont manifesté un antidreyfusisme spontané, au nom de la patrie. Certains, comme ce fut le cas de la majorité républicaine de la Chambre, abandonnèrent cette attitude, surtout après le suicide du colonel Henry convaincu d'avoir forgé un faux pour alimenter le dossier trop mince de Dreyfus. D'autres, à l'exemple de ceux qui allaient former les rangs de la Ligue de la patrie française, persistèrent dans la conviction que le révisionnisme se confondait avec l'antimilitarisme et l'antipatriotisme, dont se réclamaient l'extrême gauche et l'ultra-gauche. Les antidreyfusards jugèrent leurs adversaires, à tout le moins, comme les jouets de manœuvres politiques dont les buts inavoués s'appelaient révolution, déchristianisation, ou autoproclamation des intellectuels.

Ce n'est pas dire que l'antisémitisme fut étranger à l'Affaire, même en ses débuts. Mais il faut éviter de ramener toutes nos guerres franco-françaises depuis la fin du XIXe siècle à la question juive. Celle-ci est un élément majeur de la guerre idéologique, mais elle ne peut résumer l'affaire Dreyfus. On a même vu dans certains cas individuels des antisémites notoires, tel le directeur du journal bonapartiste *L'Autorité*, Paul de Cassagnac, se prononcer en faveur de la révision dès novembre 1897[13].

Péguy, en 1910, est revenu longuement sur l'affaire Dreyfus dans *Notre jeunesse.* Au-delà des pages où il fait l'éloge émouvant de Bernard Lazare et de celles où il s'apitoie sur toutes les vies juives « ruinées, brisées » par l'Affaire, il rend un hommage indirect aux meilleurs des antidreyfusistes, ses adversaires. Ceux-ci, dit-il en substance, parlaient le langage de la raison d'État, au sens noble du mot, celui de la continuité politique. Nous, nous défendions l'honneur du peuple français : « Tout au fond, nous étions les hommes du salut éternel et nos adversaires étaient les hommes du salut temporel[14]. »

C'était élever le débat, sans davantage l'épuiser. Néanmoins, cette vue rétrospective nous suggère de regarder l'affaire Dreyfus autrement qu'à travers les verres déformants des dreyfusards que nous sommes presque tous, cent ans après la bataille. Nous ne pourrions pas comprendre la composition hétéroclite des deux camps qui se sont formés l'un contre l'autre si nous refusions d'admettre la sincérité des antidreyfusards – ceux qui furent épargnés, tout conservateurs qu'ils étaient, par le fanatisme antijuif. L'antisémitisme habite l'affaire Dreyfus, c'est lui qui la porte à l'incandescence, mais il n'en est ni l'origine ni le fond. À un certain niveau, l'Affaire ne met pas aux prises des citoyens honnêtes et des racistes, mais, comme le dit Maurice Paléologue, « deux sentiments sacrés, l'amour de la Justice et la religion de la Patrie[15] ».

Les nationalistes sont-ils en continuité avec la Contre-Révolution ?

Comme nous le suggérions plus haut[16], l'affaire Dreyfus a vu l'affrontement central des nationalistes et des « intellectuels ». La question est de savoir ce qui fait l'unité du nationalisme, car à première vue c'est plutôt sa diversité qui frappe. Si l'on met à part l'école maurrassienne, qui naît de l'affaire Dreyfus mais qui imposera ses mots d'ordre de restauration monarchique après que les camps se sont déjà formés, le gros des forces antidreyfusardes se réclame de la République, voire de la Révolution, tout comme leurs adversaires.

Paul Déroulède et ses militants de la Ligue des patriotes se réfèrent explicitement aux grands ancêtres de 1789 et de 1792, et refusent toute compromission avec les nostalgiques de la royauté. Mieux : Juliette Adam, qui anime *La Nouvelle Revue*, d'origine gambettiste à l'instar de la ligue de Déroulède, a été réfractaire, contrairement à celle-ci, au mouvement boulangiste,

Juliette Adam dénonçant, de façon très républicaine, un second Napoléon III dans la personne du « général Revanche ». Ce passé ne l'empêche nullement d'être de plain-pied avec le mouvement antidreyfusiste, y compris dans ses débordements d'antisémitisme. Maurice Barrès lui-même, diffuseur du terme « nationalisme » au cours des années 1890[17], refuse de suivre les conclusions du « nationalisme intégral », auxquelles son admirateur Charles Maurras voudrait l'entraîner[18] : « Je suis las, écrit Barrès, d'entendre parler, de voir écrire sur la Révolution avec des sentiments de partisan. Elle n'a pas été faite par les révolutionnaires à l'assaut, mais par les possédants de Versailles. Robespierre est moins coupable, responsable, laissons ces mots, il est moins actif que Marie-Antoinette et les Polignac. Je vais plus loin, si un Danton, un Marat sont des apaches, Robespierre n'en est pas un et Versailles est plein d'apaches. La France est morte en 1789. Elle n'est pas morte de 1789 ou de 1793, mais elle est venue expirer à cette date. »

Barrès n'aura de cesse, contre Maurras, de se réclamer de tout le passé national, y compris la Révolution et l'Empire qui ont écrit des pages si glorieuses pour le nom français. Et que dire de l'antidreyfusisme issu de l'extrême gauche socialiste, celui des anciens blanquistes Roche ou Granger, celui d'anciens communards comme Paul Martine[19] – antidreyfusisme orchestré par Henri Rochefort et son *Intransigeant* ? Tous, de même que Jules Lemaître et même Ferdinand Brunetière, se réclament de la Révolution, en citent des personnages et des moments en exemple, ce qui suffirait à démontrer qu'il n'y a pas de continuité entre l'école contre-révolutionnaire et le nationalisme fin de siècle. Et pourtant…

Si les nationalistes ne se perçoivent pas, dans la majorité des cas, comme des contre-révolutionnaires, ils n'en reprennent pas moins un lot d'idées-forces et quelques postulats majeurs, comme si la Révolution laissait encore béante la question clé du lien social entre les

Français. La critique la plus manifeste qu'ils adressent aux intellectuels ressemble beaucoup à la critique que faisait Edmund Burke aux constituants de 1789, critique reprise par les maîtres de l'école contre-révolutionnaire, notamment Joseph de Maistre et Louis de Bonald, savoir : on ne fait pas de la politique avec des idées abstraites, des absolus métaphysiques, des principes universels ; la politique doit être dirigée par ce que Barrès appelle « le sens du relatif ».

De même que Joseph de Maistre ignorait l'« Homme », n'ayant jamais eu affaire qu'à des individus concrets, enracinés dans des sociétés données, de même Barrès s'emporte-t-il contre les chimères universalistes des dreyfusards s'employant à défendre leur héros au nom de principes sans portée positive sur la cohésion sociale : « Et jamais mieux on n'a senti la nécessité du relativisme qu'au cours de cette affaire Dreyfus, qui est profondément une orgie de métaphysiciens. Ils jugent tout par l'abstrait. Nous jugerons chaque chose par rapport à la France[20]. »

Qu'est-ce que la France ? Barrès, si ouvert aux thèses ambiantes du biologisme politique, doit en convenir : « Hélas ! il n'y a point de race française, mais un peuple français, une nation française, c'est-à-dire une collectivité de formation politique[21]... » L'impératif est d'assurer la survie de cette nation, sa continuité, sa conservation, d'où s'ensuit la « défense impérieuse de l'armée », qui en est le « support ». De même faut-il travailler à la production et à l'entretien d'une conscience nationale, faute de quoi notre société est menacée de dissociation.

Les nationalistes sont ainsi amenés à critiquer « l'individualisme » des intellectuels, contre lequel ils développent une théorie holiste de la cohésion sociale. « Nous sommes le produit d'une collectivité qui parle en nous », nous sommes ce que nous ont faits notre terre et nos morts, répète Barrès à l'envi. Bien que Barrès, de son propre aveu, n'ait guère lu Bonald, maintes de ses formules n'en rappellent pas moins l'enseignement du théoricien contre-révolutionnaire aux yeux duquel l'individu n'est rien sans la société : « Il faut apprendre, écrit-il, de l'Église ou d'un Auguste Comte par quelle discipline un individu se soumet à la société pour se sauver avec elle[22]. »

Dans sa philippique contre les intellectuels, Brunetière s'en prend lui aussi à l'individualisme qu'ils sont censés exprimer et qui conduit à l'anarchie. Répondant au directeur de la *Revue des Deux Mondes*, Alphonse Darlu, lui-même directeur de la *Revue de métaphysique et de morale*, remet en mémoire de ses lecteurs l'affirmation de Brunetière : « L'institution sociale ne peut avoir d'autre objet que de tendre au perfectionnement de l'espèce, et l'individu n'en saurait avoir d'autre que de tendre au perfectionnement de l'institution sociale. » Ligne de clivage évidente entre dreyfusards et anti-dreyfusards, car, selon Darlu, l'unité nationale est sans doute désirable, mais elle doit être une « libre unité[23] ».

Cet anti-individualisme est encore perceptible dans l'évolution de *La Nouvelle Revue*, dont l'idéologie organiciste est de plus en plus accusée au long des années 1890, comme en témoigne la collaboration de Jules Soury, raciste et anti-intellectualiste viscéral. On y rencontre non seulement l'antisémitisme et la xénophobie, mais aussi des charges contre le protestantisme. Celui-ci est accusé par bon nombre de nationalistes comme un des fourriers de l'individualisme moderne. C'est la doctrine du libre examen, faisant de chaque réformé le prêtre de sa propre religion, qui a introduit l'esprit de division. Il est remarquable que *La Nouvelle Revue*, d'abord républicaine et anticléricale, en vienne à prôner une « nouvelle guerre de Religion » contre le protestantisme, au nom d'une légitimité naturelle du catholicisme[24].

L'individualisme protestant avait déjà subi les foudres de Joseph de Maistre : « Le plus grand ennemi de l'Europe qu'il importe d'étouffer par tous les moyens qui ne sont pas des crimes, l'ulcère funeste qui s'attache à toutes les souverainetés et qui les ronge sans relâche, le fils de l'orgueil, le père de l'anarchie, le dissolvant universel, c'est le protestantisme[25]. » Il appartenait à Maurras de pousser l'attaque jusqu'à faire du protestantisme, au même titre que le judaïsme, une entreprise de décomposition française au profit de quelques familles. Le 27 juin 1897, il commence dans *La Gazette de France* une campagne contre les Monod – le protestant Gabriel Monod étant le directeur-fondateur de *La Revue historique*. Maurras s'efforce de démontrer que le protestantisme a provoqué l'émiettement de la société française, dans laquelle les « tribus » protestantes, restées unifiées grâce aux persécutions, une fois de retour, ont pu se tailler des situations auxquelles une « famille française, c'est-à-dire de traditions et de culture catholique et classique » n'aurait jamais pu prétendre[26]. Une oligarchie d'étrangers (les Monod sont originaires du Danemark) existe, alors qu'une oligarchie indigène est impensable en France, vu la législation républicaine.

Le cas Monod entraîne Maurras, après Barrès, à prendre en considération l'Université (où tant de dreyfusards se sont révélés), et où règne le protestantisme philosophique sous la forme du kantisme : « Car c'est bien le kantisme et l'université criticiste qui servent de ciment à tous les intellectuels », écrit Maurras à Barrès en février 1898[27]. Les « abstractions métaphysiques », selon l'expression de Joseph de Maistre, triomphent dans le dreyfusisme universitaire. En fait, nous dit encore Maurras, l'universalité de l'esprit sous le drapeau de laquelle ces professeurs professent n'est que le masque de leurs ambitions personnelles.

Revenons à l'affaire Dreyfus. Ce qui est en jeu, pour les nationalistes, c'est de dénoncer, comme aurait dit Auguste Comte, « une sédition de l'individu contre l'espèce ». Il y a un véritable crime national dans le fait d'affaiblir l'institution militaire, c'est-à-dire la protection du pays, au nom de l'hypothétique innocence d'un seul individu. Nous avons vu plus haut que certains comme Paul Martine envisageaient l'innocence de Dreyfus comme une donnée accessoire du problème. Maurras y revient :

« S'il nous faut une armée disciplinée, un commandement respecté, s'il nous faut un service d'espionnage et de surveillance, s'il nous faut, en certains sujets très délicats, une certaine somme d'arbitraire intelligent, s'il y a des secrets d'État et des raisons d'État, si la défense et au besoin l'agression nationales nécessitent un appareil particulier, si cela est indispensable, il s'ensuit que non seulement aucun citoyen n'a le droit de mettre en doute ou même d'approuver la sentence rendue à huis clos par un conseil de guerre (approuver c'est juger, on ne juge pas sans connaître, sans posséder les éléments complets de l'information) ; mais encore et surtout, si les institutions que j'ai dites sont nécessaires, il s'ensuit que le préjudice que leur cause le scandale Dreyfus, même dans l'hypothèse où Dreyfus serait innocent (je ne me reconnais point le droit de qualifier ni même de formuler l'hypothèse), ce préjudice est un véritable crime d'État[28]. »

Du reste, Maurras veut bien entrer dans l'hypothèse d'un Dreyfus innocent condamné à la « prison perpétuelle », mais cette « injustice » est peu de chose pour lui au regard d'une « catastrophe armée faute de cohésion ».

Nous sommes donc tentés de rattacher le nationalisme antidreyfusard – celui de ses principaux théoriciens – à quelques idées-forces de la pensée contre-révolutionnaire : apologie du relatif contre l'absolu, du concret contre l'abstrait, holisme contre individualisme… Néanmoins, nous devons reconnaître que dans la généalogie des idées antidreyfusardes, nous rencontrons des penseurs, critiques certes du libéralisme et de la Révolution, mais étrangers à la mouvance contre-révolutionnaire. C'est le cas d'Auguste Comte (et de son maître Saint-Simon), c'est le cas de Taine et de Renan, références souvent explicites… Le XIXe siècle a produit une pensée organiciste détachée du modèle catholique traditionnel, où concourent le darwinisme social, l'anthropologie, la biologie et autres sciences en plein essor. Le modèle du contrat social qui, au XVIIIe siècle, plaçait l'individu avant la société, et la société comme le fruit d'un contrat entre individus, ce modèle résiste mal aux théories nouvelles. La sociologie elle-même, telle qu'elle se définit chez Auguste Comte, telle qu'elle s'approfondit plus tard chez Durkheim, conforte la primauté du social sur l'individuel comme présupposé de la science nouvelle. Le socialisme, à son tour, diffuse l'idée de la prépondérance du collectif. La religion n'est plus capable de cimenter l'âme du peuple, les nationalistes, obsédés par la décadence, s'emploient à freiner celle-ci en cherchant un nouveau principe unifiant. Les solutions politiques sont diverses : du républicanisme conservateur d'un Joseph de Maistre au nationalisme intégral de Charles Maurras ou au socialisme national de certains épigones de Blanqui, en passant par la république plébiscitaire d'un Paul Déroulède que soutient Barrès. Point d'« individu historique » non plus, capable de réaliser l'unanimité nationale. Dès lors, le nationalisme se replie sur quelques institutions impérissables, dont l'armée est la plus sûre. Il s'emploie surtout à dénoncer les ennemis de l'intérieur dans leur œuvre de sape : le parlementarisme, les intellectuels, les Juifs, les protestants, les étrangers, les francs-maçons, dont la complicité est dénoncée sous le vocable de Syndicat.

La mythologie nationaliste est accueillie avec faveur dans de nombreuses couches de la population, toutes classes confondues, comme en témoignent les succès électoraux de ses listes à Paris, en 1900 (municipales) et en 1902 (législatives). La cohérence de cette mythologie est sujette à caution, étant donné le caractère hétéroclite de ses inventeurs et diffuseurs. Qu'y a-t-il de commun entre un Rochefort et un Maurras ? Peut-être un même rejet de la république parlementaire, où les affairistes supplantent les idéalistes... Mais des représentants de cette république modérée, « opportuniste » et haïssable, les plus nombreux ne suivent-ils pas Jules Méline dans son hostilité au dreyfusisme ? Certes, chacun a les alliés qu'il peut, mais il en résulte une difficulté à vouloir unifier chacun des deux camps sous une même bannière.

Le nationalisme né de l'affaire Dreyfus n'a eu ni unité ni véritable durée. Maurice Barrès, qui en fut le chantre le plus éloquent, s'en est assez vite rendu compte, déclarant, désabusé, en 1905 : « J'ai été du baptême du nationalisme, je suis de son enterrement[29]. »

Les intellectuels ont-ils les mains blanches ?

Comme on sait, l'affaire Dreyfus fut l'occasion de l'entrée en force des *intellectuels* dans le débat publique. Clemenceau avait lancé ce substantif ; Barrès le reprit au vol pour le pourfendre, s'en gausser, juger de haut la prétention de ces clercs à juger des choses politiques sous prétexte qu'ils avaient acquis une réputation ou rêvaient d'en acquérir une dans un domaine spécialisé de la connaissance. Brunetière, à son tour, s'employa à plusieurs reprises à ridiculiser les signataires de la pétition favorable à la révision du procès Dreyfus et qui avait été lancée au lendemain du « J'accuse » de Zola :

« Et cette pétition que l'on fait circuler parmi les *intellectuels*, s'écrie Brunetière lors d'un dîner chez Mme Aubernon. Le seul fait que l'on ait récemment créé ce mot d'*intellectuels* pour désigner, comme une sorte de caste nobiliaire, les gens qui vivent dans les laboratoires et les bibliothèques, ce fait seul dénonce un des travers les plus ridicules de notre époque, je veux dire la prétention de hausser les écrivains, les savants, les professeurs, les philologues, au rang des surhommes. Les aptitudes intellectuelles, que certes je ne méprise pas, n'ont qu'une valeur relative. Pour moi, dans l'ordre social, j'estime beaucoup plus haut la trempe de la volonté, la force du caractère, la sûreté du jugement, l'expérience pratique. Ainsi je n'hésite pas à placer tel agriculteur ou tel négociant, que je connais, fort au-dessus de tel érudit ou de tel biologiste ou de tel mathématicien qu'il ne me plaît pas de nommer[30]… »

Cependant, par sa diatribe réitérée contre les « intellectuels », Brunetière ne faisait pas autre chose qu'exercer un rôle d'intellectuel. Moyennant sa fonction de critique littéraire, il se fondait en expert de la chose publique, ce qu'il reprochait précisément à ses confrères, qui eurent beau jeu de lui renvoyer le compliment. L'anti-intellectualisme ne s'évadait pas de la catégorie intellectuelle, et les anti-intellectuels n'étaient que d'autres intellectuels. Disons pour simplifier qu'une bataille s'ouvre entre intellectuels de gauche – ceux qui se retrouveront au bas de la pétition révisionniste – et intellectuels de droite – ceux dont les noms sont donnés plus tard en faveur de la Ligue de la patrie française, formée justement aux fins de démontrer que toute l'Université, que tous les écrivains et les savants ne sont pas des dreyfusistes. Dès lors, on peut se demander ce qui poussait les uns et les autres à s'engager dans l'une ou l'autre liste.

Pareille interrogation a retenu l'attention des contemporains autant que la nôtre, les sociologues d'hier comme ceux d'aujourd'hui s'efforçant d'expliquer les positionnements respectifs sur l'axe dreyfusisme-antidreyfusisme.

Paul Bourget, si l'on accepte de ranger dans la corporation ce romancier mondain, si admiré et si influent dans la bonne société de la Belle Époque, nous propose une lecture simple des engagements respectifs. Dans son roman *L'Étape*, il dresse un parallèle détaillé entre deux hommes, deux collègues, anciens normaliens et professeurs à la Sorbonne l'un et l'autre, Joseph Monneron et Victor Ferrand. L'un est dreyfusard, l'autre antidreyfusard. L'explication est lumineuse. Monneron est un déclassé « par le haut » ; un homme issu d'une famille paysanne, arrivé grâce aux concours d'État à occuper un poste d'élite, après avoir brûlé les étapes qui polissent, qui affinent, qui civilisent. Ce professeur, radical et libre-penseur, est un jacobin déraciné, naturellement partisan de la révision. Ferrand, au contraire, est issu d'une famille de propriétaires angevins, suffisamment riche pour n'avoir pas à dépendre de son traitement ; il est catholique, disciple de Bonald et de Le Play : tout le porte à l'antidreyfusisme. Opposition nette et sans bavure, déterminisme impérieux, Bourget connaît son monde : les parvenus alimentent le dreyfusisme, les héritiers confortent l'antidreyfusisme.

Cependant, on a voulu démontrer plus récemment que le choix n'était pas si simple. Voici deux grands noms du Collège de France, Louis Havet et Auguste Longnon. Le premier, latiniste, est issu d'une illustre famille, son père étant déjà professeur au Collège de France et membre de l'Institut et son beau-père receveur des finances de la Seine. Le second, titulaire de la chaire de géographie historique du Collège, est un autodidacte, fils d'un maître bottier. Or, Harvet est dreyfusard et Longnon antidreyfusard. C'est logique, nous dit Christophe Charle, car le premier peut « se libérer des préjugés et des conformismes. Son dreyfusisme ardent est l'occasion d'affirmer sa position d'aristocrate de l'esprit pour qui l'autonomie de la corporation à laquelle il appartient par droit de naissance peut s'opposer à tous les pouvoirs, quels qu'ils soient[31] ». Le second, Auguste Longnon, achève au contraire par son antidreyfusisme ce qu'il avait entrepris dans ses œuvres, à « s'agréger définitivement aux dominants ». Faut-il donc inverser la formule de Paul Bourget et dire que les parvenus sont logiquement antidreyfusards (par conformisme) et les héritiers, dreyfusards (grâce à leur capital social) ?

Si c'est une loi sociologique, nous aurons donc deux camps intellectuels bien faciles à distinguer. Malheureusement, ladite loi est loin d'être vérifiée, puisque l'on trouve dans les deux listes antagonistes toutes les exceptions à la règle. Dans les deux camps, on rencontre des membres de l'« élite » et des « dominés », des héritiers et des parvenus, des obscurs et des illustres. On peut, certes, raffiner l'analyse, selon les générations, les établissements d'enseignement pour les universitaires, le type de littérature à laquelle on se consacre pour les écrivains, etc. Mais l'important reste, à tout prendre, le type de discours tenu de part et d'autre, le contenu idéologique de la bataille, son retentissement dans l'histoire. Du reste, l'approche sociologique la plus subtile n'empêche pas une conclusion sur les deux camps qui met en relief l'« optimisme de la vague démocratique rompant toutes les barrières de caste de l'"intellectuel" de gauche, héritier du messianisme de Michelet, contre le pessimisme de la forteresse assiégée de l'"élite" menacée par la foule ou de la nation corrompue par les minorités étrangères des "intellectuels" de droite[32] ». Nous voilà bien revenus à l'idéologique.

Le mérite de l'interprétation utilitariste est de nous rappeler que les engagements des intellectuels n'échappent pas à la loi de l'intérêt individuel. En prenant parti pour tel ou tel idéal, chacun des signataires n'accomplit pas un acte de pure morale. Il est amené à prendre position soit pour un profit – symbolique ou matériel –, soit parce qu'il est pris dans un « réseau de contagion », où se mêlent mimétisme, arrivisme, intimidation, reconnaissance envers un maître, hostilité envers un rival… Les motivations mêlent grandeur et petitesse, intelligence et conformisme, affirmation de soi ou anéantissement de soi dans le collectif. Mais qu'est-ce que cela change ? On a beau nous dire que les dreyfusards sont, en moyenne, plus jeunes, moins diplômés, plus nombreux chez les historiens[33] et les sociologues que chez les littéraires[34]…, tout cela est intéressant, mais peu bouleversant au regard de la question de principe, du conflit idéologique[35].

Voici le cas le plus fameux, celui de Barrès. À en croire certains, il aurait dû incliner au dreyfusisme, étant donné l'image qu'il avait acquise dans la jeunesse, l'avant-garde, et aux yeux des observateurs contemporains. Ainsi, Léon Blum, dans ses *Souvenirs*, nous explique sa déception quand, après avoir rendu visite au célèbre écrivain, admiré par lui et ses amis de la *Revue blanche*, il ne parvient pas à l'entraîner dans le camp de Zola. Tout s'expliquerait donc par la loi de l'intérêt personnel : pourquoi Barrès verse-t-il dans le camp antidreyfusard ? Parce que, à défaut d'occuper la première place dans le dreyfusisme, déjà prise, il voulut être le Zola du camp d'en face, la seule place disponible[36].

L'ennui est que Barrès, au début de l'année 1898, a déjà montré de quel côté son cœur balance. Cet ancien boulangiste a publié l'année précédente *Les Déracinés*, qui contient toute la thèse du nationalisme. C'est par une illusion d'admirateurs que Blum et ses amis se sont imaginé un moment rallier Barrès. Non point parce que Barrès voit son hypothétique avenir dreyfusiste barré par Zola, mais parce que cet ami de Déroulède, depuis plusieurs années, ressasse les idées qui vont constituer son nationalisme. Du reste, lorsque Lucien Herr lui signifie sa rupture avec lui, à quoi fait-il allusion, sinon au contenu idéologique des *Déracinés* ?

« Il y a chez vous une idée *constante* [c'est nous qui soulignons]… C'est l'idée de la race, et des sous-races dans la race : c'est l'idée des petites patries locales se fondant dans les petites patries provinciales, et des petites patries provinciales se rejoignant dans leur résultante commune, dans la grande patrie française, substance unique, âme que vous voulez close et intangible. […]

« Vous avez contre vous à la fois le vrai peuple et les hommes de volonté réfléchie, les déracinés, ou, si vous le voulez bien, les désintéressés, la plupart des hommes qui savent faire passer le droit et un idéal de justice avant leurs personnes, avant leurs instincts de nature et leurs égoïsmes de groupes[37]. »

C'était une autre façon de répliquer aux contempteurs de l'individualisme des dreyfusards. Dans cette querelle lancée par Brunetière, il ne manquait pas d'y avoir un certain malentendu. Le directeur de la *Revue des Deux Mondes* eût peut-être repris à son compte la formule de Lamennais : « L'homme seul n'est qu'un fragment d'être ; l'être véritable est l'être collectif. » Mais l'individualisme dont il taxait ses adversaires était un mot ambigu. Alphonse Darlu, dans sa réplique, tout en défendant le « principe individualiste », équivalent à l'affranchissement de l'individu de toute autorité extérieure, n'en revendiquait pas moins un équilibre entre les « libertés nécessaires » et les « autorités légitimes » :

« Il apparaît tout de suite, écrivait-il, que les deux termes, l'individu et la société ne peuvent être séparés l'un de l'autre, que la réalité de la vie humaine est faite de l'union, et que par suite la vérité ne se trouve pas dans l'un des deux pris séparément[38]. »

L'influence de Kant, notamment par le truchement de Renouvier, était manifeste dans l'attitude philosophique de nombreux intellectuels dreyfusards[39]. Émile Durkheim, répliquant à son tour à Brunetière, fit grief à celui-ci de confondre deux individualismes, celui de Spencer et des économistes libéraux, pour lesquels il n'est rien au-dessus des intérêts individuels, et l'individualisme de Rousseau, de Kant, des droits de l'homme – où l'individuel et le social sont les deux volets d'une anthropologie morale unifiée[40]. Les théories de l'individualisme qui placent la personne humaine « au-dessus de l'État », disait Durkheim, « ne sont pas moins sensibles aux droits de la collectivité qu'à ceux de l'individu ». Aussi soucieux de cohésion sociale que ses adversaires nationalistes, il affirmait la nécessité d'« un même but », d'une « même foi » entre les citoyens. Cette foi, la seule possible désormais, ce devait être « la religion de l'humanité […], dont la morale individualiste est l'expression rationnelle ». Dans une société complexifiée par la division du travail, l'idée de la personne humaine est seule capable de maintenir une communauté spirituelle. L'individualisme, en défendant les droits de chacun, défend du même mouvement le principe même du lien social – « cette dernière réserve d'idées et de sentiments collectifs qui sont l'âme même de la nation ».

Ce souci de la communauté historique dans laquelle s'épanouit la liberté individuelle n'est pourtant pas le fait de tous les dreyfusards. Une position radicale de la fonction intellectuelle a été ainsi exprimée par Julien Benda. À ses yeux, un intellectuel, un « clerc » comme il dit, était avant tout un rationaliste, indifférent aux « conséquences temporelles » de l'exercice de la raison : « Ce qui me révoltait, écrit-il, chez les Barrès, les Maurras, les Lemaître, c'était leur acharnement à clamer que le signe du vrai intellectuel était de savoir plier la raison aux intérêts de la société. Cette doctrine, que j'acceptais chez des hommes d'État, je la tenais pour infamante chez des prêtres de l'esprit. J'avais déjà très net le sens du clerc et de sa traîtrise[41]. »

Ici, nous sommes très loin de cette espèce de complémentarité *patriotique*, transcendant le conflit, par laquelle Péguy réunissait le meilleur des dreyfusards et des antidreyfusards. Benda accorde à ses adversaires nationalistes qu'un intellectuel ne se soucie pas des suites concrètes de ses actes : son univers est celui de la « justice abstraite[42] ».

C'est donc un fait : dreyfusisme et antidreyfusisme ne s'opposent pas l'un à l'autre avec des bataillons homogènes. Il reste que la ligne de démarcation entre les deux camps passe, globalement, entre deux conceptions de l'individu dans ses rapports avec la société. Les nationalistes ont formulé nettement – qu'ils soient antisémites comme Barrès ou s'affirmant seulement patriotes comme Brunetière – la primauté de la société sur l'individu. Que Dreyfus soit innocent, les nationalistes ne pouvaient pas en admettre l'éventualité par respect pour les conseils de guerre, seuls compétents en la matière.

Que si, malgré tout, il était avéré que Dreyfus fût innocent, la plupart d'entre eux semblent prêts à en faire le sacrifice sur l'autel de la cohésion nationale. À sa façon provocante, c'est bien ce qu'exprime Paul Léautaud en donnant son obole pour le monument Henry : « Pour l'ordre, contre la justice et la vérité. »

De leur côté, les intellectuels de gauche reprennent l'enseignement du Siècle des lumières en faveur du droit imprescriptible des individus. Par exemple Condorcet : « L'intérêt de puissance et de richesse d'une nation doit disparaître devant le droit d'un seul homme. » Les uns furent sensibles surtout à l'idée de justice – c'est par elle que Jaurès réussit à convaincre ses amis socialistes de s'engager dans une affaire perçue d'abord comme une querelle interne à la bourgeoisie : Dreyfus en innocent condamné cessait d'appartenir à une classe sociale ; sa cause devenait un précipité de l'universelle injustice dont le prolétariat faisait quotidiennement les frais. Il y avait homologie entre la victime individuelle de l'erreur judiciaire et la victime collective du capitalisme. D'autres furent d'abord mobilisés par l'impératif de la vérité, comme ce fut le cas d'Émile Duclaux, directeur de l'Institut Pasteur[43]. Mais, quels que fussent leurs intérêts personnels évoqués plus haut, il me paraît qu'on ne doit pas tenir pour accessoire ce qui en a tant mobilisé, et qui s'appelle la conviction[44]. Zola, Duclaux, France, Darlu, la pétition des révisionnistes, d'un côté ; Brunetière, Barrès, Lemaître, Maurras, la pétition de la Ligue de la patrie française, en face : l'histoire des intellectuels commence, l'affaire Dreyfus en est le lever de rideau.

Catholicisme et antidreyfusisme sont-ils synonymes ?

L'Église catholique de France eut à pâtir, plus que tout autre groupe, de la victoire politique du dreyfusisme. C'est que, comme l'observe Georges Sorel, « le monde catholique marcha, avec un ensemble presque absolu, contre la révision[45] ». Sorel explicite son « presque » en mentionnant, en note marginale, le comité formé par Paul Viollet, regroupant quelques centaines de catholiques dreyfusards. Nous avons eu connaissance plus récemment d'un inventaire plus complet sur ceux qui ont refusé de suivre la majorité de leurs coreligionnaires dans l'antidreyfusisme[46]. L'idée qu'on a d'ordinaire de l'attitude des catholiques est conditionnée par le bruit fait par certains journaux catholiques et antisémites, comme *La Croix* (et les *Croix* de province) ou *Le Pèlerin*, et aussi par l'expression du populisme, anticapitaliste et antisémite, si courant chez les catholiques sociaux et les démocrates-chrétiens[47]. En fait, la majorité des pratiquants paraît avoir suivi la majorité des Français : d'abord antidreyfusarde, non sans prudence, puis peu à peu convaincue, surtout après le suicide du colonel Henry, de la nécessité d'une révision. Antidreyfusisme diffus, assez discret, et évolutif, voilà pour le grand nombre, clergé et hiérarchie compris.

Il y eut cependant une petite minorité de catholiques dreyfusards, qui se recrutèrent principalement dans les rangs du catholicisme libéral ou du libéralisme catholique. Celui-ci est particulièrement bien représenté par Anatole Leroy-Beaulieu, professeur à l'École libre des sciences politiques, dont il devait être le directeur de 1906 à sa mort, en 1912. Son ouvrage, *Israël chez les nations*, réquisitoire contre l'antisémitisme publié dès 1893, annonçait son engagement aux côtés des révisionnistes. Jugeant des ravages qu'allaient provoquer « quelques feuilles soi-disant religieuses et des emportements des antisémites soi-disant catholiques », dont l'anticléricalisme militant allait prendre prétexte dans sa lutte contre l'Église, il reprochait aux évêques leur silence coupable. Quelques autres noms d'anticonformistes sont à citer, surtout Paul Viollet, historien et membre de l'Institut, fondateur du Comité catholique pour la Défense du Droit, créé le 9 février 1899, après avoir été du groupe fondateur de la Ligue pour la défense des droits de l'homme, autour du sénateur Trarieux. Ce Comité ne regroupa pas « quelques centaines » de noms, comme le dit Sorel, mais, autour de la vingtaine de membres officiels qui le constituaient, 118 sympathisants, appartenant en majorité à une « aile avancée du catholicisme libéral », se réclamant des « principes de 1789 », désireux d'allier « l'amour de la religion au culte des libertés ». Cependant, le dreyfusisme catholique était loin de se confondre avec une école ; sa diversité est frappante, non seulement sociologique, mais idéologique : « En fait, écrit J.-M. Mayeur, au sein de chaque famille d'esprits et de chaque école de pensée se creusent des fractures. Des hommes quittent leur monde d'origine et se retrouvent au côté des adversaires et des étrangers de la veille. »

Encore une fois : nuances. Mais encore une fois nuances propres à corriger la généralisation, mais non à remettre en cause le fait d'une adhésion massive sinon de l'Église, à tout le moins de « la masse sociologique du catholicisme français » à l'antidreyfusisme[48]. On peut juger qu'il y avait là une maladresse de la part de ceux qui avaient accepté le « ralliement » à la République préconisé par Léon XIII. Mais cette affirmation est rétrospective, car, en 1898, au moment où l'Affaire éclate véritablement, après le procès Esterhazy et le « J'accuse » de Zola, la majorité républicaine donne encore sa confiance à Méline et ne veut pas contester la chose jugée. Paradoxalement, l'antidreyfusisme catholique, du moins pour les moins engagés dans le mouvement nationaliste, n'est pas incompatible avec « l'esprit nouveau » et le ralliement : c'est en affirmant leur patriotisme, leur respect de l'armée, leur mépris pour la trahison, que les catholiques s'imaginent servir au mieux leur intégration dans la République. Hormis leurs bataillons antisémites, la masse suit l'évolution globale de l'opinion, comme on l'a dit. Ce qui rejette finalement l'ensemble du clergé et des catholiques dans l'antidreyfusisme c'est certainement l'action menée, d'abord par Waldeck-Rousseau, puis beaucoup plus violemment par Émile Combes, contre les congrégations.

Il n'est pas douteux que la presse des Assomptionnistes et les divers mouvements catholiques, partie prenante de l'antisémitisme et de l'antidreyfusisme, ont été pour beaucoup dans le redoublement de l'anticléricalisme et la formation d'une mythologie de complot désignant la collusion de l'armée et des moines ligueurs. Incapable de désavouer ses furieux et ses fanatiques, l'Église romaine dut subir la répression vengeresse de ceux qui croyaient ou feignaient de croire à son action occulte, *via* notamment la Compagnie de Jésus. Sorel cite, à ce propos, Jonnard, républicain modéré, écrivant dans *Le Figaro* : « Quelle force les derniers événements et la propagande de *La Libre Parole* et des moines ligueurs de *La Croix* ne donnent-ils pas à l'argumentation de ceux qui estiment que la République, comme la monarchie, ne peut supporter chez elle certaines associations considérables, puissantes et riches, conspirant sans cesse contre sa sécurité et l'ordre public[49]. »

Les élections de 1902 étant favorables au Bloc des gauches, les derniers espoirs des catholiques s'effondraient. Le combisme allait s'affirmer comme une politique d'hostilité résolue à l'Église. De proche en proche, on en arriva à la loi de Séparation des Églises et de l'État de décembre 1905, qui se révéla – la querelle des Inventaires une fois achevée, en 1906 – une loi d'apaisement. Néanmoins, du strict point de vue catholique et romain, cette loi sanctionnait une nouvelle étape dans la sécularisation de la société française et heurtait les convictions de la majorité. Celle-ci pouvait donc regretter de n'avoir pas pu compter sur une grande voix qui eût préservé les catholiques d'un nouveau rejet par les artisans de la Défense républicaine[50]. L'affaire Dreyfus eut pour effet de préciser la doctrine républicaine, mais c'était aux dépens d'un catholicisme qui était promis à rester exclu du système républicain. Pour longtemps, le catholicisme politique serait amené à se localiser à droite. La carence des évêques français, comme le regrettait Anatole Leroy-Beaulieu, aura été lourde de conséquences ; l'influence « désastreuse », comme le reprochait Paul Viollet à Brunetière, des antidreyfusards s'affichant catholiques a tout autant pesé en faveur de l'anticléricalisme de combat. En temps de crise, la montée aux extrêmes est la loi : les catholiques modérés, les ralliés, les politiques, n'eurent, à quelques exceptions près, ni la lucidité ni le courage d'enrayer les débordements d'une nouvelle Ligue, dont le fanatisme aveugle coûta cher aux intérêts catholiques. Ce n'est pas le ralliement qui fait question au cours de l'Affaire, mais plutôt l'aptitude des catholiques à penser les rapports de la religion et de la politique dans une société sécularisée.

L'affaire Dreyfus a été un révélateur de société et un accélérateur d'histoire. Elle a posé *in vivo* la question séculaire des rapports entre l'individu et la société. Question philosophique centrale, dont les points d'application ont été la justice d'exception, l'immunité de l'armée, la place de l'Église catholique. Dans une société atteinte par les effets cumulés de la modernité (l'affaiblissement relatif de l'économie rurale, la baisse de la pratique religieuse, le parlementarisme, la liberté de la presse, la « dénatalité », les innovations techniques, la division du travail croissante, la mobilité sociale, etc.), une réaction se produit dans une partie du corps social. En un sens, elle prolonge la protestation contre-révolutionnaire, mais les limites politiques de la Contre-Révolution sont patentes ; elle s'exprime mieux par les diverses affirmations d'un nationalisme, dont l'audience gagne de larges couches populaires.

Expression moderne du refus de la société individualiste et pluraliste, le nationalisme sort vaincu de l'affaire Dreyfus, mais non anéanti. Il reprend vie sur les retombées de la bataille dans son expression la plus élaborée, l'Action française, dont l'influence fut profonde dans les milieux catholiques et intellectuels, jusqu'à sa compromission finale avec le régime de Vichy. L'autre branche du nationalisme, le national-populisme, survécut à Paul Déroulède et aux organes antisémites : des ligues des années 1930 au Front national de J.-M. Le Pen, on peut en suivre le cours souterrain et les résurgences. D'autres séductions et d'autres événements nourriront le courant : le fascisme, l'anticommunisme, Vichy, la collaboration, les guerres perdues de la décolonisation, les « désillusions du progrès », l'immigration arabo-musulmane... Mais, quelles que soient ses nouveautés et ses inflexions, le nationalisme a continué d'exercer sa puissance d'attraction, à la fois sur les soldats désœuvrés des guerres perdues et sur un nombre appréciable de gens effrayés par l'évolution du monde, le rythme du changement, et la menace « cosmopolite » comme eût dit Barrès.

L'affaire Dreyfus était survenue à souhait pour les défenseurs de l'ordre perdu à restaurer. Quel ordre ? Le catholicisme, moins par ses dogmes[51] que par ses valeurs de tradition et ses pratiques de hiérarchie, fut instrumentalisé par les antidreyfusards les moins pieux et les plus éloquents, mais avec la complicité du populisme antisémite diffusé par la presse congréganiste : l'Église fut célébrée comme une composante essentielle de l'héritage national[52]. Forts de cette référence identitaire, les nationalistes désignèrent leurs ennemis dans les protestants, les Juifs, les étrangers, les francs-maçons et les parlementaires – et peut-être plus encore dans les « intellectuels », nouveaux acteurs politiques, dont l'émergence est liée à l'essor de l'Université[53], et qu'ils accusaient de sacrifier la cohésion sociale aux droits de l'individu, le relatif (charnel) à l'absolu (exsangue), le particulier national à l'universel abstrait.

Le débat, d'abord moral et savant (la question de principe se doublant de la question méthodologique sur le dossier de la condamnation), vire au conflit politique dès lors que pointe le danger des ligues factieuses. Celles-ci sont vaincues, à la fois par la détermination du gouvernement de Défense républicaine présidé par Waldeck-Rousseau et par les élections législatives de 1902, malgré leurs succès dans la capitale. L'affrontement cesse alors d'opposer dreyfusards et antidreyfusards ; on en revient, *mutatis mutandis*, au face à face des deux France, celui du 16 Mai (1877). L'esprit nouveau préconisé par les républicains modérés dans les années 1890, à la suite du ralliement conseillé à ses fidèles par Léon XIII et, parallèlement, en raison de la montée du socialisme, avait favorisé le rapprochement du centre gauche et de la droite sous le gouvernement Méline. L'affaire Dreyfus y met fin, en réactivant la dualité droite-gauche au détriment des catholiques.

Ceux-ci, cependant, surent par la suite se démarquer du national-catholicisme et des outrances indéfendables de leurs moines-soldats. Pour les catholiques français, il n'y aurait plus d'affaire Dreyfus. Lentement, en profondeur, et moyennant quelques pas en arrière, l'Église romaine finit par accepter le principe du pluralisme religieux et politique. La condamnation des thèses de Maurras et de l'Action française – avec lesquelles tant de catholiques s'étaient compromis – marqua, de ce point de vue, un tournant plus que symbolique. Comme libérés d'une hégémonie intellectuelle et politique qui pesait sur leurs aînés, les nouvelles générations catholiques nourrirent de leur réflexion et de leurs engagements une nouvelle adhésion à la République et à la démocratie. Un de leurs chefs de file, Emmanuel Mounier, fondateur de la revue *Esprit* en 1932, publia en 1950, peu de temps avant de mourir, un recueil d'articles sous un titre suggestif : *Feu la Chrétienté*. Cela voulait dire que les catholiques devaient surmonter le « danger de temporaliser le christianisme », éviter la confusion du politique et du religieux, ne plus avoir la nostalgie d'une chrétienté fondée sur les liens étroits entre l'Église et le gouvernement du monde profane. De la société close à la société ouverte, l'enseignement catholique dut s'adapter, accepter les compromis, abandonner une bonne fois pour toutes son « utopie théocratique » (Jacques Maritain), quitte à christianiser certains articles de foi de ses adversaires, comme la Déclaration des droits de l'homme. Le concile Vatican II, au milieu des années 1960, a consommé ces nouvelles raisons romaines. Déjà, les catholiques français avaient repris place dans la République – quatrième du nom –, *via* la France libre et la Résistance, dont le chef catholique et les soldats chrétiens compensèrent par leurs actes les complaisances de l'épiscopat pour le régime de la Révolution nationale – dernier avatar sur fond de guerre mondiale de la Contre-Révolution et du nationalisme.

L'antisémitisme, propagé au temps de l'Affaire par les Assomptionnistes et tant de catholiques sociaux ou démocrates-chrétiens, fut éradiqué du monde catholique, ou du moins marginalisé dans la tendance intégriste. La Fédération nationale catholique, créée en 1924 par le général de Castelnau pour la défense des intérêts catholiques face au Cartel des gauches, rejette toute espèce d'antisémitisme et gagne à sa cause quelques personnalités juives notables[54]. Il suffit, pour constater l'évolution, de comparer *La Croix* d'aujourd'hui à *La Croix* des années 1890. Tout se passe comme si l'affaire Dreyfus et ce qui s'ensuivit, cette nouvelle guerre de Religion conduisant à la Séparation, avait mithridatisé le catholicisme contre ses nostalgies de chrétienté et ses démonologies vengeresses. Le modèle catholique – l'armature d'ordre, sans le contenu évangélique – continue d'être la référence identitaire des néo-nationalistes, mais les catholiques pratiquants, dans leur grande majorité, refusent désormais l'instrumentalisation politique de leur foi.

Du côté des intellectuels, l'affaire Dreyfus retentit comme un manifeste inaugural. Universitaires, écrivains, artistes dans une moindre mesure, leurs noms se sont alignés, d'abord en faveur de la révision. D'autres, contestant cette prétention nouvelle, ont constitué des listes rivales, devenant eux-mêmes, malgré qu'ils en eussent, des « intellectuels ». Désormais, intellectuels de gauche et intellectuels de droite ne resteront plus insensibles aux bruits du forum.

Dans les lendemains de la crise, un certain nombre de dreyfusards de la première heure dénoncèrent la politique d'Émile Combes – répression aveugle et course aux places – à laquelle tant de leurs pairs attachèrent leurs noms. Charles Péguy, Georges Sorel, les collaborateurs de la revue *Le Mouvement socialiste* se manifestèrent, en cette période du post-dreyfusisme, par leur critique acerbe du rôle de Jaurès au sein du Bloc des gauches[55]. Le dreyfusisme, selon la formule célèbre de Péguy, était tombé de la « mystique » à la « politique ».

Un problème moral était posé : où commençait, où s'arrêtait la fonction des intellectuels. À sa manière, Julien Benda fustigea les intellectuels partisans, en 1927, dans un ouvrage au titre retentissant, *La Trahison des clercs*. C'était pourtant quelques années avant la mobilisation généralisée des intellectuels dans les grandes batailles politiques. L'histoire de leurs engagements et de leurs contradictions portera, plus que toute autre, la marque indélébile de l'événement fondateur qu'aura été l'affaire Dreyfus.

19

La Rocque dans la droite française

La question du fascisme français est une pomme de discorde que l'on croyait depuis longtemps digérée. Il n'en est rien. Deux ouvrages viennent de réactiver la dispute. L'un, *Fascisme français ? 1933-1939* de Robert Soucy, connu sous le titre anglais de *French Fascism. The Second Wave, 1933-1939*, a été traduit en français et, de surcroît, préfacé par Antoine Prost ; l'autre, intitulé *Le Mythe de l'allergie française au fascisme*, est un ouvrage collectif dirigé par le sociologue Michel Dobry[1]. Coup sur coup, ces livres entendent faire la leçon aux historiens qui, à l'instar de Philippe Machefer, René Rémond, Pierre Milza, Serge Berstein, Jacques Julliard ou Philippe Burrin, et quelques autres dont l'auteur de cet article, ont commis la faute de minimiser, voire de nier le phénomène fasciste en France, bien réel pourtant. Soucy regroupe ces historiens dans une « école du consensus » ; Dobry résume leurs convergences dans la « thèse immunitaire », leurs travaux tendant à démontrer que la France des années 1930, la France tout court, était « immunisée contre le fascisme ».

M. Dobry a une hypothèse inspirée par la sociologie de Bourdieu, selon laquelle l'« acharnement » de ces historiens pourrait s'expliquer par des positionnements dans le « champ », autrement dit des intérêts de carrière.

Dobry, usant de la prétérition, ne veut pas s'attarder sur cette motivation, mais ne se retient pas de l'exposer aux fins de disqualifier leurs travaux. Allant plus loin, il suggère que les mêmes auteurs pourraient avoir des raisons idéologiques de « laver l'essentiel de la droite radicale de tout soupçon de parenté ou de voisinage avec les "fascismes authentiques" ». Cette accusation, que le polémiste serait bien en peine de démontrer, fait fi de la diversité des membres supposés de cette école, de leurs cursus universitaires (Philippe Burrin est professeur à Genève, Jacques Julliard, directeur d'études aux hautes Etudes, à côté de Serge Berstein, Pierre Milza, de Sciences Po...). Me trouvant inclus dans cette chapelle pour avoir fait la critique de *Ni droite ni gauche* de Zeev Sternhell, je mets au défi notre censeur de me prouver une quelconque allégeance. Mais M. Dobry a grand-peine à débattre, il insulte : « étranges bévues », « vision essentialiste », « obsession classificatoire », etc. La dispute universitaire, si légitime, si nécessaire, se transforme trop souvent en France en pugilat : M. Dobry en administre une nouvelle preuve.

Comment ne pas le regretter ? Les arguments de l'auteur méritent considération et discussion. Le problème du « fascisme français » n'est pas simple, et le concours des interprétations est ouvert depuis longtemps. Voici les quelques objections que je ferai pour ma part à l'éreinteur :

M. Dobry s'est emparé des mots *allergie* et *immunité*[2], pour fustiger ses adversaires qui feraient de la France une terre impénétrable au fascisme. L'un des premiers historiens à s'être intéressé à la question, Raoul Girardet, a écrit, voilà cinquante ans, un article pionnier qui s'intitulait : « Note sur l'esprit d'un fascisme français, 1934-1940[3] », et qui formulait la notion d'une « imprégnation fasciste ». Aucun des historiens visés par Dobry n'a remis en cause ce phénomène de contagion qui a traversé maints courants politiques, atteint des écrivains importants, gagné de nombreux journaux, et encouragé la naissance d'un certain nombre d'organisations[4]. Restait à évaluer correctement cette « imprégnation » ; restait aussi à répondre à la question : pourquoi la France a-t-elle pu, en ces années 1930, échapper au fascisme, et rester une république parlementaire jusqu'à la défaite militaire de 1940. Ce maintien du régime n'est pas un fantasme, mais une réalité. D'où résulte la question légitime de cette résistance que se sont posée les historiens visés, lesquels ont pu donner des explications variées.

L'objection de M. Dobry porte sur le mot « fasciste ». Les mauvais historiens sont pris, selon lui, d'une « obsession classificatoire ». En donnant une définition du fascisme à partir des modèles réalisés du fascisme italien et du national-socialisme, ils en déduisent la fameuse « allergie », puisque les adeptes de Mussolini et de Hitler n'ont été en France que des marginaux. L'erreur méthodologique, nous expose-t-il, vient en premier lieu de cette démarche réductrice, de cette volonté à vouloir *classer*. Étrange objection, à vrai dire : dans quelle science rejette-t-on la classification ? De la zoologie à la nosologie, la systématique (ou taxinomie) est une pratique nécessaire. Suggérer que classer n'est pas penser, c'est jeter Aristote et Montesquieu au rebut : s'il existe un semblant de science politique, c'est bien parce que des auteurs aussi variés que Max Weber, Hannah Arendt ou Raymond Aron se sont donné la peine d'établir des catégories, des « ideal-type », des typologies. Certes, la classification n'épuise pas l'analyse, et la discipline historienne ne peut se limiter à forger ces distinctions, mais elle tend à éviter la confusion et l'amalgame. Au demeurant, la classification en sciences sociales n'est jamais d'une science certaine, elle varie d'un auteur à l'autre, mais elle sous-tend l'essai de *définition* qui reste un objectif d'intelligibilité des phénomènes sociaux et politiques. Cerner le phénomène fasciste, tenter de saisir sa *nouveauté*, préciser ce qui le distingue des autres mouvements autoritaires, dans le temps et dans l'espace, je ne vois pas là matière à mépris.

Pour en revenir au fascisme français, il est amusant de constater que M. Dobry nous donne quelques bonnes raisons de son improbabilité – ce que, sous d'autres plumes, il fustige sous le nom de « thèse immunitaire ». Les droites autoritaires en France, écrit-il, séduites par les « solutions » mussolinienne et hitlérienne, ne pouvaient pas reprendre « les formulations idéologiques des fascistes italiens » et, bien moins encore, « celles élaborées par les nationaux-socialistes allemands ». L'auteur, qui vient sans le vouloir nous servir une des explications des limites de l'imprégnation fasciste, aurait pu approfondir la réflexion sur ce point, à propos du *pacifisme* des droites autoritaires. Le pacifisme de droite n'est pas une vocation, mais le fruit d'une situation. Il est vrai que M. Dobry ne veut pas prendre en compte le bellicisme du fascisme italien et du nazisme. À mon sens, il s'agit d'une différence de taille entre la France et ces deux pays voisins : à ce moment-là (dans les années 1930), le nationalisme français n'a ni programme de revanche, ni programme de conquête. La France n'est pas immunisée contre le fascisme par *nature* mais par *conjoncture*. Pays vainqueur, ayant récupéré les « provinces perdues », forte du deuxième empire colonial au monde, et, en même temps, affaiblie dans ses profondeurs depuis la Grande Guerre, la France n'est ni dans le cas de l'Allemagne vaincue, ni dans le cas de l'Italie frustrée par les traités de paix.

M. Dobry voudrait, néanmoins, rattacher les droites autoritaires et radicales françaises aux fascismes. La solution consiste à refuser de définir le fascisme. Ou bien on élargit la notion de fascisme à tous les mouvements réactionnaires de l'entre-deux-guerres (régimes de Salazar, Horthy, Franco, etc.) ; c'est le *panfascisme*. Ou bien, comme le suggère Gilbert Allardyce, on limitera « son usage à la désignation d'un phénomène particulier saisi dans sa singularité historique, c'est-à-dire du seul fascisme “originel”, le fascisme italien » ; c’est l’*unifascisme*. M. Dobry évoque cette dernière solution pour la repousser, au bénéfice de la première : « Dans de tels cas, la qualité la plus notable d’une définition peut résider dans sa sobriété – elle peut tenir en une phrase – et son effet le plus remarquable est dans *l’extension extrême* [c’est moi qui souligne] de la population des mouvements, cercles ou courants idéologiques qu’elle découpe dans la réalité historique. »

M. Dobry a raison de rappeler, après tout le monde, « les formidables poussées autoritaires et antidémocratiques qui [dans les années 1930], inégalement et sous des formes variables, ont affecté alors l’essentiel des pays européens ». Si l’on sacrifie, comme le fait l’auteur, la particularité des histoires nationales aux traits communs des mouvements réactionnaires, on pourra désigner ces « poussées » comme un seul et même phénomène – et ce fascisme protoplasmique en vient à annuler la question du fascisme, puisque celui-ci est partout ; il devient, comme dans le langage et les slogans des militants (« Le fascisme ne passera pas ! »), une manière simple, générique, et injurieuse, de nommer l’adversaire. Au contraire, si l’on veut comprendre les contradictions entre ces diverses « poussées antidémocratiques », leurs particularités respectives, leurs implications situationnelles, il me paraît légitime de définir avec quelque précision le fascisme. Et d’y confronter le cas français.

La plupart des auteurs s’accordent pour faire des Croix-de-Feu, devenus en juillet 1936 Parti social français, le nœud de la question. En raison de leur importance numérique, les CDF/PSF (je reprends ici l’abréviation utilisée par Robert Soucy) sont en effet le meilleur test pour évaluer la pénétration du fascisme en France[5].

R. Soucy, qui ne prend pas les mêmes gants que l’auteur précédent, lance, avant même de développer ses arguments, que La Rocque était « un fasciste bon teint » (p. 165). Soucy s'inscrit, en cela, dans une lignée qui a la vie dure. Parti de masse antiparlementaire, parti de classes moyennes bien organisé, voilà soixante-dix ans que les CDF/PSF sont traités de fascistes, leur chef avec eux, ce que la plupart des historiens français de la période ont réfuté. Reprenons les termes du débat, en suivant l'argumentation de R. Soucy.

L'esprit paramilitaire

« Ce qu'il y a d'hitlérien (*sic*) chez La Rocque en 1931, c'était son insistance pour que ses troupes de choc lui obéissent aveuglément » (p. 165) – « Entre 1933 et 1936 les CDF brandirent à de nombreuses reprises la menace d'un coup d'État contre le régime parlementaire » (p. 245).

La Rocque, devenu président des CDF en 1932, organisa le service d'ordre de ses « dispos » (disponibles) de manière quasi militaire : stricte discipline, mobilisations qui ressemblent à des grandes manœuvres, défilés martiaux… C'est bien cet aspect-là qui a accrédité l'appartenance « fasciste » des CDF aux yeux des partis de gauche. Dans le rapport de la commission d'enquête sur le 6 Février, L. Bonnevay concluait que, tout en affichant son légalisme, le colonel de La Rocque « organise, dans le secret, sur tous les points du territoire de véritables mobilisations suivies d'importantes concentrations de ses troupes, comme s'il préparait une marche sur Rome ». Il est vrai que ce même rapport rappelait que lors du 6 Février, La Rocque ne s'était engagé qu'à la dernière heure, « en se gardant de toute compromission avec les émeutiers et de tout appel à la violence ». Attitude qui, rappelons-le, fut aussi celle des anciens combattants communistes de l'ARAC, participant de manière autonome à la journée de protestation. Le radical Pierre Cot, sur le coup, se prête néanmoins à la comparaison : « Comme les fascistes italiens au temps de la marche sur Rome ou comme les bandes hitlériennes avant 1932, [les CDF] étaient organisés en formations militaires ou paramilitaires[6]. »

La comparaison pourtant ne tient guère après l'examen des faits. Quelle commune mesure y a-t-il entre les *squadre* de Mussolini, les SA hitlériennes, et les « dispos » de La Rocque ? Les « Chemises noires » se sont livrées en 1920-1921 à une véritable conquête territoriale de la Vénétie julienne, de la vallée du Pô et de la Toscane au moyen d'expéditions punitives et armées, en usant de toutes les violences contre les communes rurales « rouges ». Bastonnades, mises à sac, incendies, tortures et assassinats ont émaillé cette offensive fasciste[7]. Les SA, de leur côté, furent un instrument de terreur dans l'Allemagne de Weimar, une véritable armée politique multipliant les affrontements sanglants avec les troupes socialistes et, plus encore, communistes. En août 1932, cinq membres des SA sont condamnés à mort pour le meurtre d'un mineur communiste. Hitler, malgré son choix tactique de légalité, fait connaître publiquement sa solidarité avec les assassins : « Mes camarades : face à ce verdict monstrueux et sanglant, je me sens lié à vous dans une loyauté sans limites. À partir de ce moment, votre libération est pour nous une question d'honneur. » Au cours de l'année 1932, les affrontements sanglants se multiplient en Allemagne avec les communistes, et les obsèques des SA tombés dans ces combats deviennent autant de manifestations nazies. Peut-on assimiler les CDF à ces organisations criminelles ?

Pour La Rocque, ses « dispos » sont d'abord un service d'ordre voué à protéger les réunions CDF, tout comme les socialistes et les communistes ont le leur. Ils ont aussi une fonction plus stratégique, provoquer un effet de puissance. Formé au Maroc à l'école de Lyautey, l'ancien officier n'a pas oublié sa formule : « Montrer sa force, pour n'avoir pas à s'en servir. »

Rien de plus impressionnant, en effet, que ces mobilisations massives à une heure donnée secrètement, à Chartres ou à Chantilly, où les militants arrivent en voiture ou à moto, ou que ces défilés en ordre qui s'opposent à ceux du Front populaire, comme celui du 14 juillet 1935, sur les Champs-Élysées. Enfin, les « dispos » ont pour vocation de défendre non pas le régime, mais la société, en cas de tentative de révolution communiste. Montrer sa force, c'est aussi, dans le contexte de guerre civile larvée que connaît la France, montrer à l'adversaire, qui lui aussi fait défiler des dizaines de milliers de personnes, qu'il devra compter sur la riposte des CDF s'il veut s'imposer par la violence. Pas grand-chose à voir avec les coups de main des squadristes italiens ou les sévices des sections d'assaut nazies[8].

S'il y a bien mobilisation de masse, les CDF/PSF ne cherchent pas l'affrontement physique. Reprenons un épisode sanglant qui a, plus que tout autre, identifié, aux yeux de leurs adversaires, les CDF/PSF comme un mouvement fasciste : « l'affaire de Clichy », en mars 1937. La section locale du PSF avait organisé un « gala cinématographique », où serait projeté *La Bataille* de Claude Farrère. Environ quatre cents hommes, quatre-vingts femmes et une dizaine d'enfants se rendront ainsi au cinéma Olympia de Clichy, sur carte d'invitation. Le bruit courait que La Rocque y viendrait. Un appel à la contre-manifestation, signé du maire socialiste et du député communiste, est alors affiché. Le soir du 16 mars, alors que les sirènes de la ville sont mises en action, une attaque des militants de gauche décidés à pénétrer dans le local de la réunion provoque de la part de la police mal dirigée et débordée une fusillade qui fait cinq morts et plus d'une centaine de blessés parmi les militants de gauche, tandis que les forces de police en compteront deux cent cinquante-sept. Le PCF demande alors la dissolution du PSF. La tenue de cette réunion avait été dénoncée comme « provocation », mais les hommes de La Rocque pouvaient invoquer la liberté de réunion, comme le firent observer nombre de journaux. L'instance du parti communiste fut rejetée, mais cet épisode dramatique n'en a pas moins constitué, aux yeux de la gauche, une nouvelle « preuve » du caractère fasciste des troupes de La Rocque, alors que celles-ci n'avaient participé à aucun moment à l'affrontement sanglant[9].

Accuser les CDF, comme le fait R. Soucy, de menace de coup de force n'est guère probant. L'attitude des CDF lors du 6 Février est significative d'un respect de la légalité, d'une volonté de se distinguer des autres associations protestataires, et notamment des extrémistes qui veulent pénétrer dans le Palais-Bourbon. Le témoignage de Léon Blum devant la commission d'enquête est formel : « Si [...] la colonne qui s'avançait sur la rive gauche, aux ordres du colonel de La Rocque, ne s'était pas arrêtée devant le mince barrage de la rue de Bourgogne, nul doute que l'Assemblée aurait été envahie par l'insurrection. »

Même la tenue vestimentaire différencie les CDF/PSF des forces paramilitaires fascistes : les CDF défilent sans uniforme, les uns portant le chapeau mou, les autres le béret ou la casquette. Le magazine *Vu* du 8 février 1934 interroge La Rocque à ce sujet : « Dans notre organisation, répond-il, on a voulu imposer un uniforme ou du moins un commencement d'uniforme. Quand on m'a parlé du béret, j'ai dit : "À quand le pas de l'oie ?" Non. J'aime bien mieux que mes bonshommes défilent en rigolant un peu, qui en chapeau melon et qui en casquette. C'est plus touchant et c'est plus français ! Les Croix-de-Feu, voyez-vous, c'est une grande amitié. »

R. Soucy nous dira que tout cela n'est que ruse, qu'il ne faut prendre à la lettre aucune déclaration politique de La Rocque : ses dénégations ne sont qu'un leurre. Derrière la façade de légalité proclamée, le fasciste se tient prêt : « Qu'il n'ait pas lancé une attaque-suicide en 1935 ou en 1936 n'en fait pas pour autant un personnage moins fasciste que Hitler, qui, après le putsch de Munich, choisit aussi le parti de la prudence » (p. 252). Toutes les déclarations de La Rocque, mais aussi toutes les instructions internes au CDF/PSF, mais encore tous les faits notables des années 1930, n'y feront rien : La Rocque était un fasciste dissimulé.

L'antimarxisme

D'autres éléments encouragent, selon Soucy, la comparaison avec les fascistes italiens et les nazis. L'antimarxisme d'abord. Ou plus exactement (comment un mouvement de droite ne serait-il pas « antimarxiste » ?), « la solution socio-économique que le parti proposait à la place du marxisme » – et qui est, elle, « typiquement fasciste : conciliation au lieu de lutte des classes, corporatisme au lieu de socialisme, syndicats "maison" au lieu de "syndicats révolutionnaires", paix sociale au lieu de grèves sur le tas, hiérarchie au lieu d'égalité, paternalisme bourgeois au lieu de pouvoir de négociation de la classe ouvrière ». En gros, l'analyse est exacte ; conduit-elle à conclure au fascisme ?

Dans leurs aspirations à la « réconciliation nationale », La Rocque et les CDF/PSF utilisent la formule : « Social d'abord ! », en opposition au « Politique d'abord ! » de Maurras. Dans l'immédiat, c'est l'œuvre d'entraide qui mobilise le PSF, et notamment les femmes, chargées des distributions de vivres et de vêtements[10]. Ce sont aussi des revendications : le « minimum de salaire », une durée du travail « déterminée dans le cadre de la profession et de la région », le droit aux « congés annuels payés » dans des conditions toujours négociées « professionnellement et régionalement », etc. Pour l'avenir, il s'agit de rétablir « l'harmonie entre les différentes catégories de la société, améliorer les conditions morales et matérielles du travail, rendre à la famille sa place primordiale, restaurer le patrimoine, réhabiliter la terre ». Cette réconciliation se fera-t-elle par le « corporatisme » ? Oui, mais dans une interview du *Journal,* La Rocque précise : « Quant au corporatisme, nous ne le concevons pas comme la corporation d'autrefois, ni comme celui de M. Mussolini. Nous avons adopté le terme de "profession organisée" auquel nous ajoutons le sens et de la corporation et du régionalisme et de la coopération[11]. »

« Organiser la profession, explique-t-il ailleurs, c'est, dans le plan local, régional, national, réunir entre elles les différentes catégories de travailleurs, depuis l'ouvrier manuel jusqu'au patron, pour une même branche de production. C'est associer entre elles les catégories de productions similaires et complémentaires. C'est juxtaposer, combiner sur l'initiative concertée des intéressés eux-mêmes, les différents éléments humains, techniques, industriels de cette production. C'est provoquer, protéger leur rencontre suivant des modalités une fois établies. Et, au sommet, c'est doter le pays, l'État, leurs gouvernements d'un organe de conseil économique dont les avis seront à la fois obligatoires et librement émis[12]. »

Dans cette perspective, le PSF ne veut pas abolir les syndicats, mais les veut « exclusivement professionnels et régionaux » : « Les hommes d'ordre et de réconciliation ne souhaitent point la disparition des syndicats. Ils les tiennent pour d'indispensables artisans de la renaissance attendue. Ils ne pourraient se passer de leur collaboration. Ils les exigent indépendants des alliances politiques, révolutionnaires, électorales. Ils veulent les rendre à leur destination véritable[13]. »

Certes, ce n'est pas du marxisme. Ce n'est même pas une vision de gauche non marxiste. La Rocque, en bon militaire et en bon catholique, a en horreur la lutte des classes qui divise la nation et entretient la haine sociale. Il est de droite, il est bien de droite. Est-il fasciste pour autant ? Tout comme les papes, il condamne les « excès du capitalisme », et rêve d'un système de

« coopération » généralisé, dont l'État définira le cadre, « mais à l'abri de son ingérence directe ». Déjà, dans *Rerum novarum*, Léon XIII, dénonçant simultanément capitalisme et socialisme, prônait le rapprochement du Capital et du Travail à l'intérieur des corporations, en précisant que celles-ci devaient être encouragées par l'État, sans que celui-ci s'immisce « dans leur gouvernement intérieur ». Cette doctrine sociale, réaffirmée par les successeurs de Léon XIII, valorise les corps intermédiaires contre l'étatisme. L'encyclique *Quadragesimo anno* promulguée par Pie XI en mai 1931 coïncide largement avec la doctrine CDF/PSF : défense de la propriété privée, garantie des droits de l'« individu », condamnation formelle du socialisme et du communisme, lutte contre la misère et contre le libéralisme hostile à l'intervention de l'État, rejet de la lutte des classes, de la grève et du lock-out, et apologie du corporatisme où doivent concourir syndicats ouvriers et patronaux… Le corporatisme d'association préconisé par le PSF s'en inspire, en se démarquant en cela du corporatisme étatique à la Mussolini.

Jacques Nobécourt a éclairci précisément ce point dans sa biographie de La Rocque et observé : « Ces idées se retrouvaient alors dans toute la mouvance du catholicisme social » ; c'était le thème d'études des Semaines sociales d'Angers, au printemps de 1935[14]. Pourquoi Soucy refuse-t-il de considérer à ce sujet les sources d'inspiration catholique dans le programme de La Rocque ? Pour lui, cette inspiration chrétienne n'est que clientélisme et ne vaut guère mieux que la défense opportuniste de l'Église par les fascistes : « Même Doriot se rendit compte en 1938 qu'il était nécessaire de glorifier la spiritualité des cathédrales de France » (p. 428). On appréciera la force de l'argument.

Autre chose est de défendre à bon escient, en telle ou telle circonstance, les intérêts de l'Église catholique, autre chose est l'inspiration « catholique sociale » dont La Rocque et ses idées sont profondément imprégnés.

Notre auteur paraît plus raisonnable en écrivant : « Il [La Rocque] s'opposait au catholicisme de gauche (celui, disons, d'Emmanuel Mounier) et se présentait comme une forme de catholicisme politiquement autoritaire et socialement conservateur » (p. 281). Dont acte. Mais aucun historien sensé n'a jamais prétendu faire du chef des Croix-de-Feu un catholique de gauche – le catholicisme de gauche étant, du reste, dans les années 1930, une mouvance assez modeste.

L'antilibéralisme et l'antidémocratisme

Pour R. Soucy, « La Rocque considérait le libéralisme, qu'il soit politique ou culturel, comme partie intégrante d'une menace générale pesant sur l'autorité : autorité sociale, économique, religieuse, parentale et maritale » (p. 283).

Il n'est pas douteux que La Rocque est un homme d'ordre. « Travail, Famille, Patrie », telle est la devise inventée par le PSF que reprendra – sans lui demander son avis – le régime de la Révolution nationale, et devenue par là même infamante. Faire de la famille « la trame élémentaire de la collectivité sociale » n'est plus aujourd'hui de saison, mais c'était une idée courante du conservatisme politique : autorité parentale, défense du chef de famille, place « éminente » de la mère au « foyer légal », ne sont que des idées reçues, admises, défendues par toute la mouvance chrétienne. Au registre institutionnel, une politique familiale passe par le vote des femmes, encore inexistant, et le *vote familial*, l'électeur ayant plus ou moins de voix en proportion du nombre de ses enfants. Aucune originalité de la part des CDF/PSF : le vote féminin (redouté par la gauche anticléricale, repoussé par le Sénat) aussi bien que le vote familial font partie du programme du PDP (Parti démocrate populaire) démocrate-chrétien. Remettre à l'honneur la natalité, les familles nombreuses, va dans le même sens.

Que La Rocque soit un adversaire de l'« hédonisme », un partisan de la « tradition », soit ! Mais, contrairement aux fascistes, il ne préconise pas la primauté de l'État sur la famille et sur l'éducation. Partisan de la liberté de l'enseignement, il serait plutôt un libéral comme on disait au XIXe siècle des catholiques hostiles au monopole. Mais Soucy n'en a cure : « Les nazis eux-mêmes prétendaient être de farouches partisans de la famille traditionnelle *avant* d'arriver au pouvoir. Ce n'est qu'après avoir consolidé son pouvoir que Hitler remit en question l'autorité des parents sur leurs enfants » (p. 287).

Telle est la méthode de notre auteur. Il récuse toutes les déclarations, les programmes et manifestes de La Rocque et du CDF/PSF quand ils ne vont pas dans le sens du « fascisme » : ce n'est que propagande, artifice, leurre, derrière quoi se cache, ténébreuse, la préparation de l'avènement d'un régime fasciste. Tout ce qui pourrait échapper à la référence fasciste doit être interprété comme autant d'éléments dilatoires ou de ruses : on n'est encore qu'*avant* la prise du pouvoir. Et comme le PSF n'a jamais pris le pouvoir, l'historien Soucy n'hésite pas à prendre à témoin ce qui s'est passé en Italie et en Allemagne *après* l'avènement au pouvoir de Mussolini et de Hitler !

Reprenons. La Rocque n'était ni républicain ni démocrate, nous dit-on. Est-ce si simple ? La Révolution, d'abord. L'homme n'a certes pas le culte de la Révolution, mais, lors du 150e anniversaire de 1789, il s'efforce de l'analyser sans œillères, sur le thème : « Cette Révolution qui sut ensanglanter notre sol, profaner nos valeurs spirituelles et, tout à la fois, libérer le territoire, sauver l'unité de la patrie. » Combien de prélats français allaient alors jusqu'à cette reconnaissance ? « Il est injuste de prétendre que la Révolution soit la cause des drames qu'elle a entraînés, pensait-il : elle n'a été qu'une conséquence. » Assurément, les « hommes de la Révolution » n'eurent pas le don du réalisme et le souci de la « réforme progressive », mais cela ne doit pas cacher qu'elle est à l'origine d'un événement décisif : « l'entrée en scène du tiers état, des classes populaires ». Et l'article se termine par l'exaltation de la France de Valmy[15]. Certes, ce n'est pas la version des historiens communistes, mais ce n'est pas non plus la vulgate contre-révolutionnaire, toujours défendue par l'Action française.

La République, ensuite. Le programme CDF de 1935 est formel : « Le Mouvement Croix-de-Feu ne met pas en cause le régime républicain. » Ni monarchie ni dictature. Deux témoignages contemporains, issus de la mouvance démocrate-chrétienne, distinguent nettement le PSF des formations d'extrême droite. Le premier est un article de Robert Cornilleau, un des dirigeants du PDP (qui avait fait scandale quelques années auparavant pour avoir prôné l'alliance des démocrates-chrétiens et des socialistes) ; il date de novembre 1937, à un moment de la violente campagne de l'extrême droite contre La Rocque, après que celui-ci a décliné d'entrer dans le Front de la liberté lancé par Doriot : « En refusant de mettre la grande force morale et numérique, dont il détient les leviers de commande, écrit-il, au service de la conjuration soi-disant anticommuniste, le colonel de La Rocque se montre humain, se montre sage, se montre un vrai Français de la vieille France. Les républicains qui aiment encore la liberté doivent lui en être reconnaissants[16]. »

De manière moins conjoncturelle, en février 1938 le philosophe catholique Gabriel Marcel entend démontrer l'accord manifeste qui existe entre les positions du PSF et celles de *Temps présent*[17], hebdomadaire catholique républicain qui a succédé à *Sept*, condamné notamment pour ses positions sur la guerre d'Espagne : « Je le répète encore une fois, je n'engage ici que moi-même, mais j'en suis quant à moi persuadé, le climat spirituel d'amitié, d'entente concrète et virile au ras des choses quotidiennes que le PSF, avec une persévérance indéfectible, s'applique à faire régner dans notre pays dévasté par la méconnaissance réciproque, par les slogans de haine, et avant tout peut-être par une doctrine étrangère à notre génie et également contraire aux enseignements de l'expérience et aux exigences de la raison et de la foi, ce climat *humain* au plus beau sens, constitue le milieu vital où pourra prendre racine la pensée à la fois nationale, universaliste et chrétienne, que se sont attachés à formuler les collaborateurs de *Temps présent*[18]. »

Quel régime politique veut donc instaurer le PSF ? À ses détracteurs, La Rocque répète son hostilité radicale à toute dictature. L'ordre du jour du congrès national du PSF de décembre 1936 rappelle qu'il est « fermement attaché aux libertés républicaines qui forment l'aboutissement de la glorieuse histoire de France, qui excluent la dictature fasciste, l'absolutisme hitlérien et l'esclavage inhumain du marxisme soviétique ». Évidemment, aux yeux de R. Soucy, le dictateur en herbe ne fait preuve là que de son machiavélisme. Lisons tout de même cet article qu'il intitule « Pas de fascisme ! » dans *Le Flambeau* du 1er mai 1937 : « La France n'a que faire d'aventures. Ses institutions doivent être réformées, afin surtout qu'elles ne dégénèrent plus. Les pouvoirs ont besoin d'être reclassés, dotés de leurs moyens assujettis à leurs responsabilités suivant les principes du régime républicain. Aucun homme de bonne foi et soucieux d'information ne pourrait mettre en doute notre hostilité devant les éventualités dictatoriales[19]. »

Plutôt que du fascisme attrape-tout, il serait plus opératoire sans doute de rapprocher le projet institutionnel des CDF/PSF du grand courant de critique antiparlementaire qui n'a cessé de s'amplifier en France depuis 1919, pour ne pas remonter au temps du boulangisme. « L'Exécutif est dominé par le facteur "responsabilité", étayé par le facteur "durée", écrit La Rocque. Un chef de la Nation, mandaté pour une période portant au moins sur deux législatures successives, nanti du droit de dissolution, est responsable du choix des ministres ; il ne quitte ses fonctions avant terme que par démission ou après un verdict d'une Assemblée nationale, convoquée à la majorité des deux tiers, par exemple, de l'une et de l'autre Chambre. Un Premier ministre pourvu du droit de contreseing ordonne, coordonne le travail de ses collègues ; il est outillé à cet effet. Six ou sept ministres au maximum individuellement responsables… »

Restauration d'un exécutif, mais aussi, à l'autre bout, « décentralisation vigoureuse et prospère ; la France fraternelle, dispensatrice de libertés, compensatrice d'inégalités ; la France généreusement, intelligemment libérale, mais débarrassée des indisciplines du "Libéralisme"[20]… ».

Rappelons que, de la gauche à la droite, mille voix s'élèvent alors contre le fonctionnement du régime parlementaire en France. Les réformistes réclament le relèvement du pouvoir exécutif, garant d'une stabilité gouvernementale devenue impossible. Même Léon Blum, chef du Front populaire, adversaire désigné des CDF/PSF, après un premier essai sur *La Réforme gouvernementale* réédité en 1936, écrira avec le recul de l'expérience, en 1941, une critique du parlementarisme tel qu'il était pratiqué sous la IIIe République, allant jusqu'à écrire : « Le régime parlementaire ou représentatif ne constitue pas la forme de gouvernement démocratique exactement adaptée à la société française », et encore, tout en réaffirmant les principes de la démocratie : « Le parlementarisme n'est pas la forme unique, exclusive et nécessaire de la démocratie. » Lui aussi faisait de la décentralisation administrative et « surtout [de] la déconcentration des pouvoirs » un impératif[21]. Il ne s'agit pas de réunir Blum et La Rocque sous le même étendard, mais d'observer à quel point les critiques des institutions de la IIIe République, du fonctionnement de la démocratie parlementaire, ont été convergentes. On sait comment de Gaulle, partageant ces analyses, s'est opposé en 1945-1946 aux projets constitutionnels de la IVᵉ République ; c'est le projet de sa « constitution de Bayeux », et finalement la Constitution de la Vᵉ République : on ne peut isoler La Rocque et les CDF/PSF de cette histoire de la critique antiparlementaire, qui dépasse de très loin les cercles et les organes de la droite autoritaire.

Une brochure de 1935, « Programme du Mouvement Social Français des Croix-de-Feu », résumait leurs objectifs :

« Nous ne pratiquerons jamais la religion de l'État, mais nous voulons un État tuteur, un État qui serve, contrôle, sanctionne.

« Le Mouvement Croix-de-Feu est aussi loin de la conception totalitaire, à la mode italienne, allemande, où l'enfant dès sa naissance est voué à l'État, que de la conception marxiste où l'individu devient un numéro anonyme, écrasé sous la tyrannie collective d'une poignée de dictateurs. L'épithète fasciste convient à d'autres. Pas à nous.

« Nous ne travaillons ni pour des partis, ni pour un parti, ni pour des hommes, ni pour un homme, mais pour le peuple de France.

« Le Mouvement Croix-de-Feu ne met pas en cause le régime républicain. »

Un autre point mérite qu'on s'y arrête. Dans l'histoire de François de La Rocque et des CDF/PSF, R. Soucy tient pour négligeables les ruptures qui se sont produites entre les extrémistes et le chef, ainsi que les attaques violentes et répétées contre La Rocque en provenance de l'extrême droite. Pourtant, ces attaques sont riches d'enseignements. Marcel Bucard, fondateur du Francisme, puis du Parti unitaire d'Action socialiste et nationale, avait déjà quitté les Croix-de-Feu, dont il fut un des fondateurs, quand La Rocque en devint le président. Admirateur de Mussolini, reçu en personne par le Duce, Bucard, lui, défendit un véritable programme fasciste, auprès duquel les idées de La Rocque prennent l'aspect d'un boy-scoutisme.

Joseph Pozzo di Borgo, qui participa lui aussi à la fondation des Croix-de-Feu, démissionna du mouvement en 1936, en raison de la modération inacceptable de son chef et de ses mots d'ordre, et participa aux tractations de la Cagoule. Son pamphlet, *La Rocque fantôme à vendre*, met lui aussi en lumière la différence qui pouvait exister alors entre un activiste et le colonel. En 1937, Maurice Pujo, au nom de l'Action française, publiait *Comment La Rocque a trahi*, dont le titre suffit à donner le ton. La même année, Jean Renaud, dirigeant de la Solidarité française, écrivait dans un autre pamphlet, *J'accuse La Rocque* : « Aujourd'hui, il n'est plus possible de se taire, de cacher. De partout, j'écris de partout, tous les nationaux de partis insultés, moqués ou dindonnés par La Rocque, crient : "Assez, allez devant, cet homme est plus dangereux pour la cause nationale que les maçons ou que les Juifs profiteurs dont d'ailleurs son nouveau parti est farci ! Il est plus notre ennemi que le communiste lui-même ! Il faut en finir : c'est lui qui a torpillé et torpillera les élections ; c'est lui qui crée la division..." »

Les mises en garde de La Rocque contre les « groupes d'autodéfense » n'empêchèrent pas, quand les hommes de la Cagoule firent l'objet d'une action judiciaire, divers organes de presse de semer la confusion entre le PSF et le CSAR (la Cagoule). Henri de Kérillis publia dans *L'Œuvre* du 5 février 1938 un article sur la campagne contre La Rocque, dont l'origine était la Cagoule[22].

D'autres faits démontrent la volonté de La Rocque de préserver l'indépendance de son parti et de se démarquer des autres leaders de la droite fascisante. Il refuse en 1937 de participer au Front de la liberté, lancé par Doriot, après l'affaire de Clichy. « L'histoire même du lancement du Front de la liberté met en évidence qu'il tendait, dès le début, vers la constitution d'un bloc fortement axé à droite. La seule existence de ce bloc aurait ressoudé les éléments du Front populaire, au moment même où des tiraillements de plus en plus sérieux se manifestaient parmi eux ; elle aurait cristallisé dans le pays une inimitié de l'extrême droite contre l'extrême gauche au-dessus de la foule des autres groupements et du peuple lui-même, qui en auraient été les premières victimes ; un parti aussi nouveau que le nôtre s'y serait décisivement marqué d'une formule périmée[23]. » Face à Dorgères et à ses Chemises vertes, il précise sa position à la demande de ses « amis », refusant de cautionner le Front paysan qui s'abstenait « de toute déclaration de loyalisme vis-à-vis de la forme républicaine », rappelant le caractère « républicain et démocratique » du PSF[24]. Jusqu'au bout, la guerre comprise, La Rocque voulut défendre l'indépendance de son parti, le protéger de toute immixtion et de toute alliance suspecte. Comme le PSF était, de très loin, le parti le plus puissant de la droite, on comprend l'hostilité et la haine que pouvait susciter son attitude. « *Comment La Rocque a trahi* » devint le leitmotiv de tous les protagonistes de la droite autoritaire, dont les plus virulents et les plus systématiques furent Xavier Vallat et Philippe Henriot.

Antisémitisme

L'antisémitisme n'entre pas nécessairement dans la définition du fascisme, et les historiens débattent du tournant pris par le fascisme italien, dont il n'est pas en tout cas une composante originelle, contrairement au nazisme. Mais R. Soucy, qui a décidé du caractère « hitlérien » des CDF/PSF, ne s'encombre pas de ces nuances, affirmant qu'en 1937 le « PSF était devenu de plus en plus antisémite » non seulement en Algérie, mais « en France aussi » (p. 231) : une façon d'aggraver le cas de La Rocque et de ses troupes, en les montrant pires que les fascistes italiens puisqu'ils n'ont pas attendu d'accéder au pouvoir pour manifester leur passion antijuive. Qu'en est-il ?

Il est avéré que certains militants CDF/PSF ont été d'authentiques antisémites, notamment en Algérie. Mais La Rocque lui-même n'a cessé de réitérer l'affirmation selon laquelle le « problème ethnique ne se pose pas en France » : « Le "racisme" n'appartient qu'aux nations restées primitives[25]. » On est loin des propos que l'on rencontre sous la plume des chefs et des écrivains de ligue, de Marcel Bucard aux intellectuels de *Je suis partout*.

Au demeurant, La Rocque n'est pas insensible aux protestations de la xénophobie qui emplit la France de la crise. Ses troupes appartiennent principalement aux classes moyennes, dont les différentes organisations corporatives dénoncent régulièrement les méfaits d'une immigration abusive et de naturalisations trop faciles qui créent une concurrence professionnelle déloyale. On trouve, notamment dans *Service public* (un titre de livre qui ne connote guère le fascisme), un écho de cette xénophobie, visant particulièrement les Juifs réfugiés d'Allemagne et d'Europe centrale après l'avènement de Hitler au pouvoir. Après avoir affirmé son antiracisme et son rejet de l'antisémitisme (« La race française est une magnifique synthèse, disciplinée, cultivée, équilibrée. Elle forme un tout ; nulle recherche linguistique, nulle analyse d'hérédité ne peut prévaloir contre ce fait »), La Rocque déclare qu'il est nécessaire de « protéger notre loyale hospitalité contre le déferlement abusif des étrangers venus pour déposséder notre main-d'œuvre, transporter parmi nos concitoyens le germe de l'émeute et de la révolution, vicier l'expression de la pensée nationale ». Et R. Soucy de reproduire ces mots qui sonnent si mal : « Et voici que le racisme hitlérien, combiné avec notre folle sensiblerie, nous condamne à héberger une foule grouillante, virulente d'*outlaws* que rien ne garantit ; et voici que parmi ces derniers de nombreux îlots se constituent pour lesquels la persécution nazi[e] n'est qu'une couverture d'espionnage et de conspiration[26]. »

Ne cherchons pas à La Rocque des excuses : il reprend ici une des antiennes de l'époque, qui n'est pas seulement originaire de droite ou d'extrême droite – qu'on songe aux phrases à peu près similaires que l'on trouve dans *Pleins pouvoirs* de Giraudoux[27], et que l'on songe aussi à ce que l'on est capable d'écrire aujourd'hui sur des immigrés assimilés à des délinquants. En 1932, au 7ᵉ congrès du parti communiste, Maurice Thorez, de son côté, avait fustigé le « courant xénophobe qui existe dans nos rangs ». L'originalité de La Rocque est ailleurs : précisément dans son refus de suivre une certaine doxa antijuive de la droite et de l'extrême droite, non seulement en paroles mais en actes.

Rappelons que les CDF/PSF sont ouverts à tous les « hommes de bonne volonté », quelles que soient leur race et leur religion. En 1933, La Rocque et cinq cents CDF assistent au service religieux célébré à la synagogue de la rue Notre-Dame-de-Nazareth, à la mémoire des soldats français de toutes confessions tombés pendant la Grande Guerre. Chaque année, la présence des CDF/PSF est notée dans la même cérémonie. Le grand rabbin Kaplan, après les troubles du 6 février 1934, fait l'éloge de La Rocque, « chef héroïque », et déclare : « Sans avoir l'honneur d'être inscrit à votre association, je ne puis m'empêcher de me considérer comme l'un des vôtres[28]. »

Les militants juifs des CDF/PSF ne manquaient pas. Cela, bien sûr, n'a pas empêché l'antisémitisme d'y sévir, surtout après la victoire du Front populaire. En Alsace et en Moselle, une poussée d'antisémitisme est observable au PSF, en 1938 surtout. Selon le préfet du Bas-Rhin, un changement d'attitude des dirigeants strasbourgeois du PSF est perceptible en avril 1938 depuis « le retour au pouvoir de M. Léon Blum ».

Mais ce n'était pas le cas des dirigeants nationaux. La Rocque et le PSF subissaient alors les attaques des partis et officines antisémites, depuis qu'ils avaient refusé délibérément d'adhérer au Front de la liberté de Doriot. Une brochure d'un antijuif professionnel, Henry Coston, était publiée en 1937 sous le titre : *La Rocque et les Juifs, un nouveau scandale !* Elle reprenait des articles du *Petit Oranais*, organe furieusement antisémite et hostile à La Rocque, et le libelle se terminait par cette invective : « Le 21 mai 1937, à la salle des Ambassadeurs, M. Barrachin, directeur du Bureau politique du PSF, exposa la position du PSF et sa doctrine politique en présence des événements actuels. Il rappela notamment que son parti reconnaissait l'égalité de toutes les croyances et déclara "que sans La Rocque, la France aurait peut-être connu l'inutile développement de l'Antisémitisme". M. de La Rocque, confirmerez-vous les déclarations de votre lieutenant ? Les Juifs ont-ils raison de se réjouir de votre attitude ? » D'autres pamphlets circulent alors, comme celui que le préfet de la Moselle transmet au ministre de l'Intérieur, sous le titre : *La Rocque et l'emprise juive*[29]. La Rocque ne manqua pas de réagir dans un éditorial du *Petit Journal* du 7 avril 1938, pour « réprimer énergiquement » les cris antisémites, et prescrire « la plus grande méfiance à l'égard de tous les individus qui s'adonneraient à cette campagne antijuive et surtout vis-à-vis de ceux qui approcheraient les instances du parti ». Des exclusions suivirent[30], et la ligne anti-antisémite fut maintenue vaille que vaille. On peut ainsi se demander, en reprenant la formule de Barrachin, si La Rocque ne fut pas un rempart moral et politique contre la vague antisémite de l'époque, particulièrement dans cette Alsace travaillée par la propagande allemande, et dans un temps où tant de publications, de livres, d'organisations, reprennent à leur compte l'antisémitisme, le divulguaient dans tous les rangs de la société. Doriot, fondateur du PPF en 1936, n'était pas au départ antisémite, mais il entonne ce grand air lorsqu'il conçoit son efficacité politique. La résistance de La Rocque à ce sujet est donc assez remarquable, malgré ses concessions à la xénophobie ambiante.

Y a-t-il eu une évolution de sa part après l'instauration de la Révolution nationale, et en particulier au moment du statut des Juifs d'octobre 1940 ? Peut-être. Mais ici encore, le dossier mérite examen. Georges Wormser, dans sa biographie de Georges Mandel, rapporte que le général Mordacq, apprenant la future promulgation des lois raciales, avait déclaré au chef de l'État : « Monsieur le Maréchal, vous allez déshonorer notre uniforme. » Pétain répondit : « Je m'en f… ! » La chose étant connue, Wormser ajoute : « Un de ceux qui se montrèrent le plus indignés de la réponse du Maréchal fut le colonel de La Rocque[31]. » *Le Cri du peuple* de Doriot, lui, se félicite que La Rocque n'ait pu empêcher le Statut : « Nous avons montré l'autre jour comment M. de La Rocque s'était précipité dans son *Petit Journal* au secours des Juifs, sans succès, puisque le statut a été promulgué, mais non sans profit pour ses caisses[32]. » Cela n'empêche pas La Rocque de s'accommoder en apparence de l'antisémitisme du nouveau régime. Il se distingue cependant des antisémites et néo-antisémites qui peuplent les rues de Vichy ou font de la surenchère dans la presse parisienne. Il détourne ses flèches en direction de la franc-maçonnerie : « En chaque lieu, en chaque occasion, écrit-il dans *Le Petit Journal* du 5 octobre 1940, où une purulence juive s'est manifestée, la franc-maçonnerie a été introductrice, protectrice, conspiratrice. Régler la question juive sans briser à jamais les Loges et toutes leurs antennes serait faire œuvre chimérique. Si le fait d'être franc-maçon est vice rédhibitoire, le fait d'avoir été franc-maçon comporte disqualification formelle[33]. »

Dans la bonne tradition de la droite catholique, La Rocque, dans son nouvel ouvrage doctrinal, *Disciples d'action*, en 1941, n'hésite pas à affirmer que la franc-maçonnerie est à l'origine de tous les maux dont souffre la France. Du moins n'emploie-t-il pas le terme de

« judéo-maçonnerie » usité chez les antisémites. En revanche, fidèle à l'Union sacrée, à la fraternité des tranchées, l'ancien chef de guerre réaffirme : « Rien de cela n'empêche que des Juifs patriotes n'aient versé leur sang mélangé avec le nôtre sur les champs de bataille de 1914-1918, sur les champs de bataille de nos théâtres extérieurs d'opérations, sur les champs de bataille de 1939-1940 : l'adoption et la fraternité françaises leur sont acquises[34]. » C'est le moins ! Les antisémites de Vichy et de Paris, à la même époque, ne s'embarrassent pas de semblables précautions ; c'est à eux, qui l'appellent l'« enjuivé », qu'il est toujours en butte.

« L'influence juive sur le PSF » continue à être dénoncée par les antisémites, qui occupent désormais le pouvoir. À titre d'exemple, une note émanant du Service des Sociétés secrètes de la Haute-Garonne, datée du 2 février 1942, donne les noms de personnalités juives qui se trouvent dans l'entourage immédiat du colonel, qu'elle complète par ce commentaire : « Le fait que l'entourage du chef du PSF finance d'une façon importante *Le Petit Journal*, pourrait expliquer les sentiments amicaux que M. de La Rocque a toujours manifestés vis-à-vis des israélites. Les déclarations suivantes ont en effet été décrites ou prononcées par lui au cours de ces dernières années : "Nos camarades israélites sont assurés de notre affection fraternelle..." (*Le Flambeau* du 13 février 1937). "Nos camarades israélites, dans les rangs desquels je compte plusieurs de mes plus chers amis..." (*Bulletin du 18e arrondissement*). "Je fais appel à tous les israélites, et Dieu sait si nous en avons de très nombreux et de très chers dans nos rangs..." (discours à Lyon). D'ailleurs, l'adhésion du PSF a été vivement conseillée à tous les Juifs par les diverses organisations israélites, comme le meilleur moyen de défense [contre] les campagnes antisémites, le parti de La Rocque étant essentiellement national. *L'Univers israélite* ne dissimulait pas ces sentiments, puisqu'il écrivait en 1937 : "Le Colonel de La Rocque ne nourrit pas de mauvaises intentions à notre égard ; mieux, j'affirme qu'il est le meilleur rempart contre l'antisémitisme[35]." »

Textes et témoignages qui, au total, rendent bien difficile de faire de La Rocque un antisémite « bon teint ».

Collaboration

La pire accusation reste à venir : « En 1941, écrit R. Soucy, aucune des critiques que La Rocque avait pu adresser antérieurement au régime hitlérien ne l'empêcha de demander une "collaboration continentale" avec les Allemands. Considérer sa rupture avec Vichy en 1942 et son arrestation par la Gestapo en 1943 comme des preuves qu'il n'était pas fasciste signifie seulement que l'on ne tient pas compte de sa collaboration active avec le nazisme entre octobre 1940 et décembre 1941 » (p. 214).

Reprenons le dossier. En 1940, La Rocque se rallie à Pétain, dont la Révolution nationale paraît s'inscrire dans le droit-fil de ses idées. Le nouveau régime n'a-t-il pas emprunté sa devise aux Croix-de-Feu, qui l'avaient inventée en 1934 : « Travail, Famille, Patrie » ? Cette adhésion ne le rapproche que faiblement du pouvoir, détesté qu'il est par l'entourage de Pétain. Dans une circulaire datant du 16 septembre 1940, il recommande : « a) discipline formelle derrière le maréchal Pétain, b) réserve absolue à l'égard de son Gouvernement[36]. » La Rocque accepte d'entrer au Conseil national, créé en janvier 1941, mais en démissionne assez vite, dès le 28 juillet de la même année. Il accepte d'envoyer un délégué à des discussions sur un projet de fondation d'un « parti unique », mais rompt sans tarder avec Déat qui en est le théoricien[37]. Il transforme son propre parti, dont il garde le sigle, en Progrès social français, dont l'activité est orientée vers l'entraide sociale. Maréchaliste de bonne volonté, il reconnaît la légitimité de

Pétain « comme le chef de l'État désigné en ces heures tragiques », ajoutant : « Mais ce livre n'est pas un dithyrambe. J'ai averti que toute adulation serait exclue. » De fait, on ne lit rien dans *Disciplines d'action* qui ressemble aux encensoirs de la presse et de l'édition de l'époque.

L'accusation portée par Soucy est ailleurs ; elle concerne la « collaboration » avec l'Allemagne nazie. Or la preuve qu'il en donne est une citation falsifiée. Je ne ferai ici que reproduire le rectificatif dû à Jacques Nobécourt qui eut l'occasion de lire l'édition anglaise de Robert Soucy juste avant d'achever sa biographie de La Rocque :

« Ainsi, l'historien américain Robert Soucy a-t-il développé toute une théorie à partir d'une invention. Il affirme à plusieurs reprises que, dans *Disciplines d'action*, La Rocque a plaidé pour la "collaboration continentale avec les Allemands". Moyennant quoi, il en déduit sa "collaboration active avec le nazisme jusqu'en décembre 1941", qui lui aurait valu son inculpation en 1945. Or l'indication "avec les Allemands" ne figurait pas dans cet ouvrage de La Rocque où "collaboration continentale" appartenait à un contexte exactement opposé : le mot "continental" concernait l'Europe dans son ensemble après les hostilités ; tout au plus, aurait-on pu comprendre que La Rocque envisageait une alliance atlantique. Quant à l'accusation de "collaboration antérieure avec les Allemands", elle ne fut jamais formulée par le gouvernement de la Libération[38]. » De son côté, Jean-Paul Thomas note : « Soucy cite les mots "collaboration continentale" dans un livre de La Rocque en 1941 en ajoutant hors guillemets un "avec les Allemands" qui en viole délibérément le sens : la phrase et le chapitre où elle s'insère évoquent en fait une reconstruction d'après guerre, que le colonel envisageait en termes européens dès 1939[39]. »

Au sujet de la prétendue collaboration de La Rocque, il n'est pas inutile de lire la notice du *Dictionnaire de la politique française*, d'Henry Coston, qui lui est consacrée. On lit notamment sous la plume de cet antisémite obsessionnel et fasciste autoproclamé : « Pendant la guerre, La Rocque galvanisa la *résistance* de ses amis. Il écrivit même, dans son journal, un article qui portait ce titre (« Résistance », in *Le Petit Journal*, 16 juin 1940). Après l'armistice, rallié au maréchal Pétain et nommé par lui membre du Conseil national (1941), il n'en rejetait pas moins la politique de collaboration pratiquée par le gouvernement. Il était de ceux qui, comme Weygand, attendaient la revanche. Pour lui, comme pour la majeure partie de ses lieutenants, l'armistice n'était qu'un répit ; il fallait souffler et reprendre des forces. Contrairement aux autres organisations politiques nationales autorisées ou tolérées par le pouvoir et par l'occupant, le PSF – Progrès social français depuis 1940 – était nettement hostile à l'Europe [hitlérienne][40]. »

La suite de l'histoire ne concerne plus notre sujet, même si l'entrée dans la Résistance (il crée en France en accord avec l'Intelligence Service le réseau Klan, dont il est le chef depuis 1er juin 1942), la dissolution du PSF le 30 octobre 1942 par le général Oberg[41], l'arrestation par la Gestapo en 1943, la détention à Fresnes et au Cherche-Midi de mars à septembre 1943, ensuite la détention dans les prisons allemandes d'Eisenberg et Itter, pourraient fournir d'autres pièces au dossier. Mais cet itinéraire ne trouble pas le diagnostic du Dr Soucy : La Rocque, tout fasciste qu'il est, est un fasciste « français », *ergo* il se bat contre les occupants en nationaliste français. C'est oublier le parcours de ceux qui se sont réclamés du fascisme, voire du nazisme, en France. S'il y eut effectivement un certain nombre d'anciens cagoulards et militants d'extrême droite passés à la Résistance, on constate que Bucard, Doriot, Déat, Darnand, aussi bien que les écrivains fascistes Drieu la Rochelle, Robert Brasillach, Lucien Rebatet ou Alphonse de Châteaubriant, restèrent fidèles jusqu'au bout au collaborationnisme, allant parfois jusqu'à revêtir l'uniforme de la LVF.

La Rocque aura été un maréchaliste déçu, distant par rapport à la Révolution nationale, dont il a pu espérer l'avènement de ses idées après le 10 juillet 1940, mais sans excès d'illusion[42]. Patriote, fidèle au « vainqueur de Verdun », il entra néanmoins dans la Résistance, sans adhérer à la France libre du général de Gaulle. Selon lui, le combat était à mener sur le territoire français et non à Londres. En 1957, lors d'une visite de Gilles de La Rocque, fils du colonel, le général de Gaulle lui déclara : « Je savais que La Rocque mènerait le bon combat et serait du même côté de la barrière sous une forme différente, mais pourquoi n'est-il pas venu avec moi[43] ? » Les explications sont nombreuses, et je renvoie encore une fois à la biographie de Jacques Nobécourt. Il me semble que, même si les contingences ont eu leur rôle, le plus important réside dans l'antagonisme politique entre le chef des anciens Croix-de-Feu et les hommes et organisations politiques qui entouraient de Gaulle. Le contentieux des années 1930 n'était pas effacé.

La définition du fascisme a certes varié, depuis les heures chaudes de la lutte antifasciste jusqu'aux approches des historiens d'aujourd'hui. Pour couper court à toute polémique inutile, je partirai de la définition qu'en donne un des spécialistes italiens qui font autorité, Emilio Gentile, dans *Qu'est-ce que le fascisme ?* : « Le fascisme est un phénomène politique moderne, nationaliste et révolutionnaire, antilibéral et antimarxiste, organisé en parti milice *(partito milizia)*, avec une conception totalitaire de la politique et de l'État, avec une idéologie activiste et antithéorique, avec des fondements mythiques, virilistes et antihédonistes, sacralisée comme une religion laïque, qui affirme le primat absolu de la nation, entendue comme une communauté organique ethniquement homogène, hiérarchiquement organisée en un État corporatiste, avec une vocation belliqueuse à la politique de grandeur, de puissance et de conquête, visant à la création d'un ordre nouveau et d'une civilisation nouvelle[44]. »

Définition trop précise, pas assez « sobre », dirait M. Dobry. Mais il s'agit de savoir de quoi l'on parle. Si le fascisme désigne indistinctement les réactions politiques anticommunistes, antilibérales, antiparlementaires, organisées en formations plus ou moins militarisées, visant à établir un régime d'autorité, le débat, comme je l'ai dit plus haut, n'existe plus. Si c'est cela le fascisme, nous nous mettrons facilement d'accord avec Dobry et Soucy : oui, la France a connu le fascisme et, s'il n'a pas pris le pouvoir dans les années 1930, il a menacé réellement de le prendre. Mais, quand on étudie le mouvement ouvrier et socialiste d'origine marxiste, il va de soi qu'on ne confond pas en France la SFIO, le parti communiste, les groupes trotskistes ou maoïstes : l'historien qui engloberait ces différentes formations sous le terme de « mouvements socialistes » ou « mouvements marxistes » ne serait pas tenu pour bien sérieux.

Hitler, Mussolini, Salazar, Franco, Horthy, voire Pilsudski, Pétain, seraient-ils tous fascistes ? Distinguer, classer, définir, ne serait-il qu'un raffinement intellectuel, suspect de toutes les compromissions ? Essayons donc de dire pourquoi le fascisme, phénomène politique du XXe siècle, consécutif à la Grande Guerre et contemporain de la révolution bolchevique, autre radicale nouveauté du siècle, ne peut pas s'appliquer à tous les mouvements réactionnaires ou à tous les mouvements nationalistes de « rassemblement ».

Dans le cas français, toute la problématique tourne autour du CDF/PSF, la ligue puis le parti le plus fort, le plus nombreux, le plus redoutable pour la gauche : si les

Croix-de-Feu sont fascistes, il n'existera plus le moindre doute sur l'importance d'un fascisme français.

Une dimension du fascisme scelle son originalité, par rapport aux autres mouvements d'extrême droite. Ce ne sont pas l'antimarxisme, l'antilibéralisme, l'antiparlementarisme, ajoutés au nationalisme et au corporatisme, qui suffisent à faire d'un mouvement d'extrême droite un mouvement fasciste : l'originalité du fascisme est, que tout en étant un mouvement réactionnaire, il est aussi un mouvement « révolutionnaire ». Il ne veut pas simplement changer un régime parlementaire par un régime de pouvoir personnel, il veut créer un « homme nouveau ». C'est le but d'un régime qui sera totalitaire et belliciste.

Si le totalitarisme[45] est une des caractéristiques du fascisme et si la notion est diffusée dans les années 1930, il demeure que la réalité totalitaire ne peut s'observer pleinement que dans le fascisme-régime et ne présenter que des signes plus ou moins perceptibles dans le fascisme-mouvement. Les CDF/PSF n'ayant pas exercé le pouvoir, on peut toujours imaginer le pire de leur part s'ils y avaient accédé. Au demeurant, ceux qui voudraient que La Rocque préparât la dictature totalitaire seraient bien en peine de nous révéler les signes annonciateurs d'un tel régime, aussi bien dans sa doctrine que dans sa conduite. La brochure-programme du PSF est ornée au dos de sa couverture d'un dessin représentant Marianne repoussant hors de France la croix gammée, le faisceau fasciste ainsi que la faucille et le marteau. On pourra lire et relire les articles de ce programme, bien malin celui qui y trouverait les ébauches d'un projet totalitaire. Le refus de remettre en cause le « régime républicain » est réaffirmé, et le renforcement voulu de l'exécutif au détriment du législatif trouve ses limites dans la préservation du Parlement et de la liberté du vote (rendu obligatoire).

La volonté fasciste de créer l'homme nouveau a pris d'emblée un caractère belliciste. Le fascisme exalte la guerre : sans vocation impérialiste, sans esprit de conquête, sans idéal guerrier, il n'y a pas de fascisme. Hitler parle, dans *Mein Kampf*, de la « loi d'airain de la nécessité et du droit à la victoire du meilleur et du plus fort ». Et encore : « Tout être tend vers l'expansion, et tout peuple vers la domination mondiale. » Mussolini, dans *Le Fascisme, doctrines, institutions*, affirme que le « fascisme est une volonté de puissance et de domination ». On chercherait en vain dans le programme du PSF un projet militariste/expansionniste. Rien n'est plus opposé à la volonté de puissance fasciste que sa vision des relations internationales : « La France, lit-on dans le même programme du PSF, doit rester fidèle à sa tradition et à sa mission pacificatrice en recherchant avec ténacité tous les moyens propres à acheminer le monde civilisé vers une conception pratique de la sécurité collective. » On croirait lire du Léon Blum.

Quelles que soient, du reste, les intentions, la situation de la France invitait tous les partis à l'esprit de paix. On connaît la formule : « Les vainqueurs sont toujours pacifistes. » La France, victorieuse en 1918, et forte d'un empire colonial, n'avait, répétons-le, plus d'ambition territoriale. De surcroît, c'est une nation vieillie, en décroissance démographique à partir de 1935, encore meurtrie par une guerre mondiale qui s'est déroulée sur son sol et qui l'a laissée exsangue, marquée à jamais. Ce n'est pas un contexte favorable à la naissance et à l'essor d'un nationalisme expansionniste, agressif, guerrier. Les fascistes français font la guerre par procuration, aux côtés des Italiens en Éthiopie ou des phalangistes en Espagne. Gilles, le héros de Drieu la Rochelle, exprime au mieux l'impuissance d'un fasciste français, qui n'a plus finalement qu'à fuir son pays et à aller se battre dans l'armée franquiste.

Si les CDF/PSF ne sont pas fascistes, comment les qualifier ?

La nouveauté, l'originalité, qui a frappé les contemporains, de son évolution, c'est qu'il est un *parti de masse de droite*. On connaît la distinction, devenue classique, faite par Maurice Duverger entre partis de cadres et partis de masse. En dehors des ligues, plus ou moins éphémères, la droite n'avait, jusqu'au CDF/PSF, que des partis de cadres, c'est-à-dire de notables influents et de notables financiers – des états-majors sans troupes, mais non sans électeurs. Les partis de masse sont une création du mouvement socialiste, à la fin du XIXe siècle. En France, la SFIO est le premier parti à compter plus de 100 000 adhérents, au lendemain de la Première Guerre mondiale. D'après les indications du *Flambeau*, les Croix-de-Feu, qui n'étaient pas plus de 13 000 en 1930, sont environ 30 000 en 1934, et entre 700 000 et 900 000 à la veille de la dissolution de 1936. En juin 1936, le nombre d'abonnés au *Flambeau* atteint 512 000. Le PSF, quant à lui, a eu des effectifs encore supérieurs. Certaines évaluations, exagérées, ont avancé le chiffre de 3 millions d'adhérents. Les historiens de la période et du mouvement s'accordent aujourd'hui sur le chiffre d'un million[46]. C'est, en tout état de cause, considérable, supérieur au nombre des militants additionnés des partis socialiste et communiste.

D'autre part, les CDF/PSF sont capables de tenir des réunions publiques, d'organiser des cortèges et des rassemblements, qui peuvent rivaliser avec ceux du Front populaire. Les évaluations, celles de la police comme celles des organisateurs, sont toujours douteuses, soit minimisées soit exagérées. Contentons-nous de relever que La Rocque peut entraîner ou rassembler des dizaines de milliers de participants. Les salles louées étant généralement trop petites, il organise des meetings simultanés, assez près les uns des autres pour lui permettre de prendre la parole dans tous. Ainsi, le 28 janvier 1935, une quadruple réunion salle Wagram, au Bullier, au Magic City et à la Mutualité rassemble 35 000 personnes. Les défilés rue de Rivoli (fête de

Jeanne d'Arc, en mai) ou sur les Champs-Élysées (14 juillet 1935) sont suivis par plus de 50 000 personnes, et certaines années davantage encore. Succès analogues lors des grands rassemblements en province. Même exagérés, ces chiffres donnent la mesure de ce que fut la puissance politique des CDF/PSF – chiffres qui ont pu laisser penser que si les élections de 1940 avaient eu lieu, le PSF eût été le grand vainqueur à droite.

Tout naturellement, La Rocque et ses troupes sont devenus l'adversaire le plus visible, le plus fort, le plus dangereux des partis du Front populaire. Ce dernier ayant été cimenté par l'antifascisme, le PSF, en raison même de sa force numérique, avait vocation à être désigné comme le parti fasciste à vaincre. En voici une illustration caractéristique : l'attentat perpétré contre Léon Blum, le 13 février 1936, lors des obsèques de Jacques Bainville. L'épisode est significatif du mécanisme d'amalgame et de focalisation. Alors que les CDF n'étaient pour rien dans ce lynchage, à la fois improvisé et conditionné de longue date par les articles haineux de *L'Action française*, *L'Humanité*, appelant à la riposte dans les jours suivants, publie en première page non la photo de Charles Maurras, mais celle de La Rocque, présenté comme « chef factieux ». Les CDF étaient, par leurs effectifs, un ennemi autrement sérieux et crédible que l'Action française. Lorsque, le 4 octobre 1936, le PSF organise une contre-manifestation à la sortie du meeting communiste qui se tient au Parc des Princes, ce sont des dizaines de milliers de participants qui répondent à l'appel. Aucun parti de droite, aucune ligue nationaliste, et pas même le PPF de Doriot (qui put compter 180 000 adhérents) ne peuvent rivaliser. L'effet de puissance a donc été une des raisons de l'identification du CDF/PSF au fascisme. Le Front populaire y trouvait son mobile d'unité, compensant ses divergences internes : l'ennemi fasciste désigné, les rangs de l'antifascisme pouvaient être plus serrés. Bien des dirigeants du Front populaire savaient que la formation de La Rocque n'était pas fasciste (la « main tendue » de Thorez aux militants Croix-de-Feu avant les élections de 1936 montre au moins que bien des Croix-de-Feu étaient récupérables[47]), mais le colonel était à la tête de la force la plus structurée opposée au Front populaire : il devait apparaître, suivant une logique de l'action, comme l'incarnation du fascisme français.

Ce que ce parti de masse partage avec les mouvements fascistes, c'est l'anticommunisme, l'antiparlementarisme[48], l'antimaçonnisme. Ce qui pourrait l'en rapprocher, c'est la volonté de La Rocque de n'être « ni de droite ni de gauche », par quoi il reprend un slogan fasciste. L'inspiration est cependant différente. Nationaliste et chrétien, La Rocque a la nostalgie de l'Union sacrée. Son projet n'est pas de muscler la droite : il veut le rassemblement des Français, il repousse l'affrontement entre les deux blocs, de gauche et de droite. Naïf, sans aucun doute, il voudrait dépasser le vieux clivage, faire renaître les vertus d'une véritable union nationale, celle de 1914. Ses adversaires sont tout naturellement ceux qui divisent, à commencer par les communistes et les socialistes. Ce qu'il appelle de ses vœux, c'est une nouvelle république, selon une vision militaire, c'est-à-dire hiérarchique, avec un exécutif renforcé. Il ne fait du reste en cela que reprendre toutes les idées de réforme constitutionnelle qui ont sévi depuis 1919, venues de tous les horizons, mais jamais réalisées. Ce qu'il remet en cause, c'est un modèle républicain qui a créé le régime d'assemblée, qu'il juge impropre à gouverner. Comment y parvenir ? Le programme du PSF l'explicite : « Par les voies légales, en usant des droits civiques et politiques accordés par la Constitution à tous les citoyens. Par la force, au cas où des partis de révolution chercheraient à employer la violence et à fouler aux pieds nos libertés pour imposer leur dictature. »

On peut toujours dire que ce ne sont là que des mots, mais on ne trouve dans les publications CDF/PSF aucune autre directive, aucun autre projet que celui-là : nous serons assez forts pour gagner les élections, réformer la République, et, au besoin, pour défendre la société contre une entreprise subversive des révolutionnaires.

Sociologiquement, on a remarqué depuis longtemps que La Rocque a trouvé sa clientèle dans les classes moyennes, et notamment dans ces classes moyennes indépendantes, non salariées, qui représentent un fort pourcentage de la population active. C'était aussi la clientèle du parti radical-socialiste. Or on sait que les accords de Matignon suivis par la législation sociale du Front populaire ont provoqué l'échec final de celui-ci, par la révolte des radicaux du Sénat. Les décrets d'application des lois sociales (en particulier la semaine des 40 heures) ont entraîné la fronde des congrès radicaux, et le PSF a bénéficié de ce malaise causé par l'« ouvriérisme » du Front populaire[49]. On sait que la défense des classes moyennes en pleine crise économique avait fait l'objet d'un débat au sein du parti socialiste, et qu'il avait été à l'origine du néo-socialisme de Marcel Déat. Mais le seul fait d'être par excellence le parti des classes moyennes ne faisait pas mécaniquement du PSF un parti fasciste. Ces classes moyennes avaient été, de longue date, un des soutiens de la République radicale. La défense de la petite propriété en était le socle dans une société qui était largement une société de petits propriétaires, paysans, artisans, chefs de petites entreprises (environ 40 % de la population active en 1936).

La comparaison qui s'est imposée à nombre d'historiens a été celle des CDF/PSF et du RPF, le Rassemblement du peuple français gaulliste de 1947. Volonté d'union au-dessus des partis de droite et de gauche, contestation de la république parlementaire, aspiration au fondement d'une république où le principe d'autorité serait restauré par le renforcement de l'exécutif, la promotion politique du président de la République, la réconciliation des classes par l'association Capital-

Travail. Le RPF fut aussi, de manière plus éphémère, un grand mouvement de masse, vainqueur haut la main des élections municipales de 1947. La filiation n'est pas directe : une Seconde Guerre mondiale a eu lieu, de Gaulle n'est pas La Rocque. Cependant, à côté d'une inspiration doctrinale assez proche (nationalisme, anticommunisme, antiparlementarisme), la thèse de J.-P. Thomas nous montre l'importance des filiations personnelles, comment on retrouve dans les cadres du RPF des noms qui étaient ceux des cadres du PSF. Et comment qualifiait-on à gauche le Rassemblement gaulliste ? C'était évidemment un nouveau fascisme ! En décembre 1947, la revue *Esprit* sonnait l'alarme par un numéro spécial : « La pause des fascismes est terminée. » Les analyses qu'il contenait ne concernaient pas seulement la France, mais c'est bien la naissance et l'effet de masse du RPF qui était à l'origine de cette nouvelle résistance. Dans l'éditorial de Paul Fraisse, il y avait un mot qui est au cœur de notre débat : « Fascisme est un mot étranger. En français, il se traduit littéralement par : rassemblement. » Mais les partis de rassemblement sont-ils nécessairement des partis fascistes ? Dans le même numéro, Jean-Marie Domenach n'avait aucun mal à pourfendre le « mythe du rassemblement national ». Car il s'agit bien d'un mythe, qui entraîne de Gaulle à répudier le « système des partis » au nom d'une nouvelle union sacrée, qui ne peut exister, en fait, que sous l'autorité d'un chef. La Rocque comme de Gaulle après lui, anciens combattants de 1914-1918, ont rêvé sinon d'éradiquer, du moins d'atténuer au maximum les conflits qui affaiblissent la nation – en particulier la lutte des classes. Ce mythe du rassemblement a été à l'origine de la Ve République et d'une Constitution que l'on peut dire étrangère – surtout dans sa version 1962 avec l'élection du président de la République au suffrage universel – à la tradition républicaine. Nous pouvons exercer toutes nos critiques là-dessus, il ne nous viendrait pas à l'esprit aujourd'hui de qualifier le régime gaullien de régime fasciste. La crise de la IVe République, toutes choses égales d'ailleurs, avait en commun avec la crise de la IIIe des années 1930 ce que Domenach explicite bien : « Les institutions parlementaires que nous subissons sont tellement privées de sens qu'elles ne peuvent plus servir de plate-forme de résistance. » La guerre d'Algérie devait confirmer cruellement le diagnostic, et il faut bien avoir en tête la crise du système parlementaire, aussi bien dans les années 1930 que dans les années 1950, pour comprendre les succès de La Rocque et de De Gaulle.

D'anciens adversaires de La Rocque sont revenus, après la bataille, sur leurs jugements initiaux. Daniel Mayer (socialiste), parlant du 6 Février en 1962 : « Il apparaît que le colonel de La Rocque n'a pas eu, dans les journées qui ont précédé et ce soir-là même, le même but que ceux auxquels notre légitime passion l'associait et dont il voulait, semble-t-il, se différencier[50]. » Étienne Borne (démocrate-chrétien) : « Lorsque La Rocque survient il semble faire trop de concessions au train nouveau du monde, mais en réalité il répudie le vertige de l'extrémisme auquel n'est que trop sensible le nationalisme français, il refuse hautement les moyens de l'insulte, de la calomnie, de l'illégalité, son "social d'abord", outre qu'il prépare les esprits timides à accueillir de nécessaires réformes, contredit directement le "politique d'abord" de la faction maurrassienne. [...] La Rocque, s'il n'a pu trouver l'insertion proprement politique d'une pensée en elle-même généreuse, a du moins tenu, à l'abri des mauvais bergers, le troupeau qui lui était confié et qui aurait pu, sans lui, ne leur être que trop disponible[51]. » Un dernier témoignage, celui que l'écrivain Gilles Perrault présente dans une lettre à Gilles de La Rocque, le 2 juillet 1985 : « J'ai été de ceux qui ont méconnu le vrai visage du colonel de La Rocque. Et je n'étais certes pas le seul. [...] L'homme infiniment digne d'estime qui naquit voici cent ans n'a pas eu la chance de rencontrer son destin historique. Les circonstances l'ont voulu ainsi. Comment ne pas être frappé, à présent que les décennies écoulées mettent les choses et les gens en bonne perspective, par les traits gaulliens de sa démarche politique ? Mélangé trop hâtivement en son temps à la cohorte des chefs de l'extrême droite, il me semble que les historiens mettront La Rocque à sa juste place, c'est-à-dire parmi ceux qui, démocrates et républicains, voulaient une France régénérée, indépendante, dotée d'institutions la rendant capable de tenir la barre. Ce rôle échut au général de Gaulle. Nul doute que le colonel de La Rocque aspirait de tout son être à s'en faire l'instrument[52]. »

J'emprunterai, avant de conclure, la mise au point de l'historien Philippe Machefer qui, en France, avait fait un travail pionnier sur les ligues et avait préparé sa thèse de doctorat d'État sur le PSF à partir de 1970, que ses obligations de sénateur (socialiste) et une mort prématurée ont empêché de soutenir. À la demande de Gilles de La Rocque, Machefer lui adressa un résumé de ses travaux, dans une lettre datée du 10 août 1981. On y lit :

« Le PSF s'efforce d'être le défenseur des classes moyennes, à la place des radicaux-socialistes. Il cherche à gagner les éléments modérés du Front populaire, c'est-à-dire les électeurs radicaux-socialistes.

« Daladier dans ses notes manuscrites écrites à Itter en 1944-1945 : "Au fond, je crois que La Rocque voulait créer un mouvement national ayant pour but la conquête légale de la majorité."

« La conclusion de cette analyse s'efforce de montrer que La Rocque a su comprendre que le fascisme répugnait à la mentalité française et qu'il fallait renforcer l'autorité du pouvoir exécutif dans la fidélité aux institutions de la République.

« Cela et sa volonté de réconciliation nationale annoncent ce que sera plus tard le RPF du général de Gaulle, auquel La Rocque prépare en quelque sorte le terrain par son action dans les masses catholiques jusqu'alors dépolitisées. [...]

« Le catholicisme social, le vieux fonds bonapartiste français, le jacobinisme d'un Clemenceau, ont exercé une plus ou moins forte influence sur la pensée de La Rocque, pensée politique à vrai dire assez peu formée, sans que cette observation marque une critique visant un homme pour lequel, de métier et de tempérament, l'action était la principale valeur.

« Cela signifie-t-il un fascisme ? On songe à la glorification de l'action pour l'action chez des hommes comme Mussolini ?

« Il est évident que cette interrogation a été au cœur de ma recherche. Nul doute qu'il n'y ait eu dans le Mouvement Croix-de-Feu, chez certains de ses membres, une imprégnation fasciste. On constate que ces éléments ont quitté l'association, notamment en 1935, pour soutenir Doriot dont le PPF sera, lui, la grande tentative d'organisation du fascisme français.

« Lorsque, en 1936, La Rocque refuse de réagir par la force contre la dissolution des ligues prononcée par Léon Blum, Pozzo di Borgo et les éléments les plus durs des Croix-de-Feu refusent de rejoindre les rangs du Parti social français, preuve évidente qu'ils n'y voient pas la reconstitution de la ligue hostile aux institutions de la République qu'ils souhaitaient.

« En 1937, c'est le refus d'adhésion du colonel de La Rocque qui fait échouer la tentative de constitution d'un vaste rassemblement hostile à la gauche sous la direction de Jacques Doriot autour du PPF.

« Les attaques les plus vives et les chantages les plus odieux, ceux que la presse de l'époque a mis en lumière et qui, de ce fait, relèvent du domaine public, du fait public, sont venus non pas des adversaires "naturels" du PSF, je veux dire des socialistes et des communistes, mais de l'extrême droite réactionnaire ou fascisante.

« On en arrive à estimer que, loin d'être en France le vecteur du fascisme, les formations du colonel de La Rocque ont été, bien au contraire, parmi d'autres facteurs, un obstacle au développement d'un puissant parti fasciste, tel que le Francisme de Bucard ou le PPF de Doriot.

« Quelles que soient mes options politiques et sans doute précisément à cause d'elles, je dois à la vérité historique de dire que ma profonde conviction, après tant d'années de recherche sur ce sujet, est que le colonel de La Rocque n'était pas fasciste et que, au contraire, il a contribué à barrer la route au fascisme dans les années 1930[53]. »

On peut évidemment spéculer sur ce que fût devenu le CDF/PSF s'il était arrivé au pouvoir. Régime de type bonapartiste (compromis entre dictature et héritage républicain) ? Régime de type salazariste (dictature réactionnaire avec lien étroit entre l'État et l'Église) ? Régime fasciste (totalitaire à l'intérieur, agressif à l'extérieur) ? Mais rien ne présuppose dans le mouvement CDF/PSF et son programme l'installation de la dictature. Dans un document intime – une lettre écrite à son fils Jean-François le 17 octobre 1939 –, La Rocque affirme son refus de « toute secousse intérieure » : « Il convient de faire mûrir aussi vite que possible l'évolution nécessaire dans les domaines politiques et sociaux et non pas de l'imposer par la force[54]. » La Rocque, au pouvoir, pouvait aussi engager le processus de réforme constitutionnelle dans le cadre républicain, comme le fit le général de Gaulle en 1958. Enfin, le PSF vainqueur aux élections pouvait aussi complètement échouer à réformer le régime, tout comme Doumergue en 1934, et se contenter de reconstituer une droite plus homogène.

Trop de variables existent pour trancher : la conjoncture économique, le rapport des forces dans le champ politique, le contexte international, la guerre bien sûr, etc. D'autre part, les régimes autoritaires autant que les régimes fascistes labellisés ont évolué : le régime mussolinien des années 1920, régime de compromis avec la droite réactionnaire, a précédé le virage totalitaire de la seconde moitié des années 1930. En France, le régime gaullien instauré à la suite du 13 mai 1958 s'est lui aussi transformé à partir des années 1970. On n'épuisera jamais le nombre des possibles, et nous ne pouvons juger que sur ce qui fut, non sur ce qui aurait pu être.

Les Croix-de-Feu, puisant aux sources du christianisme social, avaient peut-être vocation à fonder un régime échappant aux catégories du fascisme ou même de la dictature traditionnelle, plus ancré dans l'histoire nationale, où l'héritage de la Révolution et l'héritage du bonapartisme pesaient lourd, comme le régime de la Vᵉ République, si peu conforme à la tradition républicaine parlementaire, l'atteste encore[55].

20

L'esprit de Munich

« Munichois », « antimunichois », ces termes ont enrichi notre lexique politique depuis 1938. Personne aujourd'hui ne voudrait être taxé de « munichois », dont le sens est nettement péjoratif : il s'agit de quelqu'un qui cède moins à la force qu'au bluff de la force. Julien Green, dans son *Journal*, écrivait le 20 septembre 1938 : « La paix est peut-être sauvée, mais nous sommes en vie parce que, tous, nous avons eu peur, peur de Hitler et de sa grosse voix. »

L'esprit de Munich, de fait, est peut-être d'abord un sentiment de panique devant le danger imminent de la guerre. Toutefois, il y eut « munichois » et « munichois » : l'esprit de capitulation ne s'est pas toujours donné les mêmes raisons.

Rappelons d'abord brièvement les faits. Hitler, au pouvoir depuis 1933, a pris au bout de deux ans une série d'initiatives, la plupart en rupture avec le traité de Versailles, qui mettent en danger la paix internationale, sans rencontrer de véritable opposition ni de la France ni de la Grande-Bretagne. En mars 1935, le Führer a rétabli le service militaire obligatoire dans son pays ; en mars 1936, il a fait réoccuper par ses troupes la zone démilitarisée de Rhénanie ; dès 1936, l'Allemagne, de même que l'Italie, a prêté un concours militaire actif aux nationalistes espagnols soulevés contre le gouvernement républicain légal ; en mars 1938, Hitler réalise l'Anschluss…

Quelques semaines plus tard, Konrad Henlein, leader du parti nazi des Allemands des Sudètes, entreprend une bruyante campagne contre le gouvernement tchécoslovaque et en faveur de l'autonomie pour les trois millions d'Allemands du Sudetenland. Au cours de l'été, les Britanniques s'entremettent entre les Sudètes et les Tchèques par la mission Runciman, mais ces pourparlers se terminent le 7 septembre 1938 par un aveu d'échec. C'est alors que Hitler, décidé à une action militaire depuis longtemps, prononce un discours enflammé, à Nuremberg, le 12 septembre, réclamant pour les Sudètes le « droit à disposer d'eux-mêmes ». Deux jours plus tard, Neville Chamberlain, Premier ministre de Grande-Bretagne, annonce son départ pour Berchtesgaden où il rencontre le chancelier du Reich. Le 18 septembre, le président du Conseil Édouard Daladier et son ministre des Affaires étrangères Georges Bonnet sont à Londres, où ils finissent par se rendre aux raisons de l'*appeasement* britannique : Anglais et Français enjoignent au gouvernement tchécoslovaque d'accepter la cession du territoire des Sudètes exigée par Hitler ; cette acceptation est rendue publique par Prague le 21 septembre.

La crise n'est pas finie pour autant puisque le Führer ajoute encore à ses réclamations – exigeant notamment de manière impérative l'évacuation des Sudètes par les Tchèques dès le 1er octobre. Chamberlain, rencontrant à nouveau Hitler à Godesberg, lui signifie que ces nouvelles conditions sont inacceptables. Le 23 septembre, le gouvernement tchèque décrète la mobilisation générale ; le lendemain, le gouvernement français décide le rappel de « certaines catégories de réservistes ». Pendant trois jours de black-out, la guerre paraît inévitable ; Hitler prononce un violent discours le 26, déclarant sa « patience à bout ». La crise se dénoue pourtant, le 28 septembre, lorsque, sur une initiative italienne, suggérée par Chamberlain, Hitler propose aux représentants de l'Angleterre, de la France et de l'Italie une conférence qui se réunira le lendemain, à Munich, Dans la capitale bavaroise, Daladier et Chamberlain cèdent à peu près sur toute la ligne. Les accords signés à Munich dans la nuit du 29 au 30 septembre concèdent seulement que l'occupation allemande du Sudetenland sera échelonnée du 1er au 10 octobre, au lieu de s'effectuer dans la seule journée du 1er octobre. Les fortifications édifiées par les Tchèques dans le territoire des Sudètes ne peuvent être détruites : l'Allemagne les récupère.

Dans cette occurrence, la faiblesse active des Anglais a été déterminante ; les Français ont suivi. Mais la France a des responsabilités à l'égard de l'État tchécoslovaque que n'a pas la Grande-Bretagne, puisqu'un traité d'alliance avait été signé en 1925 entre la France et la Tchécoslovaquie. Non seulement le gouvernement français n'a pas agi conformément à ses engagements, mais, qui plus est, il a, en lâchant pied devant Hitler, laissé détruire son système d'alliances et renforcer sensiblement les bases matérielles de la puissance allemande. Édouard Daladier, partisan d'abord de la fermeté, a vu sa résolution peu à peu entamée, et par la pression anglaise et celle de son ministre Georges Bonnet, et par les avis de l'état-major français, ceux du général Vuillemin, responsable de l'armée de l'air, notamment. Il signe donc les accords de Munich avec un sentiment de honte et d'impuissance. Quelle n'est donc pas sa surprise lorsque, ayant atterri dans la nuit du 30 septembre à l'aéroport du Bourget, il est accueilli par une foule enthousiaste. La paix est sauvée ! C'est, toute honte bue, le plus important et la seule chose qui compte.

Nous connaissons la suite. Loin de sauver la paix, Munich ne fit qu'encourager Hitler, ruiner le prestige de la France et affaiblir toutes les résistances potentielles aux conquêtes de l'Allemagne nazie. L'esprit de Munich est fait de cette illusion – qui fut brève – qu'au prix d'une abdication et d'une trahison on pouvait différer pour longtemps ce qui est pire qu'une abdication et une trahison : la guerre mondiale. Il y a là un optimisme aveugle qui demande explication.

Diplomates et militaires

L'esprit de Munich s'est manifesté, avant la lettre, depuis 1935. Si l'on considère d'abord l'attitude des gouvernements français qui se sont succédé depuis qu'à la fin de janvier 1933 l'auteur de *Mein Kampf* a pris le pouvoir en Allemagne, on note en effet que la seule politique étrangère conséquente face au danger hitlérien a été menée, entre février et octobre 1934, par le ministre des Affaires étrangères Louis Barthou[1]. Celui-ci, membre de la droite modérée, disciple de Poincaré, considère le nationalisme allemand, revivifié par l'avènement de Hitler, comme le danger pour la France le plus immédiat et le plus redoutable. N'ayant que peu de foi en la sécurité collective et en la SDN, il lui paraît que la meilleure façon de neutraliser l'agressivité allemande est de se donner les moyens militaires et diplomatiques pour faire respecter les traités. Les moyens diplomatiques, dont il a la charge, sont classiques : il s'agit de pratiquer une politique d'alliances qui contraigne l'Allemagne à rester dans ses frontières. Cette politique d'alliances n'a pas de fondement idéologique ; elle repose toute sur le réalisme politique. C'est pourquoi le ministre Barthou recherche aussi bien l'alliance de l'Italie fasciste que celle de la Russie soviétique.

Cette politique soulève des protestations tant à gauche qu'à droite. On lui reproche, à gauche, par pacifisme, la reprise d'une politique d'alliances qui a mené à la guerre de 1914 ; on lui reproche, à droite, par anticommunisme, de faire la litière du bolchevisme. Cette politique cependant ne peut être menée à son terme, Louis

Barthou étant victime de l'attentat perpétré par les terroristes oustachis contre Alexandre Ier de Yougoslavie, le 9 octobre 1934, à Marseille. Pierre Laval, qui succède à Barthou aux Affaires étrangères, d'octobre 1934 à janvier 1936, donne l'impression de poursuivre l'effort de ce dernier. La conférence de Stresa, en avril 1935, consacre le rapprochement franco-italien. Le 2 mai 1935, un pacte franco-soviétique est signé à Paris. Mais les finasseries de Laval, aussi bien dans la mise au point du texte de ce traité que dans la crise « éthiopienne » qui éclate en octobre de la même année, ont complètement altéré la ligne diplomatique de Barthou[2].

La faiblesse de l'État et de sa politique face à l'Allemagne se révèle crûment dans la crise occasionnée par la décision prise par Hitler de faire réoccuper militairement la Rhénanie, le 7 mars 1936. Albert Sarraut, président radical d'un gouvernement d'union nationale, déclare le lendemain à la radio : « Nous ne laisserons pas Strasbourg exposé au feu des canons allemands. » Selon les accords de Locarno de 1925, l'Angleterre devrait en pareille circonstance prêter main-forte à la France. Flandin, ministre des Affaires étrangères, part pour Londres, le 11 mars, consulter le gouvernement britannique. Celui-ci, par la voix d'Eden, refuse son concours à toute politique de rétorsion ou de sanction. L'opinion britannique s'était exprimée par cette manchette d'un journal londonien : « Les Allemands envahissent… un territoire allemand. »

En fait, les Allemands avaient violé non seulement le traité de Versailles – le *Diktat* – qui leur avait été imposé, mais aussi le traité de Locarno dont ils étaient cosignataires. Les Français étaient ainsi fondés à agir *manu militari* sans l'autorisation de l'Angleterre. Pour s'y résoudre, le gouvernement doit compter sur l'état-major. Celui-ci, surévaluant les forces allemandes, donne par la voix du général Gamelin un avis nettement pessimiste. Conçue pour la défensive, l'armée française se juge dans l'incapacité de lancer un corps expéditionnaire au-delà de la ligne Maginot. Cet avis est d'autant plus dérisoire qu'on sait aujourd'hui que Hitler avait décidé la remilitarisation de la Rhénanie contre l'avis de ses propres généraux von Fritsch et von Blomberg ; qu'il était prêt à la retraite immédiate en cas de réaction de l'armée française !

Lors de la crise de Munich, les experts militaires surenchérirent sur la prudence et le pessimisme. Il est avéré que Daladier fut impressionné au cours de l'été et de l'automne 1938 par leur avis[3]. Cette fois, il était moins douteux que les forces françaises, notamment aériennes, fussent plus faibles. Mais que dire de l'attitude rétrospective du général Gamelin, commandant en chef des armées françaises de 1935 à 1940, écrivant dans ses Mémoires qu'en mars 1936 la France avait raté la « dernière occasion » d'en imposer à l'Allemagne hitlérienne[4] !

La crise de Munich a révélé, entre autres, la contradiction flagrante entre les deux systèmes de sécurité nationale entretenus par les gouvernements français successifs. Contradiction entre la diplomatie d'alliances et la stratégie défensive. La première impliquait la possibilité d'intervention militaire rapide en territoire allemand, tandis que la seconde reposait sur la conception d'une guerre statique et défensive, concrétisée par la construction de la ligne Maginot au début des années 1930 et dont témoigne aussi l'isolement d'un Paul Reynaud, se faisant à la Chambre l'avocat des thèses du colonel de Gaulle. Brochant sur le tout, cette stratégie défensive, par une dernière inconséquence, n'allait pas jusqu'au bout de la logique, puisque la ligne Maginot laissait découverte la frontière belge. Les jours dramatiques de la crise munichoise révèlent, derrière les faiblesses du gouvernement, l'inertie de la théorie militaire et, finalement, les déficiences graves de la sécurité nationale.

Le nationalisme fourvoyé

Il convient de noter d'emblée que l'esprit de Munich n'a été le monopole ni de la droite ni de la gauche ; que les antimunichois se sont recrutés dans les deux grandes tendances de l'opinion. Que voit-on à droite ? La politique d'un Barthou a eu des soutiens ou des prolongements aussi bien dans les secteurs de la droite libérale qu'il représentait – c'est le cas de Paul Reynaud – que de la droite conservatrice – c'est le cas de Louis Marin ou d'Henri de Kérillis. Cela dit, il faut s'interroger sur l'impressionnante défaillance du nationalisme, entre 1935 et 1939, dans les rangs d'une droite et d'une extrême droite depuis longtemps caractérisées par leur germanophobie. Tout se passe comme si, à partir de 1934-1935, le nationalisme antiallemand perdait sa raison d'être.

L'« ennemi héréditaire » a pourtant pris, depuis janvier 1933, un masque très inquiétant. Mais, dans les trois années qui suivent, cet ennemi-là est concurrencé par un autre, à la fois intérieur et extérieur : le Rassemblement populaire, constitué en 1935 par l'adhésion des radicaux à l'alliance conclue l'année précédente entre socialistes et communistes, et, derrière le rassemblement des forces de gauche, l'URSS et l'Internationale communiste qui sont à l'origine des fronts populaires. Pour cette droite, il est difficile de désigner l'« ennemi n° 1 », de concilier une égale fermeté vis-à-vis de l'Allemagne nazie et de la Russie soviétique. Bien des membres de cette droite, soit par conservatisme et horreur du Front populaire, soit par admiration secrète ou publique du « fascisme », vont trouver dans l'Allemagne hitlérienne de singuliers motifs d'oublier leur intransigeance nationaliste et se convertir à ce qu'on appelle le « néo-pacifisme ». Un pacifisme qui n'est ni doctrinal ni viscéral, qui est tout d'opportunité – l'Allemagne du Führer étant devenue soit une garantie antirévolutionnaire (pour les conservateurs), soit un exemple révolutionnaire (pour les extrémistes).

L'année 1936 offre trois exemples de cette mutation du nationalisme de droite. Premier exemple : la ratification du pacte franco-soviétique. L'idée première, on l'a vu plus haut, n'était pas d'un homme de gauche ; elle participait d'une tradition diplomatique réaliste, plutôt de droite. Or, le vote à la Chambre, le 27 février 1936, de la ratification de ce pacte est obtenu par 353 voix seulement ; les deux tiers des députés de droite ont voté contre. « L'alliance avec les Soviets, écrit Léon Daudet, est, sous tous ses aspects, une insanité. » Et Jean Martet, du *Journal*, explicite l'attitude des conservateurs : « Le pacte, entre les mains d'un gouvernement modéré, ne menaçait ni n'indignait personne. Entre les mains d'un gouvernement de Front populaire, accroché aux Soviets, il changerait de forme et se braquerait directement contre l'Allemagne[5]. »

Deuxième exemple, ou deuxième étape : mars 1936, la crise « rhénane ». Le « Surtout pas de guerre ! » est un cri unanime de la presse française, les feuilles dites « nationales » n'échappant pas à la règle. La revue *Combat*, dirigée par Jean de Fabrègues et Thierry Maulnier, est assez représentative des milieux de droite gagnés par l'« imprégnation fasciste ». Dans le numéro d'avril 1936, on peut y lire, sous la signature de Maurice Blanchot : « Il y a dans le monde, en dehors de l'Allemagne, un clan qui veut la guerre et qui propage insidieusement, sous couleurs de prestige et de morale internationale, les cas de guerre. C'est le clan des anciens pacifistes, des révolutionnaires et des Juifs émigrés qui sont prêts à tout pour abattre Hitler et pour mettre fin aux dictatures. » Droite classique, droite ultra, même pacifisme, sinon mêmes raisons, que la gauche.

Troisième exemple, troisième dérapage du nationalisme : la guerre d'Espagne. Un certain nombre de journalistes et de politiciens de droite – Pertinax, Émile Buré, Georges Mandel, Henri de Kérillis au bout d'un certain temps – ne veulent pas se laisser aveugler par les aspects idéologiques de la guerre civile. Ils considèrent qu'une éventuelle victoire de Franco, soutenu par Hitler, serait du plus grand danger pour la sécurité française. Leur audience, cependant, est dérisoire à côté de la grande presse de droite : *Gringoire, Candide, L'Action française, Je suis partout*... Le Front populaire est au pouvoir en France : rien ne compte que de s'en débarrasser. Une double perversion est notable dans l'attitude de la droite : la perversion du national par le conservatisme social (« Plutôt Hitler que Blum ! ») et la perversion du national par l'idéologie (« Des lecteurs de *L'Action française*, il n'en est pas un qui ignore ou puisse ignorer que l'ennemi n° 1 de leur pays est l'Allemagne [...]. Après Hitler, oui, qui sait ? Avant lui sur un tout autre plan, il y a un autre ennemi. C'est la République démocratique[6]... »).

Comme l'état-major, mais sur un autre plan, ainsi que dit Maurras, la droite française en est venue à sous-estimer les forces du pays et à entonner un chant funèbre de décadence, propre à démoraliser la nation face à l'ennemi de la frontière. Sans doute faudrait-il résister à Hitler mais la France est en état de décomposition – à cause du régime parlementaire, à cause du Front populaire, à cause des Juifs émigrés[7]... Tel est le refrain.

Les défaillances de 1936 se répètent logiquement en 1938. Au moment de l'Anschluss, le 12 mars, Léon Blum propose de constituer un gouvernement de rassemblement national. Kérillis et Reynaud entraînent une cinquantaine de députés de la droite à accepter l'offre de Blum. Une cinquantaine seulement. Car le reste de la droite, à laquelle se rallie Flandin, dénonce la croisade antifasciste orchestrée par Moscou. Dans *L'Action française*, Maurras insulte Reynaud, « porte-parole d'un puissant consortium pour la guerre ! », tandis que Daudet clame : « Il faut un homme, pas un Juif ! » Le siège de la droite ex-nationaliste est fait : les communistes,

Blum et les Juifs préparent la guerre ; c'est se montrer véritables patriotes que de l'empêcher à tout prix. Au moment de Munich, le gros de la presse de droite encourage le gouvernement aux concessions maximales. « Tout ce qu'ils savent, écrit Henri Béraud des Français, le 22 septembre 1938, dans *Gringoire*, c'est qu'il y a vingt-cinq ans, on s'est fait trouer la carcasse pour la Serbie, dont le nom ne figure même plus sur les géographies et que cette fois il faut mettre sac au dos pour la Tchécoslovaquie dont, il y a vingt ans, nul n'avait jamais entendu parler[8]... » C'est à Thierry Maulnier, cependant, qu'il faut emprunter la profession de foi la plus explicite du nationalisme fourvoyé. Dans un article de *Combat*, de novembre 1938, il explique que dans la crise de Munich seule l'extrême gauche pouvait se montrer résolue parce que c'était l'occasion pour elle de provoquer l'effondrement de l'Allemagne, « d'anéantir l'ennemi de la Russie soviétique et du marxisme, d'assurer peut-être le triomphe de la révolution soviétique dans l'Europe entière ».

« En revanche, écrit encore Thierry Maulnier, une des raisons de la répugnance très évidente à l'égard de la guerre, qui s'est manifestée dans des partis de droite pourtant très chatouilleux quant à la sécurité nationale et à l'honneur national et même très hostiles sentimentalement à l'Allemagne, est que ces partis avaient l'impression qu'en cas de guerre, non seulement le désastre serait immense, non seulement une défaite ou une dévastation de la France étaient possibles, mais encore une défaite de l'Allemagne signifierait l'écroulement des systèmes autoritaires qui constituent le principal rempart à la révolution communiste et peut-être à la bolchevisation immédiate de l'Europe. »

Les distractions de l'antifascisme

Maulnier estime qu'il n'y avait là « rien d'inavouable », que c'était « une des principales raisons, et des plus solides, sinon la plus solide, de ne pas faire la guerre en septembre 1938 ». Faut-il, dès lors, laisser la bride sur le cou à Hitler ? Maulnier convient que les nationalistes sont placés devant un « dilemme presque insoluble ». Il existe toutefois une solution, nous dit-il : changer de régime. On voit bien par là la pénétration de la politique extérieure française par les enjeux et les fièvres de la politique intérieure. L'esprit de Munich, c'est aussi cela : la révélation crue de la primauté des objectifs intérieurs sur les objectifs extérieurs dans le camp du nationalisme français.

Le drame de la France, en ces années « munichoises », fut que la gauche, unie en principe dans le Front populaire pour résister au fascisme, et partant à Hitler, ne fut pas capable de prendre le relais des mains de cette droite défaillante ou complaisante. Dans un colloque tenu sur les relations franco-allemandes, J.-B. Duroselle a montré la continuité de la diplomatie française avant et après la victoire du Front populaire[9]. Le « drame rhénan » éclate peu de temps avant la campagne électorale d'avril 1936. *L'Humanité* tout comme *Le Populaire* dénoncent les menaces de guerre, sans préconiser la résistance. La conjoncture électorale n'est pas seule en cause : le 9 juillet 1936, les crédits sont votés pour la participation aux jeux Olympiques de Berlin (unanimité moins une voix – celle de Pierre Mendès France – et abstention des communistes). Le 27 juillet, Léon Blum décide de proposer une politique de non-intervention en Espagne. Son ministre des Affaires étrangères, le radical Yvon Delbos, fait mine de croire à tous les « faux-semblants de l'Allemagne et de l'Italie[10] ».

Si Léon Blum réagit personnellement au moment de l'Anschluss et de Munich, il ne peut amener la majorité de son parti sur des positions fermes de résistance à l'Allemagne nazie. En tant que chef de gouvernement dans un contexte particulièrement menaçant, il abandonne sa ferveur pour le désarmement et décide, au contraire, une politique de renforcement militaire qui obère lourdement le budget. Mais en tant que leader socialiste, on le voit suivre une douloureuse évolution – du pacifisme à la politique de défense nationale – qui s'exprime dans un article resté célèbre du 20 septembre 1938 dans *Le Populaire* : « La guerre est probablement écartée. Mais dans des conditions telles que moi, qui n'ai cessé de lutter pour la paix, qui, depuis bien des années, lui avais fait d'avance le sacrifice de ma vie, je n'en puis éprouver de joie et que je me sens partagé entre un lâche soulagement et la honte. » Cependant que Paul Faure, premier secrétaire de la SFIO, reste au sein de celle-ci encore majoritaire, sur les bases d'un pacifisme indéracinable : « Temporiser, négocier, faire appel à toutes les forces morales et spirituelles du monde pour éviter le recours aux armes […]. Nous avons applaudi le pape. Nous aurions applaudi le diable » (*Le Populaire*, 2 octobre 1938).

À une voix près – celle du député Bouhey, manquant à la discipline de vote –, le groupe socialiste ratifie à la Chambre les accords de Munich. Seuls les communistes votent unanimement « contre ». Mais ces « antimunichois » ne sont pas entièrement fiables, tant leur attitude dépend visiblement de celle de Staline. Violemment antimilitaristes jusqu'en 1935, ils cessent leurs attaques contre l'effort d'armement, du moment que Laval, lors de sa visite à Moscou en mai 1935, obtient de son hôte la déclaration décisive : « M. Staline comprend et approuve pleinement la politique de défense nationale faite par la France pour maintenir sa force armée au niveau de sa sécurité. » Parallèlement au néopacifisme de droite se développe alors le néopatriotisme des communistes. Néanmoins, la position de *L'Humanité* reste nettement « pacifiste » lors de la crise rhénane. Est-ce prudence tactique à quelques semaines des élections prometteuses ? Par la suite, le PCF, et particulièrement dans la question espagnole, défend une attitude « antimunichoise », confirmée en septembre 1938. La défense, une année plus tard, par le même parti communiste du pacte germano-soviétique, suivie, après quelques semaines de flottement, par le ralliement, en pleine « drôle de guerre », au mot d'ordre de lutte contre la « guerre impérialiste », indique clairement les limites de la détermination communiste en la matière. Du reste, le PCF n'est que le troisième parti d'une coalition de gauche dominée par les socialistes et les radicaux qui, seuls, gouvernent.

Or, si l'antifascisme et l'antinazisme qui lui est assimilé ont été le ciment du Front populaire, tout se passe comme si cet antifascisme, au lieu de se mobiliser contre le véritable adversaire – l'Allemagne nazie –, s'était concentré, par un phénomène de transfert, sur un hypothétique ennemi intérieur. En somme, on peut dire que le 6 février 1934 (l'émeute de droite devant le Palais-Bourbon) a occupé les consciences de gauche au préjudice du 30 janvier 1933 (l'arrivée au pouvoir de Hitler).

Le pacifisme, idéologie dominante de la gauche socialiste et syndicaliste, explique cette carence ou cet aveuglement. Pour en comprendre le fond, il faut se souvenir de ce qu'a été la guerre de 1914 : une terrible défaite du mouvement ouvrier, avant de devenir une horrible boucherie. Socialistes et syndicalistes veulent éviter à tout prix les nouveaux engrenages qui conduisent à la guerre : aussi bien la politique d'armement que la diplomatie d'alliances. Léon Blum répète dans les années 1920 et au début des années 1930 sa confiance dans la sécurité collective, la SDN, le désarmement. Au moment de la remilitarisation de la Rhénanie, il écrit : « Le *Diktat* hitlérien est essentiellement une infraction à la loi internationale et c'est à la SDN qu'il appartient de la reconnaître, de la qualifier et, le cas échéant, de la réprimer[11]. » La crise de juillet 1914 continue de hanter le mouvement ouvrier français : le « plus-jamais-ça » s'impose avec la force de l'évidence.

Il faudra à Léon Blum, qui a condamné la politique de Barthou, beaucoup de temps, beaucoup de peine et beaucoup d'hésitation pour se convaincre de la nécessité d'une politique de fermeté, impliquant et des armes et des alliés. Cette position, Blum la défend avec netteté au congrès socialiste de Royan, en juin 1938 : pour éviter la guerre, il faut savoir quelquefois en prendre le risque. Mais le chef de parti qu'il est doit tenir compte d'une majorité restée « pacifiste » s'il veut sauver l'unité de son parti. De là résultent les sinuosités de sa démarche. Le gros de la SFIO et celui de la CGT font leur la formule de Séverac, du 13 septembre 1938 : « Les concessions les plus lourdes valent mieux que la plus victorieuse des guerres. » Peu s'imaginent encore que les concessions les plus lourdes peuvent précipiter la plus affreuse des défaites. On raisonnait toujours sur juillet 1914, on voulait éviter une suicidaire répétition de l'histoire[12].

Dans la conscience du Front populaire, le danger hitlérien a été largement refoulé. L'épouvantail Croix-de-Feu du colonel de La Rocque figurait une sorte de fascisme métaphorique, contre lequel on pouvait se battre à coups de poing et à coups de mots. Le vrai « fascisme », à tête de mort, nécessitait d'autres moyens pour l'affronter. De ce point de vue, le Front populaire a souffert d'une déchirante contradiction, comme l'illustre l'itinéraire du philosophe Alain. Démocrate, il est à l'origine, avec quelques autres, de la création du Comité de vigilance des intellectuels antifascistes ; pacifiste, il signe, en compagnie de Victor Margueritte et de Jean Giono, un télégramme envoyé à Daladier et Chamberlain, au moment de Munich, pour désavouer les défenseurs de l'intégrité tchécoslovaque et sauver la paix par « tout arrangement équitable *(sic)* ».

L'esprit de Munich a donc reflété aussi cette contradiction du Front populaire entre l'antifascisme et le pacifisme[13]. La gauche française n'a pu assumer sa mission d'antifascisme en raison même du pacifisme qui la maintenait sur le terrain des bonnes intentions. De même que, simultanément, la droite n'a pu assumer sa vocation à la défense nationale, dans la mesure où son anticommunisme, son conservatisme social et sa complaisance envers les dictatures l'entraînèrent à ne voir dans Hitler qu'un danger secondaire. Munich est le point de convergence du pacifisme doctrinal ou viscéral de la gauche et du néopacifisme conjoncturel de la droite.

Plus profondément, il faut pourtant se demander si l'esprit de Munich n'a pas été le fruit d'un refus moins politique que biologique : celui d'une nation exsangue, hors d'état de courir le moindre risque de guerre, fût-ce pour sauver la paix. On ne peut résoudre pareille question puisqu'il faudrait scruter ce qui, par définition, ne s'exprime pas et qu'on appelle plus ou moins justement un inconscient collectif. Il faut se contenter de quelques observations et de quelques interrogations.

Mythes et réalités du pacifisme populaire

On a pu dire de la reculade de Munich qu'elle était la manifestation diplomatique du vœu profond d'un peuple désireux de sauvegarder la paix à tout prix. Une sorte d'unanimité dans la capitulation aurait emporté les plus mâles résolutions des gouvernants. C'est ainsi qu'Henri Michel écrit, à propos de l'occasion « rhénane » : « Telle est la raison de l'inaction française en mars 1936 : les Français ne veulent pas se battre ; le poids du sang français répandu en 1914-1918 les paralyse[14]. » *A fortiori*, sans doute, deux ans et demi plus tard, à propos des Sudètes. Mais il ne s'agit là que d'une hypothèse invérifiable, qui présuppose une articulation mécanique entre une certaine unité d'opinion et les actes des gouvernants qui n'en seraient que le prolongement politique.

La première observation à faire est qu'il n'y a pas eu d'unanimité dans l'opinion. C'est en 1938 qu'a été créé le premier institut de sondage en France, l'IFOP. Au lendemain des accords de Munich, un sondage d'opinion a été fait sur la question : « Approuvez-vous les accords de Munich ? » Or une forte minorité de 37 % des sondés répond « non » (contre 57 % de « oui » et 6 % d'abstentions), ce qui est substantiellement plus fort que les 12 % de la Chambre des députés. Notons encore qu'en juillet 1939, à la question : « Pensez-vous que si l'Allemagne tente de s'emparer de la ville libre de Dantzig, nous devons l'en empêcher au besoin par la force ? », la réponse est « oui » à 76 % (« non », 17 % et abstention, 7 %)[15]. Ces sondages indiquent pour le moins que la sauvegarde de la paix à tout prix, que la préférence de l'esclavage à la guerre comme on l'a entendu proclamer dans certains congrès politiques ou syndicaux, n'étaient pas le fond de l'opinion. Que celle-ci ait évolué entre l'été 1938 et l'été 1939 ne fait point de doute, mais tenir le pacifisme des Français comme un des obstacles incontournables à une politique de fermeté face à l'Allemagne hitlérienne appartient plus à la rhétorique politique qu'à la réalité.

Cela dit, il n'est pas question de nier le profond désir de paix des Français, qu'ils partagent avec les autres peuples, mais qu'ils éprouvent, en raison de la Grande Guerre, plus vivement alors que toute autre nation. Simplement, il convient de ne pas confondre cette aspiration naturelle et légitime à la paix et ce qu'on appelle le pacifisme à tendance défaitiste, qui répugne à toutes les méthodes de fermeté et à tous les risques de guerre pour empêcher précisément la guerre.

Je voudrais illustrer ce propos par un autre test : celui du rappel sous les drapeaux, en septembre 1938, de « certaines catégories de réservistes ». D'après la littérature pacifiste – voir Giono, par exemple –, les réservistes rappelés témoignaient, par l'expression de leur « glaciale gravité », leur hostilité aux hommes politiques qui les envoyaient au front, tandis que « les gens de la rue applaudissaient les pacifistes décidés[16] ». Il est probable que tous les témoins n'ont pas vu la même chose. En voici deux autres. L'un est un néopacifiste, un munichois, un fasciste ; le second, un écrivain antimunichois, de droite. Le premier, Lucien Rebatet, décrit dans *Les Décombres* une tout autre attitude des réservistes qu'il a vus à la gare de l'Est. « L'antifascisme, écrit-il, se décidait enfin à prendre les armes. On allait bien voir ce qui lui résisterait. Quelques grandes gueules criaient même qu'on allait délivrer de Hitler les ouvriers allemands. *Il n'y avait aucun risque que le prolétariat s'insurgeât contre la guerre* (souligné par nous). Ses maîtres, décidément beaucoup plus fort que nous, étaient parvenus à lui faire confondre le grand soir avec l'abattoir[17]. » Le second est Henry de Montherlant, réserviste rappelé, qui prend le train à la même gare de l'Est, le 24 septembre au soir. Il nous décrit la scène dans *L'Équinoxe de septembre*. Il a vu des « milliers d'hommes en casquette » parfaitement calmes, « qui partent avec paix à la guerre ». Ce qui lui inspire le commentaire : « Vingt ans de propagande pacifiste ont été bus et digérés, sans effet, par le peuple français… » Et de préciser : « Qu'on me montre un seul d'entre nous qui n'aime pas la paix et qui, à cette heure, ne sacrifierait pas une part immense de ce qui fait tout le bien de sa vie privée, si cela pouvait aider à la maintenir honorablement. Il ne s'agit pas de proclamer qu'on aime la paix. Il s'agit d'être assez fort pour imposer la paix à ceux qui veulent la guerre[18]. »

Ces sondages et ces citations devraient au moins nous inciter à la prudence quand nous voulons donner à l'esprit de Munich une explication « par les profondeurs » du corps social. La dénonciation de la guerre a été de tous les partis, de tous les syndicats, de toutes les associations d'anciens combattants[19]. Les ruines causées par la Première Guerre mondiale ont eu des effets durables, et renforcé encore s'il était besoin le culte de la paix. D'autre part, il est possible, voire probable, que l'affaiblissement démographique de la France et les conséquences de l'arrivée à l'âge de la conscription des classes creuses au moment même – à partir de 1935 – de la « montée des périls » aient infléchi la politique des gouvernants. Jean Giraudoux, à propos de toute la politique extérieure de la France depuis 1918, l'explique ainsi en 1939 dans *Pleins Pouvoirs* : « Cette angoisse, cette incertitude de nos dirigeants venait de ce que pour la première fois ils ne sentaient plus derrière eux un réservoir inépuisable de vies françaises. Ils venaient de constater que la guerre n'était pas seulement la plus horrible des solutions, mais que c'était une maladie que l'organisme français n'était plus à même de connaître. » Notons tout de même qu'une telle « angoisse » avait produit fort peu d'imagination en matière de politique démographique, puisque – si l'on met de côté la loi répressive de 1920 contre la contraception et l'avortement – il faut attendre 1939 pour voir voter les premières mesures du Code de la famille. On remarquera qu'il s'agit là d'une « angoisse » bien peu active, ce dont Giraudoux convient, du reste, un peu plus loin dans son livre en disant : « Il n'est aucune nation civilisée où le souci de la vie humaine joue, dans la politique nationale, un rôle aussi accessoire et déconsidéré qu'en France. L'inattention de nos dirigeants civils coûte autant à la France, chaque année, que l'imprudence des généraux peut lui avoir coûté en cinq années de guerre. »

Aussi, sans vouloir négliger ces raisons « profondes », il me paraît plus sûr de s'en tenir au terrain le moins friable, celui du débat et de la lutte politique, où l'on peut vérifier sans aucun doute l'enchaînement des causes et des effets. Les capitulations successives de la droite et de la gauche devant les coups de force de Hitler, dont l'effondrement de Munich n'est que l'aboutissement dramatique, ont le plus souvent trouvé dans ces causes « organiques » leurs alibis ou leurs prétextes. La politique de résistance à Hitler exigeait de la droite qu'elle mît au-dessus de ses intérêts sociaux et de ses passions idéologiques la volonté de défense nationale dont elle se prétendait l'incarnation ; cette politique exigeait de la gauche qu'elle poussât la logique de son antifascisme jusqu'au domaine militaire et diplomatique, nonobstant son pacifisme. Au lendemain de l'Anschluss, Léon Blum, le danger devenant apparemment clair pour tous les partis, proposa – on l'a dit – de ressouder l'union nationale face au nazisme conquérant. Les conservateurs et les nationalistes rejetèrent l'offre, par crainte du communisme ; les pacifistes de gauche y dénoncèrent la reconstruction d'une union sacrée de sinistre mémoire. L'esprit de Munich a été la rencontre de peurs différentes, voire contraires, qui se sont additionnées dans une même capitulation.

La politique de Munich fut un résumé de la non-intervention, de la non-action, de l'abstention françaises : toutes les contradictions qui étaient à l'œuvre dans les rangs de la droite et de la gauche, entre la droite et la gauche, ont eu pour résultante cette politique passive, toute subordonnée à la « gouvernante anglaise » (F. Bédarida), désespérément velléitaire. Elle aboutit à ce qu'elle voulait éviter : à la pire des guerres, celle qu'on s'est laissé imposer.

21

Vichy et le cas Emmanuel Mounier

Qui lit encore Emmanuel Mounier ? Un « Que sais-je ? » consacré au *Personnalisme*, un de ses rares textes à être réédité, figurait naguère au programme de l'agrégation en science politique. Une gloire posthume plutôt modeste pour un philosophe qui avait rayonné en son temps, foudroyé en 1950 à l'âge de quarante-cinq ans. Il dirigeait alors la revue *Esprit* qu'il avait fondée une vingtaine d'années plus tôt.

Cette disgrâce n'empêche pas que le nom de Mounier revienne sur le tapis dès qu'il est question de 1940 et de la Révolution nationale. À la suite de l'émotion soulevée par le livre de Pierre Péan sur la jeunesse de François Mitterrand[1], *Le Monde* daté du 21 septembre 1994 publiait un long article de Zeev Sternhell, lequel jugeait indispensable à sa démonstration de revenir sur l'exemple de Mounier : « Après avoir lancé dans les années 1930 une véritable révolte contre la démocratie libérale, l'équipe d'*Esprit* se joint jusqu'aux derniers jours de 1942 à l'œuvre de la Révolution nationale. »

En 1991, Marc Fumaroli, quant à lui, avait fait de Mounier « un Heidegger du pauvre », mais au « ton quasi léniniste », qui s'est fait le stratège de « l'État culturel » à Uriage et au mouvement *Jeune France*[2]. Plus réducteur que Zeev Sternhell classant Mounier dans le compagnonnage du fascisme dès lors qu'il était hostile au libéralisme sans être marxiste, John Hellman, en 1981, avait fait du fondateur d'*Esprit* le propagateur à l'école des cadres d'Uriage – « cet Ordensburg français » – d'« un national-socialisme spriritualisé[3] ». Et ne parlons pas des essais « à l'estomac », comme Julien Gracq parle de la littérature du même nom, faisant de Mounier le parangon d'une *« Idéologie française »* (Bernard-Henri Lévy, Grasset, 1981) foncièrement pétainiste.

Pareilles analyses étonnent : pourquoi tant de vindicte contre un auteur dont les œuvres majeures ne sont même plus en librairie ? Certes, la revue *Esprit* paraît toujours, mais aucun des membres de son équipe n'appartient à la génération qui a travaillé avec Mounier. Le « personnalisme » a passé de mode, au moins autant que « l'existentialisme » – *ismes* triomphant dans la jeunesse intellectualisée de l'après-guerre. Qu'on fasse de Mounier un bouc émissaire de notre « passé imparfait[4] » laisse perplexe autant par l'excès d'honneur que par l'indignité qu'on lui réserve. Interrogeons donc la personnalité de Mounier, ce que fut son action jusques et y compris sous Vichy, à la lumière notamment des travaux de Bernard Comte et de Michel Bergès[5].

Emmanuel Mounier a été le chef de file du personnalisme chrétien, un des maîtres à penser de la génération des années 1930, celle qui n'a pas fait la Grande Guerre et qui tente de forger ses propres outils d'analyse dans un monde qu'elle juge condamné. Reçu deuxième à l'agrégation de philosophie derrière Raymond Aron, l'année où Sartre fut collé, Mounier n'enseigne qu'une seule année scolaire, au lycée de Saint-Omer, en même temps qu'il se jette dans la fondation d'une revue, *Esprit*, qui devait être aussi un mouvement, groupant autour de sa personnalité charismatique de nombreux jeunes intellectuels, catholiques en majorité, convaincus de vivre une crise des valeurs et aspirant à une « nouvelle Renaissance ».

L'ennemi, c'est la civilisation de l'« homme bourgeois », dont l'idéologie s'appelle le libéralisme, et dont la réalité a pour nom « capitalisme ». Mounier, comme d'autres, en appelle donc à la révolution, mais tout en récusant la révolution totalitaire du XXe siècle, sous ses deux faces, fasciste et communiste. Jugeant le libéralisme bourgeois moribond et les totalitarismes inacceptables, Mounier et *Esprit* – lancé en octobre 1932 – défendent le principe d'une troisième voie, d'une troisième force propre à réconcilier les valeurs de liberté, d'épanouissement individuel, d'autonomie créatrice, et celles de communauté, de fraternité humaine, de solidarité.

D'un point de vue strictement politique, la doctrine est faible. Il faut tout de suite dissiper le malentendu qui est à la source de tant de confusions dans les procès que l'on intente à Mounier. Il n'est pas un philosophe du politique, non plus qu'il n'est un acteur politique. Il éprouve même à l'endroit de la politique une défiance très répandue chez les catholiques français, lesquels, sous la IIIe République, sont toujours mal intégrés dans la Cité. « Le point de vue politique, dit-il, est un point de vue second [...]. Le politique peut être urgent, il est subordonné. Le dernier point que nous visons, ce n'est pas le bonheur, le confort, la prospérité de la cité, mais l'épanouissement spirituel de l'homme. [...] Notre action politique est donc l'organe de notre action spirituelle, et non l'inverse[6]. »

La voie de la démocratie chrétienne s'offre à Mounier, qui s'est toujours senti, contre les thèses de l'Action française et en communion avec l'œuvre de Charles Péguy, un fils de la République. Le fondateur d'*Esprit* rejette cette voie. D'abord parce qu'elle ne peut éviter la confusion du spirituel et du temporel : « démocrate » et « chrétien » ne se situent pas sur le même plan, et il n'existe aucune relation de causalité entre les deux termes. Ensuite parce que, dit-il, toute l'ambition des démocrates-chrétiens est de réconcilier le catholicisme avec la République bourgeoise, l'Église avec les radicaux-socialistes, la truelle des francs-maçons avec le goupillon des curés. L'urgence est autre, elle est *« révolutionnaire »*. Le vieux Nouveau Monde qui s'est établi sous la domination bourgeoise est moribond.

Quelle révolution ? Ni celle de Lénine, ni celle de Mussolini, et encore moins celle de Hitler qui en fascine tant. Sa révolution serait *« personnaliste et communautaire »*, expression du reste tautologique, puisque le personnalisme à lui seul, dénonçant le règne de l'individu isolé, séparé, enfermé dans son quant-à-soi, est censé impliquer le lien communautaire. Une communauté qui ne se définit plus par une unité de religion, car Mounier pose d'emblée le postulat du pluralisme, mais par un ensemble de facteurs objectifs et volontaires – tout à la fois –, en fonction desquels l'homme abstrait des immortels principes devient l'homme concret des cités charnelles.

La *personne* n'est ni l'individu de la société capitaliste (« nous sommes contre la philosophie du moi, pour la philosophie du nous »), ni le soldat discipliné des régimes totalitaires (« Périssent l'honneur national, l'honneur familial, l'honneur du parti, s'ils s'établissent sur la déchéance des personnes composantes ! »). Elle ne doit être mutilée ni dans le sens vertical (chacun a le droit à son existence propre), ni dans le sens horizontal (chacun ne peut se réaliser sans les autres). Cette anthropologie, inspirée par la théologie catholique (Mounier en cherche l'inspiration notamment chez le jésuite espagnol du XVIIe siècle Francisco Suarez[7]), l'amène à la critique radicale de l'individualisme libéral mais tout autant des collectivismes totalitaires. Cette ligne sera toujours la sienne.

L'élasticité du concept de *« révolution personnaliste et communautaire »* nuit à sa traduction politique en termes clairs. La vocation de Mounier est ailleurs. Il le dit, il le répète : « Nous ne croyons pas pour notre part au miracle des institutions. Elles peuvent beaucoup... Mais ce ne sont pas les institutions qui *font* l'homme nouveau, c'est un travail personnel de l'homme sur lui-même dans lequel personne ne peut remplacer personne. » Faisant sienne la formule de Jacques Maritain, *« primauté du spirituel »*, retournée contre le *« politique d'abord »* de Charles Maurras et d'une Action française dont l'influence a été déterminante dans les générations catholiques précédentes – et sur Maritain lui-même –, Mounier préconise surtout des techniques de refus, des opérations de témoignage, des gestes symboliques de protestation, en vue de dépouiller l'homme moderne de ses oripeaux bourgeois et de faire éclater l'association ordinaire du « catholique » et du « conservateur », du « spirituel » et du « réactionnaire ». Il lutte, pourrait-on dire, contre le « désordre établi » à petites touches, dans un combat inlassable, en préconisant le plus souvent un refus d'obtempérer plutôt que l'investissement du champ politique. Il en résulte une rapide scission avec ses amis de la première heure, ceux qui s'engagent avec Georges Izard dans la formation d'un mouvement politique – la Troisième Force –, Izard lui-même finissant par adhérer au parti socialiste SFIO. Comme pour de nombreux catholiques, la vie parlementaire est aux yeux de Mounier un lieu d'altération – celle, pour parler comme Péguy, de la mystique en politique.

Le tumulte des événements dont retentissent les années 1930 lui interdit, cependant, de garder le silence. Au lendemain de la journée d'émeute du 6 février 1934, *Esprit* s'efforce encore de maintenir des distances, ne voulant ni se ranger du côté des ligues factieuses, ni défendre en l'état la république parlementaire. Mais, au fur et à mesure que la menace des agressions fascistes se précise, Mounier se démarque de plus en plus de sa réserve antérieure et *a fortiori* des positions majoritaires de la presse catholique en France.

En 1935, il est de ceux qui condamnent sans hésiter la conquête coloniale de l'Éthiopie par les troupes de

Mussolini et les complicités du gouvernement Laval, au moment où une grande pétition du « parti de l'intelligence », regroupant tous les intellectuels de droite – de Robert Brasillach à Pierre Drieu la Rochelle, en passant par Marcel Aymé et Pierre Mac Orlan –, soutient la juste guerre du « civilisé » contre le « barbare ».

En 1936, sans adhérer au Front populaire, *Esprit* en défend les espérances, en suit avec sympathie les efforts, en critique les insuffisances. La même année, la guerre d'Espagne mobilise le gros de l'opinion catholique du côté de Franco. Mounier et sa revue se retrouvent dans les rangs de ceux qui défendent le camp républicain face aux insurgés, faisant largement écho aux quelques écrivains catholiques qui, comme Georges Bernanos et François Mauriac, dénoncent la croisade.

La crise de Munich, en 1938, partage la rédaction d'*Esprit*. Mounier et ses amis ont été, comme une grande partie des Français, de fervents pacifistes. Hostiles au traité de Versailles, ils ont applaudi aux efforts d'Aristide Briand, le « pèlerin de la paix », mort juste avant la naissance de leur revue. Dans une polémique un moment célèbre, Mounier s'en est pris, en 1934, au général de Castelnau, président de la Fédération nationale catholique, pour ses positions « jusqu'au-boutistes ». La politique d'expansion de Hitler a peu à peu convaincu Mounier que le pacifisme n'était pas la paix, mais au contraire un encouragement aux agressions militaires des États fascistes. En octobre 1938, rompant avec le pacifisme soutenu encore par quatre de ses collaborateurs[8], Mounier écrit, dans « Lendemains d'une trahison[9] », sa désapprobation ferme de la reculade munichoise :

« Si nos gouvernants ont choisi une paix ignominieuse, ce n'est pas seulement parce qu'eux-mêmes manquaient de foi et d'autorité. C'est parce qu'au même moment, démoralisés par le même mal, les rues et les villages de France grouillaient d'hommes suant de peur, que n'intéressaient ni la justice des Sudètes, ni la justice des Tchèques, ni l'Allemagne, ni l'Europe, ni la France, encore moins l'innocence de la France et même pas l'injustice de la guerre, mais une seule chose : un moratoire de tranquillité. »

En réaction à la reculade qu'a été Munich pour lui, Mounier prend notamment la décision de lancer un bimensuel, pour intervenir plus rapidement. Il s'appelle *Le Voltigeur*. On ne s'y contente pas de réitérer des positions antimunichoises, on s'en prend aussi à toutes les complicités intellectuelles et spirituelles du nazisme. C'est ainsi que, à la suite d'un numéro spécial de *Je suis partout* contre les Juifs, le journal de Mounier, dirigé par Pierre-Aimé Touchard, consacre son numéro du 1er mars 1939 à la dénonciation de l'antisémitisme, contenant notamment une « Lettre ouverte de Charles Péguy à M. Robert Brasillach et autres petits rebatets » (« L'antisémitisme contre la France »). Combat repris et approfondi dans la revue.

En février 1939, Mounier apostrophe ceux qui se bercent de l'illusion munichoise. Peu de temps avant le démantèlement de la Tchécoslovaquie, il prend à partie le président d'honneur de la Ligue des droits de l'homme : « *La Pax Germanica* EST DURE, dit M. de Pressensé, MAIS C'EST TOUT DE MÊME UNE PAIX. À ce compte, la paix russe aussi est une paix ; et la paix turque est une paix ; et la paix belge en Afrique et la paix portugaise. La Ligue des droits de l'homme n'est pas chargée de nous enseigner la PAX GERMANICA. Ni la PAX TEUTONICA. Elle est chargée de nous enseigner la PAX JURIDICA. »

La guerre déclarée, Mounier résume son attitude antimunichoise.

Malgré cette ligne antifasciste, qui n'est plus du seul ordre spirituel mais s'exprime en condamnations historiques, et qui accepte le « risque de guerre[10] », au moment même où le Comité de vigilance des intellectuels antifascistes reste aux mains des pacifistes incapables de préconiser la fermeté face à Hitler, comment

Mounier peut-il être suspecté de sympathies fascistes, d'être l'adversaire irréductible de la démocratie ?

Remarquons d'abord qu'*Esprit* et son fondateur ont fait du dialogue un de leurs principes fondateurs et une de leurs pratiques privilégiées. La revue a été ouverte à tous les adversaires, défenseurs du fascisme ou du communisme, quand ceux-ci avaient aux yeux de Mounier quelque chose à dire. Il s'ensuit un certain nombre de publications, de rencontres, de gestes divers, que l'on peut, en allant vite, interpréter comme des adhésions de la part des personnalistes. Le voyage de Rome, en 1935, avant que n'éclate la guerre d'Éthiopie, est caractéristique de la « méthode » Mounier. Lui qui a écrit maints articles contre le fascisme n'hésite pas à se rendre à une invitation, à un colloque, pour discuter avec les représentants des mouvements fascistes.

Il n'a pas le souci des étiquettes politiques, des classements rédhibitoires, des compromissions apparentes. Il n'accepte pas le mot de Carl Schmidt, proche du national-socialisme, selon lequel en politique il s'agit d'abord de désigner ses ennemis ; il illustre le conseil inverse, évangélique, d'aller vers son prochain, d'écouter, d'essayer de convaincre. S'il va à Rome, c'est pour défendre la thèse de la société *« pluraliste »* contre les régimes totalitaires. Il ne prend pas garde au fait que sa présence même en Italie, avec une délégation française, est, quel que soit le contenu de son intervention personnelle, une forme de cautionnement du régime italien. Cela ne l'empêchera nullement de condamner quelque temps plus tard l'expansionnisme colonial de Mussolini. Mais cela nous fait comprendre aussi son comportement la première année de la Révolution nationale, à laquelle nous allons arriver.

Précisons juste un point, à propos de la prétendue hostilité de Mounier envers la démocratie. Dans *Le Voltigeur* du 2 novembre 1938, le directeur d'*Esprit* lance un appel « Pour une démocratie personnaliste », dans lequel on peut lire :

« La caricature de la démocratie soulève aujourd'hui en France et hors de France un immense désappointement, une vague de dégoût. Notre sens même de la démocratie doit nous faire participer à ce dégoût et l'entraîner dans la direction d'une *démocratie véritable* [souligné par nous], ou bien, une fois de plus, il mûrira un fascisme. » Mounier restait ainsi fidèle à sa dénonciation de la démocratie parlementaire, et préconisait un nouveau système de représentation, un rééquilibrage des pouvoirs dans l'État, les « libertés minoritaires », etc. Il réaffirmait que son antiparlementarisme ne menait pas à « moins de liberté », mais au contraire à une « liberté effective et garantie ».

Certes, on peut discuter des formules de Mounier, mais non pas confondre son allergie au libéralisme, et en particulier sous sa forme parlementaire, avec une détestation de la démocratie, plus ou moins suspecte de fascisme. Le régime politique de la IIIe République finissante peut difficilement passer pour le modèle des démocraties libérales – modèle à l'aune duquel on évaluerait le coefficient d'esprit démocratique de chacun. Il est permis d'échapper à la simplification abusive d'un champ politique distribué entre trois familles, la démocratie libérale, le communisme et le fascisme – trois solutions, pas une de plus. Mounier jugeait la situation plus ouverte. Mais nulle politique du pire chez lui : quand le nazisme menace, ce n'est pas seulement la démocratie parlementaire, c'est le pays « dans son être », c'est « l'espace spirituel que représente dans le monde l'intégrité de ses frontières, la continuité de sa présence, la solidité de sa résistance[11] » qu'il faut défendre.

Le choc de la défaite de juin 1940 ne provoque chez Mounier, qui a été démobilisé à la fin de juillet, ni l'effondrement psychologique entraînant la résignation au malheur, ni le sursaut instinctif du patriote comme un Edmond Michelet ou un Charles de Gaulle. Dans *Marianne*, l'hebdomadaire d'Emmanuel Berl replié à

Lyon, il écrit le 1er août 1940 : « L'échec est un puissant stimulant de l'action. » Et, pour commencer, il demande à chacun, dans un pays qui, derrière son nouveau chef, entreprend le procès des *autres*, de chercher d'abord les causes de la défaite « à la première personne » :

« Il est urgent que chaque Français [...] se nettoie du besoin morbide d'accuser et de se décharger. Qu'il commence le procès des responsabilités en se disant : “Moi-même ? Mon parti ? Mes idoles ? Mon milieu ? Mon pays ?” Qu'il se lave des résidus de haines, de cette division sommaire du pays en “purs” et en “impurs”. »

Continuer à défendre les valeurs de l'esprit, certes, mais par quels moyens ? Il importe d'abord pour Mounier de comprendre la situation nouvelle créée par la victoire allemande. Sur ce point, comme la plupart des intellectuels français, lui et son ami le philosophe Jean Lacroix, qu'il retrouve à Lyon, font la même analyse erronée en cet été 1940 : pour eux, la guerre est finie. L'Europe est entrée, pour un temps indéterminé, dans l'ère totalitaire – l'on entend par ce mot la gamme assez vaste de régimes qui s'étale de celui de M. Salazar au IIIe Reich[12].

Le régime de Pétain qui s'installe à Vichy au cours de cet été 1940 n'est pas encore, aux yeux de Mounier, totalitaire ; c'est un régime « autoritaire », où l'on peut encore « trouver la place de la liberté ». Sans adhérer explicitement à la Révolution nationale, Mounier va s'employer à œuvrer et à s'exprimer dans le cadre de celle-ci. Répugnant à l'abstention, jugeant – nous sommes en 1940 – l'hypothèse d'un retournement de la situation militaire peu crédible, il décide de continuer à défendre, là où il est, avec les moyens du bord et avec les nouveaux moyens que lui offriront éventuellement les nouvelles institutions, les valeurs qu'il a toujours défendues.

Un esprit plus politique que lui eût refusé de se prêter à l'équivoque : l'adhésion ou le rejet s'imposait. Sa démarche reste celle d'un chrétien œuvrant, selon ses termes, pour une révolution spirituelle. Rejeter purement et simplement le nouveau régime, c'est s'abstenir. Sa philosophie de l'engagement lui dicte une autre attitude : la politique de « présence », l'occupation du « terrain », voire, si c'est possible, un parasitage de la Révolution nationale par ses amis et ses idées.

La première question à se poser est celle de la reprise d'*Esprit*, dont le dernier numéro a été publié en juin 1940. Des proches de Mounier, repliés à Lyon comme lui, lui font valoir que ce serait une faute de faire paraître la revue sous le régime de la censure[13]. Le directeur d'*Esprit* passe outre, et le premier numéro de la nouvelle série est en vente au mois de novembre 1940 ; neuf autres suivront, jusqu'en août 1941. D'autres voix l'avaient encouragé, par exemple celle de Victor Serge, rescapé du goulag stalinien, devenu l'ami de Mounier. Peu avant son embarquement pour les États-Unis, il lui écrit de Marseille :

« Je souhaite ardemment que la voix d'*Esprit* ne se taise point par les temps noirs qui commencent. En ce sens, j'approuve entièrement votre initiative. Mais elle me semble risquée. Elle va exiger une lucidité, une fermeté d'âme, un courage exceptionnels[14]. »

Le premier numéro n'est pas une complète réussite. Pour déjouer la censure, Mounier regrettera « d'avoir tiré trop court » – autrement dit d'avoir fait trop de concessions à Vichy. Pour les numéros suivants, il se vantera d'être apparu « comme le noyau de l'opposition ouverte ». L'exercice est périlleux, comme l'avait prédit Victor Serge. Il faut accepter des clauses de style pour faire passer des messages que le lecteur averti doit comprendre à mi-mot. Qui plus est, la revue peut jouer sur un vocabulaire qui lui est commun avec certains des thèmes de la Révolution nationale (« quelques formules de vie ressortent, où nous reconnaissons les traits dominants de notre héritage : lutte contre l'individualisme, sens de la responsabilité… »), en leur donnant un autre sens et une autre portée. Le lecteur d'aujourd'hui, ignorant le contexte, les ruses mensuelles que Mounier et ses collaborateurs déploient pour tourner la censure, les allusions d'époque, peut faire du nouvel *Esprit* une sorte d'organe modéré du nouveau régime.

On comprendra mieux ce que pouvait représenter la revue de Mounier, revenue dans les kiosques de la zone « non occupée », par les lettres chaleureuses que son initiative lui vaut. Ainsi, de Roger Martin du Gard : « La résurrection d'*Esprit* est, pour nous, un événement. *Resurexit, alleluia !* J'ai aimé ce premier numéro, cette reprise sans tapage des positions passées : la séance continue, c'est très beau ; continuer, c'est ce que nous avons de mieux à faire, tous, tant que nous sommes. Je ne suis pas de ceux qui se frappent indéfiniment la poitrine, et s'imaginent progresser parce qu'ils se renient[15]. » André Gide, montré du doigt par tous les moralistes pétainistes, écrit son soutien à Mounier en mars 1941. À la même époque, Roger Breuil, un ancien collaborateur de la revue, qui avait désapprouvé sa reprise, en vient à féliciter Mounier :

« Il me semble que j'ai compris de quelle manière vous pensez pouvoir publier *Esprit*. Ce numéro de février 1941 mérite beaucoup d'éloges très divers, tant pour la fermeté de ses assises que pour l'art qui le revêt. À ce point, on ne peut plus parler d'acrobatie ou d'astuce, mais vraiment d'art, parce que l'ironie elle-même est tendue par la souffrance. Elle prend un caractère sérieux et s'élève à la valeur d'un témoignage[16]. »

Donnons un seul exemple de cette résistance spirituelle sous surveillance : le statut des Juifs, datant d'octobre 1940 – « le honteux Statut », comme écrit Mounier dans ses Carnets. Tout commentaire défavorable est interdit. Mounier trouve le moyen. Puisque les idéologues de la Révolution nationale citent Péguy à longueur d'homélies, c'est le philosémite Péguy qu'on utilise contre Xavier Vallat, l'auteur du Statut : « Pauvre, je porterai témoignage pour les Juifs pauvres. Dans la commune pauvreté, dans la misère commune pendant vingt ans, je les ai trouvés d'une sûreté, d'une fidélité, d'un dévouement, d'une solidité, d'un attachement, d'une mystique, d'une piété dans l'amitié inébranlables. » Citation parmi d'autres, qui permet à Mounier de mettre en garde ceux qui sont tentés « d'imaginer le monde moderne comme une machinerie montée par les Juifs[17] ». Plus violemment, en juin 1941, Mounier publie une critique du film allemand *Le Juif Süss*, due à la plume de Marc Beigbeder : « Un film, dont il faut heureusement ne pas incriminer le cinéma français, charge Israël de toutes les noirceurs de la terre. C'est beaucoup pour un seul peuple… » L'auteur félicitait les jeunes gens qui avaient chahuté le film dans les salles de cinéma de Lyon : « Ce n'est qu'en contribuant à maintenir un certain niveau de dignité française que l'on contribuera à faire que la France se rénove, mais à partir d'elle-même. […] Remercions les jeunes Français qui l'ont fait comprendre à la salle. »

Parallèlement, Emmanuel Mounier va se dépenser partout où s'en présente l'occasion pour « résister de toutes [ses] forces à toutes les formes d'infiltration de l'esprit totalitaire en France[18] » : mouvement Compagnons[19] (il en était éliminé dès novembre 1940), groupements des Chantiers de la Jeunesse, École nationale des cadres d'Uriage, association Jeune France. Mettant, selon sa propre expression, « la question du régime… entre parenthèses », Mounier fait des conférences, écrit des articles, et place ses amis autant qu'il le peut dans les rouages des associations de jeunesse.

À Uriage, Mounier devient un collaborateur du capitaine Dunoyer de Segonzac – le « Vieux Chef », responsable de l'École – au début de 1941. Il donne le sens de cette mission : là, comme ailleurs, empêcher « la victoire spirituelle du nazisme sur la jeunesse française ».

À la fin de janvier 1941, Mounier est sollicité par son ami Pierre Schaeffer, chargé de présider aux destinées d'un nouveau mouvement culturel, Jeune France, au statut d'association Loi 1901, sous la dépendance du secrétariat général à la Jeunesse occupé par Georges Lamirand[20]. Cette association avait pour objet de regrouper les artistes habitant ou réfugiés en zone non occupée. Une plaquette officielle, à laquelle Mounier prêta sa plume, en expliquait les intentions, mais aussi l'esprit : « Il serait non seulement dangereux, mais absurde, y lit-on, de constituer les arts et la culture en services de propagande, d'imaginer les artistes, les intellectuels et les éducateurs venant chercher leurs thèmes d'inspiration à quelque bureau central. »

Liberté de l'artiste, gratuité de l'art, dignité de la culture, ces principes revendiqués ne sonnaient pas tellement « Révolution nationale » – expression d'ailleurs absente de la plaquette. Schaeffer disposait d'une assez grande autonomie pour choisir ses cadres ; Mounier lui suggéra sa propre liste : Bertrand d'Astorg, Étienne Borne, Louis Blanchard, Roger Breuil, Jean Blanzat, Marc Beigbeder, Pierre Emmanuel, Max-Pol Fouchet, Jean Grenier, Jean Lacroix, René Leibowitz, Henri Marrou, Roger Secrétain, Pierre-Aimé Touchard, Maurice de Gandillac et bien d'autres, tous sympathisants d'*Esprit* ou collaborateurs de la revue, dont un des piliers, Roger Leenhardt, était déjà aux côtés de Schaeffer.

L'équipe d'*Esprit* n'était pas la seule à prêter son concours. À côté d'elle, Schaeffer avait embauché des rédacteurs de *Combat* (comme Maurice Blanchot, Kléber Haedens, Claude Roy), d'*Ordre nouveau* (comme Albert Ollivier), et des représentants du scoutisme en même temps que des « Équipes sociales » de Robert Garric (Olivier Hussenot notamment).

Mounier pouvait se féliciter de pouvoir ainsi agir, hors de sa revue, et à Uriage et à Jeune France, sans appartenir officiellement à leurs cadres dirigeants. L'expérience ne dura que quelques mois. Très vite, son action souterraine fut dénoncée. Mounier subit un tir de barrage dans la presse vichyste de juillet 1941. Le 7, Lucien Combelle, dans *Je suis partout* ; le 10, Pierre

Boutang, dans *L'Action française*, qui s'en prend aux « niaiseries éculées du personnalisme mouniériste » ; le 24, Marc Augier, dans *La Gerbe*, qui écrit : « Le "personnalisme" est une doctrine néfaste que je rejette violemment au nom de l'ordre nouveau… »

Ces attaques n'étaient pas gratuites. On commençait à s'intéresser de près à Mounier au cabinet du ministre de l'Intérieur Pierre Pucheu, et notamment son chef adjoint André Chérier, responsable des questions de jeunesse. C'est en dépouillant les papiers Chérier aux Archives de France que Michel Bergès a pu suivre les activités anti-mouniéristes menées par un de ses principaux adversaires, Jean de Fabrègues[21].

Jean de Fabrègues, issu de l'Action française, catholique intransigeant, fondateur de diverses revues avant la guerre, membre de ce qu'on appelait alors d'un terme générique la « Jeune Droite », venait d'être libéré de son camp de prisonniers en Autriche, lorsqu'il fut sollicité par Pierre Schaeffer, toujours soucieux de diversifier ses équipes, pour entrer à Jeune France. À peine entré, Fabrègues écrit à l'un de ses amis d'avant guerre, Robert Loustau, une lettre où l'on peut lire :

« Monsieur Emmanuel Mounier, directeur d'*Esprit*, hier allié des "maisons de la culture", aujourd'hui faisant paraître dans sa revue des textes attaquant parodiquement le Maréchal ; il dit ouvertement son "non-conformisme politique" et s'entoure de toute la bande de ceux qui (ils le disent) "attendent l'avènement du communisme" et "espèrent en avoir le moins de dommage possible". […] Je ne comprends plus. La Révolution nationale tient-elle à mettre ses ennemis au lieu où ils peuvent lui faire le plus de mal ? »

Loustau écrit alors à Pucheu sur le « terrible danger "Mounier", ajoutant : « Il faut s'attaquer au bolchevisme chrétien des P.D. [*sic*] avec vigueur. Vive la communauté humaine fraternelle et durement disciplinée et merde pour la personne humaine d'Emmanuel Mounier. Voilà le mot d'ordre. »

Deux jours plus tard, nouvelle lettre du même au même : « J'ai eu la visite de Jean de Fabrègues, de retour de captivité. Il a été au PPF [Parti populaire français de Jacques Doriot] et l'a quitté en même temps que nous. Il est à "Jeune France" et il est épouvanté de *la tendance démocrassouillarde chrétienne* qui y règne. Il est fervent catholique, mais de type dur. »

La normalisation de Jeune France est en marche. Le conseil donné par Fabrègues à Chérier d'un remaniement complet du personnel en poste est bientôt suivi d'effet. Dans le cadre d'une reprise en main généralisée, annoncée par le discours de Pétain du 12 août (« De plusieurs régions de France, je sens se lever depuis quelques semaines un vent mauvais… »), Mounier va faire partie des charrettes. Déjà en juillet, on lui avait intimé l'ordre de ne plus faire de conférences à Uriage[22]. Le 25 août, il prend connaissance d'un avis de Paul Marion, qui, au nom du chef du gouvernement, l'amiral Darlan, lui signifie l'interdiction d'*Esprit*. Réaction : « Pas l'ombre d'une tristesse ou d'une amertume. Le scénario se déroule comme je l'avais prévu, voulu. Il a seulement duré six mois de plus que je n'aurais cru. » En septembre, Schaeffer recevait l'ordre de mettre fin à la collaboration de Mounier à Jeune France.

Le 15 janvier 1942, Mounier est arrêté à Lyon pour complicité avec les activités du mouvement de résistance Combat (à ne pas confondre avec la revue nationaliste *Combat*). Interné à la prison de Clermont-Ferrand, il est ensuite gardé en résidence forcée dans la même ville, avant d'être frappé d'« internement administratif » et conduit à Vals-les-Bains, le 2 mai, à l'hôtel du Vivarais. Le 18 juin, la radio anglaise annonçait : « Aujourd'hui pour protester contre leur embastillage et les lois tyranniques du régime vichyssois, quatre Français ont commencé la grève de la faim : Emmanuel Mounier, Bertie Albrecht [secrétaire d'Henry Frenay], Jean Perrin et François-Régis Langlade. » Le 7 juillet, Mounier et ses compagnons de détention sont transférés à la prison Saint-Paul à Lyon. Leur procès a enfin lieu, du 19 au 25 octobre 1942. Le 30, malgré « des présomptions troublantes de culpabilité », Mounier est relaxé « au bénéfice du doute ».

Dans un piteux état de santé, Mounier se retire alors à Dieulefit, dans la Drôme, avec sa femme et sa fille Anne. C'est là qu'il poursuit son œuvre, tout en participant par la plume aux *Cahiers politiques* clandestins du CGE [23] : « Problèmes sociaux de demain » (avril 1943), « Pourquoi je suis républicain ? » (juillet 1943), « Vers l'avenir dans la clarté » (éditorial, novembre 1943), « Pour la France de demain. Libres réflexions d'un catholique de la Résistance » (janvier 1944). En 1943 et 1944, deux « congrès » clandestins de la revue *Esprit* se tenaient à Dieulefit, auxquels participaient Paul Flamand, Henri Marrou, Jean Lacroix, Pierre Emmanuel, André Mandouze, Gilbert Dru (fusillé par les Allemands en 1944), Hubert Beuve-Méry, futur directeur du *Monde*… Dès le mois de décembre 1944, la revue *Esprit* pouvait reparaître.

Au terme de ce résumé chronologique, qui suffit à détruire la légende d'un Mounier « vichyste », on peut se demander pourquoi le fondateur d'*Esprit* a mérité d'être si souvent considéré avec la partialité que l'on sait. Distinguons les deux périodes de l'avant et de l'après-guerre. Pour les années 1930, l'antifascisme de Mounier est affirmé dès les premiers numéros de la revue, mais cet antifascisme est doublé de la critique durable, répétée, du libéralisme, en quoi Mounier rejoint la critique marxiste : « La démocratie politique n'est plus que le masque d'une oligarchie économique. » Mais lui n'est pas marxiste. Il serait plutôt socialiste autogestionnaire, inspiré de Proudhon, hostile également au régime capitaliste et au système parlementaire. Or, les fascistes se réclament, eux aussi, de l'anticapitalisme et de l'antiparlementarisme. Les fascistes, eux aussi, veulent en finir avec l'« homme bourgeois ». Les fascistes, eux aussi, en appellent à une révolution, autre que la révolution marxiste.

À s'en tenir à ces points de doctrine communs, certains ont pu laisser entendre que, même si Mounier n'était pas un pur « fasciste », il n'en alimentait pas moins un courant qui allait dans le sens fasciste. Cet amalgame est on ne peut plus discutable non seulement en raison des textes de Mounier qui sont explicitement antifascistes, mais mieux encore en raison de ses positions, de ses engagements, et de ses appels, dans *Esprit* et ailleurs. Combien d'intellectuels français auront pu se vanter d'avoir été comme lui l'accusateur de l'agression mussolinienne en Éthiopie, pays membre de la Société des Nations ; d'avoir nourri sa revue de protestations contre la croisade franquiste ; d'être passé du pacifisme au refus de Munich ; d'avoir réclamé une politique de « salut public » face au danger hitlérien ; d'avoir maintenu vigilance et intransigeance contre l'antisémitisme ? Les palinodies du Comité de vigilance des intellectuels antifascistes, né au lendemain du 6 Février, montrent *a contrario* le manque de lucidité de tant d'intellectuels français face à Hitler, et combien le procès intenté à Mounier détonne curieusement[24].

Ces charges fallacieuses ont été alimentées par la période 1940-1941, où l'on a cru pouvoir accuser Mounier d'un ralliement à la Révolution nationale. Pour avoir, pour ma part, lu et relu ses textes de l'époque – non seulement tel ou tel article, mais *tous* ses textes, y compris les inédits, les carnets personnels –, je ne pense pas qu'on puisse soutenir cette affirmation. Mais – car il y a un *mais* qui peut faire comprendre le procès – en 1940, et au moins jusqu'à la fin de la bataille d'Angleterre, Mounier a jugé que la guerre était pratiquement finie. Comme beaucoup, et rares étaient ceux qui, comme de Gaulle, ont perçu la dimension mondiale du conflit et donc les futurs retournements de situation, Mounier n'a pas eu la lucidité politique qui entraîna les résistants de la première heure. Spéculant sur une

Europe en passe de devenir « totalitaire » et de le rester longtemps, il en a déduit une stratégie d'action intellectuelle et spirituelle sinon dans le régime de la Révolution nationale, à tout le moins *à travers* celui-ci, en mettant explicitement entre parenthèses cette question même du régime. De ce point de vue, l'histoire lui a donné tort.

Faisant la critique de mon étude sur *Esprit*, François Bédarida m'a reproché, sans doute à juste titre, d'avoir manifesté trop de compréhension pour cet épisode très bref de 1940-1941. Il écrit :

« M.W. a parfaitement raison de faire justice des accusations, les unes hâtives, les autres malveillantes, portées contre *Esprit* et le qualifiant de "vichyssois". Mais est-il possible pour autant de soutenir qu'en 1940-1941, *Esprit* a résolument échappé aux équivoques de la Révolution nationale ? Ne serait-ce que pour deux raisons : d'abord en raison des critiques portées et des exigences formulées entre 1932 et 1939 – de là par refus de la passivité, par volonté généreuse d'efficacité, une politique de présence, en particulier dans les organisations de jeunesse, aux Compagnons de France, à Uriage, mais aussi *ipso facto* une certaine caution morale. Ensuite en raison de la forme même de la pensée de Mounier, si riche, si "œcuménique", visant toujours à prendre en compte le maximum de données et à l'inverse s'accommodant mal d'une situation à laquelle convenait mieux le simplisme d'un refus catégorique[25]. »

Je me rallie pleinement à cette vue, à ceci près qu'elle est d'autant plus évidente *après coup*, quand nous savons la fin de l'histoire. En l'occurrence, le caractère irréversible de la victoire hitlérienne et de l'Europe « totalitaire » restait à démontrer. Souhaiter « tranquillement » la victoire anglaise paraissait trop facile aux yeux de Mounier, il lui fallait agir, et il agit avec ses propres moyens, qui étaient ceux d'un homme physiquement handicapé (sourd d'une oreille, il avait perdu l'usage d'un œil depuis ses treize ans) mais d'une débordante énergie intellectuelle.

Refusant tous les régimes qui se disputaient les pays d'Europe avant 1940, aussi bien les régimes totalitaires que la démocratie parlementaire, Mounier, contrairement à un de Gaulle, lui aussi antilibéral, antimarxiste et antifasciste, mais sachant à quel régime constitutionnel il saurait se vouer, n'avait pas de solution. Il ne cessa de répéter, du reste, qu'il n'agissait pas en politique, qu'il fallait relativiser le politique, que la primauté du spirituel devait présider à toute reconstruction d'une vie publique. Il crut donc pouvoir agir contre la « contagion du nazisme » en préservant, là où il était, les chances de la « révolution spirituelle » à laquelle il aspirait. Antimaurrassien, il avait condamné, on l'a dit, le mot d'ordre « Politique d'abord ! ». Il est pourtant des situations où la consigne est juste – y compris quand la politique se poursuit par cet autre moyen qui s'appelle la guerre. De ce point de vue, les démocrates-chrétiens, qu'il jugeait sans aménité, échappèrent pour la plupart à l'équivoque[26].

22

Les catholiques sont-ils de droite ?

Les catholiques ont été longtemps considérés en France, à juste titre, comme l'assise à la fois philosophique et populaire du conservatisme. Jusqu'à la Seconde Guerre mondiale, le catholique moyen vote à droite comme il va à la messe le dimanche. En est-il toujours de même aujourd'hui ?

Le comportement politique des catholiques pratiquants a été longtemps conditionné par la coupure historique de la Révolution, dont l'héritage, revendiqué par les républicains, a été condamné par le magistère romain. De Pie VI, opposé à la Déclaration des droits de l'homme, à Pie X, pourfendeur du modernisme et de la démocratie chrétienne, en passant par le *Syllabus* (le catalogue des erreurs contemporaines, 1864) de Pie IX, l'Église s'est affirmée antilibérale et antimoderne. Les fondateurs de la IIIe République ont eu la conviction que leur cause impliquait une lutte anticléricale, dont la doctrine de la laïcité fut la traduction philosophique, et la séparation des Églises et de l'État l'aboutissement légal.

La cause royaliste que les catholiques avaient épousée se révélant sans issue, le pape Léon XIII avait préconisé en 1892 leur ralliement aux institutions de la République, afin de mieux défendre, de l'intérieur du régime, les intérêts de la foi chrétienne. Ce ralliement fut, toutefois, mal accepté par les uns, et, de toute façon, remis en cause par l'affrontement consécutif à l'affaire Dreyfus, la législation anticléricale du ministère Combes, et finalement la loi de Séparation. La Grande Guerre et l'Union sacrée changèrent la donne, cependant, et l'on parla d'un second ralliement au lendemain de 1918. Acceptant majoritairement le régime républicain, les catholiques continuèrent à tenir en suspicion (et c'était réciproque) les partis de gauche, toujours enclins à combattre l'influence de l'Église dans la société civile et dans la vie politique. On le vit encore, après la victoire du Cartel des gauches, en 1924, lorsque le gouvernement Herriot eut le projet d'appliquer la loi de Séparation aux trois départements recouvrés d'Alsace-Lorraine, restés sous le régime concordataire. On vit alors se mobiliser les catholiques derrière le général de Castelnau et sa Fédération catholique, qui firent si bien que le projet laïque du Cartel dut être abandonné.

Pourtant, c'est entre les deux guerres que le tableau commença à se nuancer. La condamnation de la doctrine d'Action française et des œuvres de Charles Maurras par Pie XI en 1926 marque une nouvelle séparation entre les catholiques et la Contre-Révolution, cette fois dans le champ intellectuel. L'hégémonie qu'exerçait jusque-là sur le clergé et le monde catholiques le mouvement monarchiste s'écroule. Le philosophe Jacques Maritain, ancien adepte de Maurras, se soumet à Rome. Une nouvelle génération intellectuelle, dans laquelle s'illustre particulièrement le philosophe Emmanuel Mounier, fondateur d'*Esprit* en 1932, est entraînée dans la collaboration avec les « incroyants ». La démocratie chrétienne s'enrichit du Parti démocrate populaire, au sein duquel un jeune agrégé d'histoire, Georges Bidault, se prononce contre la droite conservatrice. Des journaux comme *L'Aube*, *Sept*, *Temps présent* renforcent l'expression démocratique au sein de la communauté catholique. Ses mouvements de jeunesse spécialisés, qui sont alors créés (la JOC, la JEC, la JAC...), deviennent les pépinières d'un catholicisme renouvelé, mieux accordé avec son temps. Si le gros de l'électorat catholique reste fidèle à la droite, en particulier à la Fédération républicaine de Louis Marin, de nouvelles attitudes se font jour, telle l'adhésion de la petite formation de la Jeune République au Front populaire. Ce renouvellement dans la jeunesse catholique et dans les couches intellectuelles prend toute sa visibilité dans la Résistance.

De sorte que lors de l'installation du régime de Vichy et sous la Révolution nationale, les catholiques français sont nettement divisés. Les uns, derrière les évêques et archevêques, accueillent le nouveau régime comme la revanche sur la persécution anticléricale : jusqu'à la fin de la guerre se maintient une collusion entre la hiérarchie catholique, les conservateurs, les traditionalistes et le régime du maréchal Pétain, liquidateur de la franc-maçonnerie et des écoles normales d'instituteurs. Pour les autres, c'est l'entrée dans les combats de la Résistance, où de nombreux catholiques, démocrates-chrétiens et autres, luttent contre le nazisme et Vichy.

Au sortir de la guerre, à l'aube de la IVe République, une nouvelle légitimité s'impose : celle des combattants de la France libre et de la Résistance. Les démocrates-chrétiens fondent le MRP (Mouvement républicain populaire) qui devient, pendant quelques années, l'un des trois grands du tripartisme (avec le PCF et la SFIO). Les ministres catholiques se succèdent au pouvoir : Georges Bidault, Robert Schuman, Maurice Schumann… Plus avancé, un catholicisme de gauche se développe, chez les jésuites et les dominicains, autour de publications comme *Témoignage chrétien*, *Esprit*, allant parfois jusqu'à la solidarité avec le parti communiste, y compris pendant la guerre froide, comme c'est le cas des chrétiens progressistes de *La Quinzaine*. Désormais, on ne peut plus dire que l'ensemble des catholiques français s'éternise dans les rangs conservateurs ou réactionnaires. L'adhésion de nombreux catholiques au mendésisme ; la participation active des catholiques, intellectuels et étudiants, dans la lutte politique contre la guerre d'Algérie (Robert Barrat, André Mandouze, François Mauriac, les étudiants de la JEC qui dominent l'UNEF) ; la déconfessionalisation de la CFTC, devenue majoritairement CFDT en 1964, tout indique le renversement de tendance, ou, à tout le moins, la diversification politique du catholicisme français.

L'instauration de la Ve République de Charles de Gaulle a été massivement soutenue par le monde catholique. Cependant, la chute de la pratique et le recul de l'éducation religieuse relativisent nettement la puissance de l'Église au sein de la société française. On serait tenté de dire qu'il n'y a plus dès lors de question catholique dans la société politique de la France, que le pluralisme des comportements est une évidence. Il n'en reste pas moins que le vote majoritaire des catholiques profite aux partis de droite, et notamment au gaullisme.

Les spécialistes de la sociologie électorale observent, en effet, qu'il existe une corrélation régulière entre la pratique religieuse catholique et le vote conservateur. Au premier tour de l'élection présidentielle de 1965, le candidat de la gauche, François Mitterrand, ne recueille que 7 % des votes des pratiquants réguliers, contre 72 % au général de Gaulle ou à Jean Lecanuet. Au second tour de l'élection de 1974, Valéry Giscard d'Estaing a les faveurs de 77 % des catholiques très pratiquants, et seulement 14 % des sans-religion. Proportion encore renforcée au second tour de l'élection de 1981, puisque 80 % des pratiquants réguliers optent pour Giscard. Transportons-nous en 1995 : au second tour, tandis que Lionel Jospin reçoit le suffrage de 26 % de pratiquants catholiques, Jacques Chirac emporte, lui, 74 % des suffrages de la même catégorie d'électeurs.

Cette constance globale entre pratique rituelle et vote à droite a une traduction géographique. Un coup d'œil jeté sur trois cartes peut nous faire sentir de manière concrète une certaine continuité. La première carte est celle du serment de 1791, établie par l'historien américain Timothy Tackett[1]. L'Assemblée constituante avait demandé aux prêtres de jurer fidélité à la Constitution, à la loi et au roi – prestation de serment à laquelle s'était catégoriquement opposé le pape. La géographie simplifiée des prêtres jureurs et des prêtres réfractaires met en évidence la résistance des zones périphériques à la tentative de l'Assemblée constituante de mettre la religion sous son contrôle : le Nord, la Normandie, le Massif armoricain, une large partie du Sud-Ouest, et le Nord-Est.

Cette carte ressemble beaucoup à une deuxième carte, celle de la pratique religieuse en zone rurale, établie par le chanoine Boulard en 1947. Nous y repérons une coïncidence – relative mais néanmoins visible – entre les pays de forte pratique (l'Ouest, le Pays basque, la bordure orientale du Massif central, le Nord-Est, et une partie du Nord) et la géographie des réfractaires.

Enfin, une troisième carte, politique cette fois, celle de l'élection présidentielle de 1974, montre que le vote consacrant Valéry Giscard d'Estaing est issu largement des régions de chrétienté ancienne : Nord-Est, Massif armoricain, Pyrénées-Atlantiques, bordure orientale du Massif central, Nord-Est, Haute-Savoie… Malgré les bouleversements économiques et sociaux, il serait ainsi démontré que la France catholique garde sa fidélité à la droite.

Dans une étude publiée en 1985, deux sociologues, Guy Michelat et Michel Simon, établissaient que la corrélation pratique religieuse/vote à droite était plus forte que toute autre, qu'il s'agisse même de pratiquants disposant d'un patrimoine ou de pratiquants « non possesseurs » : le vote à droite était de 68 % chez ceux-ci et de 71 % chez ceux-là. Maigre différence : la variable religieuse l'emporte sur la variable sociale.

« L'essentiel pour nous, écrivaient-ils, est de noter que pour des raisons sans doute complexes, l'Église catholique a très tôt opposé aux modèles politiques issus de la Révolution française (libéralisme et *a fortiori* démocratisme égalitaire) un contre-modèle organique et hiérarchique inspiré des normes de son propre fonctionnement interne et, comme lui, fondé sur une théologie de la transcendance. [...] le catholicisme s'est en définitive très majoritairement situé à droite[2]. »

Cette corrélation pratique/vote à droite, tous les sondages la confirment. Ceux qui ont suivi l'élection présidentielle de 1995 en fournissent une nouvelle attestation : les « messalisants » votent plus volontiers pour Jacques Chirac que pour Lionel Jospin. Ce qui est contestable, en revanche, c'est l'idée que rien ne serait changé dans le rapport ancien entre religion catholique et comportement politique. Le politologue Jean-Marie Donegani a démontré la fragilité du critère utilisé pour en juger : celle de la pratique rituelle régulière, dans la mesure où, surtout depuis le concile Vatican II, clos en 1965, il existe bien d'autres critères d'identification religieuse que la fréquentation hebdomadaire ou bimensuelle de l'église paroissiale[3].

Au terme d'une enquête qualitative, l'auteur a dressé une typologie des attitudes catholiques, qui révèle déjà une pluralité des identifications religieuses. Jean-Marie Donegani différencie les modèles marginalistes (la religion ne distingue pas), les modèles intégralistes (la religion oblige), et les modèles intermédiaires ou à mi-chemin des deux premiers. Si, pour certains catholiques, la foi détermine tous les comportements, y compris politiques, cet intégralisme n'engage pas nécessairement le vote à droite : il a toujours existé au sein de l'Église des théologies différentes, qui entraînaient des résolutions profanes différentes, voire opposées. On pourrait dire : Dieu est à droite, mais Jésus-Christ est à gauche[4] – Dieu le père représentant l'ordre et l'autorité, et Jésus la fraternité. Pour d'autres catholiques déclarés, l'identification religieuse reste partielle : on se détermine en politique indépendamment de son adhésion à une

Église. Ou alors, la motivation religieuse n'est qu'une des motivations du vote parmi d'autres.

Cette pluralité ancienne des attitudes catholiques a été officiellement avalisée par le concile Vatican II, lequel a reconnu la liberté individuelle et les droits de l'homme, expressions d'une modernité à laquelle l'Église romaine était restée hostile, de Pie VI à Pie XII.

« Les enquêtes d'opinion, écrit J.-M. Donegani, nous apprennent que les Français demandent à l'Église d'exercer un rôle de magistère politique dans la société (rappel des grands principes des droits de l'homme, combat pour la justice), mais lui dénient tout pouvoir de prescription et de jugement des comportements individuels, privés, touchant à la morale et à la politique[5]. »

Le vote majoritaire à droite des pratiquants réguliers pourrait ainsi échapper à l'explication habituelle. Celle-ci, en effet, considère comme établie la causalité unilatérale du religieux au politique. Or, l'inverse est aussi plausible, d'une fréquentation régulière des offices à partir d'une position politique et sociale : je ne vote pas à droite parce que je suis un catholique pratiquant ; c'est le contraire : je pratique ma religion sous la forme traditionnelle parce que je suis de droite. Ou encore, pratique religieuse et vote à droite peuvent être les « deux aspects complémentaires d'un certain type de personnalité[6] ». Bref, à la diversité des identifications religieuses correspond la diversité des comportements électoraux.

Remarquons enfin que les enquêtes consécutives à l'élection présidentielle de 1995, postérieure à l'ouvrage de J.-M. Donegani, confirment le pluralisme catholique, en entamant même sérieusement le noyau dur des « messalisants ». Sans doute Jacques Chirac, au second tour, a-t-il encore obtenu, on l'a dit, près des trois quarts de leurs votes, mais il est intéressant d'observer qu'au premier tour les catholiques pratiquants ont ainsi réparti leurs suffrages :

Arlette Laguiller	4 %
Robert Hue	3 %
Lionel Jospin	15 %
Dominique Voynet	2 %
Édouard Balladur	37 %
Jacques Chirac	26 %
Philippe de Villiers	5 %
Jean-Marie Le Pen	8 % (qui obtient 15 % des suffrages des sans-religion, ce qui tend à prouver que les catholiques pratiquants, malgré l'intégrisme, résistent mieux à la tentation de l'extrémisme de droite)

Le centre de gravité Balladur-Chirac confirme la tendance conservatrice du groupe, mais la minorité n'est pas négligeable. Quant à la catégorie « catholiques non pratiquants », 35 % d'entre eux votaient pour les candidats de gauche et écologiste. On ne peut plus affirmer sans nuance la relation de nécessité causale entre l'identité catholique et le vote à droite.

L'Église catholique s'est toujours posée comme détentrice de la vérité. Il en découlait que les sociétés et les gouvernements devaient être, aussi bien que les individus, sous son magistère. Défiée par le libéralisme triomphant, elle s'est d'abord arc-boutée sur ses principes intangibles dans une attitude intransigeante. Les progrès de la sécularisation au XXe siècle, l'Union sacrée, la Résistance, le défi communiste, le triomphe de l'individualisme, ont amené l'Église à s'accommoder de règles et de valeurs qui n'étaient pas les siennes : la liberté religieuse, le pluralisme politique, les droits de l'homme… Il en est résulté, au chapitre des comportements électoraux, une diversité d'options bien plus grande que ne le laisse entrevoir le critère d'identification religieuse par la seule pratique. Du même coup, il est devenu malaisé de jauger exactement aujourd'hui les rapports du religieux et du politique, tant est grande l'hétérogénéité des croyants.

Si le problème des rapports entre catholicisme et modernité est encore posé, le conflit politique central entre le catholicisme et la République n'est plus qu'un souvenir. Il a fortement structuré la culture politique des Français et longtemps identifié la droite et la gauche. Il serait erroné de dire que ce conflit initial n'a plus aucun effet sur la vie politique des Français : les principes de laïcité et de séparation des Églises et de l'État sont encore actifs et démarquent la France des autres pays européens ; la résurgence d'un intégrisme catholique favorable au Front national démontre que l'idéal de « chrétienté » n'a pas été complètement éradiqué. Du moins, il n'existe plus de discrimination politique entre catholiques et laïques : les affrontements d'aujourd'hui peuvent être encore colorés par ceux d'hier, la question religieuse a cessé d'être au cœur des batailles de pouvoir.

23

Guerre d'Algérie : des médias mal enchaînés

Quand la question de la torture pendant la guerre d'Algérie revint d'actualité, en 2000, à la suite du témoignage dans *Le Monde* de Louisette Ighilahriz, ancienne combattante du FLN martyrisée par des soldats français de la 10e division de parachutistes en 1957, on eut l'impression, à lire la presse, à écouter la radio, à regarder la télévision, que c'était une révélation ; que, pendant la durée du conflit algérien, on avait réussi à occulter l'infâme. Or, il n'en est rien. De fait, les médias furent enchaînés sur la volonté des gouvernements, mais mal enchaînés : malgré les criants abus de pouvoir, la France restait une démocratie – ce qui oblige.

De novembre 1954 à mars 1962, que savent les Français de la guerre d'Algérie ? Les nouvelles viennent surtout du journal, de la presse écrite. Selon une distinction habituelle, celle-ci est dite d'information ou d'opinion. La première, la « grande presse » nationale, se taille la part du lion : *France-Soir* (tirage : 1 500 000), *Le Parisien libéré* (700 000), *L'Aurore* (400 000), *Le Figaro* (400 000), *Paris-Presse* (250 000), et, plus en retrait, *Le Monde* (180 000). À la même catégorie appartiennent les journaux régionaux, dont *Ouest-France* (400 000) est le chef de file. Cette grande presse quotidienne est complétée par un hebdomadaire illustré, *Paris Match*, créé en 1949, et devenu, de loin, le premier hebdomadaire français (1,8 million d'exemplaires en 1960), tout en photos commentées.

Les journaux d'opinion et les organes de parti, si forts au lendemain de la Libération, connaissent un déclin manifeste : *Le Populaire* des socialistes végète (135 000 exemplaires en 1947, 13 500 en 1958), *L'Aube* des démocrates-chrétiens a cessé d'exister depuis 1951. L'armada communiste prend l'eau, elle aussi : *L'Humanité* est passé de 450 000 exemplaires en 1947 à 150 000 dans les années 1950 ; *Ce soir*, dirigé par Aragon, a cessé de paraître en mars 1953 ; les quotidiens régionaux du parti, tels *La Marseillaise* à Marseille ou *Le Patriote* à Nice, coulent doucement. Le quotidien de gauche indépendant *Franc-Tireur*, racheté par Cino Del Duca, devient *Paris-Journal* en novembre 1957, *Libération* d'Emmanuel d'Astier de La Vigerie est une filiale à peine démarquée du PCF, tandis que *Combat*, l'ancien journal d'Albert Camus puis de Claude Bourdet, est devenu aux mains d'Henry Smadja un pot-pourri de libres opinions.

C'est la presse hebdomadaire qui renouvelle la presse d'opinion. À gauche, *L'Express*, *France-Observateur*, *Témoignage chrétien* ; à droite, *Carrefour*, *Rivarol*, *La Nation française*. Des tirages assez modestes, mais des positions affirmées qui ne restent pas sans écho.

D'autres moyens d'information progressent : la radio et la télévision. La première joue un rôle majeur, notamment lorsque l'invention du transistor (en 1948) permet à la fin des années 1950 l'écoute radiophonique à toute heure de la journée et en tout lieu, grâce à la radio portative qui renforce l'audience, tout particulièrement celle des postes dits périphériques, Radio Luxembourg, Europe n° 1 et Radio Monte-Carlo.

La télévision, de son côté, commence à éclairer les mornes soirées. Une seule chaîne, un seul programme, une seule voix : celle du gouvernement. En 1954, 1 % seulement des foyers français en sont équipés, mais près de 23 % en 1962. Ajoutons que le petit écran brille aux yeux de téléspectateurs plus nombreux que ces chiffres le laisseraient croire : on regarde la télé chez des parents, des amis, des voisins, au café... Son influence grandit. Alors que Mendès France, président du Conseil en 1954-1955, transmet ses « causeries du samedi » par la radio, Guy Mollet, lui, chef du gouvernement en 1956-1957, s'adresse régulièrement aux Français par le truchement de la télévision. On sait à quel point de Gaulle sut, par la suite, se servir des « étranges lucarnes » – selon l'expression du *Canard enchaîné*. Ajoutons que la télévision n'a pas le monopole des informations par l'image : les « Actualités françaises », présentées par Pathé et Gaumont, sont encore une source d'information notable pour des Français qui fréquentent encore beaucoup les salles obscures.

À partir de ce corpus, journaux, radio, télévision, actualités cinématographiques, que pouvons-nous dire sur l'information des Français de la métropole au sujet des « événements d'Algérie » ? Pour la commodité de l'exposé, il semble fondé de distinguer au moins trois périodes, avec toutes les réserves nécessaires. La première s'étend de 1954 à 1956, aux débuts d'une guerre qui n'occupe la première page des journaux que par intermittence ; la deuxième sur les deux dernières années de la IVe République, de 1956 à 1958, quand l'Algérie devient le problème majeur ; la troisième, sur les années dramatiques qui séparent le retour du général de Gaulle au pouvoir des accords d'Évian, en mars 1962. Si l'on veut affiner cette périodisation, nous pourrions prendre comme date tournante le discours du général de Gaulle sur l'autodétermination, en septembre 1959 – ce qui nous amènerait à distinguer quatre phases plutôt que trois. L'évolution des esprits est alors sensible, derrière un président de la République aux positions de plus en plus contraires au postulat de l'Algérie française. Les médias suivent, dans le temps même où l'opinion s'habitue à l'idée d'une séparation entre la France et l'Algérie.

En consultant ce corpus, le premier fait apparent est que la question algérienne ne s'impose pas d'emblée à la une de l'actualité. Les historiens ont beau faire commencer la guerre au 1er novembre 1954 (la « Toussaint rouge »), il faut attendre l'année 1956 pour que l'opinion métropolitaine prenne conscience du drame. Au lendemain des attentats du 1er novembre, une vulgate s'impose : l'Algérie n'est pas une colonie, c'est un morceau de la France, trois départements français ; l'Algérie, c'est la France. Là-dessus, les grands médias sont en harmonie ; les voix discordantes, quasi inaudibles.

L'année 1955, celle du gouvernement Edgar Faure, ne voit pas encore l'Algérie émerger au premier plan. Des renforts militaires y sont envoyés, les attentats se multiplient, mais le thème de la guerre d'indépendance n'est pas de saison. Opération de police, maintien de l'ordre, pacification, autant de synonymes pour éviter le mot « guerre ». Il s'agit de minimiser la gravité du conflit, d'exalter l'armée française qui veille et protège. Le cas de *Paris Match*, étudié par Marie Chominot, s'inscrit dans la même production de certitudes patriotiques, mais de manière singulière, car l'hebdomadaire illustré est, au moment où la télévision ne fait que démarrer, le grand pourvoyeur en images[1]. Or celles-ci, à tout le moins jusqu'au printemps 1956, démentent le discours officiel : c'est bien d'une guerre qu'il s'agit, comme le montrent le déploiement des blindés, des unités parachutistes, et les victimes du terrorisme.

C'est en 1956, cependant, dans les semaines qui suivent les élections du 2 janvier, que l'Algérie devient le sujet de préoccupation principal des Français, y compris des journalistes. Guy Mollet, bientôt désigné par le président Coty pour former un gouvernement, avait parlé lors de la campagne électorale d'une « guerre imbécile et sans issue ». L'espoir de paix était permis, même si celui que toute la gauche attendait – Pierre Mendès France – avait été mis au rancart. On sait ce qui arriva :

lors du voyage du président du Conseil à Alger, le 6 février 1956, une foule d'une vingtaine de milliers de personnes écumantes, bombardant le chef du gouvernement d'œufs pourris et de tomates mûres, réussit à imposer à ce dernier la démission du général Catroux, d'esprit libéral, nommé ministre résident en Algérie, et bientôt son remplacement par le camarade de parti Robert Lacoste. « La réaction d'Alger a été violente, lit-on dans *L'Aurore* du 7 février, mais elle révélait une telle ferveur patriotique que M. Guy Mollet en a été bouleversé. » Le tournant est confirmé lorsque Mollet, muni des pouvoirs spéciaux, décide l'envoi du contingent en Algérie. Or, l'embuscade de Palestro, le 18 mai 1956, cause la mort de dix-huit soldats, des appelés, dont les corps abandonnés par les fellaghas sont mutilés par les habitants d'un douar voisin. Le drame touche dorénavant des centaines de milliers de familles, celles dont les enfants sont sous les drapeaux. La prudence s'impose désormais autant aux responsables de *Paris Match* qu'aux autres journaux. On ne montrera plus les morts, les blessés, pas même les cercueils : la guerre est interdite de visibilité.

Les médias contrôlés par le gouvernement (radios, télévision, actualités cinématographiques, mais aussi grands journaux abonnés à l'Agence France-Presse) s'emploient à longueur de semaine à rassurer et à persuader.

L'horreur des attentats perpétrés par les nationalistes algériens est dénoncée, comme il se doit, plus que montrée : ce n'est pas la guerre. Guy Mollet, muni des pouvoirs spéciaux, renforce sans arrêt les effectifs de l'armée en Algérie, prolonge la durée du service, mais ce n'est toujours pas la guerre. Lacoste, du ministère de l'Algérie, résident à Alger, le précise haut et fort le 13 avril : « L'armée française est une armée de pacification. » La droite soutient les socialistes dans cette politique : « L'effort demandé au contingent et aux disponibles, déclare l'ancien ministre Georges Bidault, a été consenti avec le courage dont notre jeunesse n'a jamais manqué chaque fois qu'elle comprend la raison de l'appel auquel elle doit répondre. »

Les grands médias brodent à l'envi sur ce thème, reprenant en chœur les mots des responsables politiques qui rassurent. Selon le ministre de la Défense nationale, 80 à 90 % des musulmans d'Algérie soutiennent la politique du gouvernement : de fortes paroles qui doivent discréditer, au même moment, en juin 1956, la grève des cours et des examens menée par les étudiants algériens. Les images des actualités françaises et de la télévision corroborent l'optimisme officiel : puissance et efficacité des opérations militaires, redditions et ralliements massifs, arrestations des terroristes. L'armée surveille les semailles et protège les récoltes ; ses hélicoptères patrouillent dans le ciel ; l'ennemi, toujours invisible, est traqué. Les films des actualités au cinéma et du journal télévisé utilisent largement les images du Service cinématographique des armées (SCA), exaltant les unités qui tiennent bien en main la situation et s'évertuent à dissiper les menaces. « La France dit NON aux crimes fellaghas » *(Paris Match)*.

Pour rassurer, il faut montrer que la vie continue en Algérie, quasi normale : Lacoste inaugure le stade d'Oran et fait de beaux discours devant les anciens combattants ; le bâtiment est en plein essor, le béton coule à profusion ; les expositions, comme celle des arts ménagers ou le salon de la télévision, se tiennent en Algérie, comme si de rien n'était. Et l'armée ne fait pas seulement la police : aux mesures de sécurité qu'elle assume, elle ajoute son œuvre sociale, l'aide médicale, les vaccinations. Cette démonstration a pour corollaire les interdits : les réalités les plus tangibles, les plus affreuses des actions militaires (les embuscades, les attentats, les représailles, les « corvées de bois », les méthodes de renseignement), les présentations et les analyses les plus nécessaires des forces politiques en présence sont rigoureusement évincées[2].

Rassurer donc, mais aussi convaincre : que la France en Algérie est dans son bon droit, que la France sans l'Algérie connaîtrait la catastrophe économique. « La France sans l'Algérie ne serait plus rien, déclare Mollet à la radio en mars 1956, pas plus que l'Algérie sans la France. » Les démonstrations sur ce thème – « Si la France perdait l'Algérie » – se multiplient en 1957. Les Actualités et la télévision se relaient : Marseille exporte trois millions de tonnes de marchandises par an vers l'Algérie. Un travailleur français sur huit produit pour l'Algérie. Un quart des voitures exportées partent pour l'Algérie. La moitié du sucre exporté est consommé en Algérie, qui absorbe aussi 15 milliards de commandes de textile. Conclusion : « Tout cela fait de l'Algérie un morceau de la France qui ne peut en être arraché[3]. » La perte de l'Algérie équivaudrait à un million de chômeurs en métropole. « La disparition de l'Algérie, clé de voûte de l'édifice algérien, entraînerait la dislocation de l'Union française. Le standard de vie des Français n'échapperait pas aux conséquences de cet effondrement. »

La grande presse, tout autant que la radio, la télévision et les Actualités cinématographiques, se livre à une campagne en plein accord avec le gouvernement. Le contingent est aussi l'objet de cette propagande. En métropole, avant de traverser la Méditerranée, les appelés suivent une instruction étayée par des films *ad hoc* qui expliquent leur mission : l'Algérie, française depuis 1830, n'est pas une colonie, mais un ensemble de départements que la France a mis en valeur et qu'une minorité d'insurgés, stipendiés par l'étranger, voudraient anéantir. C'est cette œuvre magnifique d'humanisme et de civilisation que chaque soldat doit avoir à cœur de défendre. Une fois en Algérie, l'armée prend soin de parfaire l'instruction de l'appelé, au moyen d'un journal, *Le Bled*, des films du SCA, et de la radio militaire.

Après avoir été contesté par les pieds-noirs, le gouvernement Mollet, dans lequel Robert Lacoste a pris l'emploi de matamore, rencontre l'adhésion générale de la presse d'Algérie autant que des grands médias métropolitains. L'arraisonnement de l'avion de Ben Bella et des autres chefs du FLN en octobre 1956, l'expédition de Suez, quelque temps plus tard, sont accueillis par des cris de victoire. L'année suivante, la bataille d'Alger fait du général Massu le héros éponyme des armes françaises. De cette bataille, pourtant, les images officielles, les seules tolérées, ne nous montrent que des vues anodines. Les méthodes employées, et au premier chef la torture, sont passées sous silence. Les journaux qui en parlent – nous y reviendrons – sont systématiquement saisis. Sortant du silence auquel les présidents de la République ont accoutumé les Français, René Coty, très martial, s'écrie, lors de son voyage à Mulhouse en juillet 1957 : « Qu'on ne compte pas sur nous pour sacrifier de l'autre côté de la Méditerranée une nouvelle Alsace-Lorraine. » Paroles reprises avec ferveur par tous les médias.

On ne fait pas la guerre, en effet, on « pacifie ». Pourtant, en dépit de la propagande officielle, en dépit de l'unanimisme de la grande presse, des voix s'élèvent, que le gouvernement s'efforce d'étouffer, mais en vain. Faute d'avoir accès à la radio et à la télévision, une opposition se bat par l'écrit contre les mensonges officiels. Mais quelle opposition ? En 1956-1957, c'est la gauche politique, en effet, qui, soutenue par la droite, assume la guerre. Le parti communiste lui-même a ménagé pendant plusieurs mois Guy Mollet, et lui a même voté les pouvoirs spéciaux en Algérie, dans l'intention de faire ressurgir un « front unique ». Le PCF s'écartera définitivement de cette politique à l'automne, au moment de l'expédition de Suez décidée par le président du Conseil socialiste en accord avec les conservateurs de Londres. La répression de la révolution hongroise par les chars soviétiques au début de novembre 1956 – répression approuvée par les communistes – achèvera de replacer le PCF dans l'opposition. *L'Huma-*

nité et le reste de la presse communiste sauront dénoncer les tortures et flétrir une politique sans débouché. Mais le Parti est longtemps discrédité par Budapest ; nombre d'intellectuels démissionnent avec plus ou moins d'éclat. La ligne officielle, du reste, n'est pas d'avant-garde, contrairement à ce qu'elle était au cours de la guerre d'Indochine : le départ des Français d'Afrique du Nord pourrait favoriser l'impérialisme américain.

Les contrepoids furent le lot d'une presse indépendante, devenue vite insupportable. C'est que la France faisait la guerre sans le dire. En guerre, l'État démocratique est habilité à censurer : il y va du sort de la nation. C'est ainsi qu'au cours de la Première Guerre mondiale et lors de la « drôle de guerre » de 1939-1940, des gouvernements démocratiques se sont senti justifiés à faire une propagande officielle et à pratiquer la censure. Clemenceau, son adversaire acharné, ne la pratiqua pas moins une fois revenu au pouvoir en 1917. Mais la guerre d'Algérie n'existait pas, car l'aveu de la guerre eût été reconnaître un conflit entre deux peuples. La thèse voulait que l'ennemi ne fût composé que d'une « poignée » de hors-la-loi armés et soutenus par l'étranger. Il n'y eut donc de censure *préventive* que durant l'état d'urgence voté sous le bref gouvernement Pflimlin, après le 13 mai 1958, et sous l'état d'urgence décrété après le putsch des généraux, en avril 1961. C'est plus couramment par la *saisie* des journaux que la police de l'opinion s'affirma ; une pratique quasi ininterrompue, mais sans l'efficacité de la vraie censure.

L'opposition la plus crédible à la guerre, on la trouve surtout dans la presse d'une gauche non communiste en rupture avec le parti socialiste de Guy Mollet. Jacques Soustelle, ancien gouverneur général en Algérie, obtient les applaudissements de l'Assemblée nationale, en mars 1957, par une formule appelée à faire date, en parlant des « quatre grands de la contre-propagande française » : *L'Express*, *France-Observateur*, *Le Monde*, et *Témoignage chrétien*.

Lancé par Jean-Jacques Servan-Schreiber et Françoise Giroud en mai 1953, *L'Express* a d'abord été un supplément hebdomadaire des *Échos*, avant de devenir l'un des hebdomadaires politiques les plus importants, activement engagé en faveur de Pierre Mendès France, avant, pendant et après son mandat de président du Conseil en 1954-1955. De format tabloïd, réalisé avec grand soin, *L'Express* compte des collaborateurs de renom, soit d'excellents journalistes comme Pierre Viansson-Ponté ou Jean Daniel, soit des écrivains comme François Mauriac, Albert Camus, ou occasionnellement André Malraux et, à partir de 1956, Jean-Paul Sartre. Devenu pendant quelques mois quotidien, *L'Express*, au lendemain de la « journée des tomates » à Alger (6 février 1956), prend ses distances vis-à-vis du gouvernement Mollet et entre progressivement dans une opposition résolue à la politique algérienne de celui-ci.

Tandis que Camus, déchiré entre son attachement à la terre algérienne et son hostilité aux ultras de la colonisation, se résout au silence, Mauriac, chaque semaine, dans son « Bloc-Notes », tire ses flèches empoisonnées sur le chef de file socialiste. *L'Express* informe ses lecteurs sur les réalités de la guerre et participe à la dénonciation de la torture : « Le président du Conseil, écrit Mauriac en avril 1957, a cru nous accabler à la radio en répétant que nos ennemis de l'ONU puisaient leurs accusations dans des journaux français. Croit-il qu'il ait jamais dépendu de personne que de tels actes demeurent cachés ? Comment ne voit-il pas qu'ils s'accomplissent à la face des nations ? Mais c'est aussi à la face des nations que la conscience française a poussé son cri. »

Pour intimider l'équipe du journal, le ministre de la Défense nationale, Maurice Bourgès-Maunoury, fait rappeler Servan-Schreiber, ancien polytechnicien et lieutenant de réserve, sous les drapeaux. Le coup n'est pas heureux, puisque le directeur de *L'Express*, rentré sain et sauf de son service accompli, publie en 1957 un feuilleton dans son journal qui fait grand bruit : *Lieutenant en Algérie*. Cette guerre du pouvoir contre l'hebdomadaire se concrétise par des saisies, une pratique devenue ordinaire sous Guy Mollet et ses successeurs. Mesure qui se retourne contre le gouvernement, en offrant une belle publicité au journal. Ainsi, à la suite de la saisie par le gouvernement Félix Gaillard de son numéro du 7 mars 1958, due à un article de Sartre, *L'Express* reparaît tout fringant, ledit article remplacé par des déclarations de Mauriac, Mendès France, Mitterrand, et de Sartre : « Quand on aura bradé toutes les institutions démocratiques, les colons d'Algérie n'auront qu'à traverser la mer pour nous coloniser. »

Le « dernier quart d'heure », l'expression de Clemenceau en 1918 avait été reprise par le ministre résident Robert Lacoste, annonçant chaque semaine la fin imminente des combats. C'est aussi contre ce bourrage de crâne que s'employa *France-Observateur*. Né en 1950, *L'Observateur* devenu *France-Observateur* à la suite d'un procès intenté par un journal d'assurances qui avait le même nom, est dirigé par un trio de journalistes résolument anticolonialistes, Claude Bourdet, Gilles Martinet et Roger Stéphane. Plus à gauche que *L'Express*, neutraliste[4], moins mendésiste que socialiste (le journal est à l'origine de l'Union de la gauche socialiste, qui annonce le PSU de 1960) mais antistalinien et délibérément hostile à la politique de la SFIO et de son secrétaire général Guy Mollet, *France-Observateur* aura, pendant la guerre d'Algérie, battu un record : celui des saisies.

Cet hebdomadaire présente trois originalités par rapport au reste de la presse de gauche : il est l'un des premiers à parler de la « guerre d'Algérie », à dénoncer l'usage de la torture, et à défendre la paix par la négociation avec les nationalistes algériens en vue de l'indépendance. Les derniers gouvernements de la IVe République s'acharnent contre cet organe de l'anticolonialisme militant qui est aussi celui de l'intelligentsia de gauche. Le 29 mars 1956, Bourdet, qui a le sens de la provocation, publie un article, « Disponibles, quel sursis ? » : « 100 000 jeunes Français sont de nouveau menacés d'être arrachés à leurs familles, à leur métier, à toute une série de tâches et de liens qui constituent pour eux la joie et l'intérêt de l'existence, et qui forment le noyau le plus vivant de l'activité nationale. 100 000 jeunes Français sont menacés d'être jetés dans la "sale guerre d'Algérie", d'y perdre leurs meilleures années, peut-être d'y être blessés, voire tués, pour une cause que peu d'entre eux approuvent, dans un genre de combat qui révolte la plupart… » Saisie immédiate du journal, perquisition par la DST de la rédaction et des domiciles de plusieurs journalistes, arrestation de Bourdet et inculpation « d'entreprise de démoralisation de l'armée ». La garde à vue ne dure pas, mais la saisie devient un modèle d'intimidation. En 1957, l'hebdomadaire de Bourdet est saisi trois fois en métropole et trente-quatre fois en Algérie[5]. La saisie a deux finalités : atteindre les finances du journal et intimider les journalistes. Mais, comme toujours, les entraves à la liberté de la presse consolident le soutien et la fidélité du lectorat des journaux concernés[6].

L'Express et *France-Observateur* avaient vu leurs ventes augmenter sensiblement depuis le début du conflit algérien, avoisinant les 100 000 exemplaires. *Témoignage chrétien* n'est pas loin de ce niveau de diffusion dans la même période. Il exprime la vitalité d'un catholicisme de gauche né dans la Résistance et prenant son essor librement après la Libération. De 1953 à 1958, Georges Suffert, catholique mendésiste, en est le rédacteur en chef, sous la direction de Georges Montaron, directeur à partir de 1956. Plus modéré que *France-Observateur*, l'hebdomadaire catholique n'en a pas moins été un des journaux les plus critiques à l'endroit de la politique algérienne de Mollet, Bourgès et Gaillard. Reprenant la formule de ses « Cahiers » clandestins de la Résistance, il lance en février 1957 une brochure scandaleuse : *Le Dossier Jean Muller. De la pacification à la répression*, faite des lettres envoyées d'Algérie, où il est mort, par un ancien chef scout écœuré par les méthodes criminelles de la répression. *L'Humanité*, qui en publie les « bonnes feuilles », est inévitablement saisi, tandis que la brochure circule sous le manteau, vendue par tous les groupes militants de gauche et d'extrême gauche, à la sortie des facultés comme des églises paroissiales.

Le quatrième « grand » de la « contre-propagande française », le quotidien *Le Monde*, né et installé en 1944 dans les locaux du *Temps* d'avant la guerre, a gardé de son ascendance, outre les caractères gothiques de son titre, une austérité qui fut longtemps son image de marque. Son directeur, Hubert Beuve-Méry, une manière de patron de presse franciscain, ennemi des puissances d'argent, favorable au non-alignement dans la guerre froide, n'a rien d'un théoricien de l'anticolonialisme ou d'un militant de l'Algérie indépendante. C'est avant tout sur le plan moral, et particulièrement sur la question de la torture, que *Le Monde* se distingue, au risque d'attirer sur ses bureaux de la rue des Italiens la foudre des gouvernements.

Dès août 1955, « Beuve », alerté par l'un de ses reporters, Georges Penchenier, des méthodes de répression utilisées par l'armée française à Philippeville à la suite d'attentats eux-mêmes meurtriers (« Une cinquantaine de vieillards, de femmes et d'enfants ont été tués, à défaut des mâles qui s'étaient enfuis la nuit précédente »), *Le Monde* publie l'article de son journaliste, aussitôt démenti par le ministre de l'Intérieur Bourgès-Maunoury. Le 5 avril 1956, c'est une « libre opinion » d'Henri Marrou, professeur à la Sorbonne et ami de Beuve-Méry : « France, ô ma patrie ! », dans laquelle on lit : « Je ne puis éviter de parler de "Gestapo". Partout en Algérie, la chose n'est niée par personne, ont été installés de véritables laboratoires de torture, avec baignoire électrique et tout ce qu'il faut, et cela est une honte pour le pays de la Révolution française et de l'affaire Dreyfus. » Le lendemain, Marrou, dont l'article a été retentissant, reçoit la visite de cinq inspecteurs de la DST à son domicile qui cherchent en vain des papiers suspects dans les fiches et les livres du spécialiste de saint Augustin. En mars 1957, Beuve fait écho dans son journal au libelle d'un autre ami, l'écrivain Pierre-Henri Simon, *Contre la torture* : « Dès maintenant, les Français doivent savoir qu'ils n'ont plus tout à fait le droit de condamner dans les mêmes termes qu'il y a dix ans les destructions d'Oradour et les tortionnaires de la Gestapo[7]. »

Dans l'incapacité de bâillonner ces contestataires et pour réduire les « défaitistes », les « démoralisateurs », les « intellectuels pervertis » au silence, Guy Mollet met sur pied une Commission de sauvegarde des droits et libertés individuelles en Algérie, qui remet son rapport au gouvernement en septembre 1957. Les termes sont mesurés, mais encore trop sulfureux aux yeux du Conseil des ministres, et sa publication se fait attendre. *Le Monde*, qui se l'est procuré, décide de le publier, ce qui provoque l'encerclement de l'immeuble du journal par les forces de police. Finalement le gouvernement publie lui-même, en même temps que le quotidien, le fameux rapport[8].

La même année, Plon édite un brûlot implacable de Raymond Aron, *La Tragédie algérienne*, où cet autre professeur à la Sorbonne démontre le caractère inéluctable de l'indépendance algérienne. Collaborateur régulier du *Figaro*, Aron aligne les arguments qui vont à l'encontre des convictions des lecteurs de son propre journal. C'est *Le Monde* qui imprime dans ses colonnes les « bonnes feuilles » de l'ouvrage, au grand dam de Jacques Soustelle et autres partisans de l'Algérie française. C'est encore le journal de Beuve-Méry, informé par Paul Teitgen, secrétaire général de la police à Alger, qui est largement à l'origine de la diffusion de l'affaire

Maurice Audin, ce jeune mathématicien communiste d'Alger, arrêté, torturé et tué par les « paras ». *Le Monde*, en publiant des informations et des lettres de ses lecteurs – y compris l'appel de Josette Audin du 13 août 1957 – et en donnant leurs titres, a permis au Comité Audin de se constituer[9].

Le moralisme du *Monde*, ses dénonciations, sa ligne générale sont d'autant plus exaspérants pour le pouvoir que Beuve-Méry et son équipe usent d'un langage mesuré, qui lui donne une audience considérable, à l'étranger notamment. Au-delà des 180 000 ou 200 000 acheteurs réguliers du quotidien (la barre des 200 000 est franchie en 1957[10]), cette audience touche ce qu'on appelle l'élite d'un pays, ses diplômés, ses responsables à tous les niveaux de l'économie et de la fonction publique (une enquête de 1958 révèle que 39 % des lecteurs du *Monde* ont suivi des études supérieures, contre 4 % des lecteurs des autres journaux). Il est plus dangereux ainsi que les hebdos de gauche nettement plus avancés sur la question de l'indépendance, de sorte qu'il devient le point de mire de plusieurs gouvernements successifs. Une des tentatives pour causer sa perte consista à lui susciter un concurrent, reprenant presque le titre du journal d'avant guerre dont il était issu, *Le Temps de Paris*. Fiasco ! *Le Temps de Paris* passe de 400 000, premier tirage, le 17 avril 1956, à 100 000 à la mi-juin, avant de suspendre sa publication le 3 juillet. Journalistes et lecteurs se sont montrés d'une fidélité exemplaire au *Monde* ; des centaines de millions de francs ont été engloutis à perte[11].

À ces « quatre grands », il faudrait ajouter quelques autres, qui ont exercé un rôle d'information remarquable. Et d'abord *Le Canard enchaîné*, qui vit ses ventes s'envoler. Une sorte de tabou garantissait la liberté d'expression de l'hebdomadaire satirique, étrangement épargné par les saisies, du moins dans la France métropolitaine, malgré ses charges, ses caricatures et ses révélations. Mais aussi, dans un autre horizon, le quotidien

La Croix, de plus en plus sensibilisé aux horreurs de la guerre, ce qui provoque des saisies en Algérie. Il faudrait mentionner tous les organes de presse plus modestes, de gauche et d'extrême gauche, ainsi que tracts et brochures. Enfin, insister sans doute sur le rôle spécifique des intellectuels pendant la guerre d'Algérie, et notamment celui des deux grandes revues généralistes *Esprit* et *Les Temps modernes*.

Au demeurant, quel fut le rayonnement réel de cette presse d'opposition, de ces journaux contestataires, de ces intellectuels engagés ? La somme de tous leurs tirages pèse peu au regard de la diffusion des grands journaux nationaux. Face à *Paris Match*, à ses photos soigneusement choisies, à ses commentaires favorables à l'Algérie française, *France-Observateur* ressemble au pot de terre contre le pot de fer. Outre la presse, la radio, la télévision conquérante, les Actualités cinématographiques ont largement servi la propagande gouvernementale à partir de 1956 : la pacification en Algérie serait menée à son terme, l'indépendance n'était qu'une illusion, et l'armée française était au-dessus de tout soupçon.

Est-ce à dire que l'opinion a subi passivement ce conditionnement ? Sur cette question, nous disposons au moins des sondages réguliers effectués par l'IFOP[12]. Ils nous aident à mieux comprendre l'inertie de cette opinion, au moins jusqu'à l'automne 1960. Celle-ci n'a pas été longtemps favorable au *statu quo* en Algérie, et le consensus n'existe pas. Les Français sont, en majorité, favorables à la négociation : 34 % de réfractaires en septembre 1957 et seulement 25 % en janvier 1958. Malgré l'issue victorieuse de la « bataille d'Alger », ceux qui croient que « d'ici dix ans » l'Algérie ne sera plus française sont de plus en plus nombreux. En même temps, aucune mobilisation n'a lieu contre la guerre. Que celle-ci ait été menée par un gouvernement de gauche, socialiste, est déjà une explication. Il en est une autre à retenir : l'impopularité du FLN. Outre que celui-ci n'a jamais eu le souci de conquérir l'opinion française[13], ses méthodes terroristes l'ont discrédité. Attentats aveugles contre les civils en Algérie, guerre intestine entre FLN et MNA jusque sur le territoire français, le comble de l'horreur étant atteint lors du massacre de Melouza, le 28 mai 1957, qui vit un village entier rasé par les hommes de l'Armée de libération nationale (ALN). L'événement, largement diffusé, provoque l'écœurement jusque parmi les partisans les plus nombreux de la cause nationaliste algérienne. Pour beaucoup, une cause juste – l'indépendance nationale – mais des moyens exécrables. Le parti communiste pouvait, en février 1958, rassembler plusieurs centaines de milliers de personnes aux obsèques de Marcel Cachin, il ne prit jamais l'initiative d'organiser la moindre manifestation en faveur de l'indépendance algérienne. On pourrait donc accorder, avec des nuances, la victoire aux médias qui, dans la guerre de propagande, ont soutenu la « pacification » et refusé d'imaginer un autre avenir pour l'Algérie que le fait de rester française, de façon intangible.

Le retour du général de Gaulle en 1958 amorce le changement. Dans une large mesure, la presse a contribué à son avènement. Le trait le plus significatif est à chercher dans les journaux d'opposition aux gouvernements successifs. À *L'Express*, François Mauriac prend parti en faveur de De Gaulle, malgré l'opposition de Mendès France et de la direction du journal. Surtout, Hubert Beuve-Méry finit par soutenir le retour du Général comme un moindre mal, polémiquant, à cette occasion, avec Claude Bourdet et *France-Observateur*. La grande presse et les autres médias, au nom de l'Algérie française ou au nom de la restauration de l'État, au nom de la paix civile ou contre l'éventualité d'un nouveau Front populaire, soutiennent l'investiture du dernier président du Conseil de la IVe République et la nouvelle constitution, qui sera ratifiée par référendum par près de 80 % des électeurs.

Au cours de cette nouvelle phase, les radios à transistors jouent un rôle accru, tandis que la télévision prend son envol. De Gaulle en fait des instruments de sa politique. Ses discours, éloquents, dramatiques, parfois extraordinaires, passent au mieux par les nouveaux médias de masse. Ils ont un rôle pédagogique autant que politique. Le Général n'a pas encore son siège fait au sujet de l'Algérie en 1958 ; on le voit défendre la formule de l'association dans le cadre de la Communauté française en 1959 ; il est enfin acquis à l'idée de l'indépendance dans le courant de 1960. On peut dire que les médias audiovisuels ont défendu, suivi, et illustré cette politique dans son évolution.

Jusqu'au discours sur l'autodétermination de septembre 1959, le ton est resté le même dans les médias. Célébration de l'armée, dénonciation des rebelles, soutien à l'œuvre de pacification, au plan de Constantine lancé par un président qui semble en accord avec les défenseurs de l'Algérie française : n'a-t-il pas pris Jacques Soustelle, un de ses champions, adulé par les pieds-noirs, comme son premier ministre de l'Information (juillet 1958-janvier 1959) ? De sorte que le discours du 16 septembre 1959 retentit comme un pavé dans la mare.

La grande presse écrite s'est divisée. Certains journaux comme *L'Aurore* et *Le Parisien libéré* ont gardé la ligne Algérie française, sans être pour autant au diapason de la presse d'Algérie et des hebdomadaires d'extrême droite de métropole (*Rivarol*, *Aspects de la France*, *L'Homme nouveau*, *L'Esprit public*…). Les positions du directeur de *L'Aurore*, Robert Lazurick (*alias* Robert Bony) sont en effet significatives. Il se montre compréhensif à l'égard des activistes de l'Algérie française, il évoque son « déchirement » quand ceux-ci se dressent contre Paris, mais il reste légaliste. Le putsch des généraux d'avril 1961, condamné par l'ensemble des médias métropolitains, de droite et de gauche, provoque cette réflexion de Lazurick : « En démocratie, c'est la nation qui fait la loi… »

Le Figaro, *France-Soir*, *Paris Match* ont suivi, plus ou moins vite, la politique gaullienne. La constitution d'un bloc Algérie française hostile au gouvernement, après la « semaine des barricades », en janvier 1960 à Alger, a opéré une division des médias en trois catégories : les fidèles de l'Algérie française, qui iront jusqu'à soutenir les actions criminelles de l'OAS ; les partisans du gouvernement et de son évolution politique ; enfin la presse d'opposition de gauche, dont l'antigaullisme fut de plus en plus entamé par la politique même du Général, et le soutien de l'opinion qu'il en recevait. On attendait la dictature, ce fut la décolonisation.

Le changement de ton de la grande presse est dû aussi à la réforme de l'Agence France-Presse[14]. Créée en 1945, cette agence est un établissement public placé sous l'autorité du ministre de l'Information. La réforme adoptée par la loi du 10 janvier 1957 en fait un organisme autonome, dans le conseil d'administration duquel le gouvernement est désormais en minorité. Dans les années suivantes s'affirme un esprit de liberté qui déplaît, du reste, au Premier ministre Michel Debré. Celui-ci tente avec son ministre de l'Information, Louis Terrenoire, de reprendre en main la direction de l'AFP en avril 1960, mais en vain. Sous la direction de Jean Marin, comptant des collaborateurs comme Jean Mauriac, Claude Wauthier, Claude Imbert, l'AFP rend mieux compte des événements d'Algérie, même si, dans certains cas, elle ne peut transgresser les interdits – notamment sur la torture.

Car la liberté d'expression eut encore à pâtir sous de Gaulle. Des hebdomadaires sont toujours saisis (*L'Express*, *France-Observateur*, de même que, de plus en plus, des journaux « ultras ») ; des réunions et des manifestations d'étudiants sont interdites. Un journal semi-clandestin, *Vérité Liberté*, est spécialement créé par des intellectuels de gauche pour reproduire et diffuser les textes censurés.

La télévision, entièrement aux ordres du gouvernement, a changé de ton après que Soustelle eut quitté le ministère de l'Information, mais elle reste muette ou discrète à l'excès sur nombre d'aspects de la guerre. Ainsi, le Manifeste des 121, favorable à l'insoumission des appelés, est ignoré, tandis que ses signataires sont interdits de radio et de télévision. Le commentaire des images n'est pas toujours pertinent. Ainsi, lors du voyage du Général en Algérie en décembre 1960, et alors que dans les quartiers musulmans apparaissent les drapeaux vert et blanc dans la foule, la télé parle encore de « minorités noyautées » ; elle ignore délibérément le bilan officiel de ces journées tumultueuses (112 morts musulmans) ; l'OAS, au dire d'Henri Turenne, est longtemps présentée de façon « lénifiante[15] ». Le fameux magazine mensuel « Cinq colonnes à la une », créé en 1959 par Pierre Lazareff, si neuf et si audacieux par ailleurs, se révèle d'une prudence extrême à l'endroit de l'Algérie[16]. Pour le journal télévisé, de nombreux reportages ne sont pas diffusés, des interviews de personnalités hostiles à de Gaulle restent dans leurs boîtes. L'ennemi, le rebelle, reste toujours inexistant, mais rien n'est dit davantage sur les Algériens musulmans, leur vie quotidienne, les conditions de recrutement des effectifs[17]. La télévision est un instrument de la politique gouvernementale. Plus tard, de Gaulle s'en expliquera à Alain Peyrefitte : la radio et la télévision doivent être la voix de la France, c'est-à-dire de l'État[18].

À la radio nationale, la chronique de Jean Nocher, quotidienne, à une heure de grande écoute, juste avant les informations de 20 heures, n'en finit pas de fustiger les intellectuels, les « défaitistes », les « philosophes à nausée et à mains sales », qui pervertissent la jeunesse et poussent au crime les fellaghas ; et de représenter le nationalisme algérien comme la cause d'une poignée d'agitateurs stipendiés par le communisme international[19].

De Gaulle ne fut pas plus libéral que ses prédécesseurs Mollet, Bourgès-Maunoury et Gaillard, mais sa politique n'était pas la leur. Lorsque, à partir de 1959, elle prend un tour radicalement nouveau, tous les organes d'information que le pouvoir politique contrôle ont révisé leurs discours et leurs images. Les mensonges par omission ont continué, mais ce ne furent pas toujours les mêmes. La « semaine des barricades » en janvier 1960 à Alger montre bien l'évolution. Jean Ferran, éditorialiste de *Paris Match*, a beau parler d'une « querelle de famille », il affirme aussi : « Le président de la République a été impitoyable, parlant de coupables, de meneurs, d'usurpateurs, de conspirateurs. C'est qu'il sent la France derrière lui. La France dont la presse unanime exprime la volonté nationale de ne pas voir l'État "abaissé" ni "outragé". » Au mois d'avril de la même année, dans un retentissant article du *Monde*, « La République du silence », Pierre Viansson-Ponté fustige « la dégradation des libertés publiques qui se poursuit insensiblement et menace la liberté de la presse ». C'est en Algérie, maintenant, que les coups les plus durs sont portés à la presse antigaulliste. Alain de Sérigny, directeur de *L'Écho d'Alger*, est inculpé d'atteinte à la sûreté de l'État et incarcéré à la prison de Barberousse à Alger (jugé en mars 1961, il sera acquitté). Le putsch des généraux amène de Gaulle à utiliser l'article 16 de la Constitution ; un nouvel état d'urgence est décrété. En Algérie, nombre de journaux sont interdits.

De 1960 à 1962, le temps est venu d'une autre pédagogie ou propagande médiatique : ce n'est plus le maintien de la France qui est prôné, mais l'évolution du statut de l'Algérie. L'association désirée par le Général est devenue un vœu pieux, on parle peu à peu, comme le chef de l'État, d'« Algérie algérienne », jusqu'au moment où cette expression deviendra synonyme d'indépendance. De Gaulle a pour lui l'opinion métropolitaine. Les médias aux ordres lui emboîtent le pas. Naguère favorables à l'Algérie française, ils épousent les positions successives du président de la République. L'un des moments les plus flagrants de cette évolution fut un numéro de *Paris Match* paru au lendemain du voyage évoqué plus haut du Général en Algérie, en décembre 1960 : pour la première fois, l'hebdomadaire illustré publiait des photos représentant les drapeaux algériens vert et blanc brandis par des manifestants.

La presse ennemie, il est vrai, n'était plus celle des « quatre grands de la contre-propagande française », mais celle qui s'acharnait à défendre l'Algérie française, puis à justifier l'OAS. Cette Organisation armée secrète, par ses attentats en Algérie et en métropole, provoqua une quasi-unanimité métropolitaine contre elle, ce qui tendit à rapprocher la presse de gauche de De Gaulle. L'OAS, dans ses actions subversives, s'attaque particulièrement aux journaux, perpétrant une série de plastiquages contre les immeubles des publications et les domiciles de leurs directeurs : *Le Monde, France-Observateur, Témoignage chrétien, Esprit*, notamment, subissent ce que le président de la Fédération de la presse, Albert Bayet, appelle la « dictature du plastic » (mai 1961). Mais le pouvoir gaulliste, soucieux d'« équilibre », ne ménage nullement les adversaires de l'OAS. La manifestation des Algériens à Paris du mardi 17 octobre 1961, dont la violente répression est dénoncée par la presse de gauche, est largement ignorée, travestie, ou minimisée par les grands médias. Le drame du métro Charonne du jeudi 8 février 1962, qui voit une manifestation massive des Parisiens contre l'OAS virer au drame sous la responsabilité directe du préfet de police Maurice Papon et indirecte du ministre de l'Intérieur Roger Frey, est expliqué comme le résultat d'une « provocation communiste ». Les obsèques des victimes de Charonne, suivies le 13 février par des centaines de milliers de personnes, contribuèrent à maintenir l'écart entre le président de la République et la gauche.

Les sept années et demie de guerre d'Algérie furent une sombre période dans l'histoire de la liberté d'expression. Le gouvernement avait à sa disposition une législation qui l'autorisait à sévir contre la parole écrite par la saisie, au nom de la « sûreté » de l'État. Les derniers gouvernements de la IVe République en ont usé et abusé. Ces abus se sont renouvelés sous la Ve République, surtout en ses débuts, quand de Gaulle paraissait le fer de lance de l'Algérie française, mais ils n'ont pas cessé – surtout en Algérie à partir de 1960.

Le son et l'image ont pris une importance croissante au cours de ces années-là. On accorde ainsi au transistor un rôle décisif dans l'échec du putsch des généraux d'avril 1961, dans la mesure où les soldats du contingent écoutant sur leurs postes portables, par le relais de Radio Monte-Carlo, le discours du Général, ont refusé de marcher derrière le « quarteron » de généraux rebelles. Cet épisode ne dément pas le bilan de la radio-télévision : celle-ci est administrée, surveillée, contrôlée, inspirée par le pouvoir politique. Même les radios périphériques (leurs antennes sont à Sarrebrück, Luxembourg ou Monaco), dans le capital desquelles est l'État, ne disposent pas d'une entière liberté. À quelques exceptions près, la RTF et ces radios furent les outils de la propagande gouvernementale.

Au demeurant, l'information sur la guerre d'Algérie a filtré à travers les barrages que les gouvernements lui ont opposés. C'est l'honneur d'une presse libre, minoritaire, souvent pauvre, que d'avoir voulu et su braver les menaces du pouvoir, résister à la tentation de l'autocensure. De ce point de vue, la campagne contre la torture menée par *Le Monde*, la presse communiste, les hebdomadaires de gauche, sans parler de la diffusion militante des textes interdits, a été une défaite pour les défenseurs d'une politique du silence. Le blâme, la calomnie, l'insulte, l'arrestation, la garde à vue, la menace de saisie, la saisie, toutes ces armes ont été employées par les gouvernements successifs pour faire admettre la vérité officielle. Celle-ci a changé, il est vrai. Après la presse de gauche, c'est finalement la presse d'extrême droite favorable à l'OAS qui fut victime de la rigueur policière.

Au demeurant, les démocraties ne peuvent plus faire la guerre en dissimulant ses réalités, à moins de la gagner en six semaines. De ce point de vue, la guerre d'Algérie n'a été qu'une répétition générale : la guerre du Vietnam, quelques années plus tard, soulèvera une partie de l'opinion américaine grâce aux médias, et la guerre d'Irak confirmera, une fois dissipés les effets du chloroforme officiel, la résistance des médias à la raison d'État. La vraie censure en démocratie est celle que les citoyens, par leur indifférence, leur désintérêt ou leurs intérêts personnels s'imposent à eux-mêmes. Qui veut savoir saura.

24

La colonisation en procès

L'esprit justicier est une fontaine toujours jaillissante d'indignations rétrospectives : le passé, coupable, doit battre sa coulpe. Aujourd'hui, c'est l'histoire coloniale en général, et celle de la France en particulier, qui est incriminée par les accusateurs publics. On ne les avait pas attendus pour mettre en cause le colonialisme, et l'on peut s'étonner de ce brusque réveil de passion quarante ans après la fin de la décolonisation.

Plusieurs facteurs y concourent. D'abord, comme toujours, le relais des nouvelles générations qui, par désir de savoir, poussent à la connaissance, redécouvrent souvent ce que leurs aînés savaient, en se donnant par naïveté l'avantage de la révélation. C'est ainsi que, dans la seconde moitié des années 1970, les « nouveaux philosophes » paradaient en contempteurs audacieux d'un système totalitaire que nombre d'intellectuels avaient décrit et dénoncé avant qu'ils ne fussent nés. Mais un autre phénomène, moins banal, accrédite la nécessité du procès : l'existence, sur le sol même de la France, des descendants des anciens colonisés, qui demandent des comptes. Les exigences de la mémoire en friche ont leurs vertus, car elles stimulent l'historiographie, créent des vocations de chercheur, revigorent l'enseignement ; elles présentent aussi des risques, ceux de la caricature et, par-dessus tout, ceux de l'anachronisme.

Ému par la montée en force de ces exigences, le législateur est intervenu. Le 23 février 2005, quelques députés ont adopté une loi à la sauvette, qui recommandait d'enseigner « en particulier le rôle positif de la présence française outre-mer, notamment en Afrique du Nord ». Dans l'exposé de son rapport à l'Assemblée en 2004, Christian Kert a insisté sur le souci pédagogique du projet de loi : « En politique et en histoire, il est des héritages auxquels il ne faut pas renoncer : l'œuvre française outre-mer est de ceux-là. » De manière plus emphatique, son collègue Michel Diefenbacher exaltait la « grande aventure conduite outre-mer par la France », laquelle devait être « enseignée à nos enfants de nos écoles », pour garder « intact le souvenir de l'épopée de la plus grande France ».

Ce chant du cygne ne fut guère entendu. Du reste les débats à l'Assemblée et au Sénat se déroulent devant les bancs vides : le texte est adopté en présence de 42 députés. Mais la loi publiée provoque une réaction en chaîne des historiens, alertés notamment par Claude Liauzu, et hérissés par cette intrusion du politique dans l'enseignement. Le tollé amène le Premier ministre, Dominique de Villepin, à saisir le Conseil constitutionnel qui considère, le 31 janvier 2006, que ce deuxième alinéa de l'article 4 a un caractère réglementaire : il pourra ainsi être supprimé de la loi sans nouveau débat.

En Algérie, au début de juin, le FLN « s'élève contre ce texte qui consacre une vision rétrograde de l'histoire, et condamne, avec la plus grande fermeté, cette volonté de justification de la barbarie du fait colonial en gommant les actes les plus odieux ». Un mois plus tard, à quelques jours de la célébration de la fête de l'Indépendance du 5 juillet, le président Bouteflika dénonce la « cécité mentale confinant au négationnisme et au révisionnisme » qui autorise à glorifier une « présence coloniale coupable de massacres contre un peuple en entier et prétendant que cette présence a rendu service aux peuples colonisés ». Le 7 juillet, c'est au tour du Parlement algérien de condamner cet « attentat contre la mémoire ».

Les écorchés vifs de la mémoire sont dans les deux camps, comme on l'a vu, toujours au mois de juillet 2005, avec l'affaire de la stèle de l'OAS à Marignane. L'Association de défense des intérêts moraux et matériels des anciens détenus et exilés politiques de l'Algérie française (Adimad) s'était avisée d'ériger une stèle, sur laquelle les noms des plus fameux condamnés à mort de l'OAS devaient figurer. Le 6 juillet, les CRS, sur ordre du préfet de la région, durent intervenir pour interdire l'entrée du cimetière aux membres de l'Adimad. Protestation douloureuse : « Nous ressentons une profonde amertume et une profonde injustice face à cette décision. »

Il faut en convenir : dans cette nouvelle bataille des mémoires, l'anticolonialisme est plus dans l'air du temps que la défense de la colonisation. Olivier Le Cour Grandmaison, universitaire, professeur de science politique, n'hésite pas à publier un livre intitulé *Coloniser-Exterminer*. L'accusation est lourde. Ce verbe-là, quel que soit son caractère polysémique – comme s'en défend l'auteur –, a acquis une équivalence sémantique, celle du massacre génocidaire. Tel ou tel conquérant de l'Algérie a bien pu dire qu'il fallait « exterminer » les tribus qui leur résistaient, on ne peut admettre que la volonté délibérée des colonisateurs fut d'en passer par le génocide.

Le contenu de ce livre n'est pas factuellement erroné : oui, l'Algérie fut un champ d'expériences de domination qui serviraient en d'autres contrées coloniales ; oui, les méthodes de la conquête furent cruelles, sans soulever une grande émotion ni dans l'opinion ni parmi les gens de lettres ; oui, le racisme a été l'arrière-fond idéologique de l'expansion ; oui, l'État colonial a été un « État d'exception permanent » ; oui, la colonisation a parfois été pensée (même si l'auteur, à mon sens, exagère beaucoup cet aspect) comme solution à la « question sociale »…

Ce qui gêne le lecteur n'est pas la crudité des faits et des idées recensés, mais une approche justicière, accusatrice, allégée du souci qui hante l'historien de juger des choses du passé dans leur globalité, dans leur contexte, et dans une attitude d'intelligence qui n'est pas exactement celle des procureurs. Ce genre de procès était licite, utile, nécessaire, au cœur des combats pour la décolonisation. Un Franz Fanon *(Les Damnés de la terre)* ou un Aimé Césaire *(Discours sur le colonialisme)* n'avaient pas en vue l'impartialité ou je ne sais quelle vérité « objective » : ils luttaient pour la libération des peuples *au présent*.

Il est temps aujourd'hui, plus de quarante ans après la décolonisation de l'Algérie et de l'Afrique noire, de reprendre le dossier pour comprendre plutôt que pour condamner. Les jeux sont faits, même si les séquelles des temps coloniaux font partie de nos réalités contemporaines.

Qu'on m'entende bien : je ne veux nullement établir un bilan du phénomène colonial en deux colonnes, d'un côté le passif (la violence de la domination) et d'un autre côté l'actif (l'œuvre positive des colons dans la mise en valeur de la France d'outre-mer), qui serait un jeu stérile dans lequel chacun peut y aller de ses arguments « pour » et de ses arguments « contre ». Car la colonisation est un phénomène global dans lequel le positif est inextricablement lié au négatif. Il importe de ressaisir l'ensemble du mouvement, dans ses motivations et ses implications, en essayant de ne pas juger du passé au nom des valeurs d'aujourd'hui, non plus qu'au nom de la mémoire douloureuse des vaincus – je songe évidemment aux « rapatriés » qui furent victimes d'une tragédie.

Notre société démocratique n'admet plus en principe l'inégalité entre les hommes, entre les hommes et les femmes, entre ce qu'on appelait jadis les races, c'est un progrès moral manifeste, mais il faut comprendre qu'il s'agit d'une nouveauté dans l'histoire millénaire de la planète. Nous admirons des sociétés, comme la société grecque ancienne, qui était pourtant esclavagiste, et si le brevet d'esprit démocratique devait nous servir à hiérarchiser les civilisations, aucune d'entre elles n'aurait grâce à nos yeux. Il en est de même de l'esprit de conquête. Jusqu'au XXe siècle, il fut un ressort permanent de l'histoire des peuples. C'est « très mal » à nos yeux, mais notre morale n'est pas celle de nos aïeux, qui n'en étaient pas dépourvus pour autant. Quel a été le projet colonial de la France ? Et plus précisément celui de la République ? Car la République voulait être un régime démocratique, fondé sur les droits de l'homme : d'où vient l'écart, choquant à nos yeux, entre ses grands principes et ses entreprises de conquête et de colonisation ? On a un peu de mal, aujourd'hui, à comprendre Jules Ferry : comment le fondateur de l'école pour tous a-t-il pu être aussi un des hérauts de la politique d'expansion coloniale ?

Ferry est à la tête du gouvernement à deux reprises entre septembre 1880 et mars 1885. Il est renversé sur les difficultés de l'expédition française au Tonkin, pour laquelle il formule une nouvelle demande de crédits, à un moment où l'on croit – à tort – que la place de Lang Son est tombée. Quatre mois plus tard, le 28 juillet 1885, il a l'occasion d'exposer sa politique coloniale, dans un discours à la Chambre resté célèbre pour avoir l'aspect d'une véritable doctrine en faveur de la colonisation.

Le premier argument est politique. Quatorze ans après la défaite face à la Prusse, Ferry entend contribuer au retour du pays au premier rang des nations. Il parle de la « nécessité d'avoir sur les mers des rades d'approvisionnement, des abris, des ports de défense et de ravitaillement ». Il met en avant la « concurrence », la rivalité entre les puissances, l'essor démographique et économique des pays voisins, et s'écrie : « La politique de recueillement ou d'abstention, c'est tout simplement le grand chemin de la décadence. » Au cœur de cette lutte internationale, « il faut que notre pays se mette en mesure de faire ce que font tous les autres »...

Nous sommes ici devant une argumentation classique et séculaire de la politique extérieure des États. Elle nous choque, ce n'est plus admissible désormais, mais il s'agit d'une conviction qui a été celle de tous les États, qui est devenue nationale, patriotique : le refus de l'« abdication », le désir de grandeur, l'ambition de compter parmi les grands. La France n'est pas la Suisse !

C'est en républicain, cependant, que Ferry veut prouver à ses adversaires monarchistes, si nombreux encore, que la monarchie n'a pas le monopole du prestige, que les « vastes desseins » et les « grandes pensées » ne sont pas l'apanage des régimes déchus, qu'un « gouvernement démocratique » en est capable. Son devoir, sa mission, c'est de porter partout où il le peut « sa langue, ses mœurs, son drapeau, ses armes, son génie ».

Ajoutons à cet invariant le rôle de la conjoncture : « C'est dans la poussée de fièvre nationaliste consécutive aux événements de 1870-1871, écrit Henri Brunschwig, qu'il faut rechercher la vraie cause de l'expansion[1]. »

Le deuxième argument est du registre économique, tout en étant étroitement lié au premier. Tenir sa place, c'est aussi être une puissance industrielle, qui a besoin de débouchés et doit avoir un accès facile aux sources de matières premières. En termes de rentabilité, les historiens ont pu débattre de l'intérêt strictement économique des colonies. Les hommes d'affaires et les capitaines d'industrie n'ont pas été les plus empressés à s'y lancer. Mais ce n'est pas ici la question ; retenons seulement que, pour Ferry et nombre de ses contemporains, la compétition économique entre les États capitalistes implique nécessairement l'expansion.

Cet argument patriotique ou nationaliste et son corollaire économique ne sont pas les seuls : Ferry use aussi de l'argument humanitaire. C'est celui qui nous étonne, nous intrigue, nous indigne peut-être le plus. Pourtant, la sincérité de l'homme d'État, formé à la philosophie d'Auguste Comte, est totale. L'abîme de développement économique et technique entre l'Europe et les contrées lointaines oblige : « Les races supérieures, c'est-à-dire les sociétés occidentales parvenues à un haut degré de développement technique, scientifique et moral, ont à la fois des droits et des devoirs à l'égard des "races inférieures" », c'est-à-dire, précise-t-il, des peuples non encore engagés sur la voie du progrès. Pour lui, ce sont les droits et les devoirs de la « civilisation » à l'égard de la « barbarie ».

Répandre la science, la raison et – ce qui nous surprend encore davantage – la liberté, telle est la mission des civilisés. « Partout doivent reculer les antiques puissances de l'ignorance, de la superstition, de la peur, de l'oppression de l'homme par l'homme. Ainsi l'action colonisatrice est-elle fondamentalement définie comme une œuvre d'émancipation : par elle, et à travers elle, se poursuit la lutte, entreprise depuis plus d'un siècle au nom de l'esprit des Lumières, contre l'injustice, l'esclavage, la soumission aux Ténèbres. » Et Ferry d'invoquer explicitement les droits de l'homme, pour justifier ce qu'il appelle « cette nouvelle croisade civilisatrice ».

Il ne convainc pas tout le monde, et la question coloniale est dans la France des années 1880 un objet de débat. Ses adversaires monarchistes lui reprochent l'hémorragie financière que cause l'expansion coloniale. Clemenceau, dans un grand discours du 30 juillet 1885 à la Chambre des députés, l'attaque sur un autre terrain : il reproche à Ferry d'être la dupe de Bismarck, d'épuiser dans les terres lointaines la force militaire que l'Allemagne pourrait redouter de la France. « Ne savez-vous pas que si le malheur voulait que nous dussions subir une guerre que nous ne rechercherons pas, mais qui peut nous être imposée, ce n'est pas pour une province que nous lutterions mais bien pour l'existence même de la patrie ! Dites-le donc aux malheureux qui parlent de victoires et de conquêtes en Chine et rappelez-les à la modestie qui nous convient, à la modestie qui n'exclut ni la dignité ni la confiance en soi. » Clemenceau réfute ensuite l'argument économique en prenant l'exemple de la Cochinchine (conquise sous Napoléon III) : « Les importations de la France en Cochinchine sont de 5 millions, tandis que les étrangers importent près de 66 millions. La Cochinchine exporte en France 1 600 000 francs et l'étranger 78 millions. Par conséquent, en Cochinchine, la puissance économique ne suit pas la puissance politique. »

Surtout, Clemenceau démolit l'argument humanitaire de Ferry, dans le passage le plus fameux de son discours : « Races supérieures, races inférieures, c'est bientôt dit ! Pour ma part, j'en rabats singulièrement depuis que j'ai vu des savants allemands démontrer scientifiquement que la France devait être vaincue dans la guerre franco-allemande, parce que le Français est d'une race inférieure à l'Allemand. [...] Non, il n'y a pas de droit de nations dites supérieures contre les nations inférieures ; il y a la lutte pour la vie, qui est une nécessité fatale, qu'à mesure que nous nous élevons dans la civilisation, nous devons contenir dans les limites de la justice et du droit ; mais n'essayons pas de revêtir la violence du nom hypocrite de civilisation ; ne parlons pas de droit, de devoir ! La conquête que vous préconisez, c'est l'abus pur et simple de la force que donne la civilisation scientifique sur les civilisations rudimentaires, pour s'approprier l'homme, le torturer, en extraire toute la force qui est en lui au profit du prétendu civilisateur. Ce n'est pas le droit : c'en est la négation. Parler à ce propos de civilisation, c'est joindre à la violence l'hypocrisie. »

Malgré ces résistances, et d'autres à venir, la IIIe République a construit un empire colonial, le deuxième du monde derrière l'Empire britannique. La politique de conquête fut, dans le dernier quart du XIXe siècle, celle de tous les États industriels, y compris le Japon et les États-Unis. La République française héritait de quelques opérations antérieures, en Cochinchine, et surtout en Algérie : elle leur ajouta la Tunisie (1881), le reste de l'Indochine (1883-1886), l'Afrique occidentale française (1895), Madagascar et les Comores (1897), l'Afrique équatoriale française (1908), le Maroc (1911).

Les échanges économiques et financiers restent modestes, le nerf de la colonisation française est toujours principalement politique : faire flotter le drapeau tricolore sur le maximum de superficie. En 1897, le gouverneur Jean-Louis de Lanessan écrit dans ses *Principes de colonisation* : « Tandis que la politique coloniale du gouvernement britannique est inspirée par les commerçants et industriels anglais, la nôtre est inspirée, dirigée et conduite depuis deux siècles par l'esprit militaire. »

La colonisation était-elle alors l'axe de la politique française ? L'affaire majeure des gouvernements ? Un de nos meilleurs spécialistes, Charles-Robert Ageron, nous a appris à distinguer la « France coloniale » du « parti colonial[2] ». C'est celui-ci, qui n'est pas un « parti » *stricto sensu* mais un groupe de pression actif et efficace, au sein même du Parlement, qui est à l'origine des décisions et fait voter les budgets nécessaires.

Ce « parti colonial » – l'expression est devenue courante dans les années 1890 – recrute dans tous les partis, rassemble des personnalités et des associations, dispose de nombreux relais dans la presse. À la Chambre, le groupe colonial (un peu plus de 90 députés) est présidé par Eugène Étienne, député d'Oran, et ancien sous-secrétaire d'État aux Colonies. À partir de 1898, le Sénat a aussi son groupe colonial, présidé par Jules Siegfried, sénateur de la Seine-Inférieure. Parmi les associations importantes qui épaulèrent les élus, mentionnons, outre les sociétés de géographie, le Comité de l'Afrique française (et ses futures filiales le Comité de l'Asie française, le Comité du Maroc), fondé en 1890, aux motivations surtout politiques, nationalistes, animé par un journaliste du *Journal des débats,* Hippolyte Percher, et l'Union coloniale française, créée en 1893, aux vues d'abord économiques, et présidé par Mercet, de la banque Perrier frères.

Ces associations avaient pour but de faire une propagande coloniale à travers des conférences, des réunions publiques, et les journaux. L'Union coloniale disposait de sa propre publication, *La Quinzaine coloniale.* En 1902 apparaît encore la Ligue coloniale de la Jeunesse, destinée à développer la vocation coloniale dans la jeunesse des écoles[3].

Malgré la multiplicité de ses organes et l'efficacité de son groupe parlementaire, le parti colonial n'a pas réussi à conquérir l'opinion et s'en plaint. Ainsi, *La Dépêche coloniale* du 1er décembre 1913 : « Nous sommes à l'heure actuelle sans appui dans le pays par le défaut d'opinion en matière coloniale, de cette opinion que la grande presse, manquant, il faut bien le dire, à l'une de ses missions les plus élevées, a négligé de former pour tout ce qui touche à notre vie et à notre rayonnement extérieurs même et surtout peut-être dans le domaine colonial. Cette mission que la grande presse, jusque dans ses organes les plus importants et, ajouterons-nous, les mieux rédigés, semble si étrangement dédaigner, nous entendons la faire nôtre. »

Cette réflexion d'un « colonial » nous informe sur les limites de la « France coloniale ». La conscience « impériale » ne s'est fixée en France que fort tard, à la fin des années 1930 : « Lorsque, au moment de la crise de Fachoda [1898], le peuple paraît touché, écrit Charles-Robert Ageron, c'est un accès de patriotisme anglophobe qui l'agite, non la volonté de se tailler un empire aux sources du Nil[4]. »

Tout se passe comme si l'empire colonial de la France s'était formé au coup par coup, sans volonté directrice, sinon la volonté d'un puissant groupe de pression, ce parti colonial aux cent tentacules. Le partage du monde à partir des années 1880 a fait admettre la réalité coloniale, les résistances ont faibli. Les anticolonialistes ont eu tendance à changer leur fusil d'épaule : ce n'était plus la colonisation en soi qui était condamnable, mais ses méthodes d'oppression, de domination. L'attitude des socialistes est suggestive à cet égard. « Toute colonisation détermine la violence, la guerre, le sac des villes, la spoliation des tribus, l'asservissement plus ou moins déguisé », écrivait le socialiste Paul Louis dans sa brochure sur *Le Colonialisme* en 1905. L'attitude de Jaurès fut plus nuancée.

Avant de devenir socialiste, Jaurès adhérait pleinement à l'idéal civilisateur de l'expansion française : « Quand nous prenons possession d'un pays, dit-il dans une conférence prononcée en 1881, nous devons y amener avec nous la gloire de la France, et soyez sûrs qu'on y fera bon accueil, car elle est pure autant que grande, pénétrée de justice et de bonté. »

Vingt ans plus tard, il est moins naïf, mais le leader socialiste qu'il est devenu n'a pas renoncé à l'idéal, comme il le déclare lors d'une séance de la Chambre consacrée aux débuts de la crise marocaine : « J'ajoute que la France a autant le droit de prolonger au Maroc son action économique et morale qu'en dehors de toute entreprise, de toute violence militaire, la civilisation qu'elle représente en Afrique auprès des indigènes est certainement supérieure à l'état présent du régime marocain. » Mais la légitimité d'une colonisation humanitaire ne peut s'accompagner des méthodes inhumaines de l'exploitation : « Si, au lieu d'attendre, dit-il encore dans un discours parlementaire du 20 juin 1913, au lieu de ménager la pensée, les traditions et le cœur de ces hommes [les indigènes], vous voulez les brusquer, s'ils ne connaissent de la France pendant une génération encore que la pointe des baïonnettes ou l'éclat des obus, quel sera là-bas l'empire de la France sur ces hommes ? »

Y aurait-il une « bonne » colonisation ? Une méthode socialiste de coloniser ? La question occupe plusieurs séances du congrès socialiste international de Stuttgart. Le rapporteur de la commission *ad hoc*, le Néerlandais Van Kol, propose d'en finir avec l'attitude traditionnelle, purement négative et accusatrice de l'Internationale. Il faut, déclare-t-il en substance, tenir compte des faits : les colonies existent, les socialistes peuvent-ils se contenter de réitérer une vaine condamnation ? Ne peut-on pas élaborer « un programme de réformes dans la politique coloniale » ? La majorité de la commission, dit-il encore, renonce au point de vue purement négatif et réclame une « politique coloniale socialiste ».

La délégation allemande propose d'intégrer un premier alinéa dans la résolution finale, disant : « Considérant que le socialisme a pour but de développer toutes les forces productives de la terre et d'élever tous les peuples au plus haut degré de civilisation, le congrès ne condamne pas en principe la politique coloniale parce que, en régime socialiste, la colonisation pourra devenir une œuvre de civilisation. » En définitive, Van Kol et la majorité de la commission sont battus en séance plénière, mais la résolution finale complètera sa condamnation du colonialisme capitaliste par le devoir fait aux socialistes d'exiger « des réformes pour améliorer le sort des indigènes, en veillant au maintien des droits de ceux-ci, en empêchant toute exploitation et tout asservissement, et en travaillant, par tous les moyens dont ils disposent, à l'éducation de ces peuples pour l'indépendance ». C'était admettre que celle-ci n'était pas encore un impératif immédiat et entendre qu'il y avait un travail proprement réformiste à accomplir dans les empires coloniaux[5].

La Première Guerre mondiale relance cependant le mouvement anticolonialiste, alors que s'éveille le nationalisme des peuples colonisés. La fondation de la

IIIe Internationale jette le Parti communiste français dans la bataille, notamment lors de la guerre du Rif en 1921-1926[6]. Contre le colonialisme et l'impérialisme, les articles, les manifestes, les protestations se succèdent[7]. Une brochure d'Henri Cartier, *Comment la France « civilise » ses colonies*, parue en 1932, donne le ton de ces campagnes. L'auteur y dénonce les « requins » de la colonisation, les salaires de famine offerts aux colonisés, le travail forcé, le vol des terres, l'asservissement économique… Il fustige les socialistes, baptisés « social-impérialistes », qui ont rompu avec leurs traditions.

Mais, quelques années plus tard, la formation du Front populaire et les exigences de la ligne antifasciste mettent une sourdine à la protestation. Le gouvernement Blum, soutenu par les communistes, ne parviendra même pas à faire voter la réforme, bien que modeste, de Maurice Viollette pour l'Algérie, qui prévoyait d'élargir les droits électoraux d'une fraction de la population indigène.

C'est encore dans les années 1930, on l'a vu, que l'opinion commence à s'intéresser aux colonies et à apprécier la « grande France ». Les spécialistes discutent sur l'influence, à ce sujet, de l'Exposition coloniale de 1931, au bois de Vincennes. Le mouvement s'amorce, se renforce. Mais c'est la Seconde Guerre mondiale, surtout, qui accrédite l'importance de l'empire, « la carte impériale ». Le régime de Vichy célèbre « l'épopée coloniale » et cet empire grâce auquel « la France conserve une chance de compter parmi les grandes nations ». De son côté, la France libre joue stratégiquement la carte de l'empire, ce qui amène le général de Gaulle et les siens à reconsidérer le statut des peuples colonisés, comme l'atteste le célèbre discours de Brazzaville, le 30 janvier 1944, dans lequel il annonce une politique de réforme. C'était une promesse d'espoir pour les colonisés ; c'était, en même temps, l'affirmation de l'enjeu impérial. « Sans l'empire, déclarait

Gaston Monnerville devant l'Assemblée consultative le 25 mai 1945, la France ne serait aujourd'hui qu'un pays libéré. Grâce à son empire, la France est un pays vainqueur. »

Peut-être avons-nous là une des clés des difficultés de la République française à se lancer alors dans une politique de décolonisation. Le Royaume-Uni a montré l'exemple avec l'indépendance de l'Inde (et du Pakistan) en 1947, les Pays-Bas ont suivi, avec l'indépendance de l'Indonésie en 1949. La décolonisation française, elle, a été longue, douloureuse, entachée de violences extrêmes. Trois facteurs y ont contribué : la guerre froide, le cas particulier de l'Algérie, mais, plus profondément peut-être, une certaine disposition idéologique.

La guerre froide, devenue évidente au tournant des années 1947 et 1948, a compliqué la question en faisant des colonies un enjeu de politique internationale, à commencer par l'Indochine. Le Vietnam, le Laos et le Cambodge, qui avaient proclamé unilatéralement leur indépendance après la guerre, s'étaient vu proposer une association avec la France au sein de l'Union française. Dès 1950, la guerre d'indépendance prit l'allure, côté français, d'une défense des populations contre la progression du communisme. Le 21 juillet 1954, les accords de Genève entérinèrent cette logique, partageant le Vietnam en deux.

Dans la guerre d'Algérie qui suivit quelques mois plus tard, l'armée française, appuyée par des majorités parlementaires instables, crut non seulement pouvoir prendre sa revanche, mais aussi lutter sur un autre front contre le communisme international. L'action psychologique de l'armée ne cessa tout au long de la guerre de défendre cette idée, tout en rendant impossible une solution de décolonisation par les gouvernements successifs de la IVe République.

L'Algérie, il est vrai, fut le boulet colonial de la France. Sa conquête, ancienne, avait commencé en

1830. C'était la seule colonie de peuplement de l'ancien empire français (en A.-O.F., les Français représentaient seulement 4 habitants pour 1 000). Mais une colonie de peuplement inachevée, puisque les « indigènes » étaient neuf fois plus nombreux que les Européens, qu'on appellerait à partir de 1955 les « pieds-noirs ». Insuffisants en nombre pour imposer une solution à l'australienne (maintenir un faible lien avec la métropole au sein du Commonwealth), ils étaient trop nombreux, trop anciennement installés pour accepter les voies de l'indépendance : l'Algérie était française, administrée en trois départements, elle faisait partie intégrante de la République.

Il fallut une guerre longue, impitoyable, aux rebondissements tumultueux, un changement de régime politique, et finalement un affrontement armé entre les forces de l'État et les desperados de l'Algérie française, pour en arriver, en 1962, à une indépendance faite dans le sang et les larmes.

On touchait là le fond de la logique française – et de ses contradictions. La tradition centralisatrice de l'ancienne monarchie, le jacobinisme révolutionnaire, la centralisation bonapartiste, furent autant d'ingrédients dans la formation d'une conception « assimilatrice » de la colonisation. Assimilation fort peu réalisée dans les faits : il suffit de penser à l'Algérie, aux refus répétés du lobby algérien opposé aux réformes voulues par Paris. Mais assimilation de principe, qui visait à construire la « grande France » ; assimilation de propagande qui avait une réalité négative : l'impossibilité de suivre le modèle anglais favorable aux autonomies, aux *self-governments*, aux fédérations, qui présageaient de futures indépendances.

De Gaulle avait souhaité donner une forme fédérative à l'Union française qui devait succéder à l'empire. En fait, les constituants de la IVe République, assez peu fédéralistes, créèrent une Union boiteuse, fruit d'un compromis sans hauteur, qui révélait l'attachement des hommes politiques de la nouvelle République au « temps des colonies » et à la République une et indivisible.

Un Vietnamien résumait ainsi la nouvelle institution : « Singulière union que celle-là. Une Union dont le seul résultat est de permettre à un État de contrôler les autres, où les associés ne le sont pas entre eux, mais seulement avec un autre qui ne se considère pourtant pas comme leur propre associé. Une Union qui est française et dont le problème est cependant d'y faire entrer la France, laquelle lui demeure toujours extérieure, comme le prouve l'expression la "France et l'Union française". »

Lorsque, en 1958, de Gaulle, en pleine élaboration de la Constitution de la Ve République, conçut la Communauté, la forme fédérative s'imposa d'elle-même et fut le résultat d'une adhésion librement consentie par les peuples. Celui de Guinée, par son vote hostile à la Constitution, devenait *ipso facto* indépendant. Mais la Communauté ne fut que l'antichambre de la souveraineté pour les pays de l'ex-Union française en 1960. L'Algérie ferma la marche, le 3 juillet 1962, quinze ans après l'indépendance de l'Inde et du Pakistan.

Le recul devrait nous permettre de parler de cette histoire avec quelque mesure. L'accusation portée parfois contre la « République » n'a guère de sens : la colonisation et le colonialisme ne sont pas d'essence républicaine. Le partage de l'Asie et de l'Afrique s'est fait entre des puissances rivales, dont les régimes politiques étaient variés. Deux défaites militaires, en 1871 et en 1940, ont particulièrement stimulé des compensations coloniales. Mais la République française n'a fait que participer à un mouvement lourd de l'histoire à côté et contre les autres États. Comme ailleurs, la bonne conscience a présidé à la conquête, pour des raisons politiques, économiques, mais aussi, de bonne foi, pour des raisons humanitaires.

L'historien n'a pas de compte à régler avec le passé ; il doit d'abord en retracer les réalités, y compris les aspects les plus ténébreux (les violences de la conquête, les spoliations, la destruction des systèmes de vie traditionnels...) et les plus contradictoires avec les principes proclamés.

Il m'est arrivé d'écrire que la colonisation (le fait d'acquérir et d'exploiter des terres lointaines) comportait un invariant : le colonialisme (le système d'oppression des colonisés par la puissance colonisatrice et ses représentants). Cette violence de l'histoire n'est pas propre au phénomène colonial ; elle s'est exercée aussi à l'intérieur des pays colonisateurs. Nous en savons quelque chose, nous dont l'histoire du XIXe siècle a connu la répression des canuts en grève en 1831, l'écrasement des ouvriers des Ateliers nationaux insurgés en 1848, le travail des enfants dans les manufactures et dans les mines, le massacre des communards en 1871. Et que dire du nationalisme exterminateur de ses propres citoyens dans la Grande Guerre ? Huit millions de jeunes hommes envoyés à la boucherie d'un même cœur par l'empire wilhelmien comme par la monarchie parlementaire britannique. L'holocauste, tout comme l'exploitation des individus, n'est pas nécessairement raciste ou colonialiste.

Le mouvement historique de la colonisation, aujourd'hui achevé, ne peut être considéré comme une œuvre diabolique. La simple observation de l'évolution démographique des colonies françaises atteste le contraire : même s'il faut noter le retard de la transition démographique, le colonisateur a su aussi lutter contre la mortalité infantile, les épidémies, les maladies contagieuses. Étrange « extermination » que celle-là ! L'œuvre civilisatrice elle-même, pour insuffisante qu'elle fût, n'en a pas moins laissé des traces ; elle a même pu armer intellectuellement nombre de leaders nationalistes dans leur combat contre la métropole abusive. Une dialectique qui n'est pas insignifiante et illustre la complexité de l'histoire.

Un témoignage de Léopold Sédar Senghor souligne cette ambivalence. Au mois d'août 1958, il faisait partie du Comité consultatif constitutionnel qui avait à examiner les articles du projet de Constitution élaboré par le gouvernement du général de Gaulle. Lorsque le Comité en vint au projet de la Fédération (terme qui serait remplacé dans le texte final par « Communauté »), il se déclara partisan, lui, d'une Confédération de peuples indépendants : « Pour ma part, dit-il, j'ai toujours combattu l'assimilation [...] mais j'ai toujours dit que je n'envisageais pas d'association avec un autre peuple que la France. »

Il rappela alors un souvenir de juin 1940, quand il avait été obligé de se rendre aux Allemands avec ses camarades, en défendant le pont de La Charité-sur-Loire. « Les Allemands mettent les Noirs en joue le long d'un mur. Nous nous regardâmes alors et nous nous sommes dit : "Quand les Allemands lèveront leurs fusils, nous crierons : Vive la France, vive l'Afrique noire !" »

Qu'est-ce que le Sénégal indépendant doit à la colonisation française ? Il est sans doute trop tôt pour le dire. Du moins, l'exemple de Senghor nous incite-t-il à la réflexion plus qu'à l'anathème.

Cependant, en ce début du XXIᵉ siècle, les regards changent. De nouvelles archives et de nouvelles approches ont approfondi la connaissance du fait colonial. Une manière un peu différente de voir les choses. Après les années de la décolonisation et les polémiques, parfois violentes, qui les traversaient, les spécialistes de la colonisation ont voulu écrire une histoire dépassionnée, celle que Charles-Robert Ageron appelait de ses vœux, « au-delà des affrontements stériles de naguère entre chantres et détracteurs de la colonisation ». Or, depuis quelques années, à côté de recherches fécondes qui se font dans cet esprit-là, nous assistons au retour d'une historiographie de combat. La colonisation n'apparaît plus comme un épisode d'une longue chaîne de guerres, de conquêtes, de massacres, d'impérialismes. Elle est un crime en soi, irrémissible.

L'idéologie des droits de l'homme qui s'est substituée largement à la théorie marxiste rend aujourd'hui incompréhensible l'attitude des hommes d'État qui, quoique républicains, libéraux ou démocrates, ont pu assumer cette entreprise de domination de l'homme sur l'homme, fût-ce dans un dessein prétendument civilisateur. On est sensible aux modes de domination même les plus insidieux des « indigènes », pour lesquels le droit français inventa en 1881 un statut spécial permettant une répression spécifique. Prenant le parti des victimes ou le point de vue de leurs descendants, des historiens se font justiciers, au risque d'oublier les principes de leur discipline (contextualisation des faits, rejet de l'anachronisme, prise en compte des points de vue contradictoires, etc.). Le débat ne fait sans doute que commencer. Une histoire sainte des colonies est devenue insupportable, mais une histoire moralisatrice risque aussi de rendre inintelligible le phénomène colonial.

25

Mai 68 : la révolution a-t-elle eu lieu ?

« Il nous faudra des années et des années pour comprendre ce qui s'est passé. » Cette phrase d'Edgar Morin, écrite sur le vif, exprime bien la difficulté d'interpréter[1] Mai 68 : événement sans lendemain, révolution, révolte, mouvement, crise générale, psychodrame… Le simple fait d'intituler ce qui se déroule dans une France en état d'hypertension pendant les mois de mai et juin 1968 demeure problématique.

Premier motif de perplexité pour l'historien : la difficulté d'une explication causale. À l'origine des révolutions, on note habituellement des circonstances propres à leur déchaînement. Ernest Labrousse, jadis, avait voulu démontrer que les soulèvements insurrectionnels répondaient à des crises économiques conjoncturelles : 1789, 1830, 1848 avaient été précédés par des mauvaises récoltes, des hausses de prix, et une flambée du chômage. Il est convenu d'attribuer les grèves et les occupations d'usine du Front populaire aux conséquences sociales de la grande crise économique des années 1930. La guerre est une autre matrice des révolutions : celle de 1870-1871 dans la genèse de la Commune de Paris ; la Grande Guerre pour le Février et l'Octobre russes. En apparence, rien n'annonce l'explosion du mois de mai 1968. L'économie ? En expansion. Le niveau de vie ? En hausse. L'opposition ? Incapable de s'entendre sur un programme de gouvernement. « Non, écrit Claude Lefort, voilà qui n'annonçait pas pour un proche avenir des barricades dans les rues de Paris et dix millions de grévistes[2]. » Comme dit le même auteur, « ce que l'historien, marxiste ou non, nomme crise politique ou crise économique, disons-le sans détour – nous n'en trouvons pas les signes dans la France de 1968 ». Ce fut donc une surprise.

On doit cependant observer que le Mai français s'inscrit dans un contexte international de contestation : aux États-Unis, radicalisation du mouvement noir dans le *Black Power*, agitation des universités contre la guerre du Vietnam, phénomène *hippie* et littérature *underground* ; appel de quatre cents intellectuels de soixante-dix pays réunis à La Havane en janvier 1968 « contre l'impérialisme » ; manifestations étudiantes, parfois violentes, au Mexique, en Allemagne, en Italie… Le printemps de Prague, dans les pays communistes, soulève l'enthousiasme en Occident : on peut donc concilier – chose qui restait toujours à démontrer – le socialisme et la liberté. De la Chine parviennent les images, à vrai dire trompeuses, mais combien spectaculaires d'une « révolution culturelle » entraînée par les jeunes gardes rouges. Dans ce contexte, le Mai français est plutôt en retard.

Pourtant, depuis plusieurs années, on assiste à une re-politisation des facultés qui touche cette fois les lycées. Dix ans après la mobilisation contre la guerre d'Algérie, les groupes trotskistes, maoïstes, anarchistes de la nouvelle génération reprennent, en dehors du parti communiste, le flambeau de la révolution. Ce ne sont que des minorités, mais qui prennent force parmi ces jeunes gens trop vite réduits par les médias à l'« âge tendre » des « yé-yé ». Les Comités Vietnam de base ont été des lieux de militantisme dans toute la France.

68 est d'abord un mouvement de jeunesse, porté par une nouvelle génération, en premier lieu par les étudiants. Cette génération est la première depuis 1914 à

n'avoir connu ni la guerre, ni les privations des années noires ou les drames des conflits coloniaux. Mais elle n'en a cure. La jeunesse de 1968, comme la jeunesse en général, ne juge pas de sa situation par rapport au passé ; elle vit pleinement au présent et elle s'inquiète de l'avenir. Un premier problème saute aux yeux de ces étudiants qui ont peuplé les sections des facultés de lettres et de sciences humaines : celui des débouchés. De 215 000, les étudiants sont passés à 580 000 en dix ans. Nombre d'entre eux ont le sentiment de faire des études qui ne leur donneront pas un emploi qui corresponde à leur savoir acquis. Ils portent un regard sévère sur l'Université, vieillotte, hiérarchisée, inadaptée à la société moderne.

Plus radicaux, quelques-uns d'entre eux posent la question bien plus générale du sens de cette société capitaliste, baptisée depuis plusieurs années « société de consommation », dont la gestion techno-bureaucratique, autoritaire et paternaliste ne vise qu'à produire toujours plus, pour consommer toujours plus, pour produire toujours plus… Alors que le tiers de l'humanité est au bord de la famine et qu'aux portes de l'université de Nanterre s'étend un bidonville de travailleurs immigrés. Refuser d'être des moutons ou des complices, c'est le cri de ces jeunes gens qui aspirent à changer la vie par la révolution.

Mélange explosif que celui-là : « Le refus de carrière des uns, le souci de carrière des autres, loin de s'entre-annuler, vont constituer les deux pôles d'une première électrolyse » (E. Morin). Les motivations sont contradictoires, mais le mouvement lancé par l'avant-garde révolutionnaire est suivi par la masse des étudiants, au risque de la cacophonie quand tout le monde s'exprimera.

La révolte couve en ce début de mai 1968, mais la surprise est totale. Que l'université de Nanterre soit en ébullition depuis la rentrée d'automne 1967 ; que des groupuscules s'emploient à y maintenir une effervescence revendicative ou politique, au point que le doyen Grappin s'estime obligé de fermer les portes de l'établissement, à la suite de quoi un meeting se tient le vendredi 3 mai dans la cour de la Sorbonne, ce n'est pas là la vraie surprise. Du reste, cette manifestation de la Sorbonne ne réunit que trois cents étudiants, à peine. La vraie surprise vient de la suite, quand, à la demande du rectorat, l'évacuation par la police, l'arrestation des leaders étudiants et leur embarquement dans les paniers à salade provoquent l'attroupement spontané des étudiants du Quartier latin aux cris de « Libérez nos camarades ». Leur affrontement brutal avec les policiers et, de proche en proche, la mobilisation générale des sans-parti, hier encore indifférents à la politique, sont un engrenage infernal qui conduit à la « nuit des barricades » du 10 au 11 mai et à la grève de protestation du 13 mai contre les violences policières, puis à la grève générale dans les jours suivants. Une poignée d'« enragés » ont provoqué un mouvement social sans précédent, avant de mettre en péril l'État lui-même.

On a évoqué légitimement les responsabilités des autorités dans cet engrenage : celle du rectorat de Paris, celle du ministre Alain Peyrefitte ordonnant un peu vite, en l'absence du Premier ministre Georges Pompidou alors en Afghanistan, la fermeture de la Sorbonne, les sévices des forces de l'ordre, la sévérité des juges envers les étudiants inculpés... Toutefois, les erreurs des autorités ne suffisent pas à expliquer l'ampleur de la crise qui se noue bientôt. Il doit bien y avoir un malaise latent dans la société française. Est-ce à dire que la situation est « révolutionnaire » ? On a pu le croire dans les derniers jours de mai : de Gaulle, le 29, a proprement disparu, les ministres font leurs valises, laissant Georges Pompidou à peu près seul face au chaos résultant du refus par les ouvriers de chez Renault du protocole des accords de Grenelle. Grève générale, Élysée abandonné : la République est au bord de l'effondrement. On est, c'est sûr, en 1789 ou en 1848.

D'où vient l'échec ? Une chose est sûre : le parti révolutionnaire officiel, le parti communiste, n'a pas adhéré au processus révolutionnaire. Le fait que les Russes ne désirent nullement le renversement du général de Gaulle a pu y contribuer. Et puis les communistes se méfient du mouvement étudiant. Dans un article de *L'Humanité*, Georges Marchais a eu une formule malheureuse, traitant Daniel Cohn-Bendit d'« anarchiste allemand » – ce qui fait surgir un des slogans les plus étonnants du moment : « Nous sommes tous des Juifs allemands ! » La CGT, de son côté, freine des quatre fers. Elle n'est pour rien dans l'explosion du plus puissant mouvement de grèves que la France ait connu. Elle s'efforcera par la suite de les canaliser, en exerçant la garde devant les usines occupées que les étudiants veulent investir. Son leader Georges Séguy accepte, sans état d'âme, de négocier le sage protocole des accords de Grenelle, le 27 mai. Dans un opuscule, *Les communistes ont peur de la révolution*, Sartre n'a pas de mots assez durs pour dénoncer le PCF qui s'est placé « dans une situation de complicité objective avec de Gaulle ». Verdict sans fioriture : « Le PC et la CGT se sont d'abord arrangés pour réduire les revendications de la classe ouvrière à de simples "demandes d'augmentation" – certes légitimes – et lui faire abandonner les revendications portant sur les changements de structure. Puis ils ont emboîté le pas à de Gaulle dès qu'il a parlé d'élections. » La grosse machine communiste n'a eu, en ce printemps 68, aucune intention de risquer ses acquis *dans* la société capitaliste – ses élus à tous les échelons, ses permanents, sa place de premier parti de l'opposition, son autorité sur la classe ouvrière par l'intermédiaire de la CGT –, à supposer même que les Soviétiques y soient favorables, ce qui n'est pas le cas. L'appareil communiste est une institution dans les institutions capitalistes. En ce sens, il est légitime pour beaucoup de voir en 68 une *révolution refusée*.

Et les ouvriers eux-mêmes, les grévistes occupant leurs entreprises, voulaient-ils la révolution ? Pour Raymond Aron, cette révolution refusée est surtout une *révolution introuvable*. Cornélius Castoriadis en fait à chaud la constatation amère dans *La Brèche*. Certes, le PCF et la CGT ont rejeté l'occasion, mais il faut voir la vérité en face : les ouvriers eux-mêmes, devenus indifférents « par rapport à tout ce qui n'est pas revendication économique », ont cessé d'être une classe révolutionnaire. L'ancien marxiste ajoutait : « La couche la plus conservatrice, la plus mystifiée, la plus prise dans les rets et les leurres du capitalisme bureaucratique moderne a été la classe ouvrière, et plus particulièrement sa fraction qui suit le PC et la CGT. Sa seule visée a été d'améliorer sa situation *dans* la société de consommation. » Il faut donc en finir avec la mythologie ouvriériste : Mai 68 serait le chant du cygne de la révolution marxiste-léniniste.

S'il y a bien eu une révolution, ce fut une *révolution cachée*, invisible souvent aux yeux de ses propres acteurs. Certains esprits aiguisés en ont eu l'intuition très vite. Jean-Marie Domenach, directeur de la revue *Esprit*, est frappé par la « libération du moi » : « Je croyais en effet que le discours anonyme, le "ça parle" avait envahi notre intelligentsia, selon Foucault et Lacan. Or, tout au contraire, le "on" a été subjugué – et non par le "nous" mais par le "je"[3] », écrit-il l'été qui suit.

De fait, les journées de Mai ont pris l'allure de saturnales : transgression des tabous en tout genre, fugues de jeunes hors du domicile parental, séparations de couples, il faudrait des milliers de romans pour narrer ce que Mai 68 a produit dans les destins individuels… Mais cul par-dessus tête, le Carnaval, d'habitude, n'a qu'un temps, après quoi tout rentre sagement dans l'ordre antérieur. L'ébranlement de Mai, lui, a été profond et prolongé. Le modèle autoritaire, en éducation comme en politique, a entamé son déclin. La symbolique des rapports sociaux, les codes d'usage, les modes de vie ont été bouleversés en profondeur.

Gilles Lipovetsky, auteur de *L'Ère du vide*, a bien mis en évidence ce qu'il appelle « l'irruption de l'individualisme transpolitique[4] ». Sans négliger le caractère « multidimensionnel » de la crise de 1968, il juge que « l'esprit de Mai ne peut être compris en dehors de l'essor de l'individualisme moderne ». L'aspect collectif du mouvement n'est qu'une des faces du phénomène. Ce qui s'est exprimé en Mai, c'est d'abord l'affirmation d'un individualisme original, « contestataire et utopique ». Contestation de la bureaucratie, des hiérarchies, de l'autorité en général. Tandis que se trouvaient idéalisées la spontanéité et l'imagination. Sans but politique (« Je suis marxiste tendance Groucho » lit-on sur un mur), sans programme de société, la revendication se fait souvent révolte pure, affirmation du moi, utopique et hédoniste (« Jouissez sans entraves »). « En mettant en avant la libération sans frein du désir, l'humour, la fête », l'« esprit de Mai » était bien distinct des mouvements révolutionnaires : le présent prime sur le futur.

On peut comprendre ce grand désir de liberté. La société des années 1960, fortement rajeunie et bouleversée par les mutations économiques, reste étranglée dans son carcan de traditions. Les trois piliers en sont l'ordre moral gaulliste, l'Église catholique et le communisme d'appareil. Le régime politique, patriarcal et monarchique, contrôle les médias, censure *La Religieuse* de Rivette, et fonctionne comme une techno-structure éloignée des citoyens. La loi Neuwirth sur la contraception n'a été votée qu'en 1967. La tradition catholique pèse sur le modèle familial, l'autorité paternelle, la morale sexuelle, même si les mœurs évoluent et la pratique religieuse est en baisse. Enfin, le parti communiste, cadenassé par un prétendu centralisme démocratique, impose le silence aux étudiants de l'UEC, favorisant ainsi toutes les formes de gauchisme. La société française reste pyramidale et élitiste. Pendant que la génération de 68, issue des berceaux prodigues de l'après-guerre, forge sa propre culture contre la culture des pères : le rock, le jean, l'exotisme révolutionnaire, en provenance des deux Amériques et de l'Angleterre. Les relations d'influence deviennent de moins en moins verticales, de plus en plus latérales : la prolongation de la scolarisation y contribue. La « nouvelle vague » sape la falaise du conformisme et de l'obéissance :

« J'aspire à être moi, à marcher sans entraves,
À m'affirmer, seul dans ma liberté.
Que chacun fasse comme moi,
Et vous ne vous tourmenterez plus.
Alors la Révolution,
Elle sera mieux dans les mains de tout le monde
Qu'entre les mains des partis[5]. »

De cette révolution du Moi, la « libération de la parole » a été l'une des manifestations les plus extraordinaires. De fait, dans les assemblées générales qui se tiennent à la Sorbonne, après sa réouverture le 11 mai, au théâtre de l'Odéon, dans les universités de province, dans les lycées, mais aussi dans les salles de rédaction, à l'ORTF, dans certaines entreprises occupées, les gens parlent de manière inouïe. Partie de Nanterre, la contagion gagne la France entière. Qu'entend-on dans ces réunions parfois délirantes ? Une profusion de rêves, des programmes de félicité, des témoignages incroyables, des récitations marxistes, des cris anarchistes, des dénonciations, des condamnations, des objurgations, des paroles de bon sens aussi, des critiques qui visent juste, une étonnante fraternisation entre inconnus de la veille.

Un reporter de *Combat* nous livre la couleur locale en narrant cette scène de l'Odéon entre bien d'autres où coexistent le sérieux et l'absurde. Un des participants s'écrie qu'il y a « un flic dans la salle ». Qui est-ce ? Un homme se lève : « Moi, je suis flic. » Le type s'explique, il réclame le droit de grève. Mais ce n'est qu'un gardien de la paix, pas un CRS, « un SS, un tueur » (*sic*). Suit une bordée (collective) d'injures contre les CRS. Alors, une voix fluette s'élève, qui défend calmement mais avec une « vibration interne dans la voix » tous les flics qui, à ses yeux, semblent être de nouveaux « damnés de la terre » :

« Je ne peux plus supporter ce mépris pour les flics, dit-elle, c'est très douloureux pour moi. Cela me fait très mal. Le mépris entraîne le mépris, puis la violence. Ce n'est pas juste, ce n'est pas juste ! »

Stupeur, silence, puis on explique à la jeune personne que ce n'est pas à « coups de sensibilité mais à coups de poing qu'on fermera la gueule aux CRS ». C'est alors qu'« un Noir se dresse. Il dit que les CRS sont des fils de paysans et d'ouvriers et qu'ils sont donc le fruit du sous-développement français. Il est au milieu de la phrase quand on lui jette :

« Retourne dans ta brousse, eh Zoulou !

« C'est la tempête. Énorme. Gigantesque. »

On demande des excuses : « Après tu pourras nous expliquer ta position. » L'insulteur finira par prendre la porte.

Ce sont ces scènes aux multiples témoins qui ont fait passer le Mai français pour un formidable défouloir, une kermesse des « moi » libérés, des concours de « palabres » ineptes. L'historien y retrouve l'atmosphère des clubs qui, en 1848 ou en 1870-1871, donnaient l'occasion à des anonymes de s'improviser orateurs politiques. Mais, au printemps 1968, cette libération de la parole dépasse le cadre de l'Odéon ou de la Sorbonne : en famille, dans la rue, entre voisins d'un même immeuble qui, d'habitude, ne se saluent même pas dans l'ascenseur, dans les entreprises, les bureaux, partout les barrières tombent au moment même où les jeunes gens dressent des barricades.

On pourrait s'en tenir à cela. En mai, une « révolution culturelle » aurait peu à peu effacé le projet collectif des principaux acteurs. Ce serait tout de même manquer la dimension politique du mouvement, une révolution voulue, qui ne fut finalement qu'une *révolution ébauchée*.

Qui la porte ? Non la kyrielle de groupuscules révolutionnaires, sous les effigies de Trotski, Lénine, Mao, voire de Staline : la JCR lénino-trotskiste, la FER issue de l'OCI « lambertiste », les pro-Chinois de l'UJC-ml, plus archaïques que le parti communiste qu'ils condamnent si violemment mais dont ils n'ont abandonné ni le modèle ni leur volonté d'en refaire un autre.

Pendant ces quelques semaines brûlantes – et cela n'est pas en contradiction avec la libération individuelle –, on a vu surgir les mots d'ordre et les pratiques d'une autre révolution dont les porte-parole principaux ont été le Mouvement du 22 Mars animé par Cohn-Bendit, les « enragés », les situationnistes.

Du passé faisons table rase, pourraient dire les « enragés » avec « Dany le Rouge ». Leur révolution à eux ne se fera pas aux ordres d'un parti toujours prêt à confisquer l'élan de libération initial. Le 22 Mars est sans dogme, sans chef, sans fermeture. Mai se fait sous les giboulées de Marx, mais un Marx j'en prends-j'en laisse. Le capitalisme et son avatar, la société de consommation, l'impérialisme sont en accusation. Les formules-choc fusent contre la société techno-bureaucratique, contre l'Université son auxiliaire, et contre les révolutionnaires en peau de lapin qui, depuis 1920, promettent la société sans classes mais qui sont devenus les clés de voûte du néocapitalisme.

Que faire ? Certainement pas ce que préconisait Lénine avec son parti de révolutionnaires professionnels ! Pas de bureau politique ! Pas d'orthodoxie ! Il faut ouvrir une « brèche » (Cohn-Bendit) dans cette Université, dans cette société hiérarchisée, cloisonnée, où les pouvoirs sont monopolisés par des bureaucraties d'État, d'entreprise, de parti. Dès le 4 mai, des « comités d'action » se mettent en place – qui rappellent plus ou moins les soviets des révolutions russes de 1905 et de 1917 avant leur verrouillage par le parti bolchevique, ceux de la République des conseils de Bavière en 1919, ou les conseils ouvriers émergeant dans la Hongrie révoltée de 1956. Organisations variées mais toutes sans hiérarchie avec présidence tournante. Contester l'ordre bourgeois, saper les autorités prétendues naturelles, dénoncer la séparation entre les manuels et les intellectuels, entreprendre la « gestion autonome et démocratique des collectivités par elles-mêmes », voilà le début du programme. La révolution se ferait de la périphérie vers le centre, et non l'inverse.

La révolution, à vrai dire, ne sait pas où elle va mais elle va : elle trouve son sens et ses modalités d'action dans le mouvement. Comme la roue de Fortune, elle tourne. Les comités d'action appellent l'autonomie des collectivités, l'esprit « soviétique » au sens original du terme, cet idéal de démocratie directe qui doit s'imposer à l'Université comme dans les entreprises. Un terme en résume l'esprit : l'*autogestion*. Un slogan que de leur côté entonnent aussi la CFDT et le PSU. « Les travailleurs, lit-on dans un tract du 30 mai, n'ont pas d'autre voie que la prise en main directe de l'économie et de tous les aspects de la reconstruction sociale par des comités unitaires de base, affirmant leur autonomie vis-à-vis de toute direction politico-syndicale, assurant leur auto-défense et se fédérant à l'échelle régionale et nationale. En suivant cette voie, ils doivent devenir le seul pouvoir réel dans le pays, le pouvoir des Conseils de travailleurs[6]. »

Cette révolution, c'est vrai, ne pouvait se faire sans l'appui de la classe ouvrière. Or, près dix millions de grévistes, occupant leurs usines, pouvaient laisser croire à la formation partout des « soviets », des « Räte », des conseils. On sait qu'il n'en fut rien. L'historien n'est pas surpris : force est de constater que ces formes de révolution, de nature si démocratique, n'ont jamais été dans le passé qu'un moment d'explosion de la liberté avant que ne revienne en force soit le pouvoir existant, soit un nouveau pouvoir coercitif. « Vivent les soviets ! À bas le parti communiste ! » criaient les marins de Cronstadt en 1921, mais c'était juste avant de mourir. « Partout, observe Hannah Arendt, où la révolution ne s'est pas trouvée défaite et suivie par une quelconque restauration, la dictature du parti unique, c'est-à-dire le modèle des professionnels de la Révolution, devait finir par s'imposer, mais non sans une lutte violente contre les organes et les institutions de la révolution elle-même[7]. »

De cette révolution ébauchée, quels étaient les inspirateurs ? Pas facile à dire. Qu'avaient-ils lu, ces étudiants de Nanterre et de la Sorbonne ? Marx et Lénine, sans doute, remis au goût du jour depuis que Louis Althusser, depuis l'École normale de la rue d'Ulm, avait réactivé la théorie marxiste, publié *Pour Marx* et *Lire le Capital*, en 1965. Les slogans et les graffiti, dont on a fait des recueils, portent aussi les marques des anarchistes, des surréalistes, et de ces situationnistes dont le mouvement, issu de l'université de Strasbourg, avait inspiré notamment la critique de la vie quotidienne. Le *Traité de savoir-vivre à l'usage des jeunes générations* de Raoul Vaneigem, paru en 1967, en relève.

On a parfois affirmé que l'inspirateur du mouvement était Herbert Marcuse. Ce prophète des campus californiens s'était fait remarquer par un livre-choc, *L'Homme unidimensionnel*, qui dénonçait le nouveau totalitarisme de la société industrielle de consommation. Mais qui l'avait lu ? Daniel Cohn-Bendit et Jean-Pierre Duteuil protestent dans *La Révolte étudiante* : « On a voulu nous “balancer” Marcuse comme maître à penser : plaisanterie. Personne chez nous n'a lu Marcuse. Certains lisent Marx, peut-être Bakounine, et, parmi les auteurs contemporains, Althusser, Mao, Guevara, Lefebvre[8]. Les militants politiques du Mouvement du 22 Mars ont à peu près tous lu Sartre. Mais on ne peut considérer aucun auteur comme inspirateur du mouvement[9]. »

Il faut se défier des illusions rétrospectives. « 68 » ou la « pensée 68 » se réfèrent surtout à des publications postérieures[10]. Un livre a certainement exercé une influence dans la contestation des étudiants, *Les Héritiers* de Pierre Bourdieu et Jean-Claude Passeron, publié en 1964, qui accuse le système scolaire et universitaire français de favoriser la reproduction sociale. Mais les écrits de Michel Foucault ? Consacré par *Les Mots et les choses* datant de 1966, Foucault est perçu comme un négateur de l'histoire et du sujet, le prophète d'un « âge nouveau, celui du "système", où aura disparu l'homme, cette illusion d'optique[11] ». Son influence est encore marginale. Ses ouvrages les plus « soixante-huitards », qui prônent la libération des minorités dominées et la contestation de tous les pouvoirs, datent des années 1970. Comme ceux de Gilles Deleuze et Félix Guattari qui fustigent dans *L'Anti-Œdipe* l'humanisme traditionnel et la « domestication du désir [12] ». Dans *Actuel*, en novembre 1971, Foucault surenchérit : « Suppression des tabous, des limitations et des partages sexuels ; pratique de l'existence communautaire ; désinhibition à l'égard de la drogue ; rupture de tous les interdits et de toutes les fermetures par quoi se reconstitue et se reconduit l'individualité normative. » La contre-culture post-soixante-huitarde n'était pas spécifiquement française, mais il est vrai que des écrivains de renom l'ont nourrie de leur prestige et de leurs concepts.

De ces semaines tumultueuses, que retenir ? Mai 68 a tous les traits d'une auberge espagnole où chacun apporte ses convictions et d'où chacun repart avec ses certitudes – positives ou négatives. Mais l'historien ?

La dimension la plus évidente du mouvement est celle d'une libération, d'une émancipation des individus, à quelque corps qu'ils appartiennent, contre la hiérarchie autoritaire qu'ils affrontent dans leur existence.

Toutes les instances d'encadrement de la société, la Famille, l'État, l'École, l'Université, l'Armée, l'Église, le parti communiste, ont subi de plein fouet la critique soixante-huitarde. Le pouvoir politique devra prendre en compte cette contestation et ce désir d'autonomie : la loi Faure sur l'Université, la loi Veil sur l'IVG en témoignent. Cependant, force est de constater que le grand mouvement d'émancipation (des femmes, des minorités sexuelles, des ouvriers à la chaîne, etc.) s'est déroulé dans l'ensemble des pays occidentaux, précédant parfois la France – ce qui laisse à penser qu'avec ou sans Mai 68, les mœurs auraient évolué de la même façon ; qu'au mieux 68 a été un accélérateur de l'histoire.

Sur le terrain proprement politique, Mai a-t-il été sans conséquences ? Dans un premier temps, le mouvement a causé la démission du général de Gaulle, à la suite du référendum perdu de 1969, qui était une réponse à la crise de Mai. Le régime que le Général avait instauré n'est pas mort pour autant. Quant au gauchisme issu de Mai 68, il ne peut développer son activité subversive au-delà du milieu des années 1970 – d'aucuns diraient : à partir du moment où la Gauche prolétarienne se saborde en 1973. La révolution est alors définitivement enterrée, si ce n'est sous sa forme *soft* de la « rupture avec le capitalisme » qui scelle l'Union de la gauche et le Programme commun en 1972, et qui elle-même fera long feu.

La révolution ébauchée en 1968 est-elle restée à tout jamais inféconde ? Ce n'est pas sûr. Certes, la révolution comme projet socialiste, comme aspiration à la société sans classes, la révolution parousiaque des lendemains qui chantent, personne n'y ajoute plus foi. Mais le mouvement de 68 semble bien avoir porté le premier coup à une démocratie représentative figée. La prise de parole communicative, le droit d'expression personnalisée, le désir de participation, autant de revendications et de pratiques de 68 qui sont encore vivantes aujourd'hui. La démocratie participative, qui fut au centre de la dernière campagne présidentielle, n'a pas encore trouvé ses modalités, entre cacophonie et manipulation. Il n'empêche : les citoyens ne se contentent plus des urnes ; ils veulent désormais avoir droit au chapitre. L'essor du mouvement associatif et le déchaînement de la parole sur Internet n'en sont-ils pas la preuve ? Là, nous sommes bien dans une continuité avec Mai 68, événement annonciateur d'une autre démocratie.

Plus profondément, Mai 68 a eu le mérite de poser la question d'une société en quête de sens, outrageusement dominée par le double impératif technique et économique, et noyant chaque individu dans ce que Heidegger appelle le « monde de l'On » – anonyme, dévitalisé et conformiste, où chacun est interchangeable. Quarante ans plus tard, l'interrogation demeure.

Notes

INTRODUCTION

1. Voir M. Winock, *La Fièvre hexagonale. Les grandes crises politiques 1871-1968*, « Points-Histoire », Le Seuil, 1987.

I. Les grandes idéologies du XXe siècle

1. Le XXe siècle des idéologies

1. J'écarte à dessein le nationalisme qui n'est pas un système idéologique complet ni un programme politique. Il peut être démocratique (qu'on songe à la République de 1792), fasciste ou communiste, ou autre. Le nationalisme n'est donc qu'une composante idéologique.

2. Terreur et révolution

1. Claude Lefort, « La terreur révolutionnaire », in *Essais sur le politique*, Le Seuil, 1986, p. 101.
2. Cité par Marcel Liebman, *Le Léninisme sous Lénine*, Le Seuil, 1973, t. 2, p. 159.
3. Voir « La logique totalitaire » de Claude Lefort, in *L'Invention démocratique*, Fayard, 1981, p. 85-106.
4. Cité par Michel Heller et Aleksandr Nekrich, *L'Utopie au pouvoir*, Calmann-Lévy, 1982, p. 51.
5. *Ibid.*, p. 131.

6. Bronislaw Baczko, *Comment sortir de la terreur ?*, Gallimard, 1989, p. 52.

7. L. Trotski, *Staline*, Grasset, 1948, p. 584.

3. Le totalitarisme

1. G. Orwell, *1984*, Folio/Gallimard, p. 61 *sq*.

2. *Œuvres de Maurice Thorez*, Éditions sociales. 1950-1960. L. II, t. 6 (février-août 1934), p. 20. Cité par Nicole Racine et Louis Bodin, *Le Parti communiste pendant l'entre-deux-guerres*, Armand Colin, 1972, p. 214.

3. Il revendique pleinement le concept dans « Totalitarisme », *Vingtième siècle. Revue d'histoire*, n° 47, juillet-septembre 1995.

4. P. Thibaud, *Le Monde*, 3 octobre 1987.

4. Qu'est-ce que le fascisme ?

1. A. Dami, *La Crise de la démocratie*, cité par J.-P. Maxence, *Histoire de dix ans 1927-1937*, Gallimard, 1939, p. 295-296.

2. B. Mussolini, *Le Fascisme, Doctrine, Institutions,* Denoël et Steele, 1934. L'édition italienne est de 1932.

3. Cité par Renzo de Felice, *Comprendre le fascisme*, Seghers, 1975, p. 33.

4. J. Monnerot, *Sociologie de la Révolution*, Fayard, 1969, p. 515 *sq*.

5. L. Magyar, « Qu'est-ce que le fascisme ? », *Cahiers du bolchevisme*, 1933.

6. M. Thorez, *Œuvres*, Éditions sociales, 1950-1960. L. II, t. 6, février-août 1934, p. 20.

7. D. Saposs, *The Role of Middle Class in Social Development : Fascism, Populism, Communism, Socialism*, 1935.

8. H. Lasswell, *The Psychology of Hitlerism*, cité par S.M. Lipset, « Fascisme et classe moyenne », in *L'Homme et la Politique*, Le Seuil, 1963.

9. U. Eco, « Totalitarisme "fuzzy" et fascisme éternel », conférence du 24 avril 1995 à Columbia University.

10. Un « ideal-type » est une construction théorique, définie par Max Weber dans ses *Essais sur la théorie de la science.* L'ideal-type n'est pas un exposé du réel, mais un tableau idéal : « Le tra-

vail historique aura pour tâche de déterminer dans chaque cas particulier combien la réalité se rapproche ou s'écarte de ce tableau idéal. »

11. *Ibid.*, p. 136.

12. Voir M.-A. Mattar-Bonucci, « Fascisme et antisémitisme d'État », *Les Collections de L'Histoire*, n° 3, 1998, p. 52-55.

13. R. de Felice, *Le Fascisme. Un totalitarisme à l'italienne ?*, PFNSP, 1988.

14. E. Jäckel, *Hitler idéologue*, Calmann-Lévy, 1973, p. 130.

15. Sur ce thème, voir R. de Lacharrière, *La Divagation de la Pensée politique*, PUF, 1972.

16. Sur ce point, voir la discussion de I. Kershaw, *Qu'est-ce que le nazisme ?*, Gallimard, « Folio Histoire », 1992, et les analyses de P. Ayçoberry, *La Société allemande sous le IIIe Reich 1933-1945*, Le Seuil, 1998.

5. La démocratie

1. Voir notamment P. Champagne, *Faire l'opinion*, Éditions de Minuit, 1990.

2. *Télérama*, « La Télé empêche de gouverner », n° 2392, 18 décembre 1995.

7. Le parti socialiste : entre fidélité et affranchissement idéologique

1. La majorité du congrès d'Amsterdam avait approuvé la motion de Dresde de la social-démocratie allemande, condamnant « de la façon la plus énergique les tentatives révisionnistes ». Jaurès faisait partie de la petite minorité qui lui était hostile.

2. Voir G. Ziebura, *Léon Blum et le Parti socialiste*, Armand Colin, 1967.

3. Voir L. Blum, *Radicalisme et socialisme*, 1927.

4. Le révisionnisme dans l'histoire du socialisme est un texte qui savait faire la révision du marxisme depuis Eduard Bernstein à la fin du XIXe siècle.

5. *Le Parisien*, 3 juin 2007. De manière plus approfondie, le même Dominique Strauss-Kahn expose dans trois numéros

successifs du *Nouvel Observateur* (31 mai, 7 juin, 14 juin 2007) les « frontières d'une social-démocratie enfin assumée ».

6. *Le Monde*, 5 juin 2007.

8. Le grand schisme idéologique

1. Voir F. Champarnaud, *Révolution et contre-révolution culturelles en URSS,* Éd. Anthropos, 1975, p. 265.

2. *Les Temps modernes*, mai 1949, cités par Jean Rabaut, « Le Goulag et la France », *Le Monde*, 17 octobre 1982.

3. Jacques Duclos, « Être stalinien », *Cahiers du communisme*, juin 1952.

4. F. Bondy, « McCarthy et la "croisade rentrée" », *Preuves*, n° 38, avril 1954.

5. Voir son article, « L'ombre des Bonapartes », datant de 1943 et repris dans R. Aron, *Chroniques de guerre. La France libre 1940-1945*, Gallimard, 1990, p. 763 *et sq*.

6. Cité par J. Lacouture, *André Malraux. Une vie dans le siècle*, Le Seuil, 1973, p. 339.

7. Voir P. Grémion, *Le Congrès pour la Liberté de la Culture...* et *« Preuves » Une revue européenne à Paris*, Julliard, 1989.

8. RDR ou Rassemblement démocratique révolutionnaire, fondé en 1948, et dont Jean-Paul Sartre et David Rousset furent les têtes pensantes avant leur brouille.

9. Voir M. Winock, *Histoire politique de la revue « Esprit » 1930-1950*, Le Seuil, 1975, ainsi que et G. Boudic, *Esprit 1944-1982*, IMEC, 2005.

10. J.-P. Sartre, « Merleau-Ponty vivant », *Les Temps modernes,* n° 184-185, octobre 1961, et Michel-Antoine Burnier, *Les Existentialistes et la politique*, Gallimard, 1966.

11. Voir J.-N. Jeanneney et J. Julliard, *Le Monde de Beuve-Méry ou le métier d'Alceste*, Le Seuil, 1979.

12. Voir ainsi P. Tétart, *Naissance et ligne politique d'un hebdomadaire de gauche : L'Observateur 1950-1954*, mémoire de DEA, Institut d'études politiques de Paris, 1989.

13. Voir J. Verdès-Leroux, *Au service du Parti*, Fayard/Minuit, 1983.

9. La fin du mythe soviétique et le courant antitotalitaire

1. *Commentaire*, n° 11, automne 1980.

2. A. Martchenko, *Mon témoignage*, Paris, Le Seuil, 1970, et N. Mandelstam, *Contre tout espoir. Souvenirs*, Gallimard, 1972. Voir aussi J. Chiama et J.-F. Soulet, *Histoire de la dissidence*, Paris, Le Seuil, 1982.

3. A. Glucksmann, *La Cuisinière et le mangeur d'hommes*, Le Seuil, 1975. C. Lefort, « Commentaire sur *L'Archipel du Goulag* », *Textures*, n° 10-11, repris dans *Un homme de trop*, Le Seuil, 1976.

4. M. Gauchet, « L'expérience totalitaire et la pensée politique », *Esprit*, juillet-août 1976. Définition réaffirmée, entre autres, par Miguel Abensour dans « Le procès des Maîtres-rêveurs », *Libre*, 78-4 : « C'est à l'affirmation de l'unité sociale, affirmation de l'identité gouvernants-gouvernés, affirmation d'un Peuple-Un, que se reconnaît le totalitarisme qui s'origine dans la visée d'une société non déchirée, non antagoniste, d'une société qui, au-delà de la division sociale, serait enfin réconciliée. »

5. C. Lefort, « La question de la révolution », *Esprit*, septembre 1976.

6. Voir notamment l'ouvrage de ces trois sinologues et de Claude Aubert, Marianne Bastid, Léon Vandermeersch, *Regards froids sur la Chine*, Paris, Le Seuil, 1976.

7. M. Rocard, « La social-démocratie et nous », *« Faire » : Qu'est-ce que la social-démocratie ?*, Le Seuil, 1979. Un autre rocardien, l'historien A. Bergounioux, publie, avec B. Manin, *La Social-démocratie ou le compromis*, PUF, 1979, et l'historien des démocraties populaires, F. Fejtö, *La Social-démocratie quand même*, Robert Laffont, 1980.

10. Un siècle démocratique quand même

1. L. Daudet, *Le Stupide* XIX*e siècle*, Nouvelle Librairie nationale, 1922, p. 303.

2. E. Renan, *La Réforme intellectuelle et morale de la France*, UGE 10/18, 1967, p. 46.

3. Retard considérable de la République française : le suffrage féminin existe depuis 1915 au Danemark, depuis 1918 en Grande-Bretagne, depuis 1919 aux Pays-Bas et en Allemagne, depuis 1920 dans l'ensemble des États américains, depuis 1934 en Turquie, etc. Le droit de vote féminin n'a cessé de s'étendre depuis 1945, y compris dans les pays musulmans (Syrie, Égypte, Iran, etc.)

4. P. Champagne, *Faire l'opinion*, Minuit, 1990.

5. M. Gauchet, *La Révolution des pouvoirs*, Grasset, 1995, p. 40.

6. L'augmentation régulière du patrimoine des ménages n'empêche pas la concentration : en 1995, 1 % de la population possédait 20 % du patimoine, tandis qu'à l'autre extrême 20 % de la population ne détenaient que 1 % du patrimoine.

7. L. Dirn, *La Société française en tendances, 1975-1995*, PUF, 1998.

8. E. Goblot, *La Barrière et le Niveau*, F. Alcan, 1925, rééd. PUF, 1967.

9. A. de Tocqueville, *De la démocratie en Amérique II*, dans *Œuvres*, II, Pléiade/Gallimard, 1992, p. 836-837.

10. *Ibid.*, p. 852.

II. Variations sur l'idée nationale

11. Qu'est-ce qu'une nation ?

1. J. G. Herder (1744-1803), écrivain et philosophe allemand.

2. Parmi les plus récentes descriptions de ces deux théories, voir Alain Renaut, « Logiques de la Nation » *in* G. Delannoi et P.-A. Taguieff, *Théories du nationalisme*, Kimé, 1991.

3. Merlin de Douai à l'Assemblée nationale, le 28 octobre 1790 : « Le peuple alsacien s'est uni au peuple français, parce qu'il l'a voulu. »

4. Fichte, dans les *Fondements du droit naturel* (1796), Schlegel, *Sur la langue et la sagesse des Indiens* (1808).

5. Cité par P.-A. Taguieff, « Le nationalisme des nationalistes », in *Théories du nationalisme, op. cit.*, p. 87.

6. M. Barrès, *Scènes et doctrines du nationalisme*, t. I, Plon, 1925, p. 93.

7. Ch. Maurras, *Mes Idées politiques*, Fayard, 1937, p. 251 *sq*.

8. A. Renaut, art. cit., p. 40-45.

9. Ph. Forest, *« Qu'est-ce qu'une nation ? » Texte intégral de E. Renan*, Bordas et fils, 1991, p. 41.

10. Rousseau, *Œuvres complètes*, Le Seuil, t. III, p. 529.

11. E. Gellner, *Nations et nationalismes*, Payot, 1989.

12. Sur le rôle de l'imaginaire et du légendaire dans le processus nationaliste, voir A.-M. Thiesse, *La Création des identités nationales*, Le Seuil, 1999.

13. Lord Acton, « La Nationalité », *Commentaire*, n° 68, hiver 1994-1995.

14. Cité par B. Voyenne, *Histoire de l'idée fédéraliste*, Presses d'Europe, 1976, t. II, *Le fédéralisme de P.-J. Proudhon*, p. 151.

15. La « question nationale » est un chapitre étoffé de l'histoire des idées socialistes. À ceux qui, comme Rosa Luxemburg ou Karl Kautsky, s'opposaient à l'idéologie nationale, Otto Bauer et l'école austro-marxiste répliquèrent par une théorie de la nationalité positive, le socialisme étant l'harmonie réalisée entre les nations. Pour Lénine, il y avait primauté de la classe sur la nation, mais son opportunisme révolutionnaire le conduisit à faire leur part aux nationalités dans la Russie multinationale. En soi, le nationalisme n'avait d'intérêt que s'il servait d'une manière ou d'une autre la révolution. À sa demande, Staline rédigea une mise au point qui donna de la nation une définition rigide. En pratique, l'impératif de « l'unité révolutionnaire » ne permit pas l'exercice du droit des peuples à l'autodétermination affirmé par le programme du parti communiste. Sur cette question, voir H. Carrère d'Encausse, « Lénine et la question des nationalités », *Revue française de science politique*, 1971.

16. Cité par G. Hermet, *Histoire des nations et des nationalismes en Europe*, « Points-Histoire », Le Seuil, 1996.

17. Cité par E. Hobsbawm, *Nations et nationalismes depuis 1780*, Gallimard, 1992, p. 62.

18. *L'Idée de nation*, éd. universitaires de Dijon, 1986.

19. H. Lefebvre, *Le Nationalisme contre les Nations*, Méridiens Klincksieck, 1988, p. 185.

20. D. Schnapper, *La Communauté des citoyens*, Gallimard, 1994.

21. E. Hobsbawm, *op. cit.*, p. 46-47.

22. J. Baechler, « L'universalité de la nation », in *La Pensée politique*, La Nation, Hautes Études/Gallimard/Le Seuil, 1995.

12. Les nationalismes français

1. M. Barrès, « La querelle des nationalistes et des cosmopolites », *Le Figaro,* 4 juillet 1892.

2. Cette dernière expression est de Raoul Girardet, *Le Nationalisme français 1870-1914*, rééd. « Points-Histoire », Le Seuil, 1982.

3. P. Claudel, *Conversations dans le Loir-et-Cher*, Gallimard, 1935, p. 54-55.

4. « Le fédéralisme et la superstition parlent bas-breton ; l'émigration et la haine de la République parlent allemand ; la Contre-Révolution parle l'italien, et le fanatisme parle le basque. Cassons ces instruments de dommage et d'erreur », disait le rapport Barère. « Encourageons tout ce qui peut être avantageux à la patrie ; et que, dès ce moment, l'idiome de la liberté soit à l'ordre du jour, et que le zèle des citoyens proscrive à jamais les jargons, qui sont les derniers vestiges de la féodalité détruite », disait le rapport Grégoire. Voir M. de Certeau, D. Julia, J. Revel, *Une politique de la langue. La Révolution française et les patois*, Gallimard, 1975.

5. Cf. P.-J. Hélias, *Le Cheval d'orgueil*, Plon, 1975 : « À l'église, on parle, on chante en breton, le catéchisme est en breton. Si le curé débobine du latin, du moins ne nous demande-t-il pas de l'apprendre. À l'école, nous n'entendons que du français, nous devons répondre avec les mots français que nous attrapons. Sinon, nous taire. » Voir le témoignage plus récent de Mona Ozouf, *Composition française*, Gallimard, 2009.

6. Voir P. Nora, « Lavisse, instituteur national », dans *Les Lieux de mémoire, I. La République* (direction P. Nora), Gallimard, 1984, p. 247-289.

7. J.-N. Jeanneney, « Les Archives des Commissions de Contrôle postal aux armées (1916-1918) », *Revue d'histoire moderne et contemporaine*, janvier-mars 1968.

8. Je me permets de renvoyer à mon article, « Nationalisme ouvert et nationalisme fermé », dans *Nationalisme, antisémitisme et fascisme en France,* « Points-Histoire », Le Seuil, 1990, p. 11-40.

9. E. Renan, *Qu'est-ce qu'une nation ?,* rééd. Presses-Pocket, 1992.

10. Voir le chapitre précédent, « Qu'est-ce qu'une nation ? »

11. L. Dumont, *Essais sur l'individualisme,* « Points », Le Seuil, 1983, p. 151.

12. Cité par A. Peyrefitte, *C'était de Gaulle*, Fayard, 1994, p. 283. Dans les mêmes propos recueillis par A. Peyrefitte, le général de Gaulle se défend d'être nationaliste : « Le nationalisme, dit-il, ça consiste à affirmer sa propre nation au détriment des autres. Le nationalisme, c'est de l'égoïsme. Nous, ce que nous voulons, c'est que *tous* les peuples affirment le sentiment national », *ibid.*, p. 296.

13. Voir P. Birnbaum, « *La France aux Français* »*, Histoire des haines nationalistes*, Le Seuil, 1993.

14. M. Barrès, *Scènes et doctrines du Nationalisme*, t. I, rééd. Plon, 1925, p. 68.

15. Les mouvements régionalistes à finalité politique s'étaient éteints après la Seconde Guerre mondiale, après avoir été soutenus par l'Allemagne hitlérienne. Ils ont repris une certaine vigueur dans les années 1960, marqués à gauche cette fois. La loi de décentralisation de 1982, en créant des assemblées régionales élues, a contribué à désamorcer les revendications autonomistes. La Corse est aujourd'hui la seule région à connaître des actions autonomistes de nature violente, dues à des groupes rivaux. La question corse deviendra-t-elle la question irlandaise de la France ?

13. Les populismes français

1. P.-A. Taguieff, « La Rhétorique du national-populisme », *Mots*, n° 9, octobre 1984.

2. P.-A. Taguieff, « Le Populisme », *Encyclopædia Universalis, Universalia 1996*, p. 118-125.

3. B. Malon, « Physiologie du socialisme », *Revue socialiste*, mai 1888, p. 521.

4. *Ibid.*

5. « "Les soldats partageront leur pain avec les grévistes !" Aux destinées prodigieuses de ce mot sur tous les chemins de France, il apparut que ce jour-là le général Boulanger avait parlé en Français. [...] Tous les Français la [cette expression] recueillirent, les

ouvriers, les paysans dont le fils est à la caserne, et les bonnes femmes, et les petits vicaires, et les cabarets où l'on discute indéfiniment à la manière gauloise, et tous dirent : “Voilà qui est bien.” », Maurice Barrès, *L'Appel au soldat*, Nelson, p. 45

6. F. Freigneaux, *Le Boulangisme. Naissance d'une nouvelle tradition politique ?*, thèse de doctorat, université de Toulouse-Le Mirail, 1996, I, p. 272.

7. Discours du général Boulanger à Versailles, 15 avril 1889, cité par F. Freigneaux, *op. cit.*, I, p. 284.

8. « Une interview du général Boulanger », *La Tribune de Genève*, 7 février 1889.

9. *Journal officiel. Débats de la Chambre des députés*, 4 juin 1888.

10. L'étude la plus approfondie et la plus récente sur Déroulède est la thèse de Bertrand Joly, *Paul Déroulède (1846-1914*), université Paris-IV-Sorbonne, 1996, devenu un livre, *Paul Déroulède l'inventeur du nationalisme*, Perrin, 1998.

11. *La Cocarde,* 31 août 1888, citée par F. Pisani-Ferry, *Le Général Boulanger*, Flammarion, 1969, p. 155.

12. F. Freigneaux, *op. cit.*, 1995, I, p. 309.

13. *Ibid.*, I, p. 316.

14. Pierre Sorlin, « *La Croix* » *et les Juifs,* Grasset, 1967, p. 83.

15. Cité in *ibid.*

16. *Ibid.*, p. 109-110.

17. *Ibid.*, p. 219.

18. É. Drumont, *La France juive*, édition populaire, Librairie Victor Palmé, 1890, préface, p. II.

19. *Ibid.*, introduction, p. 6.

20. É. Drumont, *La Fin d'un monde*, Paris, 1889, p. 125.

21. *Ibid.*, p. 167.

22. É. Drumont, *La France juive devant l'opinion,* 1886, p. 5.

23. Voir Z. Sternhell, *La Droite révolutionnaire*, Le Seuil, 1978, chap. V, p. 215-244.

24. Déclaration de J. Guérin, *L'Éclair*, 1er, 2, 3 janvier 1900.

25. Voir P. Hebey, *Alger 1898. La Grande Vague antijuive*, Nil éditions, 1996.

26. Coupures de presse, arch. de la Préfecture de police de Paris (APP), Ba/1104 (huit cartons sur Jules Guérin, de Ba/1103 à Ba/1110, trois sur Déroulède, de Ba/1032 à Ba/1034).

27. P.-A. Taguieff, *loc. cit.*

28. *Gringoire*, 8 mai 1936.

29. APP 442/37 O22 B.

30. R. Schor, *L'Opinion française et les étrangers en France 1919-1939*, thèse d'État, Nice, 1980.

31. *L'Humanité*, 19 juillet 1936. On doit à la vérité de dire que les décrets-lois de mai 1938 pris par Daladier renforçant la politique répressive face à l'immigration, *L'Humanité* rappela, par la plume de Marcel Cachin, « les devoirs élémentaires et sacrés qu'impose le droit d'asile », 25 juin 1938, cité par R. Schor, *op. cit.*, p. 1009.

32. J. Nobécourt, *Le Colonel de La Rocque (1885-1946) ou les pièges du nationalisme chrétien*, Fayard, 1996, notamment le chap. 65, p. 948-967.

33. P. Poujade, *Fraternité française*, janvier 1955.

34. D. Borne, *Petits bourgeois en révolte ? Le mouvement Poujade*, Flammarion, 1977. J.-P. Rioux, « La révolte de Pierre Poujade », *L'Histoire*, n° 32, mars 1981.

35. Au premier tour de l'élection présidentielle du 23 avril 1995, J.-M. Le Pen a obtenu 30 % des suffrages ouvriers, 25 % des chômeurs.

36. Dès ses années d'activisme à la « Corpo » des étudiants en droit de Paris, J.-M. Le Pen manifeste sa sympathie à l'endroit du pétainisme et une profonde aversion pour le gaullisme. Voir G. Bresson, C. Lionet, *Le Pen. Biographie*, Le Seuil, 1994.

37. J.-M. Le Pen, *La France est de retour*, Carrère/Michel Lafon, 1985, p. 81

38. *Ibid.*, p. 50.

39. *Ibid.*, p. 52.

40. *Ibid.*, p. 218.

41. Émission de télévision « Envoyé spécial », France 2, 20 février 1997.

42. « Nous ne pouvons pas passer sous le joug de la juiverie, déclare J.-M. Le Pen au Dr François Bachelot, exclu du FN, *ibid*.

43. La plasticité idéologique du Front national a connu un nouvel avatar sous l'influence supposée de Marine Le Pen : la tentative de réconciliation républicaine avec pour cadre la butte de Valmy ; la mise à distance de l'intégrisme catholique par la proposition d'un référendum sur l'IVG au lieu de sa suppression pure et simple, etc. Ce n'est pas la première fois que le diable se fait ermite.

15. À qui appartient Jeanne d'Arc ?

1. Jules Quicherat, *Aperçus nouveaux sur l'histoire de Jeanne d'Arc*, Paris, 1850, p. 74.

2. Agathon, « Béatification de Jeanne d'Arc », *La Revue*, 15 avril 1894.

3. R.P. Ayroles, *La Prétendue Vie de Jeanne d'Arc de M. Anatole France, monument de cynisme sectaire*, Lyon, E. Vitte, 1910.

4. Mgr Ricard, *Jeanne la Vénérable*, Paris, 1894.

5. « Contre les insulteurs de Jeanne d'Arc », *L'Action française*, 15 décembre 1904.

6. É. Drumont, « Notre Jeunesse », *La Libre Parole,* 29 novembre 1904.

7. *La Libre Parole*, 1er décembre 1904.

8. R. Sanson, « La "fête de Jeanne d'Arc" en 1894. Controverse et célébration », *Revue d'histoire moderne et contemporaine*, juillet-septembre 1973.

9. « Notes inédites », *in* Maréchal Foch, M. Barrès et *al.*, *Jeanne d'Arc*, Paris, 1929.

10. *Notre Siècle*, 29 mai 1927.

11. « Plébiscite de Jeanne d'Arc », *Je suis partout*, 13 mai 1938.

12. *Je suis partout*, 12 mai 1941.

13. Dorsay, « Toute la France derrière Pétain contre l'Anglais », *Je suis partout*, 13 mai 1944. Les exemples sur le même thème abondent. Dans une brochure sans nom d'auteur, *Jeanne d'Arc, sa mission, son exemple* (1942), on lit : « Offrons au Maréchal, qui guide nos efforts, notre Foi et notre Volonté, comme Jeanne les donna à sa patrie meurtrie. »

14. B. Mégret, « Écoutons Jeanne d'Arc », *National Hebdo*, 7-13 mai 1987. Continuité : le 9 mai 1937, *L'Action française*, sur un dessin de Ralph Soupault, Léon Blum s'adressant à son ami Jules Moch, fustigeait Jeanne d'Arc, « cette fasciste… qui ne pensait qu'à bouter les étrangers hors de France ».

III. Un siècle de controverses

17. Un héritage de divisions

1. Cité par A. Plessis, « Napoléon III, un dictateur ? », *in* M. Duverger (dir.), *Dictatures et Légitimité*, PUF, 1982, p. 204.

18. Affaire Dreyfus : une question de principe

1. Cité par Pierre Sorlin, *La Croix et les Juifs,* Grasset, 1967, p. 110.

2. *Ibid.*, p. 112.

3. Voir par exemple *Le Temps,* qui relate incidents et bagarres à Nantes, Rennes, Lyon, Bordeaux, Marseille, Nancy, Lille, Rouen, Angers, Perpignan, Avignon, Montpellier, Niort, Alger, et aussi des manifestations quotidiennes à Paris, au Quartier latin.

4. M. Barrès, *Scènes et doctrine du nationalisme,* Plon, 1925, I, p. 161.

5. G. Rouanet, « L'agitation militaire et religieuse », *La Revue socialiste,* n° 159, mars 1898.

6. *Le Temps,* 14 janvier 1898.

7. F. Brunetière, *Après le Procès, Réponse à quelques « intellectuels »*, Perrin et Cie, 1898.

8. La Patrie française, *Première Conférence,* par Jules Lemaître, « La Patrie française », 19 janvier 1899.

9. Pour l'antimilitarisme socialiste, je me permets de renvoyer à mon article « Socialisme et Patriotisme en France 1890-1894 », repris dans *Le Socialisme en France et en Europe* XIXe-XXe *siècles*, « Points-Histoire », Le Seuil, 1992.

10. M. Charnay, « La Foule esclave et lâche », *Le Parti ouvrier,* 22 janvier 1898.

11. *Les Temps nouveaux*, n° 45, 5-11 mars 1898.

12. F. Brunetière, « À propos de "l'Affaire" », *Lettres de combat,* Librairie académique Perrin et Cie, 1912.

13. P. Lecanuet, *Les Signes avant-coureurs de la séparation*, Alcan, 1930, p. 179. On pourrait encore citer d'autres cas, comme celui d'Hervé de Kérohant, catholique et antisémite.

14. C. Péguy, *Notre jeunesse,* dans *Œuvres en prose complètes*, III, Gallimard, La Pléiade, 1992, p. 152.

15. M. Paléologue, *Journal de l'affaire Dreyfus 1894-1899,* Plon, 1955, p. 92.

16. Cf. M. Winock, « Les affaires Dreyfus », *Vingtième siècle. Revue d'histoire*, n° 5, janvier-mars 1985.

17. Barrès semble avoir été le premier à employer le terme « nationaliste » dans l'acception désormais courante, dans un article du *Figaro* du 4 juillet 1892, « La querelle des nationalistes et des cosmopolites ».

18. Voir M. Barrès, Charles Maurras, *La République ou le Roi. Correspondance inédite (1888-1923),* Plon, 1970, p. XXVII.

19. Voir P. Martine, *Souvenirs d'un insurgé. La Commune de 1871*, Librairie académique Perrin, 1971. Celui-ci écrit notamment : « Je suis intimement persuadé, quant à moi, que ce misérable Dreyfus était le dernier des traîtres. Mais eût-il été cent fois innocent, son exécution s'imposait. Car il fallait choisir entre ce Juif allemand, mal naturalisé, et l'avenir de la France ! On l'a sauvé, hélas ! (Dieu sait par quels moyens), mais on a perdu, du même coup 39 millions de Français ! », p. 207.

20. M. Barrès, *Scènes et doctrines du nationalisme,* Plon, 1925, I, p. 84.

21. *Ibid.*, p. 85.

22. *Ibid.,* p. 113.

23. A. Darlu, *M. Brunetière et l'Individualisme,* A. Colin et Cie, 1898.

24. B. Brumel, *Le nationalisme dans « La Nouvelle Revue » de l'idée républicaine à l'antidreyfusisme, 1879-1900*, mémoire de DEA, IEP de Paris, 1986.

25. J. de Maistre, *Sur le protestantisme*, *in* Joseph de Maistre, *Œuvres*, « Bouquins », Robert Laffont, 2007, p. 311.

26. Voir V. Nguyen, *Aux origines de l'Action française,* Fayard, 1991, p. 912.

27. M. Barrès, Ch. Maurras, *La République ou le Roi, op. cit.*, p. 173.

28. V. Ngyuen, *op. cit.*, p. 916.

29. M. Barrès, Ch. Maurras, *La République ou le Roi*, *op. cit.*, p. XLVIII.

30. M. Paléologue, *op. cit.*, p. 90-91.

31. Ch. Charle, *Naissance des « intellectuels » 1880-1900*, éditions de Minuit, 1990, p. 220-221.

32. *Ibid.*, p. 225-226

33. Voir M. Rebérioux, « Histoire, historiens, dreyfusisme », *Revue historique*, avril-juin 1976.

34. Antoine Compagnon étudiant le cas de Gustave Lanson, dreyfusard modéré, qui tira parti pour sa carrière de son dreyfusisme, écrit : « La littérature au complet est antidreyfusarde, alors que l'histoire, la philosophie se sont en majorité alignées sur les Droits de l'homme [...]. Tous les littéraires antidreyfusards s'identifient à l'arrière-garde rhétorique et critique, en perte de vitesse depuis près de vingt ans au lycée comme à la faculté, et Lanson, seul contre tous, est l'unique dreyfusard attesté... », *La Troisième République des Lettres*, Le Seuil, 1983, p. 65-66.

35. Ch. Charle, au demeurant, n'est pas dupe sur les limites de son investigation : il faudrait examiner chaque signataire cas par cas, nous dit-il, car trop d'« exceptions » restent « incompréhensibles ».

36. Ch. Charle, *op. cit.*, p. 217.

37. Lucien Herr, « À M. Maurice Barrès », *Revue Blanche*, 15 février 1898.

38. A. Darlu, *M. Brunetière et l'Individualisme*, *op. cit.*

39. M. Barrès : « Il y a en France une morale d'État. On peut dire que le kantisme est cette doctrine officielle », *Scènes et Doctrines, op. cit.*, t. I, p. 59.

40. É. Durkheim, « L'individualisme et les intellectuels », *La Revue Bleue*, 2 juillet 1898, repris dans *La Science sociale et l'action*, PUF, 1987, p. 261-278.

41. J. Benda, *Jeunesse d'un clerc*, Gallimard, 1937, rééd. 1968, p. 115.

42. J. Benda, *La Trahison des clercs*, rééd. Pluriel/Livre de Poche, 1977, p. 200.

43. « Si, dans les questions scientifiques que nous avons à résoudre, nous dirigions notre instruction comme elle semble l'avoir été dans cette affaire, ce serait bien par hasard que nous arriverions à la vérité », *Propos d'un solitaire*, Stock, 1898.

44. Un témoignage parmi tant d'autres : celui-ci concerne Anatole France, écrivain mondain, seul académicien à prendre parti pour Dreyfus : « Brusquement [...], du jour au lendemain, le conteur, l'amuseur spirituel du salon de Mme de Caillavet, l'érudit qui connaissait sur le bout du doigt les éditions rares du XVIIIe siècle, entra dans la lutte. Ce ne fut pas l'effet d'un caprice, ni par curiosité, ni par raison sentimentale, ni surtout comme on

l'a dit, par dilettantisme, ce fut par conviction. » Henriette Psichari, *Des jours et des hommes (1890-1961)*, Grasset, 1962, p. 51.

45. G. Sorel, *La Révolution dreyfusienne*, Marcel Rivière, 1909, p. 49.

46. J.-M. Mayeur, « Les catholiques dreyfusards », *Revue historique*, CCLXI/2, avril-mai 1979.

47. Voir les périodiques tels que *Le Peuple français, la Voix de la France, L'Observateur français, la Terre de France*, et, à un degré moindre, *La Justice sociale, la Démocratie chrétienne, le XXᵉ siècle*...

48. Formule d'André Latreille, dans Latreille *et al., Histoire du catholicisme en France,* t. 3, SPES, 1962, p. 492.

49. G. Sorel, *op. cit.*, p. 53.

50. Notons au passage que les « grands convertis » au catholicisme qu'ont été certains écrivains fin de siècle (Huysmans, Bourget, etc.) sont plutôt antidreyfusards. Voir R. Griffiths, *Révolution à rebours*, Desclée de Brouwer, 1971. D'après cet auteur, Georges Fonsegrive fut le seul romancier catholique de quelque renom à accepter le Ralliement.

51. É. Durkheim, dans sa réplique à F. Brunetière, rappelle « que l'originalité du christianisme a justement consisté dans un remarquable développement de l'esprit individualiste. » *op. cit.*, p. 272.

52. Voir P. Birnbaum, « *La France aux Français* » *Une histoire des haines nationalistes*, Le Seuil, 1993.

53. Ch. Charle, *Les Élites de la République 1880-1900*, Fayard, 1987.

54. Voir R. Millman, *La Question juive entre les deux guerres. Ligues de droite et antisémitisme en France,* A. Colin, 1992.

55. Voir Ch. Prochasson, *Les Intellectuels, le socialisme et la guerre 1900-1938,* Le Seuil, 1993.

19. La Rocque dans la droite française

1. R. Soucy, *Fascisme français ?*, éditions Autrement, 2004. M. Dobry, *Le Mythe de l'allergie française au fascisme*, Albin Michel, 2004.

2. L'article de S. Berstein sur *Ni droite ni gauche* de Z. Sternhell s'intitulait « La France des années trente allergique au fascisme » (*Vingtième siècle*, n° 2, avril 1984).

3. *Revue française de science politique,* juillet-septembre 1955.

4. Qu'il me soit permis de mentionner mon propre article : « Une parabole fasciste : *Gilles* de Drieu la Rochelle », repris dans *Nationalisme, antisémitisme et fascisme en France*, « Points-Histoire », Le Seuil, 1990, et, dans le même recueil, ce titre explicite : « L'ébauche d'un fascisme français. »

5. La principale source de cet article appartient aux archives du CHEVS à la Fondation nationale des sciences politiques, « Fonds La Rocque 1885-1946/Croix-de-Feu-Parti social français (PSF) : 1929-1946 ». La référence en abrégé sera CHEVS, LR (suivi du n° du carton).

6. Pierre Cot eut l'occasion de revenir sur ce jugement abrupt à la suite d'une émission radiophonique, « La tribune de l'Histoire » du 12 octobre 1973 : « Avec le recul du temps, des historiens, des auteurs éminents révisent leurs jugements sur le colonel de La Rocque et son action civique. La lettre que m'a adressée son fils, le 19 mai, me fournit l'occasion d'agir de même. Les faits et les détails qu'il donne sont véridiques. Je rends hommage à l'antifascisme dont témoigne la déportation de La Rocque et reste, non sans respect, son irréductible adversaire politique. » Cité par G. Lefranc, *Histoire du Front populaire*, Payot, 1974, p. 514-515.

7. Voir A. Tasca, *Naissance du fascisme*, Gallimard, 1967, p. 129 *sq*.

8. Maurice Grimaud, préfet de police de Paris qui s'est illustré par sa modération en mai 1968, a été aussi un témoin des années 1930. Il écrit dans une lettre à Hugues de La Rocque du 27 octobre 2004 : « Les jugements portés sur cette époque ignorent généralement trop la violence des combats politiques, violence verbale ou écrite (l'Action française y excellait). Chaque mouvement se devait d'avoir son service d'ordre mais tandis qu'il était avant tout défensif dans les formations "responsables", comme chez les Croix-de-Feu, il était un moyen systématique d'expression publique et d'action chez celles qui visaient à la prise du pouvoir », CHEVS, LR 107.

9. Cf. Rapport de l'inspecteur général Imbert au ministre de l'Intérieur, le 23 mars 1937, Arch. nat. F7 13985. Léon Blum,

pour sa part, et malgré les affirmations du *Populaire* qui avait accrédité l'accusation de « provocation », déclara à la Chambre des députés, le 23 mars 1937 : « N'y a-t-il pas quelque chose de disproportionné, quelque chose de blessant, de dangereux à appeler une ville entière, pour protester autour de cette réunion inoffensive et presque familiale ? » Sur la question, un colloque s'est tenu à l'université de Nanterre les 30 et 31 mars 1973. CHEVS, LR, 12. On doit aussi une mise au point à J. Nobécourt, « La fusillade de Clichy et l'apparition de la “réalité PSF” », *Le Monde*, 15-16 mars 1987.

10. Voir le témoignage de Suzanne Fouché, fondatrice de la Ligue pour l'Adaptation du Diminué physique au travail, dans *J'espérais d'un grand espoir*, Cerf, 1981, p. 141-142. Elle écrit notamment : « De 1935 à 1940, j'ai connu dans ce milieu d'immenses joies. Dans plus de quarante villes de France, en dix jours, à raison de quatre cours par jour, j'ai pu donner à des milliers d'hommes et de femmes une connaissance pratique des lois sociales, du bienfait qu'elles pouvaient être pour la justice à instaurer. À coups d'exemples pris dans la vie de tous les jours, je montrai ce qui devait être fait pour l'enfant, pour la famille, pour le malade ignorants de leurs droits. »

11. *Le Journal*, 28 novembre 1935.

12. F. de La Rocque, *Service public*, Grasset, 1934, p. 144-145.

13. *Ibid.*, p. 147-148.

14. J. Nobécourt, *Le Colonel de La Rocque*, *op. cit.*, p. 346.

15. F. de La Rocque, « 150e anniversaire de la Révolution », *Le Petit Journal,* 14 juillet 1939.

16. Article du *Petit Démocrate*, reproduit dans le *Bulletin d'information* du PSF, n° 57, 19 novembre 1937.

17. Pierre-Henri Simon écrivait dans *Temps présent* du 26 novembre 1937 : « Il existe en France une certaine droite qui, par une espèce de faux intégrisme patriotique, souhaite l'extirpation violente de ses adversaires et prépare, plus ou moins consciemment, les esprits à la guerre civile. Après avoir, semble-t-il, quelque temps hésité, débarrassé aujourd'hui de ses premières illusions, M. de La Rocque a franchement opté contre cette politique sanglante des deux fronts et pour un rassemblement plus large, pour une sorte d'arbitrage national des hommes et des partis décidés à barrer la route aux dictatures violentes et guerrières. »

18. G. Marcel, « France, espoir du monde », *Le Petit Journal*, 28 février 1938.

19. F. de La Rocque, « Pas de fascisme », *Le Flambeau*, 1er mai 1937.

20. *Service public*, *op. cit.*, p. 213-214.

21. L. Blum, *À l'échelle humaine*, Gallimard, 1971, p. 59-60.

22. *Bulletin d'informations,* n° 67, du PSF, 14 février 1938.

23. *Supplément au Bulletin d'informations,* n° 40, 26 juin 1937.

24. *Ibid.*, n° 72, 30 mars 1938.

25. F. de La Rocque, *Service public*, *op. cit.*, p. 160.

26. *Ibid.*, p. 159. J'ai rétabli le texte exact, car les traducteurs ne se sont pas donné la peine de s'y reporter, pratiquant la traduction de traduction, au lieu de reproduire l'original.

27. Sur le climat de xénophobie des années 1930, je renvoie à la thèse de Ralph Schor, *L'Opinion française et les étrangers en France 1919-1939*, Nice, 1980, et accessoirement à mon étude *La France et les juifs de 1789 à nos jours*, Le Seuil, 2004.

28. D. H. Weinberg, *Les Juifs à Paris de 1933 à 1939*, Calmann-Lévy, 1974, p. 105-106.

29. Thèse multigraphiée de J.-P. Thomas, *Droite de rassemblement du PSF au RPF 1936-1953*, IEP, 2002, p. 714. Je m'inspire de cette thèse pour évoquer la crise alsacienne.

30. Dans le cas de la fédération de la Moselle, on estima que l'opposition de La Rocque aux antisémites aurait fait perdre environ 1 500 membres, *ibid.*, p. 734, note 11.

31. G. Wormser, *Georges Mandel*, Presses de la Cité, p. 279.

32. « Coups de balai », *Le Cri du Peuple*, 23 octobre 1940. On lisait dans le numéro du 20 octobre du même journal : « On peut voir que pour empocher son salaire (*sic*), M. de La Rocque, si chatouilleux sur les questions d'honneur national, n'a pas hésité à se mettre en opposition formelle avec la politique du maréchal Pétain sur une question capitale pour l'assainissement et le relèvement de la France. »

33. J.-P. Thomas : « Si quelques formules de La Rocque ou du *Flambeau* qu'il dirigeait furent très critiquables, son attitude publique et privée, ambiguïté comprise, fut immuable sur le fond, en dernière instance hostile à l'antisémitisme institutionnel de Vichy. Son éditorial sur "La question juive", dans *Le Petit Journal* du 5 octobre 1940, demande une lecture attentive, mais surtout un examen minutieux du contexte : il montre une désapprobation délibérée du Statut des Juifs non encore publié mais connu d'un

milieu informé. La forme du propos peut justifier le jugement d'antisémitisme modéré porté par Philippe Machefer, mais la conclusion fondamentale à l'égard des Juifs était le rejet de "sanctions préventives auxquelles la plus exacte vigilance nationale n'aurait pas recouru avant notre défaite". » Thèse citée, p. 290. Il est notable que Léo Hamon, adversaire de La Rocque, a souligné dans une interview donnée à J. Nobécourt à quel point La Rocque fut courageux en prenant position publique dans *Le Petit Journal* d'octobre 1940 contre le statut des Juifs (CHEVS, LR 50).

34. F. de La Rocque, *Disciplines d'action*, édit. du « Petit Journal », 1941, p. 96-99.

35. Arch. nat. F7 15345 J. Nobécourt, *op. cit.*, p. 803-804.

36. CHEVS, LR 33.

37. Note pour les fédérations du 24 juillet 1940 : « Nous ne voyons pas très bien à quoi peut répondre ce "parti unique" en un moment où nul ne doit faire de politique. La politique, même au sens le plus respectable du terme, ne saurait reprendre avant que le mode de formation des Assemblées nouvelles ait été codifié. [...] Si un parti unique a porté, en Italie et en Allemagne, un homme et un régime au pouvoir, on conçoit mal la création d'un parti unique après l'accession au pouvoir d'un nouveau régime issu de nos malheurs, *à moins que ce parti unique n'ait pour but d'amener au pouvoir un nouveau régime, un nouveau ou de nouveaux hommes, à l'insu du pays. Ce deviendrait alors, bien vite, une opération douteuse ou* factieuse » [souligné dans le texte].

38. J. Nobécourt, *op. cit.*, p. 780.

39. *Revue historique*, n° 632, octobre 2004.

40. H. Coston, *Dictionnaire de la politique française*, publications Henry Coston, 1967, p. 596-598.

41. L'ordonnance d'interdiction et de dissolution du PSF par le général Oberg, commandant de la Police de sûreté et des SS en France date du 2 novembre 1942. On y lit : « Cette mesure d'interdiction sera appliquée avec une rigueur absolue et chaque infraction fera l'objet d'une sanction. L'interdiction s'étend aussi bien à l'organisation du parti qu'aux associations qui dépendent de lui. [...] En même temps, j'interdis au colonel de La Rocque de pénétrer et de séjourner en territoire occupé. » Cette mesure a été notifiée à Noël Ottavi, adjoint de La Rocque, par René Bousquet, secrétaire général de la police. CHEVS, LR 34.

42. Dans la circulaire du 24 juillet 1940 déjà citée, La Rocque émet des doutes sur la composition du Conseil des ministres et des secrétariats généraux : « Les principes et les formules mêmes que j'ai le premier publiquement préconisés sont devenus principes et formules d'État, sans que nous puissions en contrôler effectivement l'application. "Nos idées sont au pouvoir" sans que nous possédions un gage certain de leur exécution. »

43. Cité par J. Nobécourt, *op. cit.*, p. 813.

44. E. Gentile, *Qu'est-ce que le fascisme ?*, « Folio-Histoire », Gallimard, 2004, p. 16-17.

45. Voir plus haut, chap. 3.

46. Voir notamment J.-P. Thomas, thèse citée, p. 258 *sq.* : « La fin des années trente : l'émergence d'un parti millionnaire. »

47. « Nous te tendons la main, volontaire national, ancien combattant, devenu Croix-de-Feu, parce que tu es un fils de notre peuple, que tu souffres comme nous du désordre et de la corruption, parce que tu veux, comme nous, éviter que le pays ne glisse à la ruine et à la catastrophe. », *in* M. Thorez, *Pour une France libre, forte et heureuse*, discours prononcé le 17 avril 1936 au micro de Radio-Paris, et cité dans *Fils du peuple*, Éditions sociales internationales, 1937, p. 117.

48. La Rocque ne veut pas la suppression du Parlement, mais il met en cause le système parlementaire de la IIIe République qui laisse le pouvoir au législatif aux dépens de l'exécutif.

49. Voir S. Berstein, *Histoire du Parti radical*, t. 2, PFNSP, 1982, p. 486 *sq.*

50. D. Mayer, « Portrait d'un adversaire », *Témoignage chrétien,* 2 mars 1963.

51. É. Borne, « La Rocque, cet inconnu », *Forces nouvelles*, 21 mars 1963.

52. CHEVS, LR 71.

53. CHEVS, LR 84. Voir aussi Ph. Machefer, « Le Parti social français », dans les Actes du colloque « Daladier », *La France et les Français en 1938-1939*, Presses de la FNSP, 1978, p. 307-326.

54. CHEVS, LR 32.

55. Robert Soucy a défendu ses positions dans un article, « Réponse à Michel Winock sur le fascisme français », *Vingtième siècle. Revue d'histoire*, n° 95, juillet-septembre 2007. Dans le même numéro, ma réplique a paru sous le titre : « En lisant Robert Soucy », que je n'ai pas jugé utile de reproduire ici, lais-

sant le lecteur intéressé s'y reporter ou consulter le site de la revue : http://www.cairn.info et http://www.persee.fr.

20. L'esprit de Munich

1. Voir J.-B. Duroselle, *La Décadence, 1932-1939*, « Points-Histoire », Le Seuil, 1983, p. 87-121.

2. Jean-Baptiste. Duroselle résume ainsi la politique de Laval : « Ne jamais aller tout à fait jusqu'au bout paraît avoir été la grande règle de Pierre Laval », *op. cit*, p. 150.

3. Outre J.-B. Duroselle, voir R.-J. Young, « Le haut commandement français au moment de Munich », *Revue d'histoire moderne et contemporaine*, t. XXIV, janvier-mars 1977.

4. Général Gamelin, *Servir*, Plon, 1947, t. II, p. 215.

5. Cité par Ch. Micaud, *La Droite devant l'Allemagne*, Calmann-Lévy, 1945.

6. Cité par E. Weber, *L'Action française*, Stock, 1964. Du même Charles Maurras, en janvier 1939 : « Notre politique nationale au-dehors est assaillie au Palais-Bourbon par les stipendiés de Moscou, par les alliés internationaux de la bande du juif Blum, par tous les ex-nationaux dissidents et déserteurs [...] Les grandes démocraties appuyées par la juiverie ont envie de faire tuer quelques millions d'hommes, voilà la vérité. » Cité par É. Bonnefous, *Histoire politique de la IIIe république*, t. VII, *1938-1940*, PUF, 1965-1987.

7. Sur l'abondante prose de la « décadence » des années 1930, reprise de la littérature nationaliste de la fin du XIXe siècle, je me permets de renvoyer à M. Winock, *Nationalisme, antisémitisme et fascisme en France*, « Points-Histoire », Le Seuil, 1990.

8. Cité par J. Dazelle, *Gringoire 1928-1940*, mémoire de DES de science politique, faculté de droit de Paris, 1958.

9. Voir colloque *La France et l'Allemagne, 1932-1936*, éd. du CNRS, 1980, p. 373-396.

10. J.-B. Duroselle, *op. cit.*, chap. 10.

11. L. Blum, « Le parti agit pour la paix », *Le Populaire*, 12 mars 1936.

12. Sur le pacifisme socialiste, voir notamment Richard Gombin, « Socialisme et pacifisme », in *La France et les Français en 1938-1939*, sous la dir. de R. Rémond et J. Bourdin, PFNSP,

1978. De manière plus détaillée : M. Bilis, *Socialistes et pacifistes 1933-1939*, Syros, 1979.

13. Sur les intellectuels, voir *La Trahison de Munich. Emmanuel Mounier et la grande débâcle des intellectuels*, édité par Nora Benkorich, CNRS Éditions, 2008.

14. H. Michel, « Introduction » à *La France et l'Allemagne…*, *op. cit.*

15. Ch. Peyrefitte, « Les premiers sondages d'opinion », in *Édouard Daladier chef de gouvernement*, PFNSP, 1977.

16. J. Giono, *Précisions*, Grasset, 1939, p. 23.

17. L. Rebatet, *Les Décombres*, Denoël, 1942, p. 84.

18. H. de Montherlant, *L'Équinoxe de septembre*, Grasset, 1943, p. 362-363.

19. Voir A. Prost, *Les Anciens Combattants et la société française 1914-1939*, PFNSP, 1977 (3 vol.).

21. Vichy et le cas Emmanuel Mounier

1. P. Péan, *Une jeunesse française François Mitterrand 1934-1947*, Fayard, 1994.

2. M. Fumaroli, *L'État culturel*, Ed. de Fallois, p. 91-113.

3. J. Hellman, *Emmanuel Mounier and the New Catholic Left 1930-1950*, Univ. of Toronto Press, 1981.

4. Voir T. Judt, *Le Passé imparfait*, Fayard, 1993, dirigé contre les intellectuels français de la guerre froide. Mounier et *Esprit* subissent aussi les foudres de ce justicier new-yorkais.

5. B. Comte, *Une utopie combattante. L'École des cadres d'Uriage 1940-1942*, Fayard, 1991. M. Bergès, *Vichy contre Mounier*, pour la thèse sur travaux de sciences politiques, université des sciences sociales de Toulouse, septembre 1994.

6. E. Mounier, *Révolution personnaliste et communautaire*, *Œuvres 1931-1939*, Le Seuil, 1961, p. 141.

7. E. Mounier, « Le personnalisme catholique », *Esprit*, mars 1940, avril 1940.

8. Quatre collaborateurs qui se sont exprimés dans la revue, mais de nombreux autres sont restés sur des positions pacifistes et munichoises qu'ils ont exprimées à Mounier par des lettres qui ont été réunies dans : *La Trahison de Munich/Emmanuel Mounier et la grande débâcle des intellectuels*, CNRS Éditions, 2008.

9. *Esprit*, octobre 1938.

10. E. Mounier, « Péguy prophète du temporel », *Esprit*, février 1939.

11. *Ibid.*

12. E. M., « À l'intelligence française » *Marianne*, 21 août 1940.

13. On comprendra les problèmes posés à la société française par la victoire allemande de 1940 et le contexte singulier de ces années-là en lisant le dernier livre de P. Burrin, *La France à l'heure allemande*, Seuil, 1995.

14. Voir *Bulletin des Amis d'E. Mounier*, n° 39, avril 1972.

15. Je cite cette lettre dans mon *Histoire politique de la revue « Esprit »*, Le Seuil, 1975 – ouvrage auquel je renvoie pour l'analyse du contenu de ces numéros et pour la description des ruses avec la censure.

16. *Ibid.*, p. 234.

17. E. Mounier, « Charles Péguy et le problème juif », *Esprit*, février 1941.

18. *Entretiens* (Carnets de Mounier), 4 avril 1941, cité par Bernard Comte dans sa mise au point détaillée, « Emmanuel Mounier devant Vichy et la Révolution nationale en 1940-1941 : l'histoire réinterprétée », *Revue d'histoire de l'Église de France*, n° 187, juillet-décembre 1985.

19. Créés par Henry Dhavernas en juillet 1940, les « Compagnons de France » se proposaient de prendre en charge les jeunes chômeurs, pour leur donner du travail et une formation professionnelle. Le mouvement évolua vers un « scoutisme politique » au service de la Révolution nationale, mais, accusé d'être pénétré par « de nombreux agents ennemis » et d'avoir « corrompu la jeunesse », il fut dissous en janvier 1944 par Laval.

20. « Jeune France » a été étudiée par Véronique Chabrol, dans sa thèse *Jeune France. Une expérience de recherche et de décentralisation culturelle (novembre 1940-mars 1942)*, université Paris-III, 1974.

21. Série F.1.A., liasses 3686 à 3696. Papiers Chérier, du cabinet du ministre de l'Intérieur Pierre Pucheu. Dossier « Jeune France » et diverses liasses sur les problèmes de jeunesse.

22. Voir B. Comte, *Une utopie combattante*..., *op. cit.*, p. 183.

23. Le Comité général d'études (CGE) avait été créé par Jean Moulin en 1942 et était animé notamment par Alexandre Parodi et François de Menthon. Il avait pour but de réfléchir à la France de l'après-Libération.

24. N. Racine, « Le Comité de vigilance des intellectuels antifascistes » (1934-1939). « Antifascisme et pacifisme », *Le Mouvement social*, n° 101, octobre-décembre 1977.

25. *Le Mouvement social*, n° 91, avril-juin 1975.

26. Robert Soucy a publié dans le n° 95 de *Vingtième siècle* une « Réponse à Michel Winock », à laquelle j'ai répliqué par une nouvelle mise au point : « En lisant Robert Soucy ». Serge Berstein a donné sa conclusion en opposant à celui-ci le caractère on ne peut plus approximatif de sa définition du fascisme : « Il doit comprendre qu'un certain nombre d'historiens qui se font une autre idée de leur discipline ne voient pas l'intérêt d'une discussion fondée sur l'approximation, le bricolage ou le préjugé » (in « Pour en finir avec un dialogue de sourds »).

22. Les catholiques sont-ils de droite ?

1. T. Tackett, *La Révolution, l'Église et le serment de 1791*, Le Cerf, 1986.

2. Guy Michelat, Michel Simon, « Religion, classe sociale, patrimoine et comportement électoral : l'importance de la dimension symbolique », *in* D. Gaxie (dir.), *Explication du vote. Un bilan des études électorales en France,* PFNSP, 1985.

3. J.-M. Donegani, *La Liberté de choisir. Pluralisme religieux et pluralisme politique dans le catholicisme français contemporain*, PFNSP, 1993.

4. J.-A. Laponce, « Dieu à droite ou à gauche ? », *Revue canadienne de science politique,* juin 1970, cité par J.-M. Donegani, *op. cit.*, p. 125.

5. J.-M. Donegani, *op. cit.*, p. 470.

6. F. Goguel, « Religion et politique en France », *Revue française de science politique*, décembre 1966.

23. Guerre d'Algérie : des médias mal enchaînés

1. M. Chominot, « Le "film" de la guerre. Les débuts de la guerre d'Algérie dans l'hebdomadaire illustré *Paris Match* (novembre 1954-juillet 1956) », *in* M. Harbi, B. Stora, *La Guerre d'Algérie 1954-2004, la fin de l'amnésie*, Robert Laffont, 2004.

2. M. Harrison, « Government and press in France during the Algerian war », *The American Political Science Review*, n° 2, vol. 58, juin 1964.

3. Cinémathèque Gaumont, n°5737EJ5147 et 5739GJ00001.

4. Le « neutralisme » désigne les partisans du non-alignement pendant la guerre froide.

5. Nous n'évoquons dans cet article que la presse métropolitaine, mais signalons au passage l'incroyable bilan des saisies de journaux de cette même presse en Algérie. Voir C. Bellanger *et alii*, *Histoire générale de la presse*. t. V : de 1958 à nos jours, PUF, 1976, où l'on apprend que *La Croix* elle-même a été saisie quarante fois en Algérie, entre 1957 et 1960.

6. Ph. Tétart, *Histoire politique et culturelle de « France-Observateur »*, L'Harmattan, 2000, p. 187.

7. « Sommes-nous les "vaincus de Hitler" ? », *Le Monde*, 13 mars 1957.

8. L. Greilsamer, *Hubert Beuve-Méry*, Fayard, 1990, p. 499. Et aussi R. Branche, « Torture : la République en accusation », *Les Collections de L'Histoire*, n° 15, mars 2002.

9. P. Vidal-Naquet, *L'Affaire Audin (1957-1978)*, Éditions de Minuit, 1989, p. 24-25.

10. A. Chatelain, *Le Monde et ses lecteurs*, « Kiosque », Armand Colin, 1962.

11. J.-N. Jeanneney, « *Le Temps de Paris*, histoire d'un fiasco (1956) », *L'Histoire*, n° 4, septembre 1978.

12. Ch.-R. Ageron, « L'Opinion française à travers les sondages », *in* J.-P. Rioux (dir.), *La Guerre d'Algérie et les Français*, Fayard, 1990.

13. M. Harbi, « Le FLN et l'opinion française », *in* J.-P. Rioux, *op. cit.*

14. B. Vignaux, « L'Agence France-Presse en guerre d'Algérie », *Vingtième siècle, revue d'histoire*, n° 83, juillet-septembre 2004.

15. Film de Gilles Dinnematin pour France 5.

16. R. Perquis, *La Guerre d'Algérie à travers « Cinq colonnes à la une »*, mémoire de maîtrise de l'université Paris-VII, 1998.

17. É. Desbois, « Des images en quarantaine », *in* J.-P. Rioux (dir.), *op. cit.*

18. A. Peyrefitte, *C'était de Gaulle*, t. I, Fayard, p. 98.

19. Ch. Calmy, « Un empoisonneur public : Jean Nocher », *Esprit*, mars 1962.

24. La colonisation en procès

1. H. Brunschwig, *Mythes et réalités de l'impérialisme colonial français*, Armand Colin, 1960, p. 185.

2. Ch.-R. Ageron, *France coloniale ou parti coloniale ?*, PUF, 1978.

3. H. Brunschwig, *op. cit.*, p. 111-137. Pour une énumération complète des organisations coloniales, voir Ch.-R. Ageron, *op. cit.*, p. 131-164.

4. *Ibid.*, p. 298.

5. *Congrès de Stuttgart 1907*, Genève, Minkoff, 1985, p. 284 *sq.* Marx, en son temps, tout en notant la cruauté du colonialisme, n'en faisait pas moins une étape capitale dans le développement des forces productives. Il ironisait au passage sur ceux qui parlent de « communes idylliques » de l'Inde précoloniale, lesquelles « ont restreint l'esprit humain à l'horizon le plus borné ». La compassion n'a jamais étouffé chez Marx le dialecticien.

6. Le Rif, territoire montagneux du nord du Maroc, passé sous domination espagnole en 1912, se soulève en 1921. Après avoir gagné le Maroc français, la révolte est écrasée en 1926.

7. Cf. l'anthologie d'A. Ruscio, *La Question coloniale dans « L'Humanité », 1904-2004*, La Dispute-Snédit, 2005.

25. Mai 68 : la révolution a-t-elle eu lieu ?

1. E. Morin, C. Lefort, J.-M. Coudray (pseudonyme de C. Castoriadis), *La Brèche*, Fayard, 1968, p. 83.

2. *Ibid.* p. 38.

3. J.-M. Domenach, « L'idéologie du mouvement », *Esprit*, août-septembre 1968.

4. G. Lipovetsky, *Pouvoirs,* n° 39, 1986.

5. Inscription de la Sorbonne citée par *Combat*, 26 mai 1968.

6. Tract du Comité enragés-internationale situationniste, dans *Journal de la Commune étudiante Textes et Documents*, présentés par A. Schnapp et P. Vidal-Naquet, p. 593-594.

7. H. Arendt, *Essai sur la Révolution*, Gallimard, p. 389.

8. Henri Lefebvre, philosophe et sociologue marxiste, avait été professeur de sociologie à la faculté des lettres de Strasbourg, avant de le devenir à Nanterre en 1965.

9. *La Révolte étudiante, les animateurs parlent*, Le Seuil, 1968, p. 70.

10. Luc Ferry et Alain Renault dans leur *Pensée 68* (Gallimard, 1980) traitent des courants de pensée contestataires des années 1960 et 1970 et non spécifiquement de 1968.

11. S. Le Bon, « Un positiviste désespéré : Michel Foucault », *Les Temps modernes*, janvier 1967.

12. G. Deleuze et F. Guattari, *L'Anti-Œdipe*, Minuit, 1972.

Bibliographie

Hannah ARENDT, *Le Système totalitaire*, Le Seuil, 1972.

Raymond ARON, *Mémoires*, Julliard, 1983.

Raymond ARON, *L'Opium des intellectuels*, Calmann-Lévy, 1955.

Michel BERGÈS, *Vichy contre Mounier*, Economica, 1997.

Serge BERSTEIN (dir.), *Les Cultures politiques en France*, Le Seuil, 1999.

Serge BERSTEIN, *Démocraties, régimes autoritaires et totalitarismes au XXe siècle*, Hachette, 1992.

Serge BERSTEIN, Michel WINOCK (dir.), *Histoire de la France politique*, III, *L'Invention de la démocratie 1789-1914*, IV, *La république recommencée de 1914 à nos jours*, Le Seuil, 2002.

Goulven BOUDIC, *Esprit 1944-1982*, IMEC, 2005.

Philippe BURRIN, *La France à l'heure allemande*, Le Seuil, 1995.

David CAUTE, *Le Communisme et les intellectuels français 1914-1966*, Gallimard, 1967.

Philippe CONTAMINE, « Jeanne d'Arc dans la mémoire des droites », in J.-F. Sirinelli (sous la dir.), *Histoire des droites en France*, Gallimard, t. II, 1992, p. 399-435.

Bernard COMTE, *Une utopie combattante. L'École des cadres d'Uriage 1940-1942*, Fayard, 1991.

Stéphane COURTOIS *et alii*, *Le Livre noir du communisme*, Laffont, 1997.

Pierre DAIX, *Ce que je sais du XXe siècle*, Calmann-Lévy, 1985.

Gil DELANNOI et Pierre-André TAGUIEFF (dir.), *Théories du nationalisme*, Éditions Kimé, 1991.

Jean-Marie. DOMENACH, *Emmanuel Mounier*, « Écrivains de toujours », Le Seuil, 1972.

Jean-Marie DONEGANI, *La Liberté de choisir*, PFNSP, 1993.

Constantin DUMITRESCO, *La Cité totale*, Le Seuil, 1980.

Louis DUMONT, *Essais sur l'individualisme*, Le Seuil, 1983.

Jacques DURON, *Mémorial du Ve centenaire de la réhabilitation de Jeanne d'Arc, 1456-1956*, Paris, 1958.

Philippe FOREST, *« Qu'est-ce qu'une nation ? »*. Texte intégral de E. Renan, P. Bordas et fils, 1991.

François FURET, *Le Passé d'une illusion*, Laffont/Calmann-Lévy, 1995.

Ernest GELLNER, *Nations et nationalismes*, Payot, 1989.

Pierre GIOLITTO, *Histoire de la jeunesse sous Vichy*, Perrin, 1991.

François GOGUEL, *Géographie des élections françaises sous la Troisième République*, A. Colin, 1970, et Chroniques électorales, 3 tomes, PFNSP, 1981-1983.

Guy HERMET, *Histoire des nations et des nationalismes en Europe*, Le Seuil, 1996.

Guy HERMET (dir.), *Totalitarismes*, Économica, 1984.

Éric HOBSBAWM, *Nations et nationalismes depuis 1780*, Gallimard, 1990.

É. JEANNÉ, *L'Image de la Pucelle d'Orléans dans la littérature historique depuis Voltaire*, Liège, 1935

Jacques JULLIARD, *La Reine du monde, essai sur la démocratie d'opinion*, Flammarion, 2007.

Eugen KOGON, *L'État-SS*, Le Seuil, 1970.

Gerd KRUMEICH, *Jeanne d'Arc à travers l'histoire*, Albin Michel, 1993

André LATREILLE, René RÉMOND, *Histoire du catholicisme en France*, t. 3, SPES, 1962.

Marc LAZAR, *Le Communisme, une passion française*, Perrin, 2002.

François LEBRUN (dir.), *Histoire des catholiques en France*, Privat, 1980, et Pluriel/Hachette, 1985.

Claude LEFORT, *Un homme en trop. Réflexions sur « l'Archipel du Goulag »*, Le Seuil, 1976.

Claude LEFORT, « La logique totalitaire », dans *L'Invention démocratique*, Fayard, 1981.

Bernard LEGENDRE, *Le Stalinisme français*, Le Seuil, 1980.

Jean-Marie MAYEUR, *Des partis catholiques à la démocratie chrétienne XIXe-XXe siècles*, Armand Colin, 1980.

Guy MICHELAT *et al.*, *Les Français sont-ils encore catholiques ?*, Le Cerf, 1991.

Pierre MILZA, *Le Fascisme français*, Flammarion, 1987.

Pierre MILZA, Serge BERSTEIN, *Le Fascisme italien*, Le Seuil, 1980.

Emmanuel MOUNIER, *Œuvres*, 4 vol., Le Seuil, 1961.

Benito MUSSOLINI, *Le Fascisme, Doctrine*, Institutions, Denoël et Steele, 1934.

Jean PASQUALINI, *Prisonnier de Mao*, Gallimard, 1975.

Krzysztof POMIAN, « Totalitarisme », *Vingtième siècle. Revue d'histoire*, n° 47, juillet-septembre 1995.

Krzysztof POMIAN, « Totalitarisme », in J.-P. Azéma/F. Bédarida, *1938-1948. Les Années de Tourmente*, Flammarion, 1995, p. 1073-1082.

Philippe ROBRIEUX, *Histoire intérieure du parti communiste*, 4 vol., Fayard, 1984.

Dominique SCHNAPPER, *La Communauté des citoyens*, Gallimard, 1994.

Jean-François SIRINELLI, *Intellectuels et passions françaises*, Fayard, 1989.

Alexandre SOLJENITSYNE, *L'Archipel du Goulag*, 3 vol., Le Seuil, 1974.

Zeev STERNHELL, *Ni droite ni gauche*, Bruxelles, Complexe, 2000.

Michel WINOCK, *Histoire politique de la revue « Esprit » 1930-1950*, Le Seuil, 1975.

Michel WINOCK, « Jeanne d'Arc », in P. Nora, *Les Lieux de mémoire*, III, 3, *Les France*, Gallimard, 1992, p. 675-734.

Ouvrages collectifs :

Institut international de philosophie politique, *L'Idée de Nation*, PUF, 1969.

La Pensée politique, « La Nation », Hautes Études/Gallimard/Le Seuil, 1995.

Le Banquet, « La Nation indépassable ? », 1er semestre 1994, n° 4.

« La Question du totalitarisme », *Communisme*, nos 47-48, L'Âge d'homme, 1996 (F. FURET, P. BOURETZP. GRÉMION, A. BLUM, M. LAZAR, H. LOCARD, N. WERTH, M-I BRUDNY, D. MUSIEDLAK).

Revues :

Cahiers d'histoire de l'institut Maurice-Thorez, « Les intellectuels et le parti communiste français. L'Alliance dans l'histoire », n° 15, 1er trimestre 1976.

Esprit : *Emmanuel Mounier* (n° spécial, décembre 1950).

La série de la revue *Communisme*, PUF, depuis 1982.

L'Élection présidentielle 23 avril-7 mai 1995, numéro spécial des *Dossiers et Documents du Monde*, mai 1995.

« Le Totalitarisme : un cadavre encombrant », dossier d'*Esprit*, janvier-février 1996.

Index

Références des chapitres

1. Conférence prononcée devant les Amis des Musées de Chambéry, novembre 1999.
2. *L'Histoire*, n° 324, octobre 2007.
3. Conférence prononcée au lycée Lakanal, mars 1998.
4. *L'Histoire*, n° 235, septembre 1999.
5. *Vingtième siècle. Revue d'histoire*, n° 96, février 2007.

6 et 7. Inédits

8. *L'Histoire*, n° 151, janvier 1992.
9. *L'Histoire*, n° 276, mai 2003.
10. *L'Histoire*, n° 226, novembre 1998
11. *L'Histoire* n° 201, juillet 1996.
12. Conférence prononcée dans le cadre de l'Institut français à Barcelone, avril 1994.
13. *Vingtième siècle*, n° 56, octobre-décembre 1997.
14. Conférence prononcée au musée d'Orsay, janvier 1999.
15. *L'Histoire*, n° 210, mai 1997.
16. Conférence prononcée au Sénat, juin 2008.
17. Colloque tenu à Princeton, octobre 2003.
18. Tiré de *La France de l'affaire Dreyfus* (dir. Pierre Birnbaum), Gallimard, 1994.
19. *Vingtième siècle*, n° 90, avril-juin 2006.
20. *L'Histoire,* n° 58, juillet-août 1983.
21. *L'Histoire*, n° 186, mars 1995.
22. *Les Collections de L'Histoire*, n° 14, janvier 2002.
23. *L'Histoire*, n° 292, novembre 2004.
24. *L'Histoire*, n° 302, octobre 2005.
25. *L'Histoire*, n° 330, avril 2008.

Table

Première partie
Les grandes idéologies du XXe siècle

Deuxième partie
Variations sur l'idée nationale

Troisième partie
Un siècle de controverses

collection tempus
Perrin

DÉJÀ PARU

170. *Les douze Césars* – Régis F. Martin.
171. *L'épopée cathare*, tome III, *Le lys et la croix* – Michel Roquebert.
172. *L'épopée cathare*, tome IV, *Mourir à Montségur* – Michel Roquebert.
173. *Henri III* – Jean-François Solnon.
174. *Histoires des Antilles françaises* – Paul Butel.
175. *Rodolphe et les secrets de Mayerling* – Jean des Cars.
176. *Oradour, 10 juin 1944* – Sarah Farmer.
177. *Volontaires français sous l'uniforme allemand* – Pierre Giolitto.
178. *Chute et mort de Constantinople* – Jacques Heers.
179. *Nouvelle histoire de l'Homme* – Pascal Picq.
180. *L'écriture. Des hiéroglyphes au numérique.*
181. *C'était Versailles* – Alain Decaux.
182. *De Raspoutine à Poutine* – Vladimir Fedorovski.
183. *Histoire de l'esclavage aux États-Unis* – Claude Fohlen.
184. *Ces papes qui ont fait l'histoire* – Henri Tincq.
185. *Classes laborieuses et classes dangereuses* – Louis Chevalier.
186. *Les enfants soldats* – Alain Louyot.
187. *Premiers ministres et présidents du Conseil* – Benoît Yvert.
188. *Le massacre de Katyn* – Victor Zaslavsky.
189. *Enquête sur les apparitions de la Vierge* – Yves Chiron.
190. *L'épopée cathare*, tome V, *La fin des Amis de Dieu* – Michel Roquebert.
191. *Histoire de la diplomatie française*, tome I.
192. *Histoire de la diplomatie française*, tome II.
193. *Histoire de l'émigration* – Ghislain de Diesbach.
194. *Le monde des Ramsès* – Claire Lalouette.
195. *Bernadette Soubirous* – Anne Bernet.
196. *Cosa Nostra. La mafia sicilienne de 1860 à nos jours* – John Dickie.
197. *Les mensonges de l'Histoire* – Pierre Miquel.
198. *Les négriers en terres d'islam* – Jacques Heers.
199. *Nelson Mandela* – Jack Lang.
200. *Un monde de ressources rares* – Le Cercle des économistes et Érik Orsenna.
201. *L'histoire de l'univers et le sens de la création* – Claude Tresmontant.
202. *Ils étaient sept hommes en guerre* – Marc Ferro.
203. *Précis de l'art de la guerre* – Antoine-Henri Jomini.

204. *Comprendre les États-unis d'aujourd'hui* – André Kaspi.
205. *Tsahal* – Pierre Razoux.
206. *Pop philosophie* – Mehdi Belahj Kacem, Philippe Nassif.
207. *Le roman de Vienne* – Jean des Cars.
208. *Hélie de Saint Marc* – Laurent Beccaria.
209. *La dénazification* (dir. Marie-Bénédicte Vincent).
210. *La vie mondaine sous le nazisme* – Fabrice d'Almeida.
211. *Comment naissent les révolutions.*
212. *Comprendre la Chine d'aujourd'hui* – Jean-Luc Domenach.
213. *Le second Empire* – Pierre Miquel.
214. *Les papes en Avignon* – Dominique Paladilhe.
215. *Jean Jaurès* – Jean-Pierre Rioux.
216. *La Rome des Flaviens* – Catherine Salles.
217. *6 juin 44* – Jean-Pierre Azéma, Philippe Burrin, Robert O. Paxton.
218. *Eugénie, la dernière impératrice* – Jean des Cars.
219. *L'homme Robespierre* – Max Gallo.
220. *Les Barbaresques* – Jacques Heers.
221. *L'élection présidentielle en France, 1958-2007* – Michel Winock.
222. *Histoire de la Légion étrangère* – Georges Blond.
223. *1 000 ans de jeux Olympiques* – Moses I. Finley, H. W. Pleket.
224. *Quand les Alliés bombardaient la France* – Eddy Florentin.
225. *La crise des années 30 est devant nous* – François Lenglet.
226. *Le royaume wisigoth d'Occitanie* – Joël Schmidt.
227. *L'épuration sauvage* – Philippe Bourdrel.
228. *La révolution de la Croix* – Alain Decaux.
229. *Frédéric de Hohenstaufen* – Jacques Benoist-Méchin.
230. *Savants sous l'Occupation* – Nicolas Chevassus-au-Louis.
231. *Moralement correct* – Jean Sévillia.
232. *Claude Lévi-Strauss, le passeur de sens* – Marcel Hénaff.
233. *Le voyage d'automne* – François Dufay.
234. *Erbo, pilote de chasse* – August von Kageneck.
235. *L'éducation des filles en France au XIXe siècle* – Françoise Mayeur.
236. *Histoire des pays de l'Est* – Henry Bogdan.
237. *Les Capétiens* – François Menant, Hervé Martin, Bernard Merdrignac, Monique Chauvin.
238. *Le roi, l'empereur et le tsar* – Catrine Clay.
239. *Neanderthal* – Marylène Patou-Mathis.
240. *Judas, de l'Évangile à l'Holocauste* – Pierre-Emmanuel Dauzat.
241. *Le roman vrai de la crise financière* – Olivier Pastré, Jean-Marc Sylvestre.
242. *Comment l'Algérie devint française* – Georges Fleury.
243. *Le Moyen Âge, une imposture* – Jacques Heers.
244. *L'île aux cannibales* – Nicolas Werth.
245. *Policiers français sous l'Occupation* – Jean-Marc Berlière.

246. *Histoire secrète de l'Inquisition* – Peter Godman.
247. *La guerre des capitalismes aura lieu* –
Le Cercle des économistes (dir. Jean-Hervé Lorenzi).
248. *Les guerres bâtardes* – Arnaud de La Grange, Jean-Marc Balencie.
249. *De la croix de fer à la potence* – August von Kageneck.
250. *Nous voulions tuer Hitler* – Philipp Freiherr von Boeselager.
251. *Le soleil noir de la puissance, 1796-1807* – Dominique de Villepin.
252. *L'aventure des Normands, VIIIe- XIIIe siècle* – François Neveux.
253. *La spectaculaire histoire des rois des Belges* – Patrick Roegiers.
254. *L'islam expliqué par* – Malek Chebel.
255. *Pour en finir avec Dieu* – Richard Dawkins.
256. *La troisième révolution américaine* – Jacques Mistral.
257. *Les dernières heures du libéralisme* – Christian Chavagneux.
258. *La Chine m'inquiète* – Jean-Luc Domenach.
259. *La religion cathare* – Michel Roquebert.
260. *Histoire de la France,* tome I, *1900-1930* – Serge Berstein, Pierre Milza.
261. *Histoire de la France,* tome II, *1930-1958* – Serge Berstein, Pierre Milza.
262. *Histoire de la France,* tome III, *1958 à nos jours* – Serge Berstein, Pierre Milza.
263. *Les Grecs et nous* – Marcel Detienne.
264. *Deleuze* – Alberto Gualandi.
265. *Le réenchantement du monde* – Michel Maffesoli.
266. *Spinoza* – André Scala.
267. *Les Français au quotidien, 1939-1949* – Éric Alary, Bénédicte Vergez-Chaignon, Gilles Gauvin.
268. *Teilhard de Chardin* – Jacques Arnould.
269. *Jeanne d'Arc* – Colette Beaune.
270. *Crises, chaos et fins de monde.*
271. *Auguste* – Pierre Cosme.
272. *Histoire de l'Irlande* – Pierre Joannon.
273. *Les inconnus de Versailles* – Jacques Levron.
274. *Ils ont vécu sous le nazisme* – Laurence Rees.
275. *La nuit au Moyen Âge* – Jean Verdon.
276. *Ce que savaient les Alliés* – Christian Destremau.
277. *François Ier* – Jack Lang.
278. *Alexandre le Grand* – Jacques Benoist-Méchin.
279. *L'Égypte des Mamelouks* – André Clot.
280. *Les valets de chambre de Louis XIV* – Mathieu Da Vinha.
281. *Les grands sages de l'Égypte ancienne* – Christian Jacq.
282. *Armagnacs et Bourguignons* – Bertrand Schnerb.
283. *La révolution des Templiers* – Simonetta Cerrini.
284. *Les crises du capitalisme.*
285. *Communisme et totalitarisme* – Stéphane Courtois.

286. *Les chasseurs noirs* – Christian Ingrao.
287. *Averroès* – Ali Benmakhlouf.
288. *Les guerres préhistoriques* – Lawrence H. Keeley.
289. *Devenir de Gaulle* – Jean-Luc Barré.
290. *Lyautey* – Arnaud Teyssier.
291. *Fin de monde ou sortie de crise ?* – Le Cercle des économistes (dir. Pierre Dockès et Jean-Hervé Lorenzi).
292. *Madame de Montespan* – Jean-Christian Petitfils.
293. *L'extrême gauche plurielle* – Philippe Raynaud.
294. *La guerre d'indépendance des Algériens* (prés. Raphaëlle Branche).
295. *La France de la Renaissance* – Arlette Jouanna.
296. *Verdun 1916* – Malcolm Brown.
297. *Lyotard* – Alberto Gualandi.
298. *Catherine de Médicis* – Jean-François Solnon.
299. *Le XXe siècle idéologique et politique* – Michel Winock.

À PARAÎTRE

L'art nouveau en Europe – Roger-Henri Guerrand.
Les salons de la IIIe République – Anne Martin-Fugier.
Lutèce – Joël Schmidt.

Composition Nord Compo
Villeneuve-d'Ascq

Impression réalisée par

CPI
Brodard & Taupin

La Flèche (Sarthe), le 23-09-2009
pour le compte des Éditions Perrin
11, rue de Grenelle
Paris 7[e]

N° d'édition : 2541 – N° d'impression : 54653
Dépôt légal : septembre 2009
Imprimé en France